JULIA KOLKMANN

PRIVATRECHT
BAND I

SIKOSA

Maximilian Verlag
Hamburg

JULIA KOLKMANN

PRIVATRECHT
BAND I

3. AUFLAGE

Bibliografische Information der Deutschen Nationalbibliothek
Die Deutsche Nationalbibliothek verzeichnet diese Publikation in
der Deutschen Nationalbibliografie; detaillierte bibliografische
Daten sind im Internet über http://dnb.d-nb.de abrufbar.

ISBN 978-3-7869-1031-2
3. überarbeitete Auflage

Layout und Produktion: Inge Mellenthin
Umschlaggrafik: Nicole Laka
Druck und Bindung: druckhaus köthen

Printed in Germany

Inhaltsverzeichnis

Übersichten

Vorwort

Das Privatrecht wird von vielen als Rechtsgebiet angesehen, das schwer zugänglich und oft verwirrend ist. Manche Auszubildende und Beschäftigte in der öffentlichen Verwaltung gehen sogar so weit, zu behaupten, dass das Privatrecht im Rahmen der Ausbildung eigentlich überflüssig ist, da man ja nur mit öffentlich-rechtlichen Vorschriften arbeite. Dabei wird außer Acht gelassen, dass das Privatrecht eine wichtige Säule unseres Rechtssystems ist und von den Mitarbeitern in der öffentlichen Verwaltung immer wieder erwartet wird, dass sie zumindest erkennen können, wann ein Sachverhalt nach privatrechtlichen Regelungen behandelt wird.

Dieses Skript ist geschrieben worden, um den Auszubildenden zur/zum Verwaltungsfachangestellten sowie den Teilnehmern an einem Beschäftigtenlehrgang I dabei zu helfen, sich einen Weg durch den Dschungel des BGB zu bahnen und Sicherheit im Umgang mit privatrechtlichen Sachverhalten zu erlangen. Dabei orientieren sich die Inhalte an den Stoffverteilungsplänen des Studieninstituts für kommunale Verwaltung Sachsen-Anhalt e.V. Zahlreiche Beispiele aus dem Bereich der öffentlichen Verwaltung dienen der Veranschaulichung und schärfen den Blick dafür, wie groß in der täglichen Verwaltungspraxis die Bedeutung des Privatrechts ist.

Für die umfangreiche Unterstützung bei der Überarbeitung möchte ich mich besonders bei Herrn Patrick Adler bedanken.

Über Anregungen und Hinweise zu diesem Werk freue ich mich (julia.kolkmann@sikosa.de).

Magdeburg, im Frühjahr 2017

Julia Kolkmann

Julia Kolkmann ist Volljuristin und seit 2005 Dozentin beim
Studieninstitut für kommunale Verwaltung Sachsen-Anhalt e. V.

1. Kapitel:
Was ist Privatrecht und wann wird es angewendet?

Privatrecht = mein privates Recht

Privatrecht ist, wie der Name schon sagt, das Recht, das zwischen Privatpersonen gilt. Privatrecht regelt die rechtlichen Beziehungen zwischen Privatpersonen. Im Gegensatz dazu regelt das öffentliche Recht das Rechtsverhältnis zwischen Staat und Bürger.
Allerdings kann der Staat auch wie eine Privatperson tätig werden und privatrechtliche Verträge schließen und z.B. neue Dienstfahrzeuge für Polizeibeamte erwerben. Der Staat kann auch privatrechtlich Erbe werden, § 1936 BGB. Andererseits kann auch das Handeln von Privatpersonen öffentlich-rechtlich bedeutsam sein. So löst der Erwerb eines Grundstücks die öffentlich-rechtliche Grundsteuerpflicht aus.

Abgrenzung Privatrecht – öffentliches Recht
In den meisten Fällen kann man leicht zuordnen, in welchen Bereich ein Rechtsverhältnis gehört und ob öffentlich-rechtliche Normen oder Privatrecht anzuwenden sind. Wenn z.B. jemand ein Baugrundstück kauft, so ist das Rechtsverhältnis zwischen ihm als Käufer und dem Verkäufer rein privatrechtlich zu beurteilen. Der Staat hat damit nichts zu tun. Andererseits ist die Frage, ob dem Grundstückserwerber später eine Baugenehmigung zu erteilen ist, allein nach öffentlichem Recht zu beurteilen. Problematisch wird es in den Fällen, in denen auf der einen Seite der Staat tätig geworden ist und sein Handeln nicht eindeutig dem öffentlichen Recht zugeordnet werden kann. Eine genaue Einordnung ist aber stets erforderlich, weil entschieden werden muss, welche Rechtsnormen im Einzelfall Anwendung finden und auch, um zu entscheiden, vor welchem Gericht im Streitfall zu klagen ist: Vor dem Verwaltungsgericht oder dem ordentlichen Gericht, also Amts- oder Landgericht?
Wenn in einem Fall nicht eindeutig ist, ob sich Staat und Bürger im Rahmen eines Privatrechtsverhältnisses gegenüberstehen oder ob es sich um ein öffentlich-rechtliches Verhältnis handelt, können diese drei Theorien zu Hilfe genommen werden:

a) Subordinationstheorie
Auch **Subjektionstheorie** genannt. Nach dieser Theorie liegt ein öffentlich-rechtliches Rechtsverhältnis vor, wenn zwischen den Beteiligten ein **Über- und Unterordnungsverhältnis** besteht. Stehen sich die Beteiligten dagegen gleichberechtigt gegenüber, so handelt es sich um ein privatrechtliches Rechtsverhältnis.
Diese Theorie hat ihre Schwachpunkte: So gibt es im Privatrecht auch Über- und Unterordnungsverhältnisse. Z.B. ist jeder Arbeitnehmer gehalten, den Anweisungen seines Arbeitgebers zu folgen. Auch im Verhältnis zwischen Eltern und Kindern besteht keine Gleichordnung, sondern die Eltern sind – wenigstens im Idealfall – den Kindern »übergeordnet«, d.h. die Kinder sollen gehorchen.

b) Interessentheorie

Nach der Interessentheorie liegt ein öffentlich-rechtliches Rechtsverhältnis dann vor, wenn die einschlägige Rechtsnorm überwiegend dem öffentlichen Interesse dient. Wenn die einschlägige Rechtsnorm dem Interesse des Einzelnen dienen soll, liegt dagegen Privatrecht vor.

Auch diese Theorie hilft nicht immer: So gibt es zahlreiche öffentlich-rechtliche Vorschriften, die dem Schutz des Einzelnen dienen, z.B. nachbarschützende Vorschriften im Baurecht. Umgekehrt dienen privatrechtliche Vorschriften auch dem öffentlichen Interesse, z.B. die Unterhaltspflicht der Eltern gegenüber ihren Kindern. Außerdem gelingt die Abgrenzung nach dieser Theorie nur, wenn ausschließlich eine Rechtsnorm einschlägig ist. Oft ist aber das Problem, dass auf den ersten Blick verschiedene Normen aus dem Privatrecht und dem öffentlichen Recht anwendbar sind.

c) Subjektstheorie

Die Subjektstheorie ordnet alle Rechtsnormen dem öffentlichen Recht zu, die sich ausschließlich an den **Staat als Träger hoheitlicher Gewalt** richten. Zum öffentlichen Recht gehören demnach alle Rechtsnormen, bei denen Berechtigter und Verpflichteter immer **nur** der Staat ist. Wenn sich dagegen **jeder** – also auch eine Privatperson – auf die Norm berufen kann, gehört die Norm zum Privatrecht.

Auch die Subjektstheorie hilft nicht immer eindeutig weiter. So ist – wie bei der Interessentheorie – stets erforderlich, dass **nur eine** Rechtsnorm im zu entscheidenden Fall einschlägig ist. Oftmals will man aber durch die Abgrenzung gerade feststellen, ob eine Norm aus dem öffentlichen Recht oder aus dem Privatrecht anwendbar ist.

Da alle Theorien ihre Schwächen haben, sollten sie in Zweifelsfällen nebeneinander angewendet werden.

2. Kapitel:
Einteilung und Rechtsquellen des Privatrechts

Das Privatrecht regelt also die Beziehungen zwischen den einzelnen gleichgeordneten Mitgliedern einer Gemeinschaft. Es kann unterteilt werden in das bürgerliche Recht und die Sonderprivatrechte:

Bürgerliches Recht ist der Teil des Privatrechts, der für **jedermann** gilt. Es ist im Bürgerlichen Gesetzbuch (BGB) geregelt.

Im Laufe der Zeit haben sich für bestimmte Personengruppen rechtliche Regelungen entwickelt, die zusätzlich zum bürgerlichen Gesetzbuch nur für bestimmte Personen gelten. Dies sind die sog. **Sonderprivatrechte,** z.B.:

– Handelsrecht: Sonderprivatrecht der Kaufleute und vorwiegend im Handelsgesetzbuch geregelt.
– Arbeitsrecht: Sonderprivatrecht der abhängigen, unselbständigen Arbeitnehmer.
– Immaterialgüterrecht: alles, was mit Urheberrechten, Patenten, Gebrauchsmustern, Warenzeichen etc. zu tun hat. Geregelt ist dies im Urheberrechtsgesetz, Kunsturhebergesetz, Geschmacksmustergesetz, Patentgesetz und Gebrauchsmustergesetz.

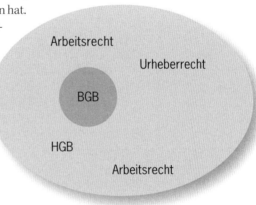

Dabei stehen die Sonderprivatrechte nicht unabhängig neben dem bürgerlichen Recht, sondern sind aus diesem hervorgegangen. Das BGB ist auch im Rahmen der Sonderprivatrechte anzuwenden. Das jeweilige Sonderprivatrecht enthält nur **zusätzliche** Regelungen. Das BGB bildet sozusagen das Kernstück des Privatrechts.

Aufbau des BGB

Das BGB wurde am 18.08.1896 vom damaligen Reichstag des Deutschen Reiches verabschiedet und trat am 01.01.1900 in Kraft. Es brachte erstmals eine einheitliche gesetzliche Regelung für das ganze damalige Deutsche Reich. Natürlich ist das BGB seitdem an vielen Stellen geändert worden. Insbesondere das Schuldrecht ist zum 01.01.2002 grundlegend reformiert worden. Aber es gibt auch etliche Regelungen, die seit der ersten Stunde an im BGB stehen!

Das BGB besteht aus fünf Büchern:

a) 1. Buch: Allgemeiner Teil, §§ 1–240

Der allgemeine Teil enthält zunächst Regelungen darüber, wer überhaupt am Rechtsverkehr teilnehmen kann und wer wirksam Verträge abschließen kann: Es geht um Rechtsfähigkeit (§ 1) und um Geschäftsfähigkeit (§§ 104 ff.)

Außerdem gibt es hier Vorschriften, die für alle übrigen Bücher des BGB gelten. Das Gemeinsame, das für verschiedene Vertragstypen, wie z.B. Kaufvertrag, Mietvertrag oder Werkvertrag gilt, wird vorweg behandelt. So enthält der allgemeine Teil in den §§ 145 ff. Regelungen darüber, wie ein Vertrag zwischen zwei Personen geschlossen wird. Diese Regelungen gelten dann für alle Verträge, die im Einzelnen im besonderen Schuldrecht geregelt sind. Auf diese Weise müssen diese Regelungen dann nicht jeweils wieder für jede einzelne Vertragart wiederholt werden. Bei den einzelnen Vertragsarten sind dann nur noch die Besonderheiten geregelt. Die Vorschriften sind sozusagen aus ökonomischen Gründen »vor die Klammer gezogen«. Sonst wäre das BGB unnötigerweise noch dicker, als es ohnehin schon ist. Das »Vor-die-Klammer-Ziehen« hat leider den Nachteil, dass nicht immer alles schön an einem Platz steht, sondern man bei der Prüfung eines Falles manchmal durch das ganze BGB hüpfen muss. Außerdem müssen die Regelungen im allgemeinen Teil immer furchtbar allgemein und abstrakt (= unverständlich) sein, damit sie eben für alle Vertragstypen gleichermaßen gelten können.

Außer den allgemeinen Regelungen, die für alle Vertragsarten gelten, enthält der allgemeine Teil zahlreiche Definitionen für Begriffe, die in den übrigen Büchern des BGB verwendet werden. So sind z.B. in den §§ 90 ff. BGB zahlreiche Erläuterungen zum Thema »Sache« aufgeführt: Was ist eine Sache (§ 90)? Was ist eine vertretbare Sache (§ 91)? Was ist eine verbrauchbare Sache (§ 92)? Was sind wesentliche Bestandteile einer Sache (§ 93)? Was sind Früchte (§ 99) oder Nutzungen (§ 100)? Oder es ist erklärt, was das Gesetz meint, wenn es vom Verbraucher spricht (§ 13) oder vom Unternehmer (§ 14). An dieser Stelle hat der allgemeine Teil also die Funktion eines Wörterbuches: Wann immer man in den anderen Büchern auf einen Begriff stößt, sollte man nachsehen, ob es im allgemeinen Teil nicht eine Erläuterung dieses Begriffes gibt.

Wenn das Gesetz selbst Definitionen für bestimmte Begriffe enthält, nennt man das eine **Legaldefinition**.

b) 2. Buch: Schuldrecht, §§ 241–853

Im Schuldrecht ist das Recht der Schuldverhältnisse geregelt. Schuldverhältnisse sind rechtliche Sonderverbindungen zwischen zwei Personen, die die eine Person (den Gläubiger) berechtigen, von der anderen Person (dem Schuldner) eine Leistung zu fordern, § 241 Abs. 1 S. 1 BGB. Solche Verbindungen können durch einen Vertrag begründet werden (z.B. Kaufvertrag) oder auch unmittelbar durch das Gesetz (z.B. kann Schadensersatz gefordert werden, wenn jemand vorsätzlich oder fahrlässig das Leben, den Körper, die Gesundheit oder das Eigentum einer anderen Person verletzt. Diese Verpflichtung ergibt sich unmittelbar aus dem Gesetz, § 823). Wenn ein Schuldverhältnis durch einen Vertrag begründet wird, spricht man von einem **vertraglichen Schuldverhältnis**. Entsteht das Schuldverhältnis durch das Gesetz, handelt es sich um ein **gesetzliches Schuldverhältnis**.

Das Schuldrecht kann unterteilt werden in das

– Allgemeine Schuldrecht, §§ 241–432

Hier wird noch einmal – wie schon im allgemeinen Teil – »vor die Klammer gezogen«. Das allgemeine Schuldrecht enthält Vorschriften, die für alle Schuldverhältnisse gelten. So wird in den §§ 362 ff. BGB geregelt, wie eine Forderung des Gläubigers gegen einen Schuldner erlischt. Dabei ist es gleichgültig, ob es sich um einen Anspruch aus einem Kaufvertrag, Werkvertrag oder Mietvertrag handelt.

– Besonderes Schuldrecht, §§ 433–853

Das besondere Schuldrecht regelt einzelne Schuldverhältnisse, z.B. Kauf (§ 433 ff.), Tausch (§ 480), Darlehen (§§ 488 ff.), Miete (§§ 535 ff.), Werkvertrag (§§ 631 ff.), Dienstvertrag (§§ 611 ff.), ungerechtfertigte Bereicherung (§§ 812 ff.) und unerlaubte Handlung (§§ 823 ff).

c) 3. Buch: Sachenrecht, §§ 854–1296

Das Sachenrecht regelt die rechtlichen Beziehungen, die eine Person zu einer Sache haben kann. Jemand ist z.B. Besitzer einer Sache. Dann hat er die **tatsächliche** Sachherrschaft über die Sache. In den §§ 854 ff. ist geregelt, wie der Besitz erworben wird und wieder verloren geht. Oder jemand ist Eigentümer einer Sache. Dann hat er die **rechtliche** Sachherrschaft. Der Eigentumserwerb für bewegliche Sachen ist in den §§ 929 ff. geregelt. Außerdem gibt es im Sachenrecht Regelungen über das Pfandrecht, über die Hypothek und die Grundschuld.

d) 4. Buch: Familienrecht, §§ 1297–1921

Das Familienrecht enthält Normen über familiäre Beziehungen (Ehe, Verwandtschaft).
Hier ist geregelt, wie die Ehe geschlossen und (natürlich nicht zwangsläufig, oder?) wieder geschieden wird. Außerdem sind z.B. die Unterhaltspflichten geregelt, die zwischen Ehepartnern gelten und zwischen Eltern und Kindern. Zuletzt gibt es hier Regeln über Vormundschaft, Betreuung und Pflegschaft.

e) 5. Buch: Erbrecht, §§ 1922–2385

Das Erbrecht regelt die vermögensrechtlichen Folgen des Todes eines Menschen. Es wird festgelegt, wer das Vermögen des Verstorbenen übernimmt, wenn dieser kein Testament hinterlassen hat. Außerdem gibt es Vorschriften, wie ein Testament zu errichten ist und wie es auszulegen ist.

Eselsbrücke zu den 5 Büchern

Um sich die fünf Bücher des BGB besser merken zu können, gibt es folgende Eselsbrücke: Das BGB ist aufgebaut wie ein Menschenleben: Im allgemeinen Teil wird der Mensch geboren und damit rechtsfähig, § 1. Dann wächst er heran und fängt mit dem Schuldrecht an, Verträge abzuschließen: Er kauft sich anfangs noch Kaugummis und später dann die Playstation. Er schließt einen Ausbildungsvertrag ab. Dann geht es ins Sachenrecht: Der Mensch ist erwachsen und berufstätig und erwirbt Eigentum: Haus und Auto. Nachdem das Nest gebaut ist, wird eine Familie gegründet: Heiraten und Kinderkriegen ist jetzt dran. Gelegentlich kommt im Anschluss daran die Scheidung. Der Mensch ist also im Familienrecht angekommen. (An dieser Stelle hinkt die Eselsbrücke vielleicht ein wenig: Oft kommt erst das Kind und dann das Haus!) Und zuletzt stirbt der Mensch und erfreut oder enttäuscht seine Verwandtschaft mit dem, was er hinterlässt. Das Erbrecht steht am Ende des Lebens.

3. Kapitel:
Teilnehmer im Zivilrechtsverkehr – natürliche und juristische Personen

Fall: Der Modeschöpfer Arnold Kloßhammer hat seine Hündin Meisi testamentarisch zur Alleinerbin eingesetzt. Wird Meisi nun Erbin seines nicht unerheblichen Vermögens?

Für wen gilt das BGB überhaupt? Wer kann Rechte aus dem BGB herleiten? Wer kann Träger der Rechte aus dem BGB sein?

Die Ansprüche aus dem BGB setzen einen Träger dieses Rechts, ein **Rechtssubjekt,** voraus. Das Gesetz kennt als Rechtssubjekte nur **natürliche** und **juristische Personen**. Nur natürliche und juristische Personen sind **rechtsfähig**.

Unter Rechtsfähigkeit versteht man die Fähigkeit, Träger von Rechten und Pflichten zu sein.

Rechtsfähig sind zunächst alle **natürlichen Personen = alle Menschen.** Ein bestimmtes Alter oder eine bestimmte Intelligenz sind nicht erforderlich. Auch ein Säugling oder ein Geisteskranker kann also Träger von Rechten sein und z.B. ein Vermögen erben.

Gemäß § 1 BGB beginnt die Rechtsfähigkeit des Menschen mit der Vollendung der Geburt. Die Geburt ist vollendet mit dem vollständigen Austritt des Menschen aus dem Mutterleib. Wichtig ist, dass das Kind bei der Vollendung der Geburt lebt. Ein totgeborenes Kind hat zu keinem Zeitpunkt Rechtsfähigkeit erlangt.

Die Rechtsfähigkeit des Menschen endet mit seinem Tod. Im Augenblick des Todes gehen alle Rechte und Pflichten des Verstorbenen auf seine Erben über, § 1922 I BGB.

Rechtsfähig sind außer den natürlichen Personen die **juristischen Personen**.

Juristische Personen sind von der Rechtsordnung als selbständige Rechtsträger anerkannte Personenvereinigungen oder Vermögensmassen. Es gibt juristische Personen des öffentlichen Rechts und juristische Personen des Privatrechts.

Juristische Personen des Privatrechts sind z.B. rechtsfähige Vereine, Stiftungen, Aktiengesellschaften, Gesellschaften mit beschränkter Haftung (GmbH) oder eingetragene Genossenschaften (eG). Diese Personenvereinigungen oder selbständige Vermögensmassen können selbst am Rechtsverkehr teilnehmen. Sie können durch ihre Vertretungsorgane Verträge abschließen. Wenn z.B. ein Sportverein einen neuen Sportplatz kauft, wird der Verein selbst, vertreten durch den Vorstand, Partei des Kaufvertrages. Das einzelne Vereinsmitglied hingegen kann aus dem Vertrag keine Rechte herleiten.

Juristische Personen des öffentlichen Rechts sind selbständige Träger der öffentlichen Verwaltung. Es gibt:

- Körperschaften: Personenvereinigungen, denen öffentliche Aufgaben übertragen worden sind und bei denen die Mitglieder Einfluss auf die Willensbildung haben (z.B.: Gemeinden, Landkreise).
- Anstalten: organisatorisch verselbständigte Zusammenfassungen von Sachmitteln und Personal, die für eine bestimmte Verwaltungsaufgabe dem Bürger als Benutzer zur Verfügung gestellt werden (z.B.: Rundfunkanstalten, Badeanstalten).
- Stiftungen: rechtlich verselbständigte Vermögensmassen, die der Erfüllung einer öffentlichen Aufgabe dienen (z.B.: Stiftung Hilfswerk für behinderte Kinder).

Auch eine juristische Person des öffentlichen Rechts kann am Privatrechtsverkehr teilnehmen und z.B. Grundbesitz erwerben.

Und wo bleibt bei alledem Meisi? Sie ist als Tier nicht rechtsfähig. Nur natürliche oder juristische Personen sind rechtsfähig, können also Träger von Rechten und Pflichten sein. Ein Tier kann niemals Rechtsträger sein und damit Inhaber eines Vermögens. Also kann Meisi auch nicht von Arnold Kloshammer als Erbin eingesetzt werden. Herr Kloshammer müsste sich etwas anderes einfallen lassen: Er könnte eine natürliche Person, z.B. seinen Chauffeur, als Erben einsetzen mit der Auflage, sich um Meisi zu kümmern.

Übersicht: Rechtsfähigkeit:

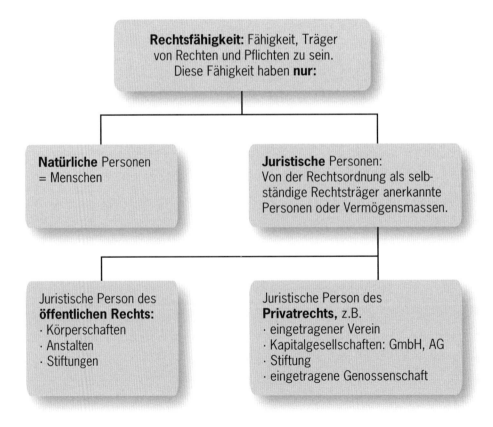

4. Kapitel: Rechtsanwendung

Im BGB und in den Gesetzen, Rechtsverordnungen und Satzungen warten unzählige Normen darauf, von Ihnen angewendet zu werden. Was bedeutet Rechtsanwendung genau? Zunächst ganz allgemein:

Auf der einen Seite stehen die Menschen im alltäglichen Leben, mit Problemen, Bedürfnissen und Streitereien. Auf der anderen Seite steht das Gesetz, das versuchen will, diese Probleme zu lösen. Aber weil Gesetze nicht für jeden einzelnen Fall gemacht werden können, müssen sie allgemein gehalten werden. Das bedeutet: Es können nur ganz abstrakt die Folgen genannt werden, die dann gelten, wenn ein bestimmter Lebenssachverhalt vorliegt.
Überall in der Rechtsordnung stößt man also auf vollständige Rechtsnormen, die aus einem Tatbestand und einer Rechtsfolge bestehen: Der Tatbestand schildert ganz allgemein und abstrakt einen bestimmten Lebenssachverhalt. Die Rechtsfolge legt fest, was für einen solchen Sachverhalt gelten soll. Tatbestand und Rechtsfolge sind dabei so miteinander verbunden, dass die Rechtsfolge nur dann gelten soll, wenn der Tatbestand erfüllt ist. Man kann also jede vollständige Rechtsnorm umformulieren in ein »Wenn ... Dann ...«.

Bei der Rechtsanwendung geht es nun darum, einen bestimmten Lebenssachverhalt (z.B. A zerkratzt absichtlich das Auto des B) mit dem Tatbestand einer Rechtsnorm zu vergleichen (hier z.B.: § 303 StGB: »Wer rechtswidrig eine fremde Sache beschädigt oder zerstört«). Wenn der Lebenssachverhalt genauso liegt, wie es der abstrakte Tatbestand der Rechtsnorm beschreibt, dann tritt auch die Rechtsfolge ein (im Beispiel: »...wird mit Freiheitsstrafe bis zu zwei Jahren oder mit Geldstrafe bestraft«).

Und jetzt speziell zur Rechtsanwendung im Rahmen des BGB:

Fall: A bietet dem B seine wertvolle Jugendstilvase zu einem Kaufpreis i.H.v. 1.000,– € an. B nimmt das Angebot an. Später überlegt es sich A anders und will die Vase nicht mehr an B übereignen. Kann B die Übereignung und Übergabe der Vase verlangen?

Worum geht es bei der Falllösung im bürgerlichen Recht eigentlich? Die Antwort in Kurzform lautet: Um Ansprüche.
Sie werden im bürgerlichen Recht in den allermeisten Fällen gefragt, ob jemandem Ansprüche gegen eine andere Person zustehen. Was ein Anspruch ist, steht auch im BGB: Das Recht von einem anderen ein Tun oder Unterlassen zu verlangen (§ 194 Abs. 1).
Sie sollen also darlegen, ob eine im Fall genannte Person von einer anderen Person etwas verlangen kann.

Die Falllösung beginnt in jedem Fall gleich, nämlich mit dem

1. Schritt: Wie lautet die Fallfrage?

Zu Beginn einer jeden Falllösung schauen Sie bitte ausschließlich auf die Fallfrage. Sie fangen also mit dem letzten Satz des Falltextes an. Das klingt ungewohnt, hat aber folgenden Grund: Sie sollen immer nur das untersuchen, wonach gefragt ist. »Logisch« werden Sie sagen, aber man muss wirklich aufpassen: Es kann nämlich leicht passieren, dass man anfängt, den Fall zu lesen, und einem fallen lauter Ansprüche ein, die der Volker aus dem Fall gegen den Kurt haben könnte, macht sich viele gute Gedanken, erstellt ein Lösungsschema und stellt nach einer Stunde wertvoller Klausurzeit fest, dass die Fallfrage lautet: »Was kann der Xaver verlangen?« Wenn Sie also als Erstes die Fallfrage lesen, kann das viel Zeit und Nerven sparen. Denn vielleicht kommt ja auch eine Klausur, in der die Frage nur lautet: »Ist ein Vertrag zustande gekommen?« Dann können Sie Ihre Ausführungen darauf beschränken und müssen leider Ihr ganzes anderes Wissen für sich behalten!

Wenn Sie die Fallfrage gelesen haben und im Anschluss daran den Sachverhalt (= Falltext), stellen Sie sich zunächst **immer** die Frage:

Woher um Himmels willen soll ich das wissen?
Nein, diese Frage natürlich nicht! Sie arbeiten gerade daran, dass Sie sich diese Frage nicht mehr, bzw. nicht mehr allzu oft stellen müssen. Also,

2. Schritt: Sie stellen sich die viel zitierte Vorfrage: Wer will was von wem woraus?

»Toll« werden Sie vielleicht sagen, »aber irgendwie hilft mir das immer noch nicht, mit dem BGB umzugehen.« Nun ja, bei den Fragen »wer« und »von wem« brauchen Sie das BGB auch noch gar nicht … Und bei der Frage »was« auch nicht … Dazu brauchen Sie nur den Sachverhalt. Sie schreiben sich einfach erst einmal diese drei Fragen mit den Antworten auf einen Zettel. Das brauchen Sie später für Ihren »Obersatz«.

Im oben geschilderten Fall könnten Sie also notieren:
Wer? B
Will was? Die Übereignung und Übergabe der Vase
Von wem? Von A

Jetzt kommt das eigentlich Spannende, und die Arbeit mit dem BGB geht los. »Woraus?« und die Antwort lautet nicht »aus Silber« oder »aus Gold«. Sondern jetzt suchen Sie die sogenannte **Anspruchsgrundlage**.

Man kann nämlich immer nur dann etwas von einer anderen Person verlangen, wenn das Gesetz, sprich das BGB, einem Recht gibt und sagt: Der kann das verlangen!!! Leider tut es das nicht immer so ganz ausdrücklich …

Was sind Anspruchsgrundlagen und wie sind sie gebaut?
Am Schönsten wäre natürlich, wenn im BGB für jeden konkreten Fall auch eine konkrete Antwort stehen würde. Aber dann müsste das BGB ein Zauberbuch sein, das sämtliche Fälle kennt, die es jemals gegeben hat und in Zukunft noch geben wird. Da das nicht geht, kann das BGB nur ganz abstrakt und allgemein darstellen, unter welchen Voraussetzungen jemand etwas von einem anderen verlangen kann. Rechtsnormen, die einen Anspruch einer Person gegen eine andere Person

begründen, heißen Anspruchsgrundlagen. Eine Anspruchsgrundlage erkennt man daran, dass in der Vorschrift steht: »... ist verpflichtet ...« oder »... hat Anspruch auf ...« oder etwas in der Richtung. Ein Beispiel für eine Anspruchsgrundlage ist § 433 Abs. 1 S. 1: »Durch den Kaufvertrag wird der Verkäufer einer Sache verpflichtet, dem Käufer die Sache zu übergeben und das Eigentum an der Sache zu verschaffen.«

Anspruchsgrundlagen bestehen – wie alle vollständigen Rechtsnormen – aus einem **Tatbestand** und einer **Rechtsfolge**. Anders gesagt: aus einem »Wenn« und einem »Dann«. Das »Wenn« (= Tatbestand) sind die Voraussetzungen, die vorliegen müssen, damit das »Dann« (= die Rechtsfolge) eintreten kann, s.o.

Die Anspruchsgrundlage § 433 Abs. 1 S. 1 BGB könnte man also auch so lesen: »Wenn ein Kaufvertrag vorliegt, dann ist der Verkäufer verpflichtet, dem Käufer die Sache zu übergeben und das Eigentum an der Sache zu verschaffen.«

Also, noch einmal:

Bei Anspruchsgrundlagen ordnet die **Rechtsfolge** das Verhalten an, das der Anspruchsberechtigte (= der, der etwas haben will) aufgrund der Norm vom Verpflichteten verlangen kann.

Beispiel: Bei § 433 Abs. 1 S. 1 BGB ist die Rechtsfolge: »Der Verkäufer einer Sache ist verpflichtet, dem Käufer die Sache zu übergeben und das Eigentum an der Sache zu verschaffen.« Das ist das Verhalten, das der Käufer vom Verkäufer verlangen kann.

Der **Tatbestand** enthält die Voraussetzungen, bei deren Vorliegen der Anspruch entsteht.

Beispiel: Die Voraussetzungen für einen Anspruch aus § 433 Abs. 1 S. 1 BGB ist das Vorliegen eines Kaufvertrages.

Die Rechtsfolge kann natürlich nur dann eintreten, wenn **alle** Tatbestandsvoraussetzungen vorliegen. Wenn nur ein Tatbestandsmerkmal fehlt, kann der Anspruchsberechtigte nicht das fordern, was er will. Der Anspruch ist dann nicht entstanden. Wenn es, wie sooft, um einen Anspruch auf Übereignung und Übergabe der Kaufsache geht, ist das natürlich kein Problem, weil es da nur eine Voraussetzung gibt, nämlich das Vorliegen eines Kaufvertrages.

Oftmals hilft aber nun die Anspruchsgrundlage allein nicht weiter. Wenn es da heißt: »Tatbestandsvoraussetzung: Kaufvertrag«, kann man damit erst einmal nicht so viel anfangen. Dann muss auf sogenannte **Hilfsnormen** zurückgegriffen werden. Zu der Frage, ob ein Vertrag geschlossen wurde, äußern sich die §§ 145 ff. Für den Abschluss eines Vertrages sind zwei übereinstimmende Willenserklärungen erforderlich: Angebot und Annahme. Diese Normen stehen im allgemeinen Teil, weil sie für alle Vertragsarten, die es so gibt, in gleicher Weise gelten (s.o. 2. Kapitel a)).

Nach diesem Ausflug zur Konstruktion von Anspruchsgrundlagen geht es jetzt wieder zurück zur eigentlichen Falllösung:

Bei der Falllösung geht es also darum, dass Sie eine Rechtsnorm suchen, die von ihrer Rechtsfolge her das vorsieht, was in Ihrem Fall jemand haben will. Dann prüfen Sie, ob alle gesetzlichen Voraussetzungen dieses Anspruches vorliegen.

Problem natürlich: Wie finde ich denn nun meine Anspruchsgrundlage: Eigentlich ganz einfach: Sie schauen zunächst nur auf die Rechtsfolge, die die Anspruchsgrundlage vorsieht. »Halt, halt«, werden Sie jetzt sagen. »Dazu muss ich ja erst einmal wissen, in welche Norm ich überhaupt gucken muss!« Ja, richtig ... Leider wird es an dieser Stelle etwas frustrierend: Sie müssen die infrage kommende Anspruchsgrundlage letztlich einfach *wissen bzw. wissen, wo Sie nachgucken müssen.*

Aber das ist viel leichter, als es auf den ersten Blick aussieht. Es geht nämlich eigentlich immer wieder um dieselben Anspruchsgrundlagen. In sehr vielen Fällen, mit denen Sie es zu tun kriegen, geht es um Ansprüche aus Kaufverträgen. Also, die da hauptsächlich infrage kommende Anspruchsgrundlage *kennen* Sie dann schon mal. Und bei den anderen Vertragsarten, die es so gibt, müssen Sie in das Inhaltsverzeichnis des zweiten Buches sehen, 8. Abschnitt: Einzelne Schuldverhältnisse, wo die Regelungen zu den einzelnen Vertragstypen stehen. Wenn Sie dann den Vertrag gefunden haben, um den es in Ihrem Fall geht, schauen Sie die Normen durch, bis Sie eine Norm gefunden haben, deren Rechtsfolge das zuspricht, was der Fordernde haben will.

Im obigen Fall, in dem der Käufer einer Sache die Übereignung und Übergabe der Sache verlangt, suchen Sie also eine Norm, in der drinsteht, dass der Verkäufer verpflichtet ist, dem Käufer die Sache zu übergeben und das Eigentum an der Sache zu verschaffen. Und wo das steht, wissen Sie, oder? Also, damit haben Sie Ihre Anspruchsgrundlage § 433 Abs. 1 S. 1 BGB, da die Rechtsfolge das ausspricht, was B will, nämlich die Übereignung und Übergabe der Vase.

Damit haben Sie alle Punkte der Frage »wer will was von wem woraus« beantwortet!
Und dann kommt der

3. Schritt: Sie formulieren Ihren »Obersatz«.

Der Obersatz muss alle Punkte der Frage »wer will was von wem woraus« beantworten. Sie stellen damit fest, was Gegenstand Ihrer Prüfung sein wird. Und an dieser Stelle kommt der sogenannte **Gutachtenstil** ins Spiel. Sie müssen in der Klausur nicht gleich fix und fertig Ihr Ergebnis präsentieren und z.B. schreiben: »Der Volker kann von Kasimir die Zahlung des Kaufpreises verlangen aus dem Kaufvertrag gemäß § 433 Abs. 2 BGB.« Und dieses Ergebnis dann begründen. Sie überlegen vielmehr zunächst nur, aus welcher Anspruchsgrundlage sich **möglicherweise** ein Anspruch ergeben **könnte,** und prüfen dann, ob dass, was im Gesetz abstrakt umschrieben ist, auch im Lebenssachverhalt vorliegt. Sie fragen sich bei jedem Tatbestandsmerkmal, ob es in Ihrem Sachverhalt gegeben ist. Dann kommen Sie **zuletzt** zu dem Ergebnis, ob der Anspruch besteht oder nicht besteht. Auf diese Weise können Sie während einer Klausur also noch eine »Kurskorrektur« vornehmen.

Da Sie noch nicht sicher sind, ob der Anspruch tatsächlich besteht, sondern dies erst in der nachfolgenden Prüfung feststellen wollen, wird der Obersatz im Konjunktiv formuliert: »Der Verkäufer **könnte** von dem Käufer die Zahlung des Kaufpreises aus dem Kaufvertrag gemäß § 433 Abs. 2 verlangen.«

In unserem Fall könnte der Obersatz lauten: »B könnte von A die Übergabe und Übereignung der Vase aus dem Kaufvertrag gemäß § 433 Abs. 1 S. 1 BGB verlangen.«

4. Schritt: Subsumtion: Welche gesetzlichen Voraussetzungen hat der geltend gemachte Anspruch? Und liegen diese gesetzlichen Voraussetzungen im Sachverhalt vor?

Und damit geht die Hauptarbeit leider erst los ... Sie müssen jetzt nämlich prüfen, ob die Voraussetzungen, die das Gesetz abstrakt und allgemein für Ihren Anspruch vorsieht, in Ihrem konkreten Fall auch vorliegen. Nur dann kann ja die gewünschte Rechtsfolge, nämlich der Anspruch, den Sie haben wollen, auch eintreten. Diese Prüfung, ob der Ihnen vorliegende Sachverhalt die abstrakten Tatbestandsmerkmale der Norm erfüllt, nennt man **Subsumtion.**

Dabei geht es letztlich um den Vergleich von Gesetz und Lebenssachverhalt. Kurz gesagt: Die gesetzliche Anspruchsgrundlage hat, wie oben gezeigt, die Struktur: Wenn die Voraussetzungen vorliegen, tritt die Rechtsfolge = Anspruch ein.

Sie haben einen bestimmten Sachverhalt, in dem jemand die Rechtsfolge = Anspruch haben will. Nun müssen Sie zeigen, dass Ihr Sachverhalt alle gesetzlichen Voraussetzungen erfüllt, denn dann tritt für Ihren konkreten Fall auch die Rechtsfolge ein, die im Gesetz steht.

Weil das Gesetz aber sehr abstrakt und allgemein ist, um für alle Fälle in gleicher Weise gelten zu können, lässt es sich meist nicht sofort mit Ihrem Sachverhalt vergleichen.

Wenn in Ihrem Sachverhalt schon drinsteht: »A und B haben einen Kaufvertrag geschlossen«, ist es natürlich kein Problem, aber meist steht da, dass A und B irgendetwas erzählt haben und irgendetwas gemacht haben und ob das nun ein Kaufvertrag ist, weiß der Himmel …

Es genügt an dieser Stelle nicht, die gesetzlich vorgeschriebenen Tatbestandsmerkmale mitzuteilen und dann den Sachverhalt zu wiederholen. Es muss vielmehr eine Beziehung zwischen beiden hergestellt werden, sozusagen der kleinste gemeinsame Nenner gefunden werden. Man muss die gesetzlichen Voraussetzungen der Anspruchsgrundlage auslegen, d.h. so »zurechtbiegen«, dass man sie irgendwann auf den Lebenssachverhalt übertragen kann. Sie müssen sagen, welche Anforderungen das Gesetz stellt, damit aus einem bestimmten Verhalten der Personen der Abschluss eines Kaufvertrages wird. Dann gucken Sie, ob das Verhalten der Personen in Ihrem Sachverhalt diesen Anforderungen gerecht wird.

Der Gesetzestext muss also in diesem Stadium der Falllösung von Ihnen mit Hilfe von mühsam auswendig gelernten Definitionen oder mit Hilfe von Hilfsnormen aus dem Allgemeinen Teil dem Lebenssachverhalt nach und nach angenähert werden, bis beide übereinstimmen und man sagen kann: Ja, das abstrakte Tatbestandsmerkmal ist mit meinem Lebenssachverhalt vergleichbar. Der Sachverhalt ist genauso wie das gesetzlich vorgeschriebene »Wenn«, also gilt für meinen Fall auch das »Dann«, die gesetzlich vorgesehene Rechtsfolge.

Sie folgen dabei praktisch diesem Prüfungsschema:
Welches sind die gesetzlichen Voraussetzungen des geltend gemachten Anspruchs? Was bedeutet die gesetzliche Voraussetzung überhaupt? Und liegt diese gesetzliche Voraussetzung in meinem Fall vor? Dabei nehmen Sie sich jedes gesetzliche Tatbestandsmerkmal einzeln vor. Die Prüfung beginnen Sie im Konjunktiv, da Sie ja noch nicht wissen, ob der Sachverhalt unter die von Ihnen gewählte gesetzliche Vorschrift passt. Beispiel: »Die Parteien müssten einen Kaufvertrag geschlossen haben.«

In unserem Fall ist die gesetzliche Voraussetzung für den von B geltend gemachten Anspruch das Vorliegen eines wirksamen Kaufvertrages. Sie formulieren: »A und B müssten einen Kaufvertrag geschlossen haben.« Ob ein Kaufvertrag vorliegt, kann man auf Anhieb nicht sagen. Sie müssen das Gesetz auslegen, um sagen zu können, ob A und B einen Vertrag geschlossen haben. Dazu muss ich erst einmal sagen, was ein Vertrag ist: Eine Willenseinigung, die aus zwei inhaltlich übereinstimmenden, mit Bezug aufeinander abgegebenen Willenserklärungen von mindestens zwei Personen besteht, Angebot und Annahme. Ich muss prüfen, ob A ein Angebot abgegeben hat und ob B dieses Angebot angenommen hat.

5. Schritt: Übertragung auf den Lebenssachverhalt
Wenn Sie den »puren« Gesetzestext so weit »verdünnt« haben, dass Sie sagen können: »Das ist in meinem Lebenssachverhalt der Fall«, übertragen Sie den Gesetzestext auf den

Lebenssachverhalt, indem Sie feststellen, dass der tatsächliche Lebenssachverhalt mit der Definition des gesetzlichen Tatbestandsmerkmals übereinstimmt. Sie stellen den Lebenssachverhalt der von Ihnen entwickelten Erläuterung des gesetzlichen Merkmals gegenüber und vergleichen. Dann ziehen Sie die Schlussfolgerung: »Also ist das gesetzliche Tatbestandsmerkmal erfüllt.« Dass, was Sie am Anfang nur als Möglichkeit im Konjunktiv formuliert haben, können Sie jetzt als Ergebnis feststellen.

Wenn Sie im Ausgangsfall das gesetzliche Tatbestandsmerkmal »Kaufvertrag« erläutert haben und dargelegt haben, dass ein Kaufvertrag durch zwei übereinstimmende Willenserklärungen zustande kommt, nämlich durch Angebot und Annahme, müssen Sie diese Merkmale mit Ihrem Sachverhalt vergleichen. Dort heißt es, dass A dem B die Vase angeboten hat und B dieses Angebot angenommen hat. An dieser Stelle können Sie die gesetzlichen Voraussetzungen mit Ihrem Sachverhalt vergleichen: »A hat laut Sachverhalt ein Angebot abgegeben und B hat dieses Angebot angenommen. Es liegen somit zwei übereinstimmende Willenserklärungen vor. Also ist ein Kaufvertrag über die Vase zu einem Kaufpreis von 1.000,– € zustande gekommen. Folglich hat B einen Anspruch auf Übereignung und Übergabe der Vase.«

Wenn Sie zu dem Schluss gekommen sind, dass alle Tatbestandsmerkmale Ihrer Anspruchsgrundlage vorliegen, stellen Sie fest, dass der Anspruch entstanden ist. Das ist allerdings manchmal nur der erste Schritt …

Bei der Prüfung der einzelnen Anspruchsgrundlage ist nämlich nach folgendem Grundschema zu verfahren:

1. Ist der Anspruch entstanden?
Soweit sind Sie, wenn die gesetzlichen Voraussetzungen der Anspruchgrundlage vorliegen. Bei dem Anspruch aus § 433 Abs. 1 S. 1 also, wenn Sie festgestellt haben, dass ein Kaufvertrag geschlossen wurde. Wenn schon gar keine zwei übereinstimmenden Willenserklärungen vorliegen oder z.B. die Voraussetzungen der §§ 134; 138; 125; 104; 105; 108 oder 177 vorliegen, ist der Anspruch gar nicht erst entstanden.

2. Ist der Anspruch untergegangen?
Möglicherweise ist der Anspruch, der eigentlich wirksam entstanden ist, wieder erloschen, z.B. durch
– Anfechtung, § 142
– Unmöglichkeit, § 275 I
– Rücktritt, § 346 Abs. 1 BGB
– Erfüllung, § 362

3. Ist der Anspruch durchsetzbar?
Hier ist zu prüfen, ob der Anspruch möglicherweise nicht mehr zwangsweise durchgesetzt werden kann, weil der Schuldner die Leistung aus irgendeinem Grund verweigern kann.
Das ist z.B. dann der Fall, wenn der Anspruch verjährt ist, § 214 Abs. 1.

Dieses Grundschema sollten Sie im Kopf durchgehen, wenn Sie einen Fall durchlösen. Hinschreiben sollte Sie zu den einzelnen Punkten nur etwas, wenn es dafür Anhaltspunkte gibt.

Erst wenn Sie dieses Schema durchgegangen sind und sich ggf. zu den Punkten im Einzelnen ausgelassen haben, sind Sie fertig. Und können das Ergebnis feststellen: »A hat gegen B einen Anspruch auf das und das« oder »A hat gegen B keinen Anspruch auf das und das«.

Bei der Prüfung der Frage, ob der Anspruch untergegangen und durchsetzbar ist, folgen Sie wieder dem gleichen Prüfungsschema: Sie gehen von der Rechtsfolge der zu prüfenden Norm aus und gucken, ob die Voraussetzungen vorliegen. Ggf. müssen die Voraussetzungen wieder erläutert werden und dann mit dem Sachverhalt verglichen werden.

Zusammenfassung

Bei der Prüfung, ob ein Anspruch besteht, folgen Sie diesem Schema:
1. Die Anspruchsgrundlage wird genannt.
2. Die gesetzlichen Voraussetzungen dieser Anspruchsgrundlage werden genannt.
3. Die gesetzlichen Voraussetzungen der Anspruchsgrundlage werden erläutert bzw. ausgelegt, bis sie mit dem Sachverhalt vergleichbar sind.
4. Es wird geguckt, ob der Sachverhalt genauso liegt, wie die gesetzlichen Voraussetzungen.
5. Es wird festgestellt, dass die gesetzlichen Voraussetzungen im Sachverhalt vorliegen/nicht vorliegen. Es wird das Endergebnis festgestellt.

5. Kapitel:
Vertrag und Willenserklärung

Die Deckung des eigenen täglichen Bedarfs erfolgt in erster Linie durch den Abschluss von Verträgen: Jeder Mensch braucht Essen und ein Dach über dem Kopf. Wenn man sich diese Dinge nicht mit Hilfe von roher Gewalt beschaffen möchte, bleibt nur eine Möglichkeit:

Man muss Verträge schließen:
Lebensmittel kann man kaufen (Kaufvertrag, §§ 433 ff. BGB, Ware gegen Geld), eine Wohnung mieten (Mietvertrag §§ 535 ff. BGB, Benutzung gegen Geld) oder ebenfalls kaufen (§§ 433 ff. BGB).

Um die Gegenstände des täglichen Bedarfs zu erhalten, muss man also jemanden finden, der das hat, was man braucht, und der bereit ist, gegen eine entsprechende Bezahlung die Sache herzugeben. Allen Verträgen ist gemeinsam, dass es nicht nur um den Willen einer Person geht. Vielmehr kommt ein Vertrag nur dann zustande, wenn **zwei** Personen sich einig sind. Beide Personen müssen jeweils ihren Willen erklären, einen Vertrag miteinander schließen zu wollen. Es ist also eine Erklärung von jeder der beiden Vertragsparteien erforderlich. Diese rechtlich relevanten Erklärungen nennt das Gesetz **Willenserklärungen**.
Nicht jeder Wille, den man äußert, stellt eine Willenserklärung dar. Wenn die Ehefrau am Frühstückstisch ihren Mann bittet, ihr die Butter zu reichen, äußert sie damit zwar ihren Willen (sie will die Butter haben), aber diese Äußerung hat keine **rechtlichen** Konsequenzen. Nur dann, wenn der geäußerte Willen auf die Herbeiführung einer bestimmten Rechtsfolge gerichtet ist, liegt eine Willenserklärung vor.

> Eine Willenserklärung ist eine private Willensäußerung, die auf die Erzielung einer Rechtsfolge gerichtet ist.

Aus zwei Willenserklärungen kann dann ein Vertrag werden, wenn die Erklärungen inhaltlich übereinstimmen. Beide Vertragsparteien müssen sich über den Inhalt des Vertrages einig sein. Sie müssen sich sozusagen »vertragen«.

> Ein Vertrag ist eine Willenseinigung, d.h. ein Rechtsgeschäft, das aus inhaltlich übereinstimmenden, mit Bezug aufeinander abgegebenen Willenserklärungen von mindestens zwei Personen besteht.

Bevor es um Verträge geht, muss man erst einmal wissen, was genau Willenserklärungen als Kern eines jeden Vertrages sind.

I. Die Bestandteile einer Willenserklärung

Bauamtsleiter Bert Baumann (B) wankt am Sonntag früh zu nachtschlafender Zeit (11.00 Uhr) zum Kiosk. Er greift wortlos in den Zeitungsständer und nimmt sich eine Zeitung heraus. Das Geld legt er der Kioskverkäuferin wortlos auf den Tisch und verlässt – weiterhin muffelnd – den Laden. Hat B einen Vertrag mit der Verkäuferin über den Kauf der Zeitung geschlossen?

Jeder Vertrag besteht also aus zwei übereinstimmenden Willenserklärungen, Angebot und Annahme. Wann aber liegt eine Willenserklärung vor? Die Definition, »Eine Willenserklärung ist jede private Willensäußerung, die auf die Erzielung einer Rechtsfolge gerichtet ist«, hilft nur begrenzt weiter.

Zunächst einmal darf man nämlich den Begriff »Willenserklärung« nicht zu wörtlich nehmen. Willens**erklärung** bedeutet nicht, dass der Erklärende den Mund aufmachen muss und etwas sagen muss, um eine Willenserklärung abzugeben. Auch durch ein bestimmtes **Verhalten** »ohne Worte« kann man eine Willenserklärung abgeben.

Im obigen Fall darf man also den Abschluss eines Kaufvertrages nicht schon deshalb ablehnen, weil B während des ganzen Vorganges die Zähne nicht auseinander bekommt. Allein durch sein Verhalten kann B eine Willenserklärung abgeben.

Aber Vorsicht: Es muss wenigstens **irgendein** Verhalten vorliegen. Wenn jemand **gar nichts macht**, kann sein Schweigen nicht einfach als Willenserklärung gedeutet werden. Das geht nur, wenn es eine entsprechende Vereinbarung zwischen den Parteien gibt oder das Gesetz dem Schweigen einen entsprechenden Erklärungswert beilegt, z.B. in § 516 Abs. 2 S. 2 BGB. Zum Schweigen als Willenserklärung im Einzelnen, → III. 2.c, Annahme

Schon der Name **Willenserklärung** weist darauf hin, dass eine Willenserklärung aus zwei Teilen besteht: dem **Willen** (= innerer Erklärungstatbestand) und der **Erklärung** dieses Willens (= äußerer Erklärungstatbestand). Da der Wille einer Person zunächst nicht erkennbar ist, muss er nach außen durch die Erklärung erkennbar gemacht werden.

Bestandteile einer Willenserklärung:

Wille
Innerer Erklärungstatbestand
z.B.:
»Ich will die örtliche
Tageszeitung für 0,80 €
kaufen.«

Erklärung
Äußerer Erklärungstatbestand:
Gang zur Kasse mit der
Zeitung in der Hand,
Geld auf den Tisch legen.

Im Rechtsverkehr kommt es zunächst allein darauf an, wie der erklärte Willen, **nach außen** zu verstehen war. Was der Erklärende tatsächlich gewollt hat, ist erst einmal unbeachtlich. Entscheidend ist, welchen Willen der Erklärungsempfänger der geäußerten Erklärung entnehmen kann. Leider steht das im BGB nicht so ganz ausdrücklich. Da steht etwas ganz anderes:

§ 133 BGB lautet: »Bei der Auslegung einer Willenserklärung ist der wirkliche Wille zu erforschen und nicht an dem buchstäblichen Sinne des Ausdrucks zu haften.« Das heißt eigentlich gerade das Gegenteil: Entscheidend ist der wirkliche Wille des Erklärenden und nicht das, was er erklärt hat! Wenn man aber nur auf den wirklichen Willen des Erklärenden abstellen würde, gäbe es allerdings einen Haufen Probleme: Jeder Mensch könnte Willenserklärungen abgeben und hinterher behaupten, dass er etwas ganz anderes gewollt hat und seine Willenserklärung so gar nicht mehr gültig sein soll. Der jeweilige Erklärungsempfänger könnte sich nie darauf verlassen, dass die Erklärung auch dem entspricht, was der Erklärende gewollt hat.

Um das Vertrauen des Erklärungsempfängers zu schützen, könnte man deshalb sagen: »Die Willenserklärung hat den Inhalt, wie der Erklärungsempfänger sie tatsächlich verstanden hat.« Aber dann würde man dem Erklärungsempfänger die Macht einräumen, den Inhalt der Willenserklärung festzulegen. Dann könnte der Erklärungsempfänger immer sagen: »Ich habe die Willenserklärung so verstanden, also gilt das auch.« Das würde dem Erklärungsempfänger alle Macht geben.

Sinnvollerweise darf also weder der Erklärende noch der Erklärungsempfänger letztlich allein ausschlaggebend sein. Und was macht das BGB? Es geht den goldenen Mittelweg: Gemäß § 157 sind »Verträge so auszulegen, wie Treu und Glauben mit Rücksicht auf die Verkehrssitte es erfordern.« Aus dieser Vorschrift wird hergeleitet, dass weder der wirkliche Wille des Erklärenden entscheidend ist noch die Sicht des Erklärungsempfängers. Es ist vielmehr allein darauf abzustellen, wie der Empfänger die Erklärung »nach Treu und Glauben mit Rücksicht auf die Verkehrssitte hätte verstehen müssen.« Das bedeutet übersetzt: Man muss sich einen objektiven, verständigen Dritten an die Stelle des Erklärungsempfängers denken und sich fragen, wie dieser die Erklärung verstanden hätte. Das heißt dann: **Die Willenserklärung wird ausgelegt nach dem objektiven Empfängerhorizont.** Zunächst gilt also erst einmal die Willenserklärung mit dem Inhalt, wie sie vom Empfänger bei der ihm zumutbaren Sorgfalt zu verstehen ist. Dem Erklärenden bleibt gegebenenfalls nur die Möglichkeit, seine Willenserklärung anzufechten und sich auf diese Weise von dem geschlossenen Vertrag zu lösen (zur Anfechtung im Einzelnen s. 9. Kapitel).

1. Der äußere Erklärungstatbestand der Willenserklärung

Weil im Rechtsverkehr zunächst immer nur auf das geguckt wird, was der Erklärende geäußert hat und sein Wille erst einmal unwichtig ist, schauen auch wir zunächst nur auf die Bestandteile, die die Willenserklärung nach außen haben muss:

Damit eine Äußerung eine Willenserklärung darstellt, muss der äußere Erklärungstatbestand **aus der Sicht des Erklärungsempfängers** einen **Handlungswillen**, einen **Rechtsbindungswillen** und einen **Geschäftswillen** enthalten.

a) Der Handlungswille: Der Erklärende will *irgendeine* Handlung vornehmen.

Die Willenserklärung muss von einem Handlungswillen getragen sein. Unter dem Handlungswillen versteht man den Willen, eine bestimmte Handlung vorzunehmen. Der Handlungswille liegt bei jedem willensgesteuerten Verhalten vor. Er fehlt nur, wenn ein Verhalten nicht willensgesteuert ist, z.B. bei Bewegungen im Schlaf oder in Hypnose.

Im obigen Fall liegt der Handlungswille vor, weil B bewusst und willensgesteuert zum Kiosk gegangen ist und die Zeitung aus dem Ständer genommen hat. Nur wenn er als Schlafwandler zum Kiosk marschiert wäre, würde der Handlungswille fehlen.

Wenn der Handlungswille fehlt, liegt keine Willenserklärung vor.

b) Der Rechtsbindungswille: Der Erklärende will eine *rechtliche* Bindung eingehen.
Die geäußerte Erklärung muss für den Erklärungsempfänger den Schluss darauf zulassen, dass der Erklärende **irgendeine rechtliche Bindung** eingehen will. **Wenn für den Erklärungsempfänger deutlich wird, dass der Erklärende sich nicht rechtlich binden will, liegt keine Willenserklärung vor.**

Im obigen Fall würde ein Rechtsbindungswille erkennbar fehlen, wenn B nur zum Plaudern vorbeigekommen wäre. Plaudern will B aber offenbar nicht, eher das Gegenteil. So lässt das Verhalten des B aus der Sicht der Verkäuferin nur den Schluss zu, dass B sich rechtlich binden will, nämlich einen Kaufvertrag abschließen will.

Wichtig: An dieser Stelle geht es noch nicht um die Frage, welche rechtliche Bindung genau eingegangen werden soll, also was für ein Vertrag genau abgeschlossen werden soll. Hier geht es nur darum, ob der Erklärende deutlich gemacht hat, dass er überhaupt eine rechtliche Bindung eingehen will.

Bei Gefälligkeiten liegt ebenfalls kein Rechtsbindungswille vor, es sei denn die Parteien wollten einen Gefälligkeitsvertrag schließen:
Ob das der Fall ist, richtet sich danach, ob
– eine wertvoll Sache anvertraut wird
– die Angelegenheit wirtschaftliche Bedeutung hat
– der Begünstigte ein besonderes Interesse an der Leistung hat

c) Der Geschäftswille: Der Erklärende will ein ganz bestimmtes Geschäft abschließen
Der Erklärende muss deutlich machen, welche Rechtsfolgen er mit seiner Erklärung genau herbeiführen will. Während es beim Rechtsbindungswillen noch um die Frage ging, ob sich der Erklärende überhaupt rechtlich binden will, geht es jetzt darum, welchen Vertrag der Erklärende genau abschließen will. **Wenn kein bestimmter Geschäftswille erkennbar ist, liegt keine Willenserklärung vor.**

Im obigen Fall wird deutlich, dass B eine ganz bestimmte Zeitung kaufen will: Nicht »Klatsch und Tratsch« oder die »Zeitschrift für Taubenzüchter«, sondern die örtliche Tageszeitung soll es sein. Das ist sein Geschäftswille.
Damit liegen nach außen alle Merkmale einer Willenserklärung vor. B hat also durch sein Verhalten ein Angebot zum Abschluss eines Kaufvertrages über die Tageszeitung abgegeben. Die Verkäuferin hat dieses Angebot auch angenommen, indem sie das Geld des B entgegennahm. Also ist ein Kaufvertrag zwischen B und der Verkäuferin zustande gekommen, ohne dass sie ein Wort miteinander gewechselt haben!

Übersicht: Der äußere Erklärungstatbestand einer Willenserklärung:

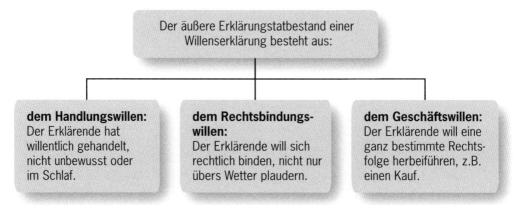

Fehlt eines dieser Elemente, liegt keine Willenserklärung vor!

2. Der innere Erklärungstatbestand der Willenserklärung

Nun kommt die andere Hälfte der Willenserklärung, nämlich der wirkliche Wille des Erklärenden. Im Idealfall entspricht der innere Wille dem äußeren Erklärungstatbestand. Er besteht ebenfalls aus dem Handlungswillen und dem Geschäftswillen. Der einzige Unterschied ist, dass an die Stelle des Rechtsbindungswillens das **Erklärungsbewusstsein** tritt. Das Erklärungsbewusstsein ist das Bewusstsein des Erklärenden, dass seine Handlung **irgendeine rechtserhebliche Erklärung** darstellt. Das Erklärungsbewusstsein fehlt, wenn jemand meint, nur eine allgemeine Äußerung getätigt zu haben, die keinerlei Rechtsfolgen auslöst.

Was geschieht aber, wenn der äußere Erklärungstatbestand einer bestimmten Willenserklärung vorliegt, aber der Erklärende einen ganz anderen Willen hatte?
An dieser Stelle muss geprüft werden, welcher Bestandteil des inneren Willens fehlt. Je nachdem ergeben sich unterschiedliche Rechtsfolgen:

a) der Handlungswille fehlt
Fall: Der schlicht gestrickte Kasimir ist der schönen Esmeralda hoffnungslos verfallen. Diese versteht sich auf viele Künste, unter anderem auch auf Hypnose. Sie hypnotisiert Kasimir und lässt ihn unter Hypnose eine Bestellung für einen wunderbaren Nerzmantel beim Pelzgeschäft »Teuer und Taugt nix« aufgeben. Später hebt sie sich mitsamt dem Mantel davon. Hat Kasimir mit »Teuer und Taugt nix« einen Kaufvertrag abgeschlossen?

Wenn der Handlungswille nach außen hin vorhanden ist, innen aber fehlt, liegt nie eine Willenserklärung vor. Das ist der einzige Fall, wo keine Willenserklärung vorliegt, auch wenn es für den Erklärungsempfänger so aussieht. Hier ist also der Empfängerhorizont unbeachtlich.

Im obigen Fall liegt aus der Sicht des Pelzgeschäftes erst einmal eine Willenserklärung vor: Von dort kann man nicht erkennen, dass Kasimir seine Bestellung unter Hypnose gemacht hat. Für das Pelzgeschäft sieht es so aus, als wenn Kasimir tatsächlich den Nerzmantel kaufen wollte. Alle drei Bestandteile Handlungswillen, Rechtbindungswillen und Geschäftswillen sind nach außen gegeben. Da dem K aber beim inneren Erklärungstatbestand der Handlungswille fehlt, liegt keine Willenserklärung von ihm vor. Da keine Willenserklärung des Kasimir vorliegt, konnte auch kein Kaufvertrag zustande kommen, da dieser *zwei* übereinstimmende Willenserklärungen erfordert. Hier gibt es nur die Willenserklärung des Pelzgeschäftes.

b) Das Erklärungsbewusstsein fehlt

Fall: Der Bürgermeister Bert Brummelig (B) von Schnurpseldingen ist stark kurzsichtig. Seine Sekretärin legt ihm zwei Schreiben vor: Ein Glückwunschschreiben für den Leiter des Bauamtes zum 50. Geburtstag und eine Bestellkarte eines Verlages für einen Bildband mit Luftaufnahmen von der Stadt Schnurpseldingen. Beide Karten ähneln sich vom Format her. Da B seine Brille nicht zur Hand hat und nicht genau aufpasst, unterschreibt er die Bestellkarte statt des Glückwunschschreibens und übergibt sie seiner Sekretärin. Einige Tage später erhält B den Bildband nebst Rechnung über 39,00 €.
Kann der Verlag von B Abnahme und Zahlung des Bildbandes verlangen?

Wenn jemand durch eine Äußerung eine Willenserklärung abgibt, obwohl er eigentlich nichts Rechtserhebliches erklären wollte, sondern davon ausging, nur eine allgemeine Äußerung zu tätigen, wird es schwierig: An dieser Stelle streiten sich die Gelehrten, ob eine Willenserklärung vorliegt oder nicht.
Nach meiner Ansicht liegt bei fehlendem Erklärungsbewusstsein keine Willenserklärung vor.

Im obigen Fall könnte sich B also leicht aus der Affäre ziehen. Er hätte keine Willenserklärung abgegeben, also ist kein Vertrag zustande gekommen. Andererseits muss aber das Vertrauen des Erklärungsempfängers geschützt werden. Vom Verlag kann nicht verlangt werden, dass er immer noch einmal nachfragt, ob der Besteller seine Bestellung auch wirklich abgeben wollte. Es kann aber sehr wohl vom B verlangt werden, dass er genau guckt, was er unterschreibt. Daher geht die herrschende Meinung in solchen Fällen einen anderen Weg:

Nach der herrschenden Meinung liegt bei fehlendem Erklärungsbewusstsein eine Willenserklärung vor, **wenn der Erklärende bei Anwendung der im Verkehr erforderlichen Sorgfalt hätte erkennen können, dass die Erklärung objektiv als Willenserklärung aufgefasst wird.** Der Erklärende muss also aufpassen, was er tut. Wenn er sich in einer bestimmten Umgebung befindet, muss er Rücksicht darauf nehmen, dass seine Mitmenschen sein Verhalten auf eine bestimmte Art und Weise deuten. Also wird bei fehlendem Erklärungsbewusstsein erst einmal von einer Willenserklärung ausgegangen. Damit der arme Erklärende aber nicht dauerhaft an seine Willenserklärung gebunden bleibt, gibt ihm die herrschende Meinung die Möglichkeit, seine Willenserklärung anzufechten. Dazu unten im Kapitel Anfechtung.

*Im vorliegenden Fall liegen nach außen **für den Verlag** alle Merkmale einer Willenserklärung vor: Handlungswille, Rechtsbindungswille und Geschäftswille. Deshalb liegt zunächst eine Willenserklärung des B vor! Es wird immer nur auf das geguckt, was nach außen beim Erklärungsempfänger angekommen ist.*
*Problem aber: dem B fehlte das Bewusstsein, dass sein Verhalten eine rechtserhebliche Erklärung darstellt. Dennoch liegt eine Willenserklärung vor. Entscheidend ist, dass B, wenn er aufgepasst hätte, hätte erkennen können, dass sein Verhalten als Willenserklärung gedeutet werden kann. Er hätte eben seine Lesebrille suchen müssen. Nur wenn B **nicht** hätte erkennen können, dass sein Verhalten nach außen als Willenserklärung gedeutet wird, würde keine Willenserklärung vorliegen. In unserem Fall*

bleibt es also bei einer Willenserklärung des B. Jedoch hat B die Möglichkeit, seine Willenserklärung anzufechten.

c) Der Erklärende hatte keinen bzw. einen anderen Geschäftswillen

Wenn der Erklärende einen anderen Geschäftswillen hat, als er tatsächlich mit seiner Willenserklärung geäußert hat, so liegt stets eine Willenserklärung vor. Sein abweichender Wille schadet nicht. Die Willenserklärung hat den Inhalt, wie der Erklärungsempfänger sie bei Anwendung der ihm zumutbaren Sorgfalt verstehen konnte. Dem Erklärenden, der tatsächlich etwas anderes wollte, bleibt nur die Möglichkeit, seine Willenserklärung anzufechten, wenn die Voraussetzungen der §§ 119 ff. BGB vorliegen. Dazu im Einzelnen im Kapitel Anfechtung.

Übersicht: Der innere Erklärungstatbestand der Willenserklärung:

II. Wirksamwerden der Willenserklärung: empfangsbedürftige – nicht empfangsbedürftige Willenserklärung

Nachdem es eben um die Bestandteile einer Willenserklärung ging, geht es jetzt um die Frage, wie man eine wirksame Willenserklärung in die Welt setzen kann. Nicht jede Willenserklärung ist schon dann wirksam in der Welt, wenn sie geäußert wurde oder zu Papier gebracht wurde. Das Gesetz unterscheidet zwischen **empfangsbedürftigen** und **nicht empfangsbedürftigen Willenserklärungen.**

1. Empfangsbedürftige Willenserklärung

Eine empfangsbedürftige Willenserklärung, wie der Name schon sagt, »bedarf eines Empfanges«. Empfangsbedürftige Willenserklärungen sind solche, die an eine andere Person gerichtet sind und von denen eine bestimmte Reaktion auf die Willenserklärung erwartet wird. Beispiel: Ein Angebot zum Abschluss eines Kaufvertrages ist an eine bestimmte andere Person gerichtet. Von dieser erwartet der Erklärende, dass sie sich zu dem Angebot äußert und das Angebot im Idealfall annimmt. Weil eine Reaktion des Erklärungsempfängers auf die Willenserklärung erwartet wird, ist es für das Wirksamwerden einer empfangsbedürftigen Willenserklärung nicht ausreichend, dass der Erklärende sie im stillen Kämmerlein vor sich hin erzählt. Vielmehr soll sich die Person, an die sich die Erklärung richtet, darauf einstellen können, dass eine Willenserklärung an sie gerichtet wird. Aus diesem Grund wird eine empfangsbedürftige Willenserklärung erst dann wirksam, wenn der Erklärende sie **abgegeben** hat und sie dem Erklärungsempfänger **zugegangen** ist, § 130 I 1 BGB. Leider sagt das Gesetz nicht, was genau unter Abgabe und Zugang der Willenserklärung zu verstehen ist. Hier haben Sie reichlich Gelegenheit zum Auswendiglernen:

a) Abgabe der Willenserklärung

Fall: Wieder der Bürgermeister von Schnurpseldingen: Brummelig und seine Frau steuern auf die Silberhochzeit zu. Zu diesem Anlass möchte B seiner Frau eine besondere Freude machen. Er wählt aus einem Versandkatalog einen hochmodernen Dampfdrucktopf aus, von dem er weiß, dass seine Frau ihn sich schon lange gewünscht hat. Er füllt das Bestellformular aus und lässt es auf seinem Schreibtisch im Amtszimmer liegen, da er sich die Sache noch einmal durch den Kopf gehen lassen möchte. Tatsächlich kommen ihm am nächsten Tag Zweifel, als seine Frau sich weigert, ihm zur Fußballübertragung im Fernsehen ein Bier zu bringen. Also nimmt er von der Kaufentscheidung Abstand. Als er das Bestellformular vernichten will, muss er aber feststellen, dass seine eifrige Vorzimmerdame in der Vorstellung, er habe nur vergessen, das Formular abzuschicken, dieses schon weggeschickt hat. Als das Versandhaus den Kochtopf schickt, fragt sich B, ob wirklich ein Vertrag zwischen ihm und dem Versandhaus zustande gekommen ist.

> Eine empfangsbedürftige Willenserklärung ist dann abgegeben worden, wenn sie vom Erklärenden **willentlich** so in den Verkehr gebracht worden ist, dass ohne sein weiteres Zutun der Zugang eintreten kann.

Bei **mündlichen** Äußerungen ist die Erklärung dann abgegeben, wenn sie **ausgesprochen** worden ist. Bei einer **schriftlichen** Erklärung ist die Willenserklärung erst dann abgegeben worden, wenn der Erklärende **alles getan hat, damit die Erklärung zum Empfänger gelangt.**
Wenn eine Willenserklärung auf dem Postweg verschickt werden soll, ist sie also dann abgegeben, wenn sie der Erklärende in den Briefkasten gesteckt hat. Erst dann muss der Erklärende nichts mehr tun, damit die Willenserklärung dem Empfänger zugeht.

Im obigen Fall hatte B noch nicht alles getan, damit seine Willenserklärung zum Versandhaus gelangt. Das wäre erst der Fall gewesen, wenn er das Bestellfomular in den Briefkasten gesteckt hätte oder es seiner Vorzimmerdame gegeben hätte, damit diese es abschickt. So ist die Bestellung zwar zum Versandhaus gelangt, aber ohne den Willen des B. Da es an einer willentlichen Entäußerung fehlt, ist die Willenserklärung nicht abgegeben worden. Daher ist die Willenserklärung des B nicht wirksam geworden. Nur das Versandhaus hat hier eine wirksame Willenserklärung abgegeben, indem es den

Kochtopf zugesandt hat. Eine Willenserklärung reicht aber für den Abschluss eines Kaufvertrages nicht aus. Daher ist zwischen B und dem Versandhaus kein Kaufvertrag zustande gekommen.

b) Zugang der Willenserklärung

Fall: Während der Fußballweltmeisterschaft geht einen Tag vor dem Finale das Fernsehgerät von Oliver K. kaputt. In höchster Not ruft er beim Elektrogeschäft des Jens L. an, um sofort ein neues Gerät zu bestellen. Dort erreicht er, da es bereits 22.00 Uhr ist, nur den Anrufbeantworter, der seine Bestellung aufzeichnet. Am nächsten Morgen öffnet Jens L. um 9.00 Uhr sein Geschäft. Wegen des großen Andrangs während der WM kommt er erst gegen 12.00 Uhr dazu, die Nachrichten abzuhören. Wann ist die Willenserklärung von Oliver K. zugegangen?

> Eine empfangsbedürftige Willenserklärung ist dann zugegangen, wenn sie so in den Machtbereich des Empfängers gelangt ist, dass dieser unter normalen Verhältnissen die Möglichkeit hat, vom Inhalt der Erklärung Kenntnis zu nehmen.

Zugang der Willenserklärung bedeutet also nicht, dass der Empfänger von der Erklärung tatsächlich Kenntnis genommen haben muss. Vielmehr ist ausreichend, dass der Empfänger die Möglichkeit hat, von der Erklärung Kenntnis zu nehmen **und** wenn unter normalen Umständen mit der Kenntnisnahme zu rechnen ist.

Mit der obigen Faustformel lassen sich alle Fälle lösen, in denen eine Willenserklärung gegenüber einem **Abwesenden** geäußert wird. Immer wenn eine Willenserklärung geäußert wurde und der Erklärungsempfänger **nicht anwesend** war, muss also geprüft werden:

1. wann die Willenserklärung in den Machtbereich des Erklärungsempfängers gelangt ist **und**

2. wann er die Möglichkeit der Kenntnisnahme hatte

und

3. wann unter normalen Umständen mit der Kenntnisnahme zu rechnen war.

Im obigen Fall ist die Bestellung des K. vom Anrufbeantworter entgegengenommen worden. Alle vom Erklärungsempfänger bereitgehaltenen Einrichtungen zur Entgegennahme von Erklärungen, wie z.B. Briefkasten, Postfach, E-Mail-Briefkasten oder Anrufbeantworter gehören zum Machtbereich des Erklärungsempfängers. Wenn also der Anrufbeantworter die Bestellung aufgezeichnet hat, ist die Willenserklärung in den Machtbereich des Erklärungsempfängers gelangt. Damit ist aber noch nicht automatisch der Zugang eingetreten. L. hatte nämlich, da es nach Geschäftsschluss war, keine Möglichkeit, die Willenserklärung zur Kenntnis zu nehmen. Diese Möglichkeit hatte er erst am nächsten Morgen. Tatsächlich hat er aber erst mittags den Anrufbeantworter abgehört. Auf die tatsächliche Kenntnisnahme kommt es jedoch nicht an. Unter normalen Umständen war mit einer Kenntnisnahme schon zu einem früheren Zeitpunkt zu rechnen: normalerweise hätte L. den Anrufbeantworter schon früher abhören können. Im vorliegenden Fall wird man sagen können, dass die Willenserklärung des K. schon um 9.00 Uhr zugegangen ist, als das Geschäft geöffnet wurde.

Etwas schwieriger wird es, wenn die Willenserklärung gegenüber einem **Anwesenden** erklärt wird. In einem solchen Fall fehlt eine gesetzliche Regelung.

Wenn es um eine **schriftliche** Erklärung geht, kann wieder auf die Faustformel zurückgegriffen werden. Wann ist die Erklärung in den Machtbereich des Erklärungsempfängers gelangt und wann ist mit seiner Kenntnisnahme zu rechnen? In dem Moment, in dem ihm die schriftliche Erklärung übergeben wird.

Wenn es aber um eine **mündliche** Erklärung geht, wird es schwieriger:

Man könnte jetzt auf die Idee kommen, dass diese Fälle ganz einfach sind: Wenn der Erklärungsempfänger anwesend ist, also die Erklärung gleich **hören** kann, fallen Abgabe und Zugang zusammen und die Willenserklärung wird sofort wirksam. Die ganzen Verrenkungen mit dem Machtbereich und der Möglichkeit der Kenntnisnahme könnte man sich damit sparen. Aber was passiert, wenn der Erklärungsempfänger taub ist, die Willenserklärung also gar nicht hören kann? Dann kann die Erklärung gar nicht zugehen. Und was passiert, wenn der Erklärungsempfänger die Erklärung falsch versteht? Ist sie dann nicht zugegangen? Das wäre für den Erklärenden schwierig, weil er dann immer sicherstellen müsste, dass der Erklärungsempfänger ihn richtig verstanden hat, anderenfalls wäre seine Willenserklärung nicht wirksam geworden. Um einerseits den Erklärungsempfänger davor zu schützen, dass er mit einer Willenserklärung konfrontiert wird, die er nicht wahrnehmen konnte, andererseits aber auch den Erklärenden zu schützen, damit er nicht noch dreimal nachfragen muss, ob der Empfänger ihn richtig verstanden hat, wird in den Fällen der mündlichen Erklärung gegenüber Anwesenden folgendermaßen entschieden:

> Eine mündliche Erklärung gegenüber Anwesenden geht dann zu, wenn der Erklärungsempfänger sie akustisch verstanden hat und der Erklärende vernünftigerweise keinen Zweifel daran haben konnte, dass der Empfänger die Erklärung verstanden hat.

Beispiel: Wenn jemand gegenüber einem Tauben eine Willenserklärung abgibt, kann die Willenserklärung nicht zugehen, weil der Taube die Erklärung nicht akustisch wahrnehmen kann. Anders ist es, wenn der Erklärungsempfänger nicht ordentlich zuhört und deshalb die Erklärung falsch versteht: In diesem Fall hat der Empfänger die Erklärung akustisch wahrgenommen, und der Erklärende durfte davon ausgehen, dass der Empfänger die Erklärung richtig versteht.

c) Widerruf einer Willenserklärung nach § 130 Abs. 1 S. 2 BGB

Fall: Die Stadt Schnurpseldingen benötigt neues Streusalz für den nächsten Winter. Es wird eine Bestellung an die Firma Blitzeis geschickt. Nachdem die Bestellung bereits abgeschickt wurde, erhält die Stadt das Angebot, aus den Vorräten des Landkreises das benötigte Streusalz zu einem günstigeren Preis zu erhalten. Der Hauptamtsleiter von Schnurpseldingen schickt der Firma Blitzeis ein Telegramm, wonach die Bestellung nicht gelten soll. Dieses Telegramm erreicht der Geschäftsführer der Firma Blitzeis mit der gleichen Post wie die Bestellung. Der Geschäftsführer liest erst die Annahmeerklärung, dann das Telegramm. Er möchte das Streusalz gerne loswerden und fragt, welche Auswirkungen das Telegramm auf die Annahmeerklärung hat.

Mit dem Zugang beim Erklärungsempfänger wird die Willenserklärung wirksam. Im Falle einer Annahmeerklärung kommt mit dem Zugang der Erklärung bei der Person, die das Angebot unterbreitet hat, der Vertrag zustande. Der Annehmende hat dann nur in Ausnahmefällen die Möglichkeit, sich wieder vom Vertrag zu lösen. Der Erklärende hat nur **vor** dem Zugang der Erklärung noch die Möglichkeit, das Wirksamwerden der Erklärung zu verhindern, und zwar, wenn er die Willenserklärung **widerruft**. Diese Widerrufserklärung muss dem Erklärungsempfänger gemäß § 130 Abs. 1 S. 2 BGB **vor** oder **spätestens gleichzeitig** mit der eigentlichen Willenserklärung zugehen.

Im obigen Fall ist dem Geschäftsführer die Widerrufserklärung mit der gleichen Post zugegangen wie die Annahmeerklärung. Also liegen die Voraussetzungen von § 130 Abs. 1 S. 2 BGB vor: Die Annahmeerklärung wird nicht wirksam. Dass der Geschäftsführer tatsächlich erst die Annahmeerklärung *und dann den Widerruf gelesen hat, schadet nicht. Entscheidend ist nur, dass Widerruf und Annahmeerklärung **gleichzeitig zugegangen sind**.*

Übersicht über das Wirksamwerden einer empfangsbedürftigen Willenserklärung:

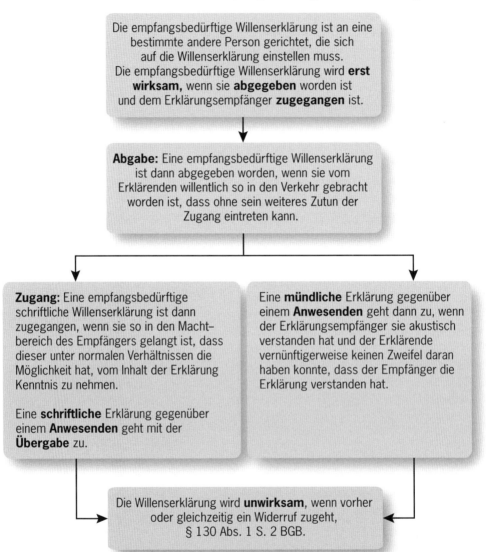

Die empfangsbedürftige Willenserklärung ist an eine bestimmte andere Person gerichtet, die sich auf die Willenserklärung einstellen muss. Die empfangsbedürftige Willenserklärung wird **erst wirksam,** wenn sie **abgegeben** worden ist und dem Erklärungsempfänger **zugegangen** ist.

Abgabe: Eine empfangsbedürftige Willenserklärung ist dann abgegeben worden, wenn sie vom Erklärenden willentlich so in den Verkehr gebracht worden ist, dass ohne sein weiteres Zutun der Zugang eintreten kann.

Zugang: Eine empfangsbedürftige schriftliche Willenserklärung ist dann zugegangen, wenn sie so in den Macht–bereich des Empfängers gelangt ist, dass dieser unter normalen Verhältnissen die Möglichkeit hat, vom Inhalt der Erklärung Kenntnis zu nehmen.

Eine **schriftliche** Erklärung gegenüber einem **Anwesenden** geht mit der **Übergabe** zu.

Eine **mündliche** Erklärung gegenüber einem **Anwesenden** geht dann zu, wenn der Erklärungsempfänger sie akustisch verstanden hat und der Erklärende vernünftigerweise keinen Zweifel daran haben konnte, dass der Empfänger die Erklärung verstanden hat.

Die Willenserklärung wird **unwirksam**, wenn vorher oder gleichzeitig ein Widerruf zugeht, § 130 Abs. 1 S. 2 BGB.

2. Die nicht empfangsbedürftige Willenserklärung

Nicht empfangsbedürftige Willenserklärungen sind alle Willenserklärungen, die nicht an eine bestimmte Person gerichtet sind. Der Erklärende erwartet keine bestimmte Reaktion auf seine Erklärung. Niemand muss sich in besonderer Weise auf die Willenserklärung einstellen.

Die meisten Willenserklärungen sind empfangsbedürftig. Nur wenn sich ausdrücklich aus dem Gesetz oder dem Zusammenhang ergibt, dass die Willenserklärung nicht an eine bestimmte Person gerichtet ist, liegt eine nicht empfangsbedürftige Willenserklärung vor.

Hauptbeispiel für eine nicht empfangsbedürftige Willenserklärung ist das **Testament**: Ein Testament ist nicht an eine bestimmte Person gerichtet, die sich auf die Erklärung einstellen muss. Während die empfangsbedürftige Willenserklärung erst dann wirksam ist, wenn sie abgegeben wurde und dem Empfänger zugegangen ist, geht es bei der nicht empfangsbedürftigen Willenserklärung leichter: Die nicht empfangsbedürftige Willenserklärung wird mit der **Abgabe wirksam**. Dabei bedeutet Abgabe nicht das Gleiche wie bei der empfangsbedürftigen Willenserklärung: Die nicht empfangsbedürftige Willenserklärung muss nicht willentlich in den Verkehr gebracht werden. Vielmehr bedeutet »Abgabe« bei der nicht empfangsbedürftigen Willenserklärung, dass der Erklärende die Erklärung fertiggestellt haben muss, sie also z.B. zu Papier gebracht haben muss: In dem Augenblick ist die Willenserklärung abgegeben und damit wirksam.

Übersicht über das Wirksamwerden von empfangsbedürftigen und nicht empfangsbedürftigen Willenserklärungen:

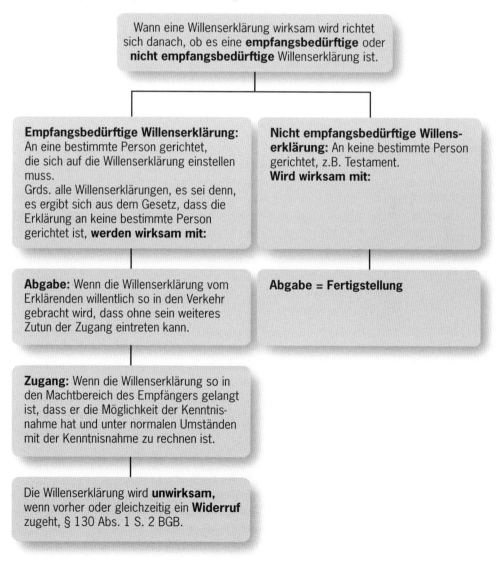

III. Der Vertragsschluss

So, nun wissen Sie, was Willenserklärungen sind und woraus sie bestehen, was für Willenserklärungen es gibt und wie sie wirksam werden. Nun geht es wieder um das Thema Vertrag und die Frage, wie ein Vertrag zustande kommt. Für den Abschluss eines Vertrages braucht man zwei übereinstimmende Willenserklärungen, nämlich ein **Angebot** (vom BGB auch Antrag genannt) einer Person und die **Annahme** dieses Angebotes durch eine andere Person. Angebot und Annahme sind empfangsbedürftige Willenserklärungen.

Fall: A schreibt dem B einen Brief: »Wollen Sie meine Jugendstilvase zum Preis von 300,– € erwerben?« B schreibt zurück: »Zum Preis von 200,– € würde ich die Vase sofort nehmen.« A antwortet darauf nicht. Ist ein Kaufvertrag zwischen A und B zustande gekommen?

Im Idealfall sieht der Vertragschluss so aus:

Angebot: Annahme:

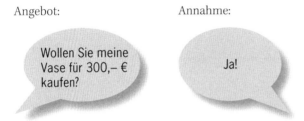

Ein Vertrag setzt im Einzelnen Folgendes voraus:

1. Es müssen Willenserklärungen von mindestens zwei Personen vorliegen: Angebot und Annahme.
2. Die Willenserklärungen müssen inhaltlich übereinstimmen. Beide müssen also das Gleiche wollen. Dabei ist nur der äußere Erklärungstatbestand der Willenserklärungen gemeint, s.o. (Nur am Rande: Wenn der **innere** Wille der Parteien übereinstimmt, dann liegt immer ein Vertragsschluss hierüber vor, egal, was die Parteien nach außen erklärt haben. Wenn der indische Geschäftsmann im bayerischen Biergarten also sagt: »Ich möchte diesen Teppich nicht kaufen«, dann ist ein Kaufvertrag über ein Weißbier zustande gekommen, wenn die Kellnerin erkennt, dass er ein Weißbier bestellen wollte und sie ihm das Weißbier auch verkaufen will.)

Im obigen Fall stimmen die beiden Willenserklärungen nicht inhaltlich überein. A und B wollen nicht das Gleiche. Daher ist kein Vertrag geschlossen worden.

3. Die Willenserklärungen müssen mit Bezug aufeinander abgegeben werden. Das ist dann nicht der Fall, wenn die Willenserklärungen unabhängig voneinander abgegeben werden.

Beispiel: A schreibt dem B einen Brief: »Wollen Sie meine Vase für 300,– € kaufen?« B schreibt, bevor er den Brief des A erhält: »Ich würde gerne Ihre Vase für 300,– € kaufen.« Auch wenn die Willenserklärungen übereinstimmen, wurde kein Vertrag geschlossen!

1. Das Angebot

a) Angebot oder nur Aufforderung zur Abgabe von Angeboten?

Fall: Frau Jennifer A. geht shoppen. Im Schaufenster des Bekleidungsgeschäftes von Frau Edel-Fetzen erblickt sie ein gar liebliches Modellkleid. Das Kleid ist mit einem großen Schild gekennzeichnet: »Sonderangebot! Einzelstück für sagenhaft günstige 1.300,– €!« Jennifer A. ist hingerissen. Sie begibt sich sogleich in das Geschäft und erklärt, sie nehme das Kleid, es solle ihr bitte eingepackt werden. Frau Edel-Fetzen weigert sich jedoch, weil sie das Kleid kurz zuvor bereits an Frau Angelina J. verkauft hat und nur noch nicht dazu gekommen ist, es aus dem Fenster zu nehmen. Jennifer A. fordert wutschnaubend die Übereignung und Übergabe des Kleides. Sie meint, dass sie das Sonderangebot von Frau Edel-Fetzen angenommen habe und damit ein Vertrag zwischen ihnen zustande gekommen sei. Hat sie recht?

Jeder Vertragsschluss beginnt damit, dass jemand ein Angebot abgibt.
Aber Vorsicht! Nicht überall, wo »Angebot« draufsteht, ist auch ein Angebot drin! Wichtig ist, sich immer wieder zu sagen, dass das Angebot eine empfangsbedürftige Willenserklärung ist. Das Angebot muss also alle Bestandteile einer Willenserklärung aufweisen. Der äußere Erklärungstatbestand muss **für den Erklärungsempfänger** auf einen Handlungswillen, einen Rechtsbindungswillen und einen Geschäftswillen schließen lassen.

Im obigen Fall wäre also zu prüfen, ob das Ausstellen des Kleides im Schaufenster mit dem Preisschild nach außen hin alle Merkmale einer Willenserklärung aufweist. 1. Lag ein Handlungswille von Frau E.-F. vor? Ja, denn sie hat das Kleid bewusst ins Schaufenster gelegt und mit dem Schild gekennzeichnet. 2. Rechtsbindungswille? Und da wird es mühsam: Wollte Frau E.-F. mit jedem Kunden, der die Annahme erklärt, einen Kaufvertrag schließen? Dann würde sie auch mit jemandem, der das Kleid überhaupt nicht bezahlen kann, einen Vertrag schließen müssen, nur weil er in den Laden spaziert ist und die Annahme erklärt hat. Außerdem würde sie dann Gefahr laufen – wie es im obigen Fall ja auch passiert ist –, dass mehrere Personen ihr Angebot annehmen und sie nur einen Vertrag tatsächlich erfüllen kann. Aus diesen Gründen kann man im Fall der Schaufensterauslage keinen Rechtsbindungswillen der Frau E.-F. annehmen: Sie wollte sich nicht jedem gegenüber rechtlich binden und mit jedem der vorbeikommt einen Kaufvertrag abschließen. Also hat sie kein Angebot abgegeben.

Im Fall von Schaufensterauslagen fehlt also stets der Rechtsbindungswille. Das Gleiche gilt für Zeitungsanzeigen, Werbeprospekte oder Versandkataloge. Alle diese Äußerungen stellen selbst noch keine Willenserklärung dar, sondern dienen nur der Vorbereitung eines Vertragsschlusses. Der Erklärende macht nur deutlich, dass er grundsätzlich bereit ist, einen Vertrag abzuschließen. Rechtlich binden will er sich in dem Moment aber noch nicht.
Aber wer gibt denn nun ein Angebot ab, wenn das »Sonderangebot« im Schaufenster gar kein Angebot ist? Das wird klar, wenn man sich überlegt, welche Willenserklärung »Angebot« und welche Willenserklärung »Annahme« heißt: **Das Angebot ist immer die Willenserklärung, die als erste abgegeben wird.** Und die Annahme ist die zeitlich nachfolgende Erklärung. Wenn also z.B. der Verkäufer durch das Ausstellen der Ware im Schaufenster noch kein Angebot abgegeben hat, ist es der Käufer, der in den Laden spaziert und seine Kaufabsicht äußert. Es ist also genau andersherum, als man es sich vorstellt: Nicht der Verkäufer gibt ein Angebot ab, sondern der Käufer. Und dieses Angebot kann der Verkäufer dann annehmen, wenn er sich von der Zahlungsfähigkeit des

Käufers überzeugt hat und sichergestellt hat, dass er die Ware noch auf Lager hat.

Die Äußerung des Verkäufers, die in dem Ausstellen der Ware im Schaufenster liegt, nennt man »Aufforderung an die Allgemeinheit zur Abgabe von Angeboten«. Oder wenn Sie es lateinisch mögen: »invitatio ad offerendum«.

Anders sieht es bei Warenautomaten, Selbstbedienungsläden oder Tankstellen aus:
Hier handelt es sich um Angebote an einen unbestimmten Personenkreis. Da es sich um Alltagsgeschäfte handelt, kann davon ausgegangen werden, dass der Anbieter mit jedem einen Vertrag schließen will, der sein Angebot annimmt.

b) Angebot oder nur Gefälligkeit?

Fall: Anton Klotz aus München will am Wochenende mit seinem Auto an die Nordsee fahren. Da Anton eigentlich keine Lust hat, allein zu fahren, bietet er seinem Freund Egon Motz an, doch mitzufahren. Dieser sagt begeistert zu. Einen Tag bevor es losgehen soll, lernt Anton die schöne Beate kennen. Kurz entschlossen fragt er sie, ob sie ihn am Wochenende an die See begleiten möchte. Beate sagt zu. Daraufhin ruft Anton bei Egon an und teilt ihm mit, dass aus der Fahrt nichts wird, da er lieber mit Beate allein fahren möchte und Egon ihn in mancher Hinsicht stören würde. Egon ist stinksauer und fragt, ob er nicht einen Anspruch auf Mitnahme hat. Schließlich hätte er doch das Angebot von Anton angenommen und somit einen Vertrag geschlossen. Anton hingegen meint, dass ein Vertrag schon deshalb zwischen ihnen nicht bestehe, weil er Egon kostenlos mitnehmen wollte. Bei einer unentgeltlichen Leistung bestehe aber nie ein Vertrag. Wer von den beiden hat Recht?

Jetzt geht es noch einmal um das Thema: Nicht überall, wo »Angebot« draufsteht, ist auch ein Angebot drin! Nicht jedes Versprechen, eine bestimmte Leistung zu erbringen, führt automatisch dazu, dass ein Vertrag zwischen den beteiligten Personen zustande kommt, der einen Anspruch auf die versprochene Leistung begründet. Dann würde sich kein Mensch noch dazu bereit finden, aus reiner Freundlichkeit einem anderen einen Gefallen zu tun oder eine Leistung zu erbringen: Er müsste immer befürchten, verklagt zu werden, nur weil er seiner Zusage nicht nachgekommen ist. So könnte man z.B. nicht mehr ohne Weiteres Freunde zum Grillen einladen: Nachher frisst Lumpi in einem unbeobachteten Moment das gesamte Grillgut auf. Da den Freunden ein Anspruch auf die versprochenen Bratwürste zusteht, müsste man jetzt neues Grillgut beschaffen oder gar Schadensersatz zahlen, wenn die Freunde sich weigern, nur mit Nudelsalat im Bauch wieder nach Hause zu gehen.

Es gibt viele Bereiche, wo jemand nur einer freundschaftlichen oder familiären Verpflichtung nachkommen will, ohne dass dies rechtliche Konsequenzen auslösen soll. Zwischen den Beteiligten entsteht dann kein Vertrag, sondern ein sogenanntes **Gefälligkeitsverhältnis,** welches keine Ansprüche auslöst.

Andererseits soll sich niemand, der eine für den anderen besonders wichtige Leistung erbringen soll, später damit herausreden können, er habe nur eine Gefälligkeit erweisen wollen.

Beispiel: Herr Leichtfuß stellt nach dem Tod seines Vaters fest, dass dieser sein gesamtes Vermögen dem Tierschutzverein vermacht hat. Weil er seine Enterbung nicht akzeptieren möchte, geht er zu Rechtsanwalt Winkel, der ihm mitteilt, dass man da wohl leider nichts machen könne und das gesamte Vermögen für ihn verloren sei. Aus Freundschaft werde er ihm für diese Auskunft aber keine Rechnung stellen. Nachdem fünf Jahre vergangen sind, erfährt Leichtfuß durch Zufall, dass ihm eigentlich ein Pflichtteilsanspruch zugestanden hätte, der angesichts des großen Vermögens seines verstorbenen Vaters auch noch ein erkleckliches Sümmchen ausgemacht hätte. Diese späte Erkenntnis nützt ihm allerdings nicht viel, da der Pflichtteilsanspruch inzwischen verjährt ist. Als er Herrn RA Winkel auf Schadensersatz in Anspruch nehmen will, meint dieser, er habe ihm doch bloß einen Gefallen erweisen wollen und auch keine Rechnung gestellt. Keinesfalls habe er die Absicht gehabt, sich mit seiner Auskunft rechtlich zu binden. Wenn RA Winkel damit durchkäme, wäre es schrecklich. Dann hätte ja jeder einen Freibrief zum Mistmachen!

In den Fällen, in denen der Erklärende hinterher behauptet, er habe nur ganz unverbindlich mal etwas so in den Raum gestellt, ohne irgendeine Verbindlichkeit eingehen zu wollen, muss also genau geprüft werden, ob der Erklärungsempfänger nicht ein Recht darauf hat, dass die Erklärung doch rechtsverbindlich ist. Aber wie genau prüft man das? Zu einem Anspruch des Erklärungsempfängers auf die versprochene Leistung kommt man nur dann, wenn die beiden Beteiligten einen Vertrag geschlossen haben. Und einen Vertrag hat man nur dann, wenn zwei übereinstimmende Willenserklärungen vorliegen, nämlich Angebot und Annahme. Und weil ein Angebot eine empfangsbedürftige Willenserklärung ist, muss das Verhalten nach außen schließen lassen auf den Handlungswillen, den Rechtsbindungswillen und den Geschäftswillen. Spannend ist an dieser Stelle der Rechtsbindungswille: Will sich der Erklärende mit seiner Erklärung rechtlich binden oder nicht? Problem nur: Wie in den beiden oben geschilderten Fällen wird der Erklärende natürlich immer behaupten, dass er keinen Rechtbindungswillen hatte, sondern nur aus Freundlichkeit etwas getan hat. Der Erklärungsempfänger wiederum wird den Erklärenden immer an seine Erklärung binden wollen. Und wer bekommt nun Recht? Jetzt kommt wieder die Sache mit dem **objektiven Empfängerhorizont** ins Spiel: **Ob ein Rechtsbindungswille vorliegt oder nicht, entscheidet sich nicht danach, was der Erklärende will, sondern wie seine Erklärung nach außen von einem objektiven Empfänger verstanden wird.** Immer wenn ein **objektiver** Erklärungsempfänger davon ausgehen darf, dass der Erklärende sich rechtlich binden will, liegt auch ein Rechtsbindungswille vor. Auf diese Weise kann dem Erklärenden sozusagen gegen seinen Willen eine Willenserklärung untergeschoben werden, auch wenn er gar keine Willenserklärung abgeben wollte.

Schwierig wird es allerdings, genau zu sagen, wann der **objektive** Empfänger von einem Rechtsbindungswillen ausgehen darf. Hierzu haben die Gerichte eine Reihe von Kriterien entwickelt, bei deren Vorliegen ein objektiver Dritter anstelle des Erklärungsempfängers davon ausgehen darf, dass der Erklärende sich rechtlich binden wollte.

Danach soll ein Rechtsbindungswille des Erklärenden insbesondere dann angenommen werden können, **wenn**

– die Angelegenheit von besonderer wirtschaftlicher Bedeutung für den Erklärungsempfänger ist oder
– dem Erklärenden eine Sache anvertraut wird, die einen besonderen Wert hat oder
– der Begünstigte ein erkennbares besonderes Interesse an der Leistung hat und dem Versprechenden erkennbar ist, das der Begünstigte in eine besondere Gefahr gerät, wenn nicht ordentlich geleistet wird.

Andererseits liegt ein Rechtsbindungswille dann nicht vor, wenn derjenige, der aus Gefälligkeit eine Leistung erbringt, dadurch ein nicht zumutbares Risiko übernimmt.

Beispiel: Jemand verspricht seiner kranken Nachbarin, ihren Lottoschein abzugeben, und vergisst es später. Dummerweise wären es sechs Richtige gewesen. Frau Nachbarin fordert jetzt den

Millionengewinn vom freundlichen Nachbarn als Schadensersatz. Nach den ersten drei Kriterien müsste man einen Rechtsbindungswillen annehmen. Aber weil der freundliche Nachbar damit ein unzumutbares Risiko übernommen hätte, scheidet ein Rechtsbindungswille aus.

Mit diesen Überlegungen muss man sich im Einzelfall also hinsetzen und sich fragen, ob der Erklärende haften soll, obwohl er eigentlich nur jemandem einen Gefallen tun wollte.

Wichtig ist, dass sich der Erklärende nicht einfach darauf berufen kann, dass er für seine Leistung kein Geld bekommen habe. Das ist egal! Das Gesetz kennt eine Reihe von unentgeltlichen Verträgen, wie z.B. das Auftragsverhältnis gem. §§ 662 ff. BGB. Man kann also auch dann einen Vertrag geschlossen haben, wenn man für seine Leistung kein Geld bekommt.

Im Mitfahrer-Fall darf man eine vertragliche Verpflichtung von Anton also nicht schon deshalb ablehnen, weil Egon nichts bezahlen sollte. Ein Rechtsbindungswille des Anton bei dem Angebot, Egon mitzunehmen, fehlt vielmehr deshalb, weil es nicht um eine Angelegenheit von besonderer wirtschaftlicher Bedeutung geht und Egon auch kein besonderes Interesse an der Fahrt hat (außer dass er gerne an die See möchte). Weil der Rechtsbindungswille fehlt, hat Anton also keine Willenserklärung abgegeben. Es gibt kein Angebot im Rechtssinne, das Egon hätte annehmen können. Also wurde auch kein vertraglicher Anspruch des Egon begründet.

Im Anwaltsfall wird man allerdings wegen der wirtschaftlichen Bedeutung der Angelegenheit und wegen der erkennbaren besonderen Gefahr für Leichtfuß einen Rechtsbindungswillen von RA Winkel annehmen können, auch wenn er gratis tätig geworden ist. Damit hat Winkel eine Willenserklärung abgegeben und es besteht ein Vertrag zwischen den Beteiligten.

c) Inhaltliche Bestimmtheit des Angebotes

Fall: X geht in ein Bekleidungsgeschäft und erklärt: »Ich möchte eine Krawatte kaufen.« Hat er damit ein Angebot abgegeben?

Ein Angebot ist eine Willenserklärung, die auf den Abschluss eines Vertrages gerichtet ist. Damit in einer Erklärung ein Angebot gesehen werden kann, muss das Angebot einen bestimmten Inhalt aufweisen: Das Angebot muss inhaltlich so bestimmt sein, dass der Annehmende nur noch »Ja« sagen muss, um den Vertrag zustande zu bringen. Daher muss das Angebot die **wesentlichen Vertragsbestandteile** enthalten. Wesentliche Vertragsbestandteile sind die wichtigsten Punkte, über die die Parteien gesprochen haben müssen und eine Einigung herbeigeführt haben müssen. Welches die wesentlichen Vertragsbestandteile sind, ist unterschiedlich. Beim wichtigsten Beispiel Kaufvertrag sind die wesentlichen Vertragsbestandteile der **Kaufgegenstand** und der **Kaufpreis**. Solange sich die Parteien nicht über diese Minimalvoraussetzungen geeinigt haben, liegt kein Kaufvertrag vor. Damit der Annehmende nur »Ja« sagen muss, muss das Angebot also den Kaufgegenstand und den Kaufpreis enthalten.

Es ist allerdings nicht immer erforderlich, dass bereits aus dem Angebot hervorgeht, wer Vertragspartner werden soll:

Insbesondere bei Alltagsgeschäften reicht es dem Anbieter oft aus, wenn nach der Annahmeerklärung feststeht, zwischen wem ein Vertrag zustande gekommen ist. Hierher gehören z.B. die Auslage im Selbstbedienungsladen und Warenautomaten. Man spricht dann von Angeboten an einen unbestimmten Personenkreis.

Im obigen Beispiel ist die Erklärung des X zu unbestimmt: Welche Krawatte will er kaufen? Es fehlt also der genaue Kaufgegenstand. Und was soll sie kosten? Auch dazu äußert er sich nicht. Also stellt seine Erklärung kein Angebot dar. X hat nur allgemein seine Kaufabsicht geäußert.

Beim Werkvertrag müssen sich die Parteien nur über den »Werkgegenstand«, also über Art und Umfang der Leistung geeinigt haben. Über den Preis müssen sie sich nicht einigen. Wenn die Parteien nicht übers Geld geredet haben, hilft § 632 BGB weiter.

d) Bindung an das Angebot

Pferdehändler Hottehü bietet dem Land Sachsen-Anhalt für die Reiterstaffel der Polizei in einem Brief das Pferd »Pegasus« zu einem Preis von 5.000,– € an. Der zuständige Mitarbeiter beim Land Sachsen-Anhalt erhält den Brief. Noch bevor er sich zu dem Angebot äußern kann, bietet Herr Hoppe Herrn Hottehü 8.000,– € für das Tier an. Herr Hottehü würde natürlich nun lieber das Pferd an Herrn Hoppe verkaufen. Darf er das jetzt noch?

Eigentlich sollte man glauben, dass erst ein geschlossener Vertrag die Parteien bindet und bestimmte Ansprüche auslöst. Das Gesetz schlägt aber schon vorher zu: Gemäß § 145 BGB ist derjenige, der ein Angebot abgibt, an das Angebot gebunden, es sei denn, dass er die Gebundenheit ausgeschlossen hat. Das bedeutet übersetzt, dass der Erklärende, wenn sein Angebot erst einmal in der Welt ist, es sich nicht noch einmal anders überlegen kann. Ausnahme: Er hat ausdrücklich gesagt, dass er nicht gebunden sein will, z.B. indem er erklärt »Preis freibleibend«. Wenn ein solcher Zusatz fehlt, hat der Antragende keine Möglichkeit mehr, sein Angebot wieder zurückzuziehen, wenn es erst einmal zum Empfänger gelangt ist. Aber halt! Einen letzten Notausgang gibt es doch noch: Wann ist denn ein Angebot wirksam in der Welt? Als empfangsbedürftige Willenserklärung muss das Angebot erst dem Erklärungsempfänger **zugehen**. Bis zum Zugang aber kann das Angebot gemäß § 130 Abs. 1 S. 2 BGB widerrufen werden. Wenn der Antragende also aus irgendeinem Grund einen Rückzieher machen will, kann er versuchen, sein Angebot noch rechtzeitig zu widerrufen. Gelingt ihm auch das nicht, muss er sich an dem von ihm geäußerten Angebot festhalten lassen.

Da im obigen Fall Pferdehändler Hottehü sein Angebot nicht rechtzeitig bis zum Zugang widerrufen hat, ist er daran gebunden. Das Land Sachsen-Anhalt kann das Angebot annehmen. Damit kommt zwischen ihnen ein Kaufvertrag zustande. Herr Hoppe hat keine Möglichkeit mehr, dazwischenzufunken.

e) Erlöschen des Angebotes

Der Fall des Pferdehändlers Hottehü zeigt, dass es für den Antragenden schwierig werden kann, wenn er ein Angebot gemacht hat. Er bleibt aber nicht für immer und ewig an das Angebot gebunden. Das von ihm gemachte Angebot erlischt nämlich unter bestimmten Umständen wieder: durch Ablehnung, geänderte Annahme oder verspätete Annahme.

aa) Ablehnung, § 146 BGB

Am einfachsten ist es, wenn das Angebot vom anderen nicht angenommen wird, sondern abgelehnt wird. Gemäß § 146 BGB erlischt das Angebot in diesem Moment, und der Antragende ist dann nicht mehr gebunden. Das Angebot wird von dem, der es hätte annehmen sollen, kaputt gemacht. Die Parteien müssen, wenn sie immer noch einen Vertrag miteinander schließen wollen, wieder von vorne anfangen. Einer der beiden müsste ein neues Angebot unterbreiten.

Angebot: Annahme:

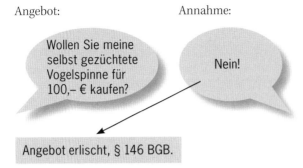

bb) Geänderte Annahme, § 150 Abs. 2 BGB

Fall: Herr Knickrig möchte seine Segelyacht verkaufen und bietet sie dem wohlhabenden Protz zum Preis von 30.000,– € an. Dieser ist durchaus interessiert und schreibt dem Knickrig zurück: »Ich würde Ihr Angebot gerne annehmen, allerdings werde ich die 30.000,– € in monatlichen Raten von 5.000,– € zahlen.« Knickrig reagiert darauf nicht, sondern verkauft das Boot an einen anderen. Protz ist nun stinkig. Er meint, dass Knickrig nicht an einen anderen hätte verkaufen dürfen. Er habe das Angebot angenommen und damit sei zwischen ihm und Knickrig ein Kaufvertrag zustande gekommen. Nur er hätte jetzt einen Anspruch auf das Boot. Stimmt das?

Immer wenn der Annehmende nicht einfach nur »Ja« zu dem Angebot sagt, greift § 150 Abs. 2 BGB ein: Die Annahme unter Erweiterungen, Einschränkungen oder sonstigen Änderungen gilt als Ablehnung, verbunden mit einem neuen Antrag. Der Annehmende, der das Angebot nur mit Änderungen annehmen will, erreicht damit also nur, dass das Angebot erlischt. Dafür wird jetzt seine geänderte Annahme als neues Angebot behandelt. Dieses neue Angebot kann dann von demjenigen, der das erste Angebot unterbreitet hat, angenommen oder abgelehnt werden. Wenn er darauf nicht reagiert, kommt kein Vertrag zustande, da dann keine zwei Willenserklärungen vorliegen: Das erste Angebot ist ja durch die geänderte Annahme erloschen.

Angebot: Annahme:

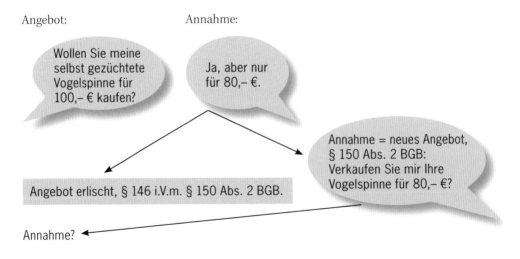

Wichtig ist, dass § 150 Abs. 2 schon bei klitzekleinen, scheinbar nebensächlichen Änderungen zum Zuge kommt. Deshalb sollte man sich für § 150 Abs. 2 BGB Folgendes merken: Nur wenn der Annehmende »Ja« sagt **und sonst nichts,** hat man eine »echte« Annahme und damit einen Vertragsschluss. Sobald der Annehmende »**Ja, aber**« sagt, greift § **150 Abs. 2** ein.

In unserem Fall hat der Protz nicht »Ja« gesagt. Er hat sich zwar mit dem Preis einverstanden erklärt, aber andere Zahlungsbedingungen gefordert. Damit liegt eine Annahme mit Änderung vor. Das Angebot des Knickrig ist erloschen. Es gibt jetzt das neue Angebot des Protz: Verkaufen Sie mir das Schiff für 30.000,– €, zahlbar in monatlichen Raten á 5.000,– €? Wenn Knickrig dieses Angebot nicht annimmt, kommt auch kein Kaufvertrag zustande. Knickrig kann das Boot ungerührt an einen Dritten verkaufen. An sein Angebot ist er nicht mehr gebunden. Dieses ist durch die Ablehnung des Protz in Form der geänderten Annahme erloschen.

Natürlich muss man an dieser Stelle genau gucken: Wenn der Annehmende nur um bessere Vertragsbedingungen bittet und deutlich macht, dass er notfalls auch mit den angebotenen Bedingungen einverstanden ist, greift § 150 Abs. 2 BGB nicht ein. Dann bleibt es bei dem »Ja« des Annehmenden.

Und es gibt noch eine weitere Tücke: Es stimmt zwar, dass § 150 Abs. 2 BGB schon bei kleinsten Änderungen greift, allerdings muss man in den »Kleinkram-Fällen« etwas beachten: Das ursprüngliche Angebot erlischt zwar durch die geänderte Annahme und es liegt jetzt ein neues Angebot vor. Wenn aber der ursprünglich Antragende, der nun das neue Angebot annehmen soll, einfach nur schweigt, so wird dieses Schweigen als Annahme gewertet.

In unserem Fall handelt es sich bei einer Forderung von Ratenzahlung um eine wesentliche Änderung. Daher musste Knickrig auch nicht mehr reagieren und das Angebot des Protz ausdrücklich ablehnen.

cc) Verspätete Annahme
Annahmefrist, § 148 BGB
Der Antragende kann die Dauer seiner Bindung an das Angebot dadurch beschränken, dass er dem Annehmenden eine Frist setzt, innerhalb derer das Angebot angenommen werden muss. Wenn diese Frist abgelaufen ist, die Annahme also verspätet erklärt wird, erlischt das Angebot gemäß § 146 BGB. Die verspätete Annahme gilt gemäß § 150 Abs. 1 BGB als neues Angebot. Dieses Angebot kann von demjenigen, der das erste Angebot unterbreitet hat, entweder angenommen oder abgelehnt werden.

Angebot: Annahme: am 05.05.2027:

> Ich biete Ihnen meine selbst gezüchtete Vogelspinne für 100,– € an. Dieses Angebot gilt bis zum 01.05.2027.

> Ich nehme Ihr Angebot an!

> § 150 Abs. 1 BGB: Verkaufen Sie mir Ihre Vogelspinne für 100,– €?

> Angebot ist am 02.05.2027 erloschen, § 146 BGB.

Gesetzliche Annahmefrist

Fall: Herr Peter Gutglaub besucht einen Flohmarkt. Dort stößt er auf den Stand des Alois Schumml. Dieser bietet unter anderem eine Zahnbürste, gebraucht von Papst Benedikt XVI., an. Gutglaub als treuer Katholik ist natürlich begeistert. Die Begeisterung lässt allerdings stark nach, als er den Preis hört: Schumml fordert 500,– € für die Zahnbürste! Da ihm das doch etwas zu teuer ist, bummelt er erst einmal weiter. Irgendwie lässt es ihm doch keine Ruhe. Deshalb kehrt er später noch einmal zum Stand des Schumml zurück und erklärt, dass er das Angebot gerne annehmen möchte. Schumml erklärt ihm nun allerdings, dass seine Preise inzwischen gestiegen seien. Nun will er 700,– € haben. Gutglaub findet das unverschämt. Aus seiner Zeit als erfolgloser Jurastudent weiß er noch, dass man an ein Angebot gebunden ist. Er fordert deshalb die Zahnbürste für 500,– €, weil er das ursprüngliche Angebot nunmehr angenommen habe. Hat er Recht?

In vielen Fällen bestimmt der Antragende keine Frist, innerhalb der sein Angebot angenommen werden muss. Damit er nun nicht bis in alle Ewigkeit an sein Angebot gebunden bleibt, kommt ihm das Gesetz zu Hilfe. In § 147 BGB ist bestimmt, bis zu welchem Zeitpunkt ein Angebot spätestens angenommen werden muss. Dabei wird unterschieden, ob das Angebot gegenüber einem **Anwesenden** oder einem **Abwesenden** gemacht wird:

Wird das Angebot gegenüber einem **Anwesenden** gemacht, so muss es **sofort** angenommen werden, § 147 Abs. 1 BGB.

Wenn der Empfänger des Angebotes **abwesend** ist, also das Angebot z.B. zugeschickt bekommt, kann der Antrag »**nur bis zu dem Zeitpunkt angenommen werden, in welchem der Antragende den Eingang der Antwort unter regelmäßigen Umständen erwarten darf.**« Das ist natürlich herrlich schwammig. Übersetzt bedeutet es Folgendes: Man muss gucken, wie lange das Angebot normalerweise braucht, um beim Empfänger zu sein, dazu kommt dann eine gewisse Zeit zum Überlegen und zuletzt noch die Zeit, die die Annahmeerklärung normalerweise braucht, um zurück zum Antragenden zu kommen. Die gesetzliche Annahmefrist kann danach ganz unterschiedlich lang sein, je nachdem, auf welchem Weg das Angebot übermittelt wurde: Ein Angebot per Fax muss schneller angenommen werden als ein Angebot auf dem Postweg. Außerdem kann je nach Art des Vertrages eine längere oder kürzere Überlegungszeit angemessen sein: Ob eine Privatperson eine Vogelspinne kaufen will, lässt sich in der Regel schneller entscheiden, als die Frage, ob eine Fluggesellschaft drei neue Flugzeuge bestellen will.

Wenn man sich überlegt hat, wie lange unter normalen Umständen das Hin und Her von Angebot und Annahme dauert, prüft man, ob in dem konkreten Fall, den man hat, die Annahme bis zu dem errechneten Zeitpunkt eingegangen ist oder nicht. Wenn sie innerhalb der errechneten Frist eingegangen ist, kommt der Vertrag zustande. Geht die Annahmeerklärung zu spät ein, erlischt gemäß § 146 BGB das Angebot. Die verspätete Annahme wird gemäß § 150 Abs. 1 BGB als neuer Antrag gewertet.

Im obigen Fall hat Schumml ein Angebot über den Kauf der Zahnbürste zu einem Preis i.H.v. 500,– € unterbreitet, ohne eine Annahmefrist bestimmt zu haben. Daher greift § 147 BGB mit den gesetzlichen Annahmefristen. Da das Angebot gegenüber dem anwesenden Schumml gemacht wird, kann es gemäß § 147 Abs. 1 BGB nur sofort angenommen werden. Gutglaub hat das Angebot aber zunächst nicht angenommen, sondern ist erst einmal weitergegangen. Deshalb war das Angebot des Schumml gemäß § 146 erloschen: Es war nicht innerhalb der Frist des § 147 Abs. 1 BGB (= sofort) angenommen worden. Als Gutglaub später zurückkam und die Annahme erklärte, gab es also kein Angebot mehr, das er hätte annehmen können. Seine verspätete Annahme wird gemäß § 150 Abs. 1 BGB als neuer Antrag gewertet. Er bietet also Schumml an, die Zahnbürste für 500,– € zu kaufen. Dieses Angebot lehnt Schumml ab, weshalb es gemäß § 146 BGB erlischt. Nun unterbreitet Schumml wieder ein neues Angebot: Verkauf der Zahnbürste für 700,– €. Dieses Angebot hat Gutglaub bisher noch nicht angenommen. Ein Vertrag ist daher nicht geschlossen worden.

§ 149 BGB: Anzeige der verspätet zugegangenen Annahmeerklärung

Immer wieder kommt es vor, dass die Post nicht so funktioniert, wie man sich das wünscht. Deshalb kann es passieren, dass der Annehmende seine Annahmeerklärung noch rechtzeitig losschickt, aber durch ein Versehen der Post die Annahmeerklärung erst sehr viel später beim Antragenden eingeht. In einem solchen Fall bleibt es zunächst dabei, dass das Angebot gemäß § 146 BGB erlischt, weil es eben nicht rechtzeitig angenommen worden ist. Die verspätete Annahmeerklärung wird als neuer Antrag gewertet, § 150 Abs. 1 BGB. Weil der Annehmende aber nichts dafürkann, dass die Post seine Annahmeerklärung nicht schneller befördert hat, kommt ihm § 149 BGB zu Hilfe und fordert vom Antragenden, dass er dem Annehmenden wenigstens mitteilt, dass die Annahmeerklärung verspätet eingegangen ist: Wenn der Annehmende die Annahmeerklärung rechtzeitig losgeschickt hat und der Antragende auch z.B. aufgrund des Poststempels erkennen kann, dass die Annahmeerklärung eigentlich rechtzeitig abgeschickt wurde, so muss der Antragende dem Annehmenden unverzüglich mitteilen, dass seine Erklärung zu spät angekommen ist. Tut der Antragende das nicht, dann wird einfach so getan, als wäre die Annahmeerklärung rechtzeitig eingegangen, § 149 S. 2 BGB. Dann ist das Angebot also noch nicht erloschen, sondern konnte auch mit der verspäteten Annahmeerklärung noch angenommen werden. Der Vertrag kommt damit zustande.

Übersicht zur verspäteten Annahme:

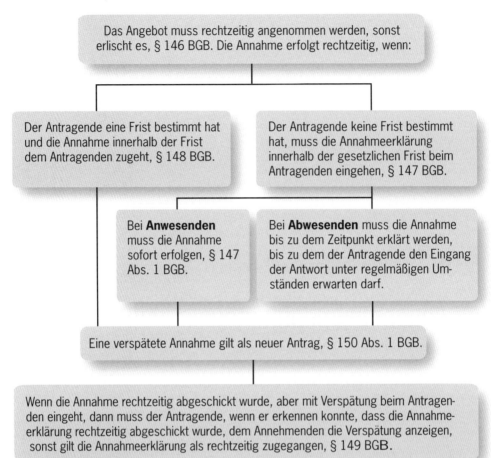

Das Angebot muss rechtzeitig angenommen werden, sonst erlischt es, § 146 BGB. Die Annahme erfolgt rechtzeitig, wenn:

Der Antragende eine Frist bestimmt hat und die Annahme innerhalb der Frist dem Antragenden zugeht, § 148 BGB.

Der Antragende keine Frist bestimmt hat, muss die Annahmeerklärung innerhalb der gesetzlichen Frist beim Antragenden eingehen, § 147 BGB.

Bei **Anwesenden** muss die Annahme sofort erfolgen, § 147 Abs. 1 BGB.

Bei **Abwesenden** muss die Annahme bis zu dem Zeitpunkt erklärt werden, bis zu dem der Antragende den Eingang der Antwort unter regelmäßigen Umständen erwarten darf.

Eine verspätete Annahme gilt als neuer Antrag, § 150 Abs. 1 BGB.

Wenn die Annahme rechtzeitig abgeschickt wurde, aber mit Verspätung beim Antragenden eingeht, dann muss der Antragende, wenn er erkennen konnte, dass die Annahmeerklärung rechtzeitig abgeschickt wurde, dem Annehmenden die Verspätung anzeigen, sonst gilt die Annahmeerklärung als rechtzeitig zugegangen, § 149 BGB.

2. Die Annahmeerklärung

Vieles, was die Annahmerklärung betrifft, wurde schon beim Thema Angebot abgehandelt. Jetzt geht es darum, einige Sachen zur Annahmeerklärung nur noch einmal ganz deutlich zu sagen:

a) Annahme = empfangsbedürftige Willenserklärung

Ebenso wie das Angebot ist die Annahme eine **empfangsbedürftige Willenserklärung**. Also müssen alle Bestandteile einer Willenserklärung vorhanden sein. Außerdem wird die Annahmeerklärung grundsätzlich erst dann wirksam, wenn sie dem Antragenden **zugeht**.

b) Entbehrlichkeit des Zugangs, § 151 BGB

Der Zugang der Annahmeerklärung ist ausnahmsweise entbehrlich, wenn die Voraussetzungen von § 151 BGB vorliegen. Gemäß § 151 BGB kommt der Vertrag zustande, ohne dass die Annahme dem Antragenden gegenüber erklärt zu werden braucht, wenn eine solche Erklärung nach der Verkehrssitte nicht zu erwarten ist oder der Antragende auf sie verzichtet hat. § 151 BGB umfasst zwei Fälle:

– der Zugang der Annahmeerklärung beim Antragenden ist dann entbehrlich, wenn der Antragende auf den Zugang verzichtet hat. Diese Fälle sind einfach, da sich der Verzicht dem Angebot entnehmen lässt. Beim zweiten Fall wird das BGB dann schwammiger:
– wenn der Antragende nicht auf die Übermittlung der Annahmeerklärung verzichtet hat, ist der Zugang dann entbehrlich, wenn eine Annahmeerklärung nach der Verkehrssitte nicht zu erwarten ist. Dabei geht es um die Fälle, in denen es unüblich ist, dass der Annehmende dem Antragenden noch einmal ausdrücklich erklärt, dass er das Angebot annimmt.

*Beispiel: Wenn Sie aus einem Versandhauskatalog einen neuen Staubsauger bestellen, würden Sie es sicher merkwürdig finden, wenn das Versandhaus Ihnen erst noch erklärt, dass man Ihr Angebot annimmt, bevor es Ihnen dann den bestellten Staubsauger zuschickt. Vielmehr schickt das Versandhaus gleich den Staubsauger los und zeigt damit, dass es Ihr Angebot annimmt. Diese **Betätigung des Annahmewillens** ist ausreichend. Der Zugang einer ausdrücklichen Annahmeerklärung ist darüber hinaus nach der Verkehrssitte nicht zu erwarten.*
(P.S.: Wenn Sie sich jetzt fragen, warum <u>Sie</u> in diesem Fall ein Angebot abgegeben haben und nicht das Versandhaus, schließlich stand doch in dem Versandkatalog extra noch drin, dass es sich um ein Sonderangebot handelt ..., dann lesen Sie bitte noch einmal das Kapitel über das Angebot und die Aufforderung zur Abgabe von Angeboten).

Wichtig ist, dass der Annehmende auf irgendeine Weise deutlich gemacht haben muss, dass er das Angebot annehmen möchte. § 151 BGB sagt nicht, dass die Annahmeerklärung an sich entbehrlich ist. Nur der Zugang ist nicht nötig. Es muss immer eine nach außen erkennbare Betätigung des Annahmewillens vorliegen. Wenn der Annehmende einfach gar nichts tut, darf man ihm nicht einfach unterstellen, dass er dass Angebot angenommen hat. Das geht nur in einigen wenigen Ausnahmefällen. Womit wir beim nächsten Thema wären:

c) Schweigen als Annahmeerklärung?
Fall: Als Herr Otto Normal eines Tages nach Hause kommt, findet er ein großes Paket vor seiner Tür. Als er es öffnet, kommt ein mehrbändiges Konversationslexikon zum Vorschein. Das Paket enthält außerdem ein Anschreiben des Buchhändlers Bücherwurm mit folgendem Inhalt: »Dieses großartige Angebot ist nur für Sie, sehr geehrter Herr Normal! Erwerben Sie dieses Lexikon für nur 600,– €! Der Einfachheit halber verzichte ich auf den Zugang Ihrer Annahmeerklärung. Wenn ich innerhalb einer Woche nichts von Ihnen höre, gilt der Vertrag als geschlossen.« Otto Normal hat weder Zeit noch Lust, die Bücherkiste zur Post zu schleppen und zurückzuschicken. Nachdem die Kiste einige Zeit im Flur herumgestanden hat, räumt er die Bücher doch in sein Bücherregal und blättert auch gelegentlich darin. Nach einigen Wochen fordert Bücherwurm 600,– €. Normal meint, dass Bücherwurm ihm nicht einfach irgendwelche Erklärungen unterschieben darf. Bücherwurm kontert, dass Normal seinen Annahmewillen nach außen erkennbar betätigt hat, indem er die Bücher in sein Regal gestellt hat. Damit hätte er das Angebot angenommen und der Vertrag wäre zustande gekommen. Stimmt das?

Die Annahmeerklärung ist erst einmal eine Willenserklärung wie jede andere auch. Also braucht man einen äußeren Erklärungstatbestand, der auf einen Handlungswillen, Rechtsbindungswillen und Geschäftswillen schließen lässt. Daran fehlt es, wenn jemand gar nichts tut. **Wenn jemand einfach schweigt, stellt dieses Schweigen grundsätzlich keine Willenserklärung dar.**
Nur in einigen wenigen Ausnahmefällen kann Schweigen als Willenserklärung gewertet werden:

aa) Vereinbarung zwischen den Parteien.

Die Vertragsparteien oder zukünftigen Vertragsparteien können vereinbaren, dass das Schweigen als Willenserklärung gelten soll. Sie können aushandeln, dass der eine dem anderen ein Angebot zuschickt und dieses als angenommen gilt, wenn der Annehmende nicht innerhalb einer bestimmte Frist das Angebot ausdrücklich ablehnt.

In unserem Fall gibt es keine entsprechende Vereinbarung zwischen Bücherwurm und Normal. Nur wenn beide vorher vereinbart hätten, dass Bücherwurm das Lexikon zuschickt und Normal das Angebot ausdrücklich ablehnen muss, hätte man eine entsprechende Vereinbarung. Hier haben sich Bücherwurm und Normal vorher nicht unterhalten, evtl. kennen sie sich überhaupt nicht. Ohne eine entsprechende Vereinbarung, kann dem Schweigen von Normal nicht einfach einseitig von Bücherwurm irgendein Erklärungswert beigelegt werden. Bei einer vertraglichen Vereinbarung müssten schon beide mitspielen.

bb) Schweigen wird vom Gesetz als Willenserklärung gedeutet

In einigen <u>wenigen</u> Fällen bestimmt das BGB, dass das Schweigen eine Willenserklärung darstellen soll. Ein Beispiel ist § 516 BGB. Wenn jemand einem anderen eine Schenkung zuwendet, handelt es sich auch dabei um einen Vertrag. Erforderlich für einen wirksamen Schenkungsvertrag sind also Angebot und Annahme. Wenn jemand einem anderen ein Geschenk übersendet und der andere sich nicht meldet (also unhöflicher Weise nicht einmal Danke sagt!), könnte sich die Frage stellen, ob das Angebot überhaupt angenommen worden ist. Der Schenker kann jetzt den Empfänger dazu auffordern, die Annahme zu erklären. Tut der Empfänger dies nicht, bzw. schweigt weiterhin, so bestimmt § 516 Abs. 2 S. 2 BGB, dass das Schweigen als Annahme des Schenkungsangebotes zu werten ist.

Sie werden noch weitere Fälle kennenlernen, in denen das Gesetz dem Schweigen einen Erklärungswert beilegt, aber es ist wirklich die Ausnahme!

cc) Rechtspflicht aus Treu und Glauben zur Gegenerklärung

Zuletzt kann ein Vertragspartner aus Treu und Glauben verpflichtet sein, ausdrücklich darauf hinzuweisen, dass er das Angebot nicht annehmen will. Tut er dies nicht, so wird sein Schweigen als Annahme gewertet. Ein Beispiel haben Sie bereits kennengelernt: Wenn jemand ein Angebot mit **geringfügiger** Änderung annimmt, so erlischt gemäß § 150 Abs. 2 BGB das ursprüngliche Angebot, und die geänderte Annahme gilt als neues Angebot. Wenn derjenige, der das erste Angebot abgegeben hat, jetzt schweigt, so wird sein Schweigen als Annahme des neuen Angebotes gewertet. Grund hierfür ist, dass man den Annehmenden schützen will: Der Annehmende weiß vielleicht gar nicht, dass seine kleine Änderung solche gravierenden Folgen hat und er das schöne Angebot, das er gerne annehmen möchte, selbst zum Erlöschen gebracht hat.

Das Gleiche gilt auch für eine Annahme mit **geringfügiger** Verspätung. Diese gilt gemäß § 150 Abs. 1 BGB als neues Angebot. Wenn derjenige, der das erste Angebot abgegeben hat, darauf nicht reagiert, wird sein Schweigen nach Treu und Glauben als Annahmeerklärung gewertet.

Man sollte sich immer wieder klarmachen, dass Schweigen grundsätzlich keine Willenserklärung darstellt und nur in wenigen Ausnahmefällen dem Schweigen ein Erklärungswert beigelegt wird!

Im obigen Fall liegt keiner der Ausnahmefälle vor. Also kann dem Schweigen des Normal kein Erklärungswert beigelegt werden. Allerdings hat Normal die Bücher irgendwann in sein Regal gestellt und darin gelesen. Also könnte man wie Bücherwurm auf die Idee kommen, dass er damit seinen Annahmewillen bestätigt hat. Da Bücherwurm auf den Zugang der Annahmeerklärung verzichtet hat, wäre dann ein Vertrag zustande gekommen.

An dieser Stelle kommt allerdings § 241 a BGB ins Spiel: Nach dieser Vorschrift wird durch die Lieferung unbestellter Sachen kein Anspruch begründet! Abweichend von § 151 BGB stellen auch Handlungen, die normalerweise als eine Betätigung des Annahmewillens anzusehen wären, keine Annahme dar. Normal durfte also die Bücher ins Regal stellen, ohne dabei Gefahr zu laufen, dass er nun einen Vertrag mit Bücherwurm geschlossen hat.

d) Annahmeerklärung muss inhaltlich mit dem Angebot übereinstimmen

Die Annahmeerklärung muss inhaltlich mit dem Angebot übereinstimmen. Der Anbietende und der Annehmende müssen also das Gleiche wollen. Wenn die Annahme vom Angebot abweicht, stellt sie eine Ablehnung des ursprünglichen Angebotes, verbunden mit einem neuen Angebot dar, § 150 Abs. 2 BGB.

So, damit haben wir alles, was Sie zum Thema Vertragsschluss wissen müssen. Zum Abschluss noch eine zusammenfassende Übersicht:

Angebot	Annahme
Empfangsbedürftige Willenserklärung Keine Angebote sind (weil keine Willenserklärung vorliegt): Zeitungsanzeigen, Werbeprospekte, Versandkataloge, Schaufensterauslagen, → es fehlt der Rechtsbindungswille! Wenn es sich um eine alltägliche Gefälligkeit handelt, liegt ebenfalls kein Rechtsbindungswille vor. Dies entscheidet sich danach, ob der Erklärungsempfänger davon ausgehen durfte, dass der Erklärende sich rechtlich binden wollte.	**Empfangsbedürftige Willenserklärung** Ausnahme: § 151 BGB: Der Zugang der Annahmeerklärung ist entbehrlich, wenn der Antragende darauf verzichtet hat oder wenn der Zugang nach der Verkehrssitte nicht zu erwarten ist. Schweigen ist keine Willenserklärung!!! Beachte auch § 241 a BGB.
Muss **inhaltlich so bestimmt** sein, dass die Annahme durch bloße Zustimmung des anderen erfolgen kann. Die wesentlichen Vertragbestandteile müssen enthalten sein. Beim Kaufvertrag: Kaufgegenstand und Kaufpreis.	Muss **inhaltlich mit dem Angebot übereinstimmen**, sonst Ablehnung, verbunden mit einem neuen Antrag, § 150 Abs. 2 BGB.
Der Antragende ist an sein Angebot **gebunden**, es sei denn, er hat die Bindung ausgeschlossen, § 145 BGB. Aber: § 130 Abs. 1 S. 2 BGB: Bis zum Zugang beim Erklärungsempfänger kann das Angebot widerrufen werden.	

Angebot	Annahme
Erlöschen des Angebots bei: – Ablehnung, § 146 BGB – geänderter Annahme, § 150 Abs. 2 BGB – verspäteter Annahme, § 146 BGB	 Die geänderte Annahme gilt als neues Angebot, § 150 Abs. 2 BGB. Die verspätete Annahme gilt als neues Angebot, § 150 Abs. 1 BGB. Wann liegt Verspätung vor? – Versäumung der Annahmefrist, § 148 BGB. – bei Anwesenden muss sofort angenommen werden, § 147 Abs. 1 BGB. – bei Abwesenden: § 147 Abs. 2 BGB. Aber: § 149 BGB: Die rechtzeitig verschickte, aber verspätet zugegangene Annahme muss unverzüglich angezeigt werden. Sonst gilt sie als nicht verspätet.

6. Kapitel:
Rechtsgeschäfte, Verpflichtungsgeschäfte und Verfügungsgeschäfte

1. Rechtsgeschäfte

Möglicherweise haben Sie inzwischen den Eindruck erhalten, dass es im BGB nur um Verträge geht. Im BGB steckt aber noch viel mehr! Verträge sind nur ein – wenn auch großer und im täglichen Leben sehr bedeutsamer – Teil des BGB.

Eigentlich sind Verträge nur ein Unterfall von dem, was das BGB **Rechtsgeschäft** nennt. Rechtsgeschäft ist der Oberbegriff für alles, was man als Privatmensch tun kann, um seine Angelegenheiten zu regeln. Kern eines jeden Rechtsgeschäftes ist mindestens eine Willenserklärung. Oft besteht das Rechtsgeschäft aber nicht nur aus einer oder mehreren Willenserklärungen, sondern noch aus weiteren Elementen: Beim Rechtsgeschäft »Übereignung« gemäß § 929 S. 1 BGB ist z.B. außer der Einigung der Parteien (= zwei Willenserklärungen) noch die Übergabe der Sache erforderlich. Außerdem gibt es Rechtsgeschäfte, bei denen neben die Willenserklärungen noch ein behördlicher Akt treten muss: Bei der Übertragung eines Grundstückes ist z.B. gemäß § 873 Abs. 1 BGB neben der Einigung der Parteien (= zwei Willenserklärungen) die Eintragung im Grundbuch erforderlich.

Die Definition für »Rechtsgeschäft« lautet:

> Ein Rechtsgeschäft ist ein Tatbestand, der aus mindestens einer Willenserklärung sowie oft aus weiteren Elementen besteht und an den die Rechtsordnung den Eintritt des gewollten rechtlichen Erfolges knüpft.

Je nachdem, wie viele Willenserklärungen in einem Rechtsgeschäft stecken, unterscheidet man zwischen:

1. **einseitigen Rechtsgeschäften**: diese enthalten **nur eine** Willenserklärung.
   Beispiele für einseitige Rechtsgeschäfte sind: Kündigungserklärung, Anfechtungserklärung, Testamentserrichtung oder Auslobung.
2. **mehrseitigen Rechtsgeschäften**: diese enthalten die Willenserklärung von **mindestens zwei Personen**.
   Beispiele hierfür sind: alle Verträge.

2. Verpflichtungs- und Verfügungsgeschäfte: Trennungs- und Abstraktionsprinzip

Fall: Herr Reich betritt den Antiquitätenladen des Herrn Trödel und kauft eine scheußlich-schöne Jugendstilvase zum Preis von 1.300,– €. Herr Reich zahlt den Kaufpreis in bar. Da das gute Stück sehr sperrig ist und im Sportwagen des Reich auch nicht sicher transportiert werden kann, vereinbaren

Reich und Trödel, dass Trödel die Vase am nächsten Tag nach Hause liefern soll. Nachdem Reich gegangen ist, kommt Herr Steinreich vorbei und verliebt sich auf Anhieb in die Vase. Er bietet Herrn Trödel 2.000,– € an. Diesem Angebot kann Trödel nicht widerstehen. Er hofft, dass er Reich mit einer anderen Vase beglücken kann, die so ähnlich ist. Steinreich zahlt die 2.000,– € und nimmt die Vase gleich mit. Als Trödel am nächsten Tag dem Reich die Sache erklärt und die Ersatzvase anbietet, stößt er auf taube Ohren. Reich will die von ihm gekaufte Vase. Er meint, dass er durch den Kaufvertrag Eigentümer der Vase geworden ist. Außerdem habe er doch den Kaufpreis schon gezahlt. Spätestens dann hätte die Vase doch ihm gehört! Trödel hätte doch nicht einfach sein Eigentum weggeben dürfen! Hat er recht? Oder ist Steinreich jetzt Eigentümer der Vase?

Bis dahin war es noch einfach, schwieriger wird die nächste Unterscheidung von Rechtsgeschäften. Man unterscheidet nämlich noch zwischen **Verpflichtungsgeschäften** und **Verfügungsgeschäften**.

> Ein **Verpflichtungsgeschäft** ist ein Rechtsgeschäft, durch das die Verpflichtung zu einer Leistung begründet wird.

Beispiel für ein Verpflichtungsgeschäft ist der Kaufvertrag. In § 433 Abs. 1 S. 1 BGB heißt es: »Durch den Kaufvertrag wird der Verkäufer einer Sache **verpflichtet**, dem Käufer die Sache zu übergeben und das Eigentum an der Sache zu verschaffen.« Der Kaufvertrag begründet also für den Verkäufer die Verpflichtung, die Kaufsache dem Käufer zu übergeben und das Eigentum an der Sache zu verschaffen. Außerdem begründet der Kaufvertrag noch eine weitere Verpflichtung: § 433 Abs. 2 BGB lautet: »Der Käufer ist **verpflichtet,** dem Verkäufer den vereinbarten Kaufpreis zu zahlen und die gekaufte Sache abzunehmen.« Durch den Kaufvertrag übernimmt also auch der Käufer eine Verpflichtung, nämlich in erster Linie die Pflicht zur Kaufpreiszahlung.
Im besonderen Schuldrecht finden Sie haufenweise weitere Beispiele für Verpflichtungsgeschäfte, z.B.:
§ 488, Darlehensvertrag,
§ 535, Mietvertrag
§ 598, Leihvertrag
§ 611, Dienstvertrag
§ 631, Werkvertrag
Wenn Sie diese Vorschriften lesen, ist dort immer davon die Rede, dass jemand zu einer bestimmten Leistung verpflichtet ist.

Wenn wir beim Beispiel des Kaufvertrages bleiben, stellt sich dann aber eine Frage: In § 433 Abs. 1 S. 1 BGB heißt es **nur**: »Durch den Kaufvertrag wird der Verkäufer einer Sache **verpflichtet**, dem Käufer die Sache zu übergeben und das Eigentum an der Sache zu verschaffen.« Allein durch diese Verpflichtung des Verkäufers wird der Käufer aber noch nicht Eigentümer der Sache. Die bloße Verpflichtung zur Eigentumsübertragung bedeutet nicht, dass mit dem Kaufvertrag auch automatisch das Eigentum auf den Käufer übergeht. Der Käufer erhält durch den Kaufvertrag gemäß § 433 Abs. 1 S. 1 BGB zunächst **nur einen Anspruch** auf die Übereignung der Sache. Mehr nicht. An der Eigentumslage ändert sich erst einmal nichts. Auch nach Abschluss des Kaufvertrages bleibt der Verkäufer zunächst Eigentümer der verkauften Sache.
Aber wie und vor allem wann wird der Käufer dann Eigentümer der verkauften Sache? Das steht nicht in § 433 Abs. 1 S. 1!

In unserem Fall hat Reich also unrecht, wenn er meint, dass er allein durch den Abschluss des Kaufvertrages Eigentümer der Vase geworden ist. Auch die Tatsache, dass er den Kaufpreis schon gezahlt hat, führt nicht dazu, dass er gleichzeitig auch Eigentümer der Sache wird. Oder steht davon etwas in § 433 Abs. 1 S. 1 BGB? Nein! Der Kaufvertrag gemäß § 433 hat erst einmal nur zwei wechselseitige Verpflichtungen begründet: Der Verkäufer hat die Pflicht, dem Käufer die Sache zu übereignen. Der Käufer ist verpflichtet, den Kaufpreis zu zahlen. An der Eigentumslage hat sich dadurch nichts geändert. Trödel ist weiterhin Eigentümer der Vase.

Aber was muss denn passieren, damit Reich Eigentümer der Vase wird?

An dieser Stelle kommt das Verfügungsgeschäft ins Spiel:

> Ein **Verfügungsgeschäft** ist ein Rechtsgeschäft, durch das ein bestehendes Recht unmittelbar übertragen, belastet, geändert oder aufgehoben wird.

Das Verfügungsgeschäft ist also darauf gerichtet, auf ein bestehendes Recht einzuwirken. Beispiel für ein Verfügungsgeschäft ist die Übereignung einer beweglichen Sache gemäß § 929 S. 1 BGB: »Zur Übertragung des Eigentums an einer Sache ist erforderlich, dass der Eigentümer die Sache dem Erwerber übergibt und beide darüber einig sind, dass das Eigentum übergehen soll.« Durch dieses Verfügungsgeschäft wird keine Verpflichtung begründet, sondern es ändert sich die Eigentumslage: Eine Sache, die vorher einer Person gehörte, gehört nun einer anderen.
Weiteres Beispiel für ein Verfügungsgeschäft ist die Abtretung einer Forderung gemäß § 398 BGB. Durch die Abtretung wird eine Forderung auf einen anderen Gläubiger übertragen.

Damit der Käufer Eigentümer der Sache wird, muss der Verkäufer ihm die Sache gemäß § 929 S. 1 BGB übereignen. Durch die Übereignung erfüllt der Verkäufer seine Verpflichtung aus dem Kaufvertrag. Der Verkäufer muss dem Käufer die Sache übergeben, und beide müssen sich darüber einig sein, dass das Eigentum an der Sache vom Verkäufer auf den Käufer übergeht. Erst dann wird der Käufer Eigentümer der Sache, vorher nicht.
Bildlich kann man die Trennung von Verpflichtungs- und Verfügungsgeschäft etwa so darstellen: Erst die Übereignung führt dazu, dass das Eigentum an den Käufer übergeht.
In unserem Fall hat eine Übereignung der Vase an den Reich bisher nicht stattgefunden. Die Vase ist ihm noch nicht übergeben worden und von einer Einigung, dass das Eigentum auf den Reich übergehen soll, steht auch nichts im Sachverhalt. Daher hat sich an der Eigentumslage bisher nichts geändert.

Die Aufspaltung von Verpflichtungs- und Verfügungsgeschäft heißt **Trennungsprinzip**.
Das **Abstraktionsprinzip** geht noch über das Trennungsprinzip hinaus. Es besagt, dass Verpflichtungs- und Verfügungsgeschäft unabhängig voneinander wirksam sind. Die Gültigkeit des einen hat nicht notwendig die Gültigkeit des anderen zur Folge.

Bei der nach § 929 S. 1 erforderlichen Einigung handelt es sich übrigens um nichts anderes als um einen Vertrag: Es sind zwei übereinstimmende Willenserklärungen von Verkäufer und Käufer erforderlich, Angebot und Annahme. Wenn der Verkäufer also seine Verpflichtung aus dem Kaufvertrag erfüllt, wird ein weiterer Vertrag geschlossen! Und damit nicht genug: Zu guter Letzt wird bei diesem Vorgang noch ein dritter Vertrag geschlossen: Der Kaufpreis, den der Käufer zahlt, muss ja auch noch übereignet werden.

Damit kommen wir also zu dem wunderbaren Ergebnis, dass z.B. bei dem Kauf eines einzigen, harmlosen Brötchens insgesamt drei Verträge geschlossen werden: Als Erstes ein Kaufvertrag, der die Verpflichtung für den Verkäufer begründet, das Brötchen zu übereignen, und für den Käufer, den Kaufpreis zu zahlen. Dann wird der nächste Vertrag geschlossen, wenn das Brötchen übereignet wird. Dann wird der dritte Vertrag geschlossen, wenn das Geld fürs Brötchen auf die Theke gelegt wird. Und was ist, wenn, wie so oft, nicht das passende Geld gezahlt werden kann, sondern vom Verkäufer noch Wechselgeld herausgegeben werden muss? Sie ahnen es bereits: Dann haben wir noch einen vierten Vertrag, nämlich die Übereignung des Wechselgeldes.

So viel Theater für ein Brötchen! Warum das Ganze?
Ein Grund ist ganz einfach: Wenn Sie z.B. einen Neuwagen bestellen, ist dieser noch gar nicht gebaut worden. Dann können Sie noch gar kein Eigentum an dem Wagen erwerben, weil es den Wagen noch nicht gibt. Und an dem Blech und den vielen Schrauben etc., aus denen Ihr Wagen einmal gebaut werden wird, können Sie auch kein Eigentum erwerben, weil noch gar nicht feststeht, welche der vielen Schrauben aus dem großen Schraubenkasten genau in Ihr Auto hineingeschraubt werden wird. Und welcher Kotflügel an Ihr Auto montiert werden wird und nicht an das Auto, das direkt danach auf dem Fließband kommt. Da ist es besser, wenn zum Kaufvertrag noch die Übereignung als eigenes Rechtsgeschäft hinzukommt.

Der weitere Grund für diese Aufspaltung ist etwas komplizierter:
Es wird nicht nur zwischen dem Kaufvertrag und der Übereignung unterschieden. Kaufvertrag und Übereignung sind auch **unabhängig voneinander wirksam**. Es kann also sein, dass der Kaufvertrag aus irgendeinem Grund unwirksam ist, z.B. weil er angefochten worden ist. Trotzdem bleibt die Übereignung der Kaufsache erst einmal wirksam. Der Käufer bleibt also Eigentümer der Sache. Wenn jemand wiederum dem Käufer die Sache abkaufen will, so darf er darauf vertrauen, dass der Käufer auch Eigentümer der Sache ist. Der zweite Käufer muss keine genaueren Nachforschungen anstellen, ob der erste Käufer nicht inzwischen wegen der Unwirksamkeit des Kaufvertrages das Eigentum an der Sache wieder verloren hat.
Die Trennung zwischen Verpflichtung und Verfügung dient also auch dazu, dass der Warenverkehr erleichtert wird, weil man als Käufer nicht alle vorangegangenen Verträge kontrollieren muss.

3. Verpflichtungs- und Verfügungsgeschäft: Weitere Unterschiede
Verpflichtung- und Verfügungsgeschäfte weisen weitere Unterschiede auf:

Das Verpflichtungsgeschäft wirkt nur zwischen den beiden Personen, die es geschlossen haben. Ein Außenstehender braucht sich überhaupt nicht dafür zu interessieren, ob zwischen zwei Personen ein Verpflichtungsgeschäft besteht oder nicht. Nur dem Käufer gegenüber ist der Verkäufer zur Übereignung verpflichtet. Alle anderen können aus dem Verpflichtungsgeschäft keine Rechte herleiten.
Demgegenüber wirken die Rechtsänderungen durch das Verfügungsgeschäft gegenüber allen. Wenn der Verkäufer die Sache an den Käufer übereignet hat, dann ist ab der Übereignung für alle anderen der Käufer jetzt der neue Eigentümer.

In unserem Fall kann Herr Trödel also ohne weiteres noch einen Kaufvertrag mit Herrn Steinreich abschließen, obwohl er die Vase schon einmal verkauft hat. Der erste Kaufvertrag wirkt nur zwischen

Reich und Trödel. Herr Steinreich brauchte sich nicht dafür zu interessieren. Sobald aber die Vase an Herrn Steinreich übereignet worden ist, ist dieser auch Herrn Reich gegenüber der neue Eigentümer. Herr Reich muss das akzeptieren.

Das Verfügungsgeschäft setzt eine **besondere Verfügungsmacht** des Verfügenden voraus. So kann über das Eigentum an einer Sache grundsätzlich nur der Eigentümer verfügen. Wenn jemand ein Verfügungsgeschäft über eine Sache schließt, **ohne** Eigentümer zu sein, dann ist die Verfügung nur wirksam, wenn er mit der Einwilligung des Eigentümers handelt, § 185 BGB. (Oder wenn die §§ 932 ff. eingreifen. Nach diesen Vorschriften kann man ausnahmsweise auch von einem Nichtberechtigten Eigentum erwerben, wenn man irrtümlich davon ausgeht, dass der Nichtberechtigte Eigentümer ist. Dazu: 20. Kapitel: Sachenrecht.)

Ein Verpflichtungsgeschäft kann man dagegen ohne jede besondere Verfügungsmacht abschließen. Der Verkäufer kann sogar eine Sache verkaufen, die ihm gar nicht gehört! Er übernimmt damit ja nur die Verpflichtung, dem Käufer das Eigentum an der Sache zu verschaffen. Dafür muss er aber nicht selbst Eigentümer sein. Vielleicht will er die Sache selbst erst noch kaufen.

Herr Trödel konnte als Eigentümer die Vase an Herrn Steinreich übereignen. Danach war er nicht mehr Eigentümer. Er hätte die Vase also nicht noch einmal an Herrn Reich übereignen können. Er hätte aber theoretisch, auch nachdem er die Vase schon an Steinreich übereignet hatte, noch einen weiteren Kaufvertrag über die Vase abschließen können.

Und es gibt noch einen letzten Unterschied zwischen Verfügungsgeschäft und Verpflichtungsgeschäft:
Bei dem Verpflichtungsgeschäft geht unmittelbar aus dem Rechtsgeschäft hervor, **warum** sich die Parteien zu einer Leistung verpflichten: Der Verkäufer verpflichtet sich z.B. zur Übereignung der Sache, **weil** sich der Käufer im Gegenzug dazu verpflichtet, den Kaufpreis zu zahlen. Die Parteien verpflichten sich also zur Leistung, weil der jeweils andere sich auch zu einer Leistung verpflichtet. Verpflichtungsgeschäfte nennt man deshalb auch **kausale Geschäfte**.

Beim Verfügungsgeschäft geht nicht unmittelbar aus der Verfügung hervor, warum sie eigentlich erfolgt: Wird eine Sache übereignet, weil eine Verpflichtung aus einem Kaufvertrag erfüllt werden soll? Oder wird sie als Geschenk übereignet? Dass kann man nicht an der Übereignung erkennen. Diese erfolgt sowohl im Fall des Kaufvertrages als auch im Fall der Schenkung nach § 929 S. 1 BGB. Um herauszufinden, warum die Sache übereignet wurde, muss man schauen, welches Rechtsgeschäft zugrunde liegt. Der Grund für die Übereignung liegt nicht in der Übereignung selbst, sondern in dem Verpflichtungsgeschäft, das zugrunde liegt. Dieses begründet die Verpflichtung, zu deren Erfüllung die Übereignung erfolgt. Da der Rechtsgrund der Übereignung außerhalb des Verfügungsgeschäftes liegt, nennt man Verfügungsgeschäfte auch **abstrakte Geschäfte**.

Übersicht: Verpflichtungs- und Verfügungsgeschäfte:

Verpflichtungsgeschäft	Verfügungsgeschäft
Definition: Rechtsgeschäft, durch das die Verpflichtung zu einer Leistung begründet wird. Beispiel: Kaufvertrag, § 433 BGB.	Definition: Rechtsgeschäft, durch das ein Recht unmittelbar übertragen, belastet, geändert oder aufgehoben wird. Beispiel: Übereignung, § 929 S. 1 BGB.
Bewirkt noch **keine Rechtsänderung**. Es besteht zunächst nur ein Anspruch des Gläubigers auf Vornahme der Rechtsänderung. Dieser Anspruch wird erfüllt durch das jeweilige Verfügungsgeschäft.	
Das Verpflichtungsgeschäft setzt **keine** besondere Verfügungsmacht voraus. Auch der Nichteigentümer kann sich in einem Kaufvertrag verpflichten, dem Käufer das Eigentum an der Sache zu verschaffen.	Das Verfügungsgeschäft erfordert für seine Wirksamkeit eine **besondere Verfügungsmacht**: Über das Eigentum an einer Sache kann grundsätzlich nur der verfügungsberechtigte Eigentümer verfügen. Ausnahme: § 185 BGB, §§ 932 ff. BGB.
Das Verpflichtungsgeschäft begründet eine Verpflichtung **nur gegenüber einer Person**. Es wirkt nur zwischen den daran beteiligten Personen.	Rechtsänderungen durch das Verfügungsgeschäft **wirken gegenüber allen**.
Aus dem Verpflichtungsgeschäft geht hervor, warum es abgeschlossen wird, nämlich weil gleichzeitig eine Gegenleistung erbracht wird. Das Verpflichtungsgeschäft ist ein **kausales Geschäft**.	Das Verfügungsgeschäft enthält keinen Hinweis, warum es vorgenommen wird. Der Grund der Zuwendung lässt sich nur dem zugrunde liegenden Rechtsgeschäft entnehmen. Es ist ein **abstraktes Geschäft**.

Zusammenfassende Übersicht zu den Rechtsgeschäften.

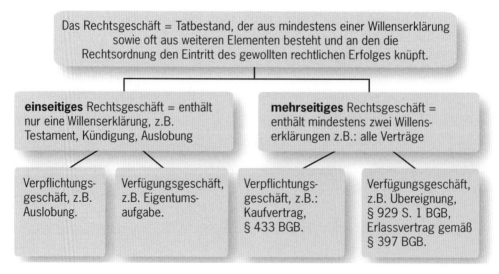

7. Kapitel:
Vertragsfreiheit und ihre Grenzen

Das BGB geht aus vom Grundsatz der Vertragsfreiheit: Jeder darf seine privaten Lebensverhältnisse durch Verträge und andere Rechtsgeschäfte so gestalten, wie es für ihn am vorteilhaftesten ist. Jeder darf frei am allgemeinen Wettbewerb teilnehmen und entscheiden, zu welchen Bedingungen er Waren und Dienstleistungen anbieten und erwerben will.

Die Vertragsfreiheit besteht aus zwei Elementen: Der Abschlussfreiheit und der Gestaltungsfreiheit.

1. Die Abschlussfreiheit

Fall: Elvira hat ihren Mann, den Juwelier Glitzer, verlassen, weil dieser ein fürchterlicher Geizkragen ist und ihr nie auch nur ein klitzekleines Diamantcollier geschenkt hat, obwohl er ja nun wirklich günstig an die Klunker kommt. Um ihrem Ex-Mann noch einmal tüchtig eins auszuwischen, sucht sie mit dem schönen Emilio, der ihr soeben einen Heiratsantrag gemacht hat, das Geschäft von Glitzer auf, um dort die teuersten Eheringe zu erwerben, die er auf Lager hat. Glitzer sieht allerdings rot und lässt die beiden vor die Tür setzen. Elvira findet, dass Glitzer verpflichtet ist, ihr die Ringe zu verkaufen. Schließlich sei ihr Geld genauso gut wie das anderer Leute.

Abschlussfreiheit bedeutet, dass man entscheiden darf, **ob und mit wem** man einen Vertrag abschließt. Niemand ist verpflichtet, etwas zu kaufen oder zu verkaufen, wenn er gerade nicht will. Oder irgendeine Leistung zu erbringen oder in Anspruch zu nehmen, wenn einem gerade nicht danach ist. Ohne Angabe von Gründen kann man jederzeit »Nein« sagen.

In unserem Fall kann Glitzer also allein aus persönlichen Gründen den Abschluss eines Kaufvertrages verweigern. Elvira kann ihn nicht dazu zwingen, ihr die Ringe zu verkaufen.

Der Grundsatz der Abschlussfreiheit hat allerdings auch kleine Ausnahmen. Unter bestimmten Umständen kann jemand verpflichtet sein, einen Vertrag zu schließen. Man spricht dann von **Kontrahierungszwang**. So kann es z.B. sein, dass ein Unternehmen praktisch marktbeherrschend ist und der private Verbraucher deshalb darauf angewiesen ist, die Leistungen dieses Unternehmens in Anspruch nehmen zu dürfen.

Fall: Der Finanzbeamte Erbsenzähler eilt am Morgen zur Bushaltestelle. Als der Bus kommt erlebt er allerdings eine unangenehme Überraschung: Der Busfahrer teilt ihm mit, dass er keinen Bock habe, ihn mitzunehmen, nachdem ihm Erbsenzähler im letzten Einkommenssteuerbescheid eine Nachzahlung in Höhe von mehreren hundert Euro aufgebrummt hat. Herr Erbsenzähler möge doch auf den nächsten Bus warten oder zu Fuß gehen.

Erbsenzähler ist empört, zumal er nun das erste Mal in zwanzig Jahren zu spät kommt. Er fragt sich, ob der Busfahrer nicht verpflichtet war, einen Vertrag mit ihm zu schließen.

Insbesondere im Bereich der Daseinsvorsorge ist an vielen Stellen ein Kontrahierungszwang ausdrücklich gesetzlich festgelegt, so z.B. für die Versorgung mit Strom und Gas (§ 17 EnWG). Auch für die Einrichtung von Girokonten sieht das Sparkassenrecht einzelner Länder einen Kontrahierungszwang vor. Das ist z.B. für Sozialhilfeempfänger von Bedeutung, die oftmals von Banken zurückgewiesen werden, wenn sie ein Girokonto eröffnen wollen.

Auch im obigen Fall besteht für den Busfahrer bzw. für den Verkehrsbetrieb, für den er unterwegs ist, ein Kontrahierungszwang. Dieser ergibt sich aus § 22 Personenbeförderungsgesetz. Danach ist der Unternehmer zur Beförderung verpflichtet, wenn die Beförderungsbedingungen eingehalten werden. Der Busfahrer war also im Unrecht und hätte Erbsenzähler mitnehmen müssen, auch wenn er ihn vielleicht nicht riechen kann.

2. Gestaltungsfreiheit

Gestaltungsfreiheit bedeutet, dass die Vertragsparteien selbst festlegen können, welchen **Inhalt** ihr Vertrag haben soll. Grundsätzlich können sich die Parteien zu jeder überhaupt nur möglichen Leistung verpflichten. Sie können sogar Vertragsarten erfinden, die das BGB überhaupt nicht kennt. Zum Leasingvertrag z.B. werden Sie im BGB keine Regelung finden. Dieser Vertragstyp ist eine neuere Erfindung.

Aber auch bei den Verträgen, die im BGB geregelt sind, können sich die Parteien zusätzliche Vereinbarungen ausdenken. Die Parteien eines Kaufvertrages können z.B. vereinbaren, dass der Käufer den Kaufpreis in Raten zahlen darf. Sie können vereinbaren, dass der Käufer innerhalb von zwei Wochen nach dem Kauf vom Vertrag zurücktreten darf. Das BGB hält eben nicht für alles, was den Parteien im konkreten Fall vielleicht wichtig ist, auch eine gesetzliche Regelung bereit. Dann dürfen die Parteien selbst entscheiden, was in ihrem Fall gelten soll.

Andererseits wird nicht alles, was im BGB steht, automatisch auch Bestandteil des Vertrages. An vielen Stellen hält das BGB nur Vorschläge bereit, die gelten sollen, wenn die Parteien keine Vereinbarung getroffen haben. Wenn z.B. jemand in einem Elektrogeschäft einen neuen Rasierapparat kauft, passiert meist nichts weiter, als dass das Geld bezahlt und der Rasierer mitgenommen wird. Welche Rechte der Käufer haben soll, wenn der Rasierer schon nach zwei Wochen den Geist aufgibt, darüber haben die Parteien des Kaufvertrages normalerweise gar nicht gesprochen. Dann kommt ihnen das BGB zu Hilfe mit den gesetzlichen Gewährleistungsrechten des Käufers, § 437 BGB.

In bestimmten Grenzen können die Parteien aber auch vereinbaren, dass die Vorschläge, die das BGB anbietet, wenn die Parteien keine genaue Vereinbarung getroffen haben, gerade **nicht** gelten sollen. So kann z.B. der Verkäufer einer Sache mit dem Käufer vereinbaren, dass die gesetzlich vorgesehenen Gewährleistungsrechte nicht gelten sollen, sondern ausgeschlossen sind bzw. nicht in vollem Umfang eingreifen. Daran hat der Verkäufer natürlich immer ein Interesse! Damit er nicht den Käufer allzu sehr über den Tisch zieht und ihm alle Rechte nimmt, kommt das BGB dem Käufer zu Hilfe und begrenzt die Gestaltungsfreiheit der Parteien. Das BGB hält Rechtsvorschriften bereit, die von den Parteien nicht ausgeschlossen werden können, sondern immer gelten. An dieser Stelle kommen wir damit zu den Grenzen der Gestaltungsfreiheit:

a) Zwingendes Recht

Fall: Die emsige Hausfrau Sigrid Suppentopf erwirbt beim Elektrogroßhandel »Müllia-Markt« einen neuen Kühlschrank. Der Verkäufer weist sie daraufhin, dass man bei diesem supergünstigen Angebot dem Käufer leider keine Gewährleistungsrechte einräumen könne. Nach zwei Wochen fällt die Tür des Kühlschrankes ab. Wie sich zeigt, waren die Scharniere nicht ordentlich eingebaut. Frau Suppentopf ist verständlicherweise irritiert, da der Kühlschrank jetzt unbrauchbar ist. Als sie sich an den Verkäufer wendet und den Tausch gegen ein fehlerfreies Gerät fordert, erinnert dieser sie an den vereinbarten Ausschluss der Gewährleistungsrechte. Kann er Frau Suppentopf so einfach abspeisen?

Wie oben gesagt, enthält das BGB zahlreiche Vorschriften, die nur dann gelten, wenn die Parteien in dem konkreten Fall nichts anderes vereinbart haben. Diese Vorschriften des BGB können also grundsätzlich von den Parteien ausgeschlossen werden, wenn sie sie nicht haben wollen. Solche Vorschriften heißen auch **nachgiebiges Recht**. Damit aber nicht eine der Parteien benachteiligt wird, zieht das BGB der Gestaltungsfreiheit Grenzen durch **zwingendes Recht**. Das sind Vorschriften, die von den Parteien nicht ausgeschlossen werden können, sondern immer gelten.

Ein Beispiel für zwingendes Recht ist § 276 Abs. 3 BGB: »Die Haftung wegen Vorsatzes kann dem Schuldner nicht im Voraus erlassen werden.« Wenn also z.B. ein Malermeister, der ein Haus weiß anmalen soll, dieses Haus absichtlich rosa anstreicht, um den Auftraggeber zu ärgern, kann er sich hinterher nicht darauf berufen, dass doch die Haftung für jedes Verschulden zwischen den Parteien im Voraus ausgeschlossen worden war. § 276 Abs. 3 BGB zieht einer solchen Vereinbarung Grenzen. Für ein vorsätzliches schädigendes Verhalten muss man immer geradestehen.

Ein weiteres Beispiel ist § 618 BGB: Danach ist der Dienstberechtigte (= Arbeitgeber) verpflichtet, die Räume und Gerätschaften, mit denen der Arbeitnehmer arbeitet, so einzurichten und zu unterhalten, dass der Arbeitnehmer so gut wie möglich geschützt ist. § 619 BGB ordnet dann an, dass diese Verpflichtung nicht im Voraus durch Vertrag aufgehoben oder beschränkt werden kann.

Auch in unserem obigen Fall greift eine zwingende Rechtsvorschrift ein: § 475 BGB. Nach dieser Norm darf sich der Verkäufer nicht auf Vereinbarungen berufen, die von den §§ 433–435; 437; 439–443 BGB zum Nachteil des Käufers abweichen. Das bedeutet übersetzt: Es dürfen die Gewährleistungsvorschriften nicht ausgeschlossen werden (Ausnahme: Schadensersatz). Diese Vorschrift bezieht sich nur auf den sog. Verbrauchsgüterkauf, also wenn ein privater Verbraucher etwas von einem gewerblichen Händler kauft. Zum Verbrauchsgüterkauf eingehender: s. Gewährleistungsrechte beim Kauf.

Wichtige Vorschriften des zwingenden Rechts sind außerdem die §§ 305 ff. BGB, die die Wirksamkeit von Allgemeinen Geschäftsbedingungen regeln.

3. Weitere Grenzen der Vertragfreiheit

Von dem Grundsatz, dass man sich zu jeder menschenmöglichen Leistung verpflichten kann, macht das BGB zwei wichtige Ausnahmen: Verträge dürfen nicht gegen die guten Sitten verstoßen, § 138, und sie dürfen auch nicht gegen ein gesetzliches Verbot verstoßen, § 134. In beiden Fällen ordnet das BGB an, dass solche Verträge **nichtig** sind, also aus ihnen **keine Ansprüche hergeleitet werden können**.

Im Rahmen der Falllösung stellen Sie also fest, dass der geltend gemachte Anspruch nicht entstanden ist, weil der Vertrag von vornherein gemäß § 138 oder § 134 nichtig ist. Siehe auch Kapitel Rechtsanwendung, am Ende.

a) § 138 Abs. 1 BGB: Das sittenwidrige Rechtsgeschäft

Gemäß § 138 Abs. 1 BGB ist ein Rechtsgeschäft, das gegen die guten Sitten verstößt, nichtig. Aber was sind »die guten Sitten«? Dazu äußert sich das BGB nicht. Also haben sich die Gerichte und Rechtsgelehrte eine neue Erklärung dafür zurechtgelegt: Ein Rechtsgeschäft verstößt dann gegen die guten Sitten, »wenn es das Anstandsgefühl aller billig und gerecht Denkenden verletzt.« So, jetzt sind Sie genauso schlau wie vorher. Wer sind denn die »billig und gerecht Denkenden«? Wir? Im Prinzip ja! Schließlich geht es bei den guten Sitten um die in der Gesellschaft anerkannten moralischen Anschauungen. Man kommt der Sache daher etwas näher, wenn man sich im jeweiligen Fall fragt, wie ein »anständiger Durchschnittsmensch« die Sache sehen würde.

Insgesamt kann man feststellen, dass die guten Sitten nichts sind, was irgendwo genau geregelt und festgelegt ist. Vielmehr unterliegen die guten Sitten einem ständigen Wandel: Was vor fünfzig Jahren vielleicht noch völlig undenkbar war, ist jetzt erlaubt. So wurden z.B. homosexuelle Beziehungen früher strafrechtlich verfolgt, während jetzt die Eintragung einer homosexuellen Lebenspartnerschaft möglich ist und praktisch die gleichen Folgen hat wie eine Eheschließung. Das Bundesverfassungsgericht definiert daher auch die guten Sitten als die Gesamtheit der Wertvorstellungen, die das Volk **in einem bestimmten Zeitpunkt** seiner geistig-kulturellen Entwicklung erreicht und in seiner Verfassung fixiert hat.

Um von den schwammigen Definitionen wegzukommen, haben sich im Laufe der Zeit in der Rechtsprechung verschiedene Fallgruppen herausgebildet, bei denen die Sittenwidrigkeit des Rechtsgeschäftes angenommen wurde. § 138 Abs. 1 diente als Schutzvorschrift, mit deren Hilfe Folgendes erreicht werden soll:

aa) Absicherung von anerkannten Ordnungen

Fall: Fridolin Geizhals hat es endlich nach vielen Jahren und etlichen gescheiterten Versuchen geschafft, eine Ehefrau zu finden, die allen seinen Vorstellungen entspricht: Brav und sparsam wird sie ihm den Haushalt führen, das Essen pünktlich servieren, die Socken waschen und auch sonst keine Widerworte haben. Damit er diese Perle nicht wieder verliert und die Investition in die teuren Hochzeitsfeierlichkeiten sich nicht später als vergeblich herausstellen, vereinbart Geizhals mit der Auserwählten, dass die Scheidung ausgeschlossen sein soll. Nach drei Wochen hält die frischgebackene Ehefrau es nicht mehr aus und rennt schreiend zum Scheidungsanwalt. Kann sie die Scheidung trotz der Vereinbarung einreichen?

Was sind anerkannte Ordnungen? Dabei geht es zum einen um die **Rechtsordnung**. § 138 Abs. 1 BGB erklärt alle Rechtsgeschäfte, die der Vorbereitung einer Straftat dienen, für sittenwidrig und damit nichtig. Aber auch, wenn durch ein Rechtsgeschäft Grundrechte verletzt werden, ist es gemäß § 138 Abs. 1 BGB nichtig.

§ 138 Abs. 1 BGB schützt aber nicht nur die Rechtsordnung im eigentlichen Sinn, also die Einhaltung aller Gesetze und Verfassungsprinzipien, sondern auch die **Ehe- und Familienordnung**. Vereinbarungen, die gegen das Wesen der Ehe verstoßen, sind deshalb gemäß § 138 Abs. 1 BGB nichtig. Die Vereinbarung eines Entgelts für die Eingehung einer Ehe ist daher genauso sittenwidrig wie die Vereinbarung, dass die Scheidung ausgeschlossen sein soll bzw. nur bei Zahlung einer horrenden Abfindung möglich sein soll.

Im obigen Fall kann die frischgebackene Frau Geizhals also selbstverständlich die Scheidung einreichen, weil die Vereinbarung wegen eines Verstoßes gegen die Ehe- und Familienordnung sittenwidrig war.

Im Rahmen der Familienordnung erklärt § 138 Abs. 1 BGB alle Rechtsgeschäfte für nichtig, die in irgendeiner Weise das Eltern-Kind-Verhältnis missachten. Aus diesem Grund ist z.B. ein Leihmuttervertrag nichtig, weil damit das Kind zur Handelsware degradiert wird.

Außer der Ehe- und Familienordnung schützt § 138 Abs. 1 BGB aber auch die Grundsätze der Sexualmoral. So sind z.B. Verträge über Telefonsex vom BGH als sittenwidrig angesehen worden. Früher war auch der Vertrag mit einer Prostituierten sittenwidrig, jedoch sind diese Verträge nunmehr durch das Gesetz zur Regelung der Rechtsverhältnisse der Prostituierten (sinnigerweise abgekürzt mit »ProstG«) geregelt worden. Die Verträge sind nicht mehr sittenwidrig, die Prostituierte erwirbt also einen Anspruch auf die Gegenleistung.
Sittenwidrig sind aber Verträge, die zum Geschlechtsverkehr auf Bühnen verpflichten oder die zum Auftreten als Schauobjekt in einer Peepshow verpflichten.
Sittenwidrig ist zuletzt auch ein Testament, in dem der Erblasser seine Geliebte nur deshalb als Erbin einsetzt, um ihre geschlechtliche Hingabe zu belohnen und zu fördern.

In diesem Bereich gibt es zahlreiche weitere Fälle. Letztlich kann man an dieser Stelle zu der Faustregel kommen, »Immer, wenn es unanständig wird, sollte man über § 138 Abs. 1 BGB wenigstens nachdenken«.

bb) Abwehr von Freiheitsbeschränkungen
Fall: Der Jungautor Anton Sebastian Schreibwütig bietet seinen ersten Roman »Der Totenkopf in der Besteckschublade« dem DDT-Verlag an. Dieser ist durchaus angetan von dem Werk und schließt mit Schreibwütig einen Vertrag über den Druck des Buches, in dem sich Schreibwütig gleichzeitig verpflichtet, alle seine künftigen Werke, die er im Laufe seines Lebens noch schreiben wird, ausschließlich dem DDT-Verlag anzubieten. Als Schreibwütig später zum Bestseller-Autor geworden ist, bereut er diese lebenslange Verpflichtung. Hat er eine Chance, von der Vereinbarung loszukommen?

Hierbei geht es um Verträge, die die wirtschaftliche Entscheidungsfreiheit einer Vertragspartei so weit einschränken, dass sie ihre geschäftliche Selbständigkeit verliert. Wenn die wirtschaftliche Entscheidungsfreiheit so sehr eingeschränkt wird, dass der Betroffene seine freie Selbstbestimmung verliert, so ist der Vertrag sittenwidrig. Dabei ist aber auch zu berücksichtigen, welchen Ausgleich die eingeschränkte Vertragspartei für die eingegangene Verpflichtung erhält.
Sittenwidrig ist z.B. ein Vertrag, in dem eine Brauerei einem Gastwirt zur Gaststätteneröffnung ein Darlehen gewährt, der Gastwirt sich aber im Gegenzug dazu verpflichten muss, für die Dauer von 25 Jahren sein Bier ausschließlich bei dieser Brauerei zu beziehen.

Auch die Verpflichtung, die Schreibwütig eingegangen ist, ist sittenwidrig, da er damit seine freie Selbstbestimmung einbüßt und außerdem der DDT-Verlag für diese Verpflichtung keine Gegenleistung erbringen muss.

cc) Schutz vor der Ausnutzung einer Macht- oder Monopolstellung zur Erzwingung unangemessener Vertragsbedingungen
Fall: Das frischverheiratete Ehepaar Honigmond begibt sich in München auf Wohnungssuche. Freie Wohnungen sind rar, die Mieten horrend. Nach monatelanger Suche finden sie endlich eine Wohnung, die halbwegs bezahlbar ist. Der Vermieter Gernegroß besteht allerdings auf einer Klausel, nach der ihm ein sofortiges Kündigungsrecht zusteht, sobald das Ehepaar Honigmond

Nachwuchs erwartet. Das hat zur Folge, dass nach nur drei Monaten das junge Paar wieder auf Wohnungssuche gehen muss. Sie fragen sich, ob es nicht eine Möglichkeit gibt, in der jetzigen Wohnung zu bleiben.

Wenn eine Vertragspartei sich in einer erheblich stärkeren Position befindet, als die andere, so kann es passieren, dass sie ihre Machtposition ausnutzt, um der anderen Vertragspartei unfaire oder unverhältnismäßig strenge Vertragsbedingungen aufzuerlegen. Die unterlegene Partei, die vielleicht keine Wahl hatte, ob sie den Vertrag schließt oder nicht, muss dann mit der Hilfe von § 138 Abs. 1 BGB geschützt werden. Auch an dieser Stelle kommt es wieder besonders darauf an, welche Gegenleistung die schwächere Vertragspartei für ihre Verpflichtung erhält. Als sittenwidrig wurde angesehen ein Arbeitsvertrag, in dem ein Fernfahrer dazu verpflichtet wurde, seinem Arbeitgeber alle Unfallschäden zu ersetzen, ohne dass er dafür eine besondere Gegenleistung erhielt. Oder wenn ein Stromversorgungsunternehmen unter Ausnutzung seiner Monopolstellung einen weit überhöhten Strompreis festgesetzt hat.

Auch im obigen Fall hat die Rechtsprechung die Sittenwidrigkeit des Kündigungsrechtes angenommen. Der Vermieter hatte hier seine besondere Machtposition, die ihm die Wohnungsnot gewährte, ausgenutzt. Problematisch ist allerdings die Rechtsfolge, die dann eintritt: § 138 Abs. 1 BGB führt ja zur Nichtigkeit des Rechtsgeschäftes. Im Falle eines Mietvertrages würde das aber bedeuten, dass der Vermieter seine Mieter sofort an die Luft setzen könnte, denn aus dem nichtigen Mietvertrag würde sich ja keine Verpflichtung des Vermieters auf Gebrauchsüberlassung gemäß § 535 Abs. 1 S. 1 BGB ergeben. Das kann natürlich nicht sein, denn dann würde man die unterlegene Partei ja noch mehr benachteiligen! Deshalb ist in diesem Fall nur das vereinbarte Kündigungsrecht des Vermieters nichtig, der übrige Mietvertrag bleibt bestehen.

dd) Schutz vor der krassen Überforderung eines mithaftenden Angehörigen

Fall: Die liebende Ehefrau Sieglinde hat für ihren Ehemann Ludwig Lotterleben eine Bürgschaft übernommen. Auf diese Weise sollte ein Darlehen i.H.v. 1.000.000,– € gesichert werden, welches Lotterleben für die Fortführung seines Geschäftes benötigt. Sieglinde, die nicht berufstätig ist und über kein eigenes Vermögen verfügt, war eigentlich gegen die Übernahme der Bürgschaft gewesen. Der freundliche Bankangestellte hatte ihr jedoch im Beisein ihres Mannes eindrücklich vor Augen geführt, dass sie bei einer Weigerung für den beruflichen Niedergang ihres Mannes verantwortlich sei und es sich ohnehin bei der Unterzeichnung des Bürgschaftsvertrages um eine reine Formsache handeln würde. Als das Geschäft von Lotterleben langsam den Bach heruntergeht, macht er sich mit seiner Sekretärin aber ohne Hinterlassung einer Anschrift auf in den sonnigen Süden, um ein neues Leben anzufangen. Der freundliche Bankangestellte sucht daher Sieglinde auf, um ihr mitzuteilen, dass die Bank jetzt von ihr das Geld zurückhaben möchte. Aufgrund des mit ihr geschlossenen Bürgschaftsvertrages sei Sieglinde gemäß § 765 Abs. 1 BGB verpflichtet, für die Schulden von Lotterleben einzustehen. Kann sich Sieglinde dagegen wehren?

Wenn eine Bank einem Schuldner ein größeres Darlehen gewährt, fordert sie dafür oftmals Sicherheiten. Dabei kann sie auch auf die Idee kommen, die Angehörigen des Schuldners mit in die Haftung zu nehmen: Sie fordert vielleicht, dass die Ehefrau oder sogar die volljährigen Kinder des Schuldners für die Darlehensverbindlichkeit bürgen. Die Übernahme einer Bürgschaft ist ein Vertrag zwischen dem Bürgen und dem Gläubiger (in unserem Fall die Bank), durch den sich der Bürge verpflichtet, die Schulden des Hauptschuldners zurückzuzahlen.

Grundsätzlich ist gegen die Übernahme einer Bürgschaft durch nahe Angehörige erst einmal nichts einzuwenden. Schwierig wird es aber dann, wenn von vornherein klar ist, dass der bürgende Angehörige die Verpflichtung aus dem Bürgschaftsvertrag nie wird erfüllen können, z.B. weil er kein eigenes Vermögen hat. Wenn dann noch dazukommt, dass die Bank den Angehörigen bei Abschluss des Bürgschaftsvertrages unter Druck gesetzt hat, muss der Angehörige durch § 138 Abs. 1 BGB geschützt werden und der Bürgschaftsvertrag für sittenwidrig und nichtig erklärt werden. Ein Bürgschaftsvertrag fängt insbesondere dann an, nach Sittenwidrigkeit zu »riechen«, wenn die Bank den Umstand ausgenutzt hat, dass der Angehörige, weil es um den Ehemann oder den Vater/die Mutter ging, nicht »Nein« sagen konnte. Oder wenn die Bank das Haftungsrisiko des Bürgen verharmlost und die Unterzeichnung des Bürgschaftsvertrages als »reine Formsache« abtut.

Und genauso liegt die Sache in unserem Fall: Die arme Sieglinde wird durch die übernommene Verpflichtung krass überfordert. Sie hat kein eigenes Vermögen, mit dem sie die Forderung der Bank erfüllen könnte. Außerdem hat der Bankangestellte sie massiv unter Druck gesetzt. Daher ist der Bürgschaftsvertrag, den Sieglinde unterzeichnet hat, nichtig. Die Bank hat keinen Anspruch aus § 765 Abs. 1 BGB gegen Sieglinde. Um ihr Geld zurückzuerhalten, wird sich die Bank an Herrn Lotterleben wenden müssen.

ee) Subjektiver Tatbestand

Ein kurzes Wort noch zur subjektiven Seite des § 138 Abs. 1 BGB: Damit ein Rechtsgeschäft nach § 138 Abs. 1 BGB sittenwidrig ist, muss die sittenwidrig handelnde Vertragspartei nur die Umstände kennen, aus denen sich die Sittenwidrigkeit ergibt. Sie muss nicht wissen, dass ihr Handeln sittenwidrig ist. Damit ist Folgendes gemeint: Die Vertragspartei muss nicht wissen, das sich ihr Verhalten eigentlich nicht gehört und die Rechtsordnung dazu »pfui, pfui« sagt. Die Partei darf vielleicht sogar glauben, dass ihr Verhalten ganz in Ordnung ist. Sie muss nur das »Drumherum« kennen.

Zum Beispiel muss in dem unter cc) geschilderten Vermieterfall der Vermieter nicht wissen, dass er ein schlechter Mensch ist, wenn er eine solche Vertragsklausel verwendet. Er muss nur wissen, dass er eine Klausel verwendet, die ihm einen erheblichen Vorteil verschafft und das gegenüber einer Partei, die ihm aufgrund seiner Machtposition unterlegen ist. Wenn man fordern würde, dass der Vermieter auch noch weiß, dass er damit sittenwidrig handelt, könnte sich der Vermieter ja wieder leicht aus der Schlinge ziehen.

Zusammenfassende Übersicht zu § 138 Abs. 1 BGB:

Ein Rechtsgeschäft verstößt gegen die guten Sitten, wenn dadurch das »Anstandsgefühl aller billig und gerecht Denkenden« verletzt wird.

Fallgruppen:
1. Verstoß gegen die herrschende Rechts- und Sozialmoral = Schutz anerkannter Ordnungen
2. Schutz vor Freiheitsbeschränkungen z.B. durch Knebelungsverträge
3. Schutz vor der Ausnutzung einer Macht- und Monopolstellung
4. Schutz des mithaftenden Angehörigen vor einer krassen Überforderung
5. wucherähnliche Kreditgeschäfte (dazu unten, b.bb)

Subjektiv ist die Kenntnis der die Sittenwidrigkeit begründenden Umstände, jedoch kein Bewusstsein des sittenwidrigen Handelns erforderlich.

Rechtsfolge der Sittenwidrigkeit gemäß § 138 Abs. 1 BGB: Das Rechtsgeschäft ist **nichtig**. Aus einem gemäß § 138 Abs. 1 BGB nichtigen Vertrag können keine Ansprüche hergeleitet werden.

b) Wucher, § 138 Abs. 2 BGB
Fall: Aussiedler Neu ist gerade erst in Deutschland angekommen und mit den hiesigen wirtschaftlichen Verhältnissen deshalb noch nicht vertraut. Er gerät an einen Herrn Schlitzohr, der die Unerfahrenheit des Neu geschickt ausnutzt: Er bietet Herrn Neu die Unterbringung in einem Mehrbettzimmer für »großzügige« 500,– € an. Außerdem gewährt er dem Neu als Starthilfe ein Darlehen, welches monatlich mit 10 % zu verzinsen ist. Zuletzt bietet er dem Neu auch noch einen Arbeitsplatz an: Für einen Stundenlohn i.H.v. 3,– € kann Neu bei ihm als Reinigungskraft anfangen. Neu geht auf alle Angebote von Schlitzohr ein. Nachdem er sich allerdings schlaugemacht hat, ist er natürlich nicht bereit, diese horrende Miete und Zinsen zu bezahlen und für den Hungerlohn zu arbeiten. Kann Schlitzohr trotzdem die vereinbarten Zahlungen verlangen und Neu nur den geringen Stundenlohn fordern?

§ 138 Abs. 2 BGB stellt einen Spezialfall der Sittenwidrigkeit dar. Wann immer jemand für eine Leistung sehr viel mehr fordert, als sonst üblich ist, sollte man über § 138 Abs. 2 BGB nachdenken.

aa) Objektive Voraussetzung von § 138 Abs. 2 BGB:
Auffälliges Missverhältnis zwischen Leistung und Gegenleistung
§ 138 Abs. 2 BGB kommt nur bei solchen Verträgen infrage, bei denen sich beide Vertragsparteien zu einer Leistung verpflichten. Zunächst muss man schauen, welchen objektiven Wert die beiden Leistungen haben. Wenn eine der Parteien eine Leistung erbringt, die um 100 % oder mehr über dem Marktpreis liegt, der sonst für die Gegenleistung üblicherweise gezahlt wird, dann besteht ein auffälliges Missverhältnis zwischen Leistung und Gegenleistung.
Faustregel also: wenn eine der Parteien **das Doppelte des Marktpreises** zahlt.
Die gleiche Faustregel funktioniert auch andersherum: Wenn jemand nur **die Hälfte** von dem zahlt, was die Leistung eigentlich wert ist.

In unserem Fall kann man ohne Weiteres feststellen, dass in allen drei Verträgen ein auffälliges Missverhältnis zwischen Leistung und Gegenleistung besteht: Bei dem Mietvertrag muss man gucken, wie hoch die ortsübliche Vergleichsmiete für die Unterbringung in einem Mehrbettzimmer ist. Schon

250,– € wären hier wohl überhöht! Bei dem Darlehen muss man vom derzeit marktüblichen Zinssatz ausgehen. Der dürfte selbst in harten Zeiten kaum über fünf Prozent monatlich kommen. Und ein Stundenlohn i.H.v.3,– € liegt unter der Hälfte des Lohnniveaus für vergleichbare Arbeiten.

bb) Subjektive Voraussetzung:
Ausnutzung einer der in § 138 Abs. 2 BGB aufgeführten Schwächesituation

Das auffällige Missverhältnis zwischen Leistung und Gegenleistung ist allein nicht ausreichend, die Sittenwidrigkeit des Rechtsgeschäftes gemäß § 138 Abs. 2 BGB zu begründen. Vielmehr muss der Wuchernde auch noch ein schlechter Mensch sein: Er muss eine Zwangslage oder die Unerfahrenheit oder den Mangel an Urteilsvermögen oder eine erhebliche Willensschwäche des Vertragspartners ausgebeutet haben. Der wuchernde Vertragspartner muss also ganz bewusst ausgenutzt haben, dass die andere Vertragspartei sich in einer schwierigen Lage befindet oder nicht in der Lage ist, vernünftig zu handeln.

Wenn keine der in § 138 Abs. 2 BGB aufgezählten Situationen vorliegt, greift § 138 Abs. 2 BGB also von vornherein nicht ein, selbst wenn ein auffälliges Missverhältnis zwischen Leistung und Gegenleistung besteht.

Der Fußballfan, der einen weit überhöhten Preis für eine Eintrittskarte zum WM-Finale bezahlt (Wobei: welcher Preis ist da schon überhöht?), befindet sich z.B. in keiner der in § 138 Abs. 2 BGB aufgeführten Schwächesituationen: Eine Zwangslage besteht nur dann, wenn ein zwingendes Bedürfnis nach einer Leistung besteht. Fußballfans werden vielleicht widersprechen, aber ein zwingendes Bedürfnis für den Besuch eines Fußballspiels gibt es nicht.

Auch die Unerfahrenheit oder das mangelnde Urteilsvermögen sind nicht ausgenutzt worden. Zumindest sind keine Anhaltspunkte dafür ersichtlich, dass der Fußballfan nicht zu einer vernünftigen Beurteilung in der Lage gewesen wäre. Zuletzt liegt auch keine erhebliche Willensschwäche vor. Diese wäre nur dann gegeben, wenn der Betroffene zwar die Nachteile des Geschäfts erfasst, aber wegen verminderter psychischer Widerstandsfähigkeit dem Abschluss des Geschäftes nicht widerstehen kann. Die eingefleischten Fußballfans werden jetzt natürlich sagen, dass man dem Kauf eine Eintrittskarte nie die nötige psychische Widerstandskraft entgegensetzen kann, aber die Rechtsprechung kommt in diesem Punkt zu dem Ergebnis, dass keine erhebliche Willensschwäche besteht (OLG Köln, OLGZ 1993, 193).

In vielen Fällen ist es natürlich schwierig, nachzuweisen, dass der Wuchernde die andere Vertragspartei wirklich ausbeuten wollte. Diese Absicht kann man dem Wucherer schließlich nicht an der Nasenspitze ansehen. Wenn aber schon ein auffälliges Missverhältnis zwischen Leistung und Gegenleistung vorliegt, wird dies oft als Indiz dafür angesehen, dass eine in § 138 Abs. 2 BGB aufgezählte Schwäche des anderen ausgenutzt wurde.

Im obigen Fall ist der Aussiedler Neu unerfahren, da er sich mit den hiesigen Gegebenheiten noch nicht auskennt. Laut Sachverhalt hat Herr Schlitzohr diese Unerfahrenheit auch ausgenutzt. Selbst wenn der Sachverhalt an dieser Stelle nicht so deutlich wäre, könnte man aufgrund des auffälligen Missverhältnisses zwischen Leistung und Gegenleistung auf die Ausnutzungsabsicht schließen.

Manchmal kann man aber auch bei einem auffälligen Missverhältnis zwischen Leistung und Gegenleistung keine Ausnutzungsabsicht i.S.v. § 138 Abs. 2 BGB erkennen. Zum Beispiel wenn der Wuchernde keine der besonderen Situationen ausgebeutet hat, die in § 138 Abs. 2 BGB aufgezählt sind, sondern nur allgemein die schwächere Lage der anderen Partei ausgenutzt hat.

Wenn es aber mit § 138 Abs. 2 BGB nicht klappt, kann man auf andere Weise versuchen, zur Sittenwidrigkeit zu kommen: Mit § 138 Abs. 1 BGB als der allgemeinen Vorschrift. Wann immer bei einem auffälligen Missverhältnis von Leistung und Gegenleistung keine besondere Ausnutzungsabsicht i.S.v. § 138 Abs. 2 BGB besteht, ist das Rechtsgeschäft nach § 138 Abs. 1 BGB nichtig, wenn außer dem groben Missverhältnis weitere sittenwidrige Umstände dazutreten. Dies kann z.B. allgemein die Gesinnung sein, die schwächere Lage des anderen Teils auszunutzen. In diesen Fällen, wo nicht der Spezialfall des § 138 Abs. BGB vorliegt, aber man aufgrund des auffälligen Missverhältnisses zu § 138 Abs. 1 BGB kommt, spricht man von **wucherähnlichen Rechtsgeschäften**.

cc) Rechtsfolge von § 138 Abs. 2 BGB

Ebenso wie § 138 Abs. 1 BGB ist das Wuchergeschäft nichtig. Es können also keine Ansprüche daraus hergeleitet werden. In manchen Fällen führt das allerdings zu Problemen:

Wenn ein **Mietvertrag** wegen Mietwuchers für sittenwidrig und nichtig erklärt wird, hätte das für die arme Mietpartei die Folge, dass sie auf der Straße sitzen würde: Die weitere Gebrauchsüberlassung könnte nicht verlangt werden, da aus dem nichtigen Mietvertrag keine Ansprüche hergeleitet werden können. Um die Mietpartei nicht noch mehr zu benachteiligen, wird der Mietvertrag deshalb aufrechterhalten, allerdings zu einem angemessenen, d.h. marktüblichen Mietzins.

Bei einem **Darlehensvertrag** mit Wucherzinsen könnte der Schuldner auf die Idee kommen, die Rückzahlung des Darlehens ganz abzulehnen. Der Darlehensvertrag ist ja nichtig, also besteht auch kein Anspruch des Darlehensgebers aus § 488 Abs. 1 S. 2 BGB. Das kann natürlich auch nicht sein: Das Darlehen ist natürlich zurückzuzahlen, allerdings ohne Zinsen.

Und bei einem **Arbeitsvertrag**, der wegen eines zu geringen Lohnes sittenwidrig ist, darf der Arbeitgeber die Zahlung des Lohnes nicht ganz verweigern. Zwar können aus dem nichtigen Arbeitsvertrag keine Ansprüche hergeleitet werden, der Arbeitgeber ist aber dennoch für die Zeit der Beschäftigung des Arbeitnehmers zur Zahlung einer marktüblichen Vergütung verpflichtet.

In unserem Fall kann Herr Neu, wenn er denn möchte, in dem Mehrbettzimmer bleiben, muss aber nur die ortsübliche Vergleichsmiete zahlen. Das Darlehen ist ihm nun zinslos gewährt worden. Und Schlitzohr schuldet ihm für seine bereits erbrachte Reinigungstätigkeit den Mindestlohn.

Zusammenfassende Übersicht zum Wucher gemäß § 138 Abs. 2 BGB.

§ 138 Abs. 2 BGB ist ein Spezialfall der Sittenwidrigkeit i.S.v. § 138 Abs. 1 BGB.

Voraussetzungen:
1. objektiv: Auffälliges Missverhältnis zwischen Leistung und Gegenleistung: Faustregel: »das Doppelte« bzw. »die Hälfte«
2. subjektiv: Ausbeutung einer der in § 138 Abs. 2 BGB aufgeführten Schwächesituationen

Rechtsfolge:
Grundsätzlich: Nichtigkeit des Rechtsgeschäftes. Ausnahmen:
1. **Mietvertrag:** Fortführung mit ortsüblicher Vergleichsmiete
2. **Darlehensvertrag:** Die Darlehenssumme ist zurückzuzahlen, aber ohne Zinsen
3. **Arbeitsvertrag:** Der Arbeitgeber muss die übliche Vergütung zahlen

c) § 134 BGB: Verstoß gegen ein Verbotsgesetz

Fall: Der erfolgreiche Hehler Dunkelmann betreibt einen schwunghaften Handel mit wertvollen gestohlenen Bildern. Eines Tages betritt der ihm wohlbekannte Dieb Fensterbruch sein Geschäft und bietet ihm das Bild »Weiße Pferde auf weißem Grund« des weltberühmten Malers Malvadore Mali zum Kauf an. Dunkelmann nimmt das Angebot begeistert an. Dabei weiß er, dass Fensterbruch das Bild bei seinem letzten Einbruch in der Villa eines steinreichen Kunstliebhabers hat mitgehen lassen. Dunkelmann und Fensterbruch vereinbaren einen Termin zur Übergabe des Bildes. Jedoch erscheint Fensterbruch nicht am vereinbarten Treffpunkt. Er lässt Dunkelmann über einen Boten mitteilen, dass er einen Käufer gefunden hat, der ihm mehr zahlt. Dunkelmann ist verärgert. Schließlich habe er doch einen Vertrag mit Dunkelmann geschlossen und deshalb jetzt einen Anspruch auf Übereignung und Übergabe des Bildes. Stimmt das?

Letzte Grenze der Vertragsfreiheit ist § 134 BGB: Nach dieser Vorschrift ist ein Rechtsgeschäft, das gegen ein gesetzliches Verbot verstößt, nichtig, wenn sich nicht aus dem Gesetz ein anderes ergibt.

aa) Vorliegen eines Verbotsgesetzes

Wann liegt ein gesetzliches Verbot vor? Dazu äußert sich § 134 BGB nicht. § 134 BGB verweist nur auf andere Rechtsnormen, aus denen ein gesetzliches Verbot für die Vornahme des Rechtsgeschäftes hervorgeht. Man muss sich also auf die Suche nach einem Verbotsgesetz machen. Verbotsgesetze stehen nicht nur im BGB, sondern überall. Jede Rechtsnorm kann ein Verbotsgesetz enthalten: Formelle Gesetze, Rechtsverordnungen, aber auch Gewohnheitsrecht kommen hier infrage.

Und woher weiß man, das eine Rechtsnorm ein Verbotsgesetz i.S.v. § 134 BGB enthält? Verbotsgesetze kann man leider oft nicht auf Anhieb erkennen. In der fraglichen Norm steht nämlich nicht: »Das Rechtsgeschäft ist verboten.« Aus der Rechtsnorm muss nur irgendwie hervorgehen, dass ein Rechtsgeschäft wegen seines Inhaltes oder wegen der Umstände, unter denen es vorgenommen wird, untersagt sein soll. Und da muss man sich dann manchmal auf das juristische Bauchgefühl verlassen ... Oft ist aber eigentlich klar, dass eine Norm ein Verbotsgesetz enthält. Bei der Bestechung gemäß § 334 StGB z.B. leuchtet es ein, dass der Vertrag, mit dem sich der Bestechende zur Leistung verpflichtet, gegen das Verbot der Bestechung verstößt.

Auch bei Hehler Dunkelmann verstößt der Kaufvertrag, den er mit Fensterbruch geschlossen hat, gegen ein gesetzliches Verbot: Der Ankauf von gestohlener Ware wird von § 259 StGB unter Strafe gestellt.

Aber nicht nur das Strafgesetzbuch enthält Verbotsgesetze. Weitere Beispiele findet man in den §§ 1; 2 des Gesetzes zur Bekämpfung der Schwarzarbeit: Wenn jemand sich von einem befreundeten Malermeister schwarz die Wohnung anstreichen lässt (und sich »schwarz« nicht auf die Farbe bezieht!), so verstößt der von beiden Parteien geschlossene Werkvertrag gegen das Verbot der Schwarzarbeit.

bb) Rechtsfolgen des Verstoßes: Nicht immer Nichtigkeit des Rechtsgeschäftes!

Fall: Geschäftsmann Tüchtig betreibt ein Bekleidungsgeschäft. Weil viele seiner gutbetuchten Kunden darüber klagen, dass sie aufgrund ihres Arbeitsalltags eigentlich nur Sonntags und nach zwanzig Uhr die Zeit zum Shopping hätten, kommt er auf eine Idee: Er beschließt, sein Geschäft ab sofort an sieben Tagen in der Woche rund um die Uhr geöffnet zu haben. An einem Sonntagabend um 23.00 Uhr betritt der gestresste Manager Geldschaufel den Laden und kauft sehr umfangreich ein. Als er den Laden verlassen will, stürmt der Polizeibeamte Eifrig herein und fordert Tüchtig mit dem Hinweis auf das Ladenschlussgesetz auf, sein Geschäft sofort zu schließen. Von Geldschaufel verlangt er, dass er die gekauften Klamotten wieder zurückgibt. Wegen § 134 BGB sei der Kaufvertrag ohnehin nichtig. Geldschaufel will natürlich nicht morgen gleich wieder losrennen müssen. Was kann er dem Eifrig erwidern?

Am Einfachsten wäre es natürlich, wenn § 134 BGB nur lauten würde: »Ein Rechtsgeschäft, das gegen ein gesetzliches Verbot verstößt, ist nichtig.« Leider geht die Vorschrift aber noch weiter. Da kommt noch: »..., wenn sich nicht aus dem Gesetz ein anderes ergibt.« Und dadurch wird es jetzt mühsam. Es muss nämlich erst noch durch Auslegung des Verbotsgesetzes ermittelt werden, ob der Gesetzesverstoß wirklich zur Nichtigkeit des Rechtsgeschäftes führt. **Nicht jeder Verstoß gegen ein gesetzliches Verbot hat also automatisch die Nichtigkeit des Rechtsgeschäftes zur Folge.**

Es gibt auch Verbotsgesetze, die sich **nicht gegen das Rechtsgeschäft selbst** richten, sondern nur gegen die **Art und Weise**, wie das Rechtsgeschäft vorgenommen worden ist.

Es muss also genau geguckt werden, was das Verbotsgesetz, gegen das verstoßen wurde, eigentlich will: Will es das Rechtsgeschäft selbst verhindern, also den wirtschaftlichen Erfolg, der durch das Rechtsgeschäft herbeigeführt wird? Will es verhindern, dass bestimmte Leistungen ausgetauscht werden? Das lässt sich nur dadurch erreichen, dass das Rechtsgeschäft insgesamt nichtig ist. Dann kommt man zu dem Ergebnis, dass sich aus dem Gesetz nichts anderes ergibt als die Nichtigkeit.

Beispiel: Bei dem Ankauf von gestohlenen Sachen will § 259 StGB verhindern, dass die Sachen gegen Geld den Besitzer wechseln. Der Austausch der Leistungen soll verhindert werden. Das geht nur, wenn der Kaufvertrag selbst nichtig ist.

Oder ist das Gesetz grundsätzlich mit der Vornahme des Rechtsgeschäftes einverstanden und will etwas ganz anderes erreichen? Will es vielleicht etwas erreichen, was man auch auf andere Weise durchsetzen kann als durch die Nichtigkeit des vorgenommenen Rechtsgeschäftes? Wenn das Gesetz nur bestimmte Umstände verhindern will, unter denen das Rechtsgeschäft stattfindet, kann das Rechtsgeschäft wirksam bleiben, auch wenn bei der Vornahme gegen ein gesetzliches Verbot verstoßen wurde. Dann ergibt sich aus dem Gesetz »ein anderes«.

Im obigen Fall muss also gefragt werden, was das Ladenschlussgesetz mit dem Verbot des Verkaufes von Waren zu bestimmten Zeiten erreichen will. Das Ladenschlussgesetz hat in erster Linie die Aufgabe, die Arbeitnehmer vor übermäßiger Belastung zu schützen. Es soll nicht verhindert werden, dass überhaupt Bekleidung verkauft wird. Das ist erlaubt. Es soll durch das Ladenschlussgesetz nur erreicht werden, das der Verkauf der Waren zu bestimmten Zeiten stattfindet. Der Zweck des Gesetzes – Schutz der Arbeitnehmer – erfordert nicht zwingend, dass der abgeschlossene Kaufvertrag nichtig ist. Der Zweck des Gesetzes kann vielmehr dadurch erreicht werden, dass gegen Tüchtig ein Bußgeld verhängt wird.
Deshalb kann Geldschaufel seine Sachen behalten.

Auch in den Fällen, in denen **nur eine** der beiden Vertragsparteien gegen das Verbotsgesetz verstoßen hat, muss man gucken, ob sich nicht aus dem Verbotsgesetz ein anderes ergibt und das Rechtsgeschäft deshalb wirksam bleibt. In diesen Fällen kann es nämlich sein, dass man die Partei, die vielleicht gar nicht weiß, dass die andere Partei gerade gegen ein Verbotsgesetz verstößt, schützen muss. Wenn z.B. ein Handwerker einem Auftraggeber bestimmte Leistungen anbietet und insgeheim vorhat, diese Leistungen nicht zu versteuern, wäre es unfein, wenn der Vertrag nichtig wäre. Dann hätte der gesetzestreue Auftraggeber das Nachsehen, weil er nun keine vertraglichen Ansprüche mehr gegen den Handwerker hätte.

Auch in den Fällen des einseitigen Gesetzesverstoßes muss man aber wieder gucken, ob der Zweck des Gesetzes sich nur durch die Nichtigkeit des Rechtsgeschäftes erreichen lässt. Wenn z.B. jemand einen Arzt aufsucht, der zwar nicht die nötige ärztliche Approbation hat, aber trotzdem munter praktiziert, dann ist der mit diesem »Arzt« abgeschlossene Behandlungsvertrag nichtig. Zwar hat nur der »Arzt« gegen das Verbotsgesetz verstoßen, und sein Patient weiß vielleicht gar nichts von der fehlenden Zulassung, aber der Zweck des Verbotsgesetzes ist es zu verhindern, dass Menschen durch selbsternannte Ärzte falsch behandelt werden. Und dieser Zweck kann nur dadurch erreicht werden, dass der Behandlungsvertrag nichtig ist. Sonst könnte der Patient weiterhin eine ärztliche Behandlung von jemandem verlangen, der dazu gar nicht in der Lage ist.

Zugegeben: Man kann ganz schön unsicher werden, ob ein Verbotsgesetz nun die Nichtigkeit des Rechtsgeschäftes zur Folge hat oder nicht. Wenn man einmal gar nicht weiter weiß, kann man sich aber auf folgende Überlegung zurückziehen: § 134 BGB begründet eine Vermutung dafür, dass der Verstoß gegen das Verbotsgesetz die Nichtigkeit des Rechtsgeschäftes zur Folge hat. **Im Zweifel kann man sich also immer dafür entscheiden, dass das Rechtsgeschäft nichtig ist.**

Zusammenfassende Übersicht zu § 134 BGB:

1.) Voraussetzungen:
a) **Verbotsgesetz**: Gesetz, das sich gegen die Vornahme eines Rechtsgeschäftes richtet: z.B. §§ 259, 334 StGB, Gesetz zur Bekämpfung der Schwarzarbeit.
b) **Verstoß gegen das Verbotsgesetz.**

2.) Rechtsfolge:
Nichtigkeit, »wenn sich nicht aus dem Gesetz ein anderes ergibt«:
Es muss durch Auslegung ermittelt werden, ob das Verbotsgesetz sich **wirklich gegen die privatrechtliche Wirksamkeit und den wirtschaftlichen Erfolg** des Rechtsgeschäftes richtet.
Es gibt auch Verbotsgesetze, die sich **nur gegen die Art und Weise** wenden, in der das Rechtsgeschäft abgeschlossen worden ist.
Insbesondere bei einem nur einseitigen Verstoß gegen ein Verbotsgesetz kann sich ergeben, dass der Vertrag zum Schutz der anderen Vertragspartei wirksam ist.

Im Zweifel begründet § 134 BGB eine Vermutung für die Nichtigkeit des Rechtsgeschäftes.

Zusammenfassende Übersicht zur Vertragsfreiheit:

Vertragsfreiheit:
Freiheit des Einzelnen, seine privaten Lebensverhältnisse durch Verträge zu gestalten. Jeder kann sich einer anderen Person gegenüber grundsätzlich zu jedem ihr möglichen Verhalten verpflichten.

Abschlussfreiheit
Jeder kann entscheiden, **ob und mit wem** er einen Vertrag schließt.

Gestaltungsfreiheit
Die Parteien können entscheiden, wie sie den Vertrag **inhaltlich ausgestalten.**

Grenze: Kontrahierungszwang
In wichtigen Bereichen der Daseinsvorsorge besteht eine Abschlusspflicht für den Anbieter der Leistung.
Beispiel: Personenbeförderungsgesetz

Grenze:
1. **zwingendes Recht, insbes. §§ 305 ff. BGB**
2. **Verstoß gegen die guten Sitten, § 138 Abs. 1 BGB**
3. **Insbesondere: § 138 Abs. 2 BGB: Wucher**
4. **Verstoß gegen ein gesetzliches Verbot, § 134 BGB**

8. Kapitel:
Form des Rechtsgeschäftes

Fall 1: Die 80-jährige Ursel Unbedarft lebt bereits seit vierzig Jahren in der kleinen Zwei-Zimmer-Wohnung, die sie nach dem Tod ihres Hans-Günther angemietet hat. Eines Tages klingelt ein Herr an ihrer Tür und stellt sich als ihr neuer Vermieter vor. Ob sie wisse, dass sie seit vierzig Jahren ohne gültigen Mietvertrag hier wohnen würde? Schließlich habe sie nie einen schriftlichen Vertrag unterzeichnet. Das müsse jetzt gleich nachgeholt werden, damit alles seine Ordnung hat. Dabei müsse sie in Kauf nehmen, dass die Miete jetzt erheblich höher ausfalle. Schließlich könne man sie auch einfach vor die Tür setzen, da sie ja keinen gültigen Mietvertrag habe. Ursel Unbedarft ist erschüttert und kommt der Aufforderung sofort nach. War der alte Mietvertrag wirklich unwirksam?

Eigentlich denkt man bei dem Wort »Vertrag« immer an ein Stück Papier, am besten vergilbt und mit einem Siegel darauf. Und bei vielen besteht die Vorstellung, dass man für einen Vertrag immer etwas Schriftliches braucht: »Ohne Papier kein Vertrag.« Dass das nicht stimmt, wissen Sie spätestens, seitdem Sie das fünfte Kapitel zum Thema Vertragsschluss gelesen haben. Da war immer nur davon die Rede, dass man für einen Vertragsschluss zwei übereinstimmende Willenserklärungen braucht, Angebot und Annahme. Mehr nicht. Kein vergilbtes Papier also. Das BGB geht nämlich der Einfachheit halber davon aus, dass alle **Rechtsgeschäfte grundsätzlich formlos wirksam sind.** Es gilt der **Grundsatz der Formfreiheit.**

Man kann also erst einmal alle Verträge mündlich schließen. Eine bestimmte Form gilt nur dann, wenn es **das Gesetz ausdrücklich vorschreibt,** oder wenn **die Parteien es vereinbart haben.** Wenn es für einen bestimmten Vertragstyp **keine** besondere Formvorschrift gibt, dann bleibt es bei dem Grundsatz, dass der Vertrag **formlos gültig** ist.

*Im Fall 1 muss man also bei den Vorschriften über den Mietvertrag, §§ 535 ff. BGB, nachsehen, ob man hier eine besondere Formvorschrift findet. Und haben Sie eine gefunden? Nein! § 550 BGB hat zwar die vielversprechende Überschrift »Form des Mietvertrags«, sagt aber nur, dass ein Mietvertrag, der für längere Zeit als ein Jahr **nicht in schriftlicher Form** geschlossen wird, als für unbestimmte Zeit geschlossen gilt. Es geht also nur um eine bestimmte Art von Mietverträgen (für länger als ein Jahr geschlossen). Außerdem sind auch diese Mietverträge, selbst wenn die Schriftform nicht eingehalten wird, trotzdem wirksam. Sie gelten dann eben als für unbestimmte Zeit geschlossen. Davon, dass ein Mietvertrag immer einer bestimmten Form bedarf, steht da nichts. Der Mietvertrag, den Ursel Unbedarft ohne Beachtung von § 550 BGB nur mündlich abgeschlossen hat, ist also trotzdem wirksam.*

1. Die gesetzlich vorgeschriebene Form
Fall 2: Ursel Unbedarft denkt ans Sterben. Nun muss sie endlich entscheiden, wer ein würdiger Erbe für ihr mühsam zusammengespartes Vermögen wird. Ihr einziger Sohn, der sich während ihres Alters

liebevoll um sie gekümmert hat, soll es nicht erben. Ursel Unbedarft ist nämlich davon überzeugt, dass er bei ihrer Pflege immer nur an das Erbe gedacht hat. Also entscheidet sie, dass der nette junge Hausarzt Dr. med. Erbschleich, der sie zuletzt so hingebungsvoll betreut hat, alles bekommen soll. Schließlich hat er mehrfach erwähnt, wie arm dran er als Arzt heutzutage ist. Schon in den letzten Wochen musste Ursel Unbedarft ihm manchmal etwas zustecken. Dafür kommt er jetzt täglich ... Und weil sie seine Dankbarkeit gerne noch erleben will, beschließt sie, ihm persönlich ihren letzten Willen zu diktieren. Dr. Erbschleich ist gerührt. In der Aussicht auf ein dickes Vermögen intensiviert er die ärztliche Betreuung so sehr, dass Ursel Unbedarft sogar schon ein paar Tage eher als nötig in den Himmel fliegen kann. Der Sohn von Ursel Unbedarft ist entsetzt, als ihm Dr. Erbschleich das Testament vorlegt. Hat er jetzt wirklich das Nachsehen?

Das Gesetz fordert an verschiedenen Stellen eine bestimmte Form, z.B.
- **§ 311 b Abs. 1 S.1 BGB**: Ein Vertrag, durch den sich der eine Teil verpflichtet, das Eigentum an einem Grundstück zu übertragen oder zu erwerben, bedarf der **notariellen Beurkundung**.
- **§ 766 S. 1 BGB**: Zur Gültigkeit des Bürgschaftsvertrages ist **schriftliche Erteilung** der Bürgschaftserklärung erforderlich.
- **§ 2247 Abs. 1 BGB**: Der Erblasser kann ein Testament durch eine **eigenhändig geschriebene und unterschriebene Erklärung** errichten.

Wie Sie an den obigen Beispielen sehen können, gibt es verschiedene Arten von Formen. »Form« bedeutet also nicht immer das Gleiche. Das BGB unterscheidet:
- Schriftform, § 126 BGB
- Textform, § 126 b BGB
- Öffentliche Beglaubigung, § 129 BGB
- Notarielle Beurkundung, § 128 BGB

Wenn an irgendeiner Stelle im BGB steht: »... bedarf der Schriftform ...« oder »bedarf der notariellen Beurkundung ...«, sehen Sie in den allgemeinen Teil, welche Anforderungen dann genau erfüllt sein müssen.

a) Schriftform, § 126 BGB

§ 126 BGB lautet: »Ist durch Gesetz schriftliche Form vorgeschrieben, so muss die Urkunde von dem Aussteller eigenhändig durch Namensunterschrift oder mittels notariell beglaubigten Handzeichens unterzeichnet werden.« Das bedeutet, dass der Inhalt des Rechtsgeschäftes/ Vertrages in einer **Urkunde** niedergelegt und dann **unterschrieben** werden muss. Urkunde darf man dabei nicht zu wörtlich nehmen: Gemeint ist nicht das dicke Pergament mit Siegel und der Überschrift: »Urkunde«, sondern es geht einfach nur darum, dass es ein Stück Papier gibt, auf das die Erklärung geschrieben wird. Die Eingabe eines Textes in einen Computer ist also nicht ausreichend! Erst, wenn der Text ausgedruckt wird, hat man ein Stück Papier und damit eine Urkunde.

Wenn also z.B. in § 766 S. 1 BGB für die Erteilung der Bürgschaftserklärung die Schriftform vorgesehen ist, so bedeutet das, dass eine Bürgschaftsurkunde geschrieben werden muss und der Bürge diese Urkunde dann unterzeichnen muss.

§ 2247 Abs. 1 BGB geht noch ein wenig weiter als § 126 BGB: Während es für § 126 BGB ausreichend ist, dass die Urkunde vom Aussteller unterschrieben wird, muss nach § 2247 Abs. 1 BGB das gesamte

Testament vom Aussteller selbst **handschriftlich** *geschrieben und* **unterschrieben** *werden. Wenn Ursel Unbedarft einem anderen ihr Testament diktiert, dann hat sie es nicht eigenhändig geschrieben. Die Formvorschrift des § 2247 Abs. 1 BGB ist daher nicht eingehalten. Zu den Folgen s.u.*

b) Textform gemäß § 126 b BGB

Die Textform ist eine Art abgeschwächte Schriftform: Zunächst einmal ist nicht unbedingt ein Stück Papier nötig. (Andererseits genügt ein Stück Papier immer der Textform!)

Um die Textform zu wahren, muss die Erklärung gemäß § 126 b BGB als lesbare Erklärung, in der die Person des Erklärenden genannt ist, auf einem dauerhaften Datenträger abgegeben werden. Danach ist es für die Textform ausreichend, dass die Erklärung auf einem elektronischen Speichermedium gespeichert ist, wie z.B. auf einer Festplatte, auf einem USB-Stick oder einer CD-ROM. Sogar eine E-Mail genügt der Textform: Der Empfänger kann die Erklärung speichern und ausdrucken. Ob die Erklärung jemals ausgedruckt wird, ist dabei egal. Wichtig ist nur, dass die gespeicherte Erklärung auf einem Bildschirm gelesen werden kann.

Außerdem ist bei der Textform keine eigenhändige Unterschrift erforderlich (das geht auf einem Computerbildschirm nicht so gut!). Es reicht, wenn der Erklärende genannt wird. Dabei ist keine Namensnennung erforderlich. Es reicht, wenn der Erklärende zweifelsfrei erkennbar ist, z.B. durch einen unverwechselbaren Namens- oder Firmenteil.

Hier noch einige Beispiele, wo das BGB die Textform vorsieht: In den Vorschriften über den Mietvertrag wimmelt es eigentlich nur so von Textformvorschriften, z.B.:
- § 555 c Abs. 1 S. 1 BGB: Der Vermieter hat dem Mieter eine Änderungsmaßnahme spätestens drei Monate vor ihrem Beginn in Textform anzukündigen.
- § 560 Abs. 1 S. 1 BGB: Die Erhöhung der Betriebskosten kann vom Vermieter durch Erklärung in Textform anteilig auf den Mieter umgelegt werden, soweit dies im Mietvertrag vereinbart ist.

Aber auch an anderen Stellen ist die Textform vorgesehen, z.B. in § 312 h BGB oder § 613 a V BGB

c) Öffentliche Beglaubigung, § 129

Gemäß § 129 Abs. 1 S.1 BGB muss bei der öffentlichen Beglaubigung die Erklärung schriftlich abgefasst werden. Bis dahin ist es noch einfach: Man braucht also wieder ein Stück Papier. Das Interessante ist, dass die Unterschrift des Erklärenden von einem Notar beglaubigt werden muss. »Beglaubigen« bedeutet, dass der Notar auf der Urkunde bestätigt, dass die Unterschrift zu dem angegebenen Zeitpunkt von dem Erklärenden gemacht worden ist. Es wird also bezeugt, dass die Unterschrift von demjenigen stammt, der auch die Erklärung abgegeben hat. Dagegen wird durch die öffentliche Beglaubigung nicht bezeugt, dass der Inhalt der beglaubigten Erklärung auch richtig ist. Es können also in einer öffentlich beglaubigten Erklärung lauter falsche Sachen drinstehen. Man kann nur sicher sein, von wem die Erklärung stammt, unabhängig davon, ob das, was erklärt wurde, auch stimmt.

Das BGB fordert eine öffentliche Beglaubigung z.B.:
- in § 77 BGB: die Anmeldung von Eintragungen zum Vereinsregister sind von den Vorstandsmitgliedern mittels öffentlich beglaubigter Erklärung zu bewirken.
- in § 1355 Abs. 3 BGB: Wenn ein Ehepaar sich bei der Eheschließung nicht auf einen gemeinsamen Namen einigen kann, so kann diese Erklärung später noch nachgeholt werden, muss dann aber öffentlich beglaubigt werden.

d) Notarielle Beurkundung, § 128 BGB

Die notarielle Beurkundung ist sozusagen das Höchste der Gefühle. Mehr Form kann man einer Erklärung gar nicht geben. Deshalb ersetzt die notarielle Beurkundung auch die Schriftform (§ 126 Abs. 4 BGB) und die öffentliche Beglaubigung (§ 129 Abs. 2 BGB). Wenn eine Erklärung notariell beurkundet worden ist, sind damit immer auch die Anforderungen der Schriftform und der öffentlichen Beglaubigung gewahrt.

Wie eine notarielle Beurkundung genau ablaufen muss, ist in § 128 BGB leider nicht geregelt. Die Einzelheiten stehen nicht im BGB, sondern im Beurkundungsgesetz (BeurkG). § 128 BGB enthält nur eine Sonderregel für Verträge, für die das BGB eine notarielle Beurkundung vorschreibt, wie z.B. Grundstückskaufvertrag, § 311 b BGB. Danach ist es bei Verträgen erlaubt, dass erst das Angebot und dann die Annahme an verschiedenen Orten und von verschiedenen Notaren beurkundet werden.

Das BeurkG beschreibt den Ablauf einer notariellen Beurkundung folgendermaßen: Es findet eine Verhandlung vor dem Notar statt, in der die beteiligten Personen die zu beurkundenden Erklärungen abgeben. Dabei muss der Notar die Beteiligten gemäß § 17 BeurkG über die rechtliche Tragweite ihrer Erklärung belehren. Der Notar muss die Parteien also genau beraten, welche Folgen ihre Erklärungen haben. Wenn sie Fragen haben oder etwas nicht verstehen, muss der Notar es ihnen erklären.

Über diese Verhandlung wird eine Niederschrift aufgenommen, die gemäß § 9 BeurkG Tag und Ort der Verhandlung enthalten soll, außerdem die Bezeichnung des Notars und der beteiligten Personen und zuletzt natürlich die abgegebenen Erklärungen. Diese Niederschrift muss dann gemäß § 13 BeurkG in Gegenwart des Notars den Beteiligten vorgelesen und von ihnen genehmigt werden. Zuletzt muss die Niederschrift von den Beteiligten und dem Notar eigenhändig unterschrieben werden.

Die notarielle Beurkundung wird vom BGB für Rechtsgeschäfte vorgeschrieben, die besonders wichtig sind und für die Parteien besonders schwerwiegende Folgen haben können, z.B.:

– § 311 b BGB: Verpflichtungsvertrag zur Übereignung eines Grundstückes: Bei dem Verkauf eines Grundstückes wird meist ein erheblicher wirtschaftlicher Wert übertragen. Durch die Beurkundung soll den Parteien vor Augen geführt werden, worauf sie sich einlassen.

– § 518 Abs. 1 BGB: Der Vertrag, durch den eine Leistung schenkweise versprochen wird. Wer etwas ohne Gegenleistung weggeben will, soll noch einmal gewarnt werden. Er soll sich genau überlegen, was er tut.
  (Nur am Rande: Auch wenn jemand etwas verschenkt, wird ein Vertrag geschlossen! Ganz normal mit Angebot und Annahme!)

– § 2348: Wenn jemand auf sein gesetzliches Erbrecht verzichtet, muss das notariell beurkundet werden, damit dem Verzichtenden besonders deutlich vor Augen geführt wird, welche Rechte an der Erbschaft er mit dem Verzicht aufgibt.

2. Funktion der Formvorschriften

Wenn das BGB für ein Rechtsgeschäft eine bestimmte Form vorsieht, hat es dafür immer seine Gründe. Formvorschriften erfüllen verschiedene Funktionen.

a) Klarstellungs- und Beweisfunktion

Der erste Grund bei allen gesetzlichen Formarten liegt auf der Hand: Was auf einem Papier steht oder (bei der Textform) irgendwo nachgelesen werden kann, kann auch im Falle eines Streites leichter bewiesen werden. Aus dem schriftlich niedergelegten Vertrag geht im Idealfall genau hervor, was die Parteien vereinbart haben. Wenn dagegen alles nur mündlich besprochen wird, kann es leicht sein, dass es Missverständnisse gibt, die sich später nicht mehr aufklären lassen.

b) Warn- und Schutzfunktion

Eine Formvorschrift kann die Warnung vor dem übereilten oder leichtfertigen Abschluss eines wichtigen Rechtsgeschäftes bezwecken. Aus diesem Grund ist z.B. die schriftliche Erteilung der Bürgschaftserklärung notwendig. Wenn jemand eine Bürgschaftsurkunde unterschreibt, wird ihm damit noch einmal deutlich gemacht, was er damit tut: Er verspricht, für eine fremde Schuld einzutreten.

Auch die notarielle Beurkundung des Schenkungsversprechens dient dazu, den Schenker noch einmal vor einem unüberlegten Versprechen zu warnen.

c) Belehrungs- und Beratungsfunktion

Wenn das Gesetz für einen Vertrag die notarielle Beurkundung vorschreibt, soll damit auch erreicht werden, dass die Parteien juristisch sachkundig beraten werden und genau darüber aufgeklärt werden, welche rechtlichen Folgen ihre Erklärung auslöst.

3. Folgen der Nichteinhaltung der gesetzlichen Formvorschriften

a) Grundsatz: Nichtigkeit des Rechtsgeschäftes

Damit die eben aufgezählten Funktionen erfüllt werden, achtet das BGB sehr streng darauf, dass die Formvorschriften eingehalten werden.

Wann immer das BGB für ein bestimmtes Rechtsgeschäft eine Form vorschreibt und diese Form nicht eingehalten wird, macht § 125 S. 1 BGB mit diesem Rechtsgeschäft kurzen Prozess: »Ein Rechtsgeschäft, welches der durch Gesetz vorgeschriebenen Form ermangelt, ist nichtig.« Aus dem nichtigen Rechtsgeschäft können also keine Ansprüche hergeleitet werden.

Im Fall 2 ist das Testament also nichtig, da es nicht, wie von § 2247 BGB vorgeschrieben, von Ursel Unbedarft eigenhändig geschrieben worden ist. Wenn ein Testament nichtig ist, bleibt es bei der gesetzlichen Erbfolge: Gemäß § 1924 Abs. 1 BGB ist der Sohn von Ursel Unbedarft als Abkömmling ein Erbe erster Ordnung. Da es keine weiteren Abkömmlinge gibt, wird er Alleinerbe. Herr Dr. Erbschleich hat das Nachsehen.

b) Heilungsmöglichkeiten

Fall 3: Lothar Leichtfuß bekommt von seinem reichen Erbtantchen einen eleganten Sportwagen zum Geburtstag. Nach einiger Zeit bereut das Erbtantchen diese Großzügigkeit, da Leichtfuß den Wagen nie dazu nutzt, um sie im Altersheim zu besuchen und ihr die Einsamkeit ein wenig zu vertreiben. Als sie eines Tages in ihrer grenzenlosen Langeweile anfängt, im BGB zu blättern, stößt sie auf § 518 Abs. 1 S. 1 BGB. Ihr fällt auf, dass das Schenkungsversprechen für den Sportwagen nicht notariell beurkundet worden ist. Sie überlegt sich, ob sie den Wagen nicht zurückfordern kann, weil er aufgrund eines nichtigen Schenkungsvertrages übereignet wurde. Hat sie recht?

Von dem Grundsatz, dass ein Rechtsgeschäft ohne die gesetzlich vorgeschriebene Form nichtig ist, macht das Gesetz an einigen Stellen selbst eine Ausnahme. Insbesondere wenn aufgrund eines formnichtigen Vertrages schon alle Leistungen erbracht worden sind, macht es keinen Sinn, den ganzen Vertrag wieder rückgängig zu machen und die ausgetauschten Leistungen wieder zurückzugeben, nur weil der Vertrag eigentlich einer bestimmten Form bedurft hätte. Es wird daher vom BGB an einigen Stellen angeordnet, dass der nichtige Vertrag durch die Erfüllung »geheilt« wird. Beispiele:

- § 311 b Abs. 1 S. 2 BGB: Ein Grundstückskaufvertrag, der ohne die erforderliche notarielle Beurkundung geschlossen wurde, wird seinem ganzen Inhalt nach gültig, wenn die Auflassung und die Eintragung im Grundbuch erfolgen. (Sie erinnern sich an das 6. Kapitel: Durch den Kaufvertrag selbst wird nur die Verpflichtung zur Übereignung begründet. Nur auf dieses Verpflichtungsgeschäft bezieht sich § 311 b Abs. 1 S. 2 BGB. Das Eigentum wird erst in einem weiteren Vertrag, dem Verfügungsgeschäft, übertragen. Bei der Übereignung eines Grundstückes heißt die Einigung über den Eigentumsübergang »Auflassung«. Dazu näher 20. Kapitel, Sachenrecht.) Wenn also der Käufer erst einmal ins Grundbuch eingetragen worden ist, dann wird der ursprünglich wegen Formmangels nichtige Kaufvertrag damit wirksam.
- § 518 Abs. 2 BGB: Der Mangel der Form wird durch die Bewirkung der versprochenen Leistung geheilt. Das bedeutet, dass ein Schenkungsvertrag, der ohne notarielle Beurkundung geschlossen wurde, mit dem Überreichen des Geschenkes wirksam wird.

In unserem Fall 3 hätte das Erbtantchen also den § 518 BGB einfach bis zum Ende durchlesen müssen. Dann wäre ihr aufgefallen, dass mit der Übereignung des Sportwagens der Formmangel des Schenkungsvertrages geheilt worden ist. Der Schenkungsvertrag ist damit wirksam und der Wagen kann nicht zurückgefordert werden.

Alles andere wäre ja auch schrecklich: Sonst müssten wir für jeden Blumenstrauß und jedes Geburtstagsgeschenk, das wir jemandem schenken wollen, zum Notar rennen. Das wäre zwar gut für die Kasse des Notars, aber nicht für uns! Andererseits sollten Sie hellhörig werden, wenn jemand Ihnen ein Geschenk verspricht: Solange Sie nur sein Wort haben und das Geschenk noch nicht in den Händen halten, sollten Sie ihn zum Notar schleppen, bevor er es sich anders überlegt. Das bloße Versprechen ist nichtig und beschert Ihnen keinen Anspruch auf die versprochene Leistung.

- § 766 S. 3 BGB: Soweit der Bürge die Hauptverbindlichkeit erfüllt, wird der Mangel der Form geheilt. Der Bürge kann also, wenn er die Verbindlichkeit des Hauptschuldners gezahlt hat, obwohl gar kein schriftlicher Bürgschaftsvertrag vorlag, hinterher nicht mehr das Geld zurückfordern. Der ursprüngliche Formmangel ist durch die Zahlung geheilt worden. Das Formerfordernis hatte ja den Zweck, den Bürgen vor einem übereilten Bürgschaftsversprechen zu schützen. Wenn er aber erst einmal gezahlt hat, erübrigt sich die Warnung.

Wenn das BGB keine Heilungsmöglichkeit vorsieht, bleibt es aber bei § 125 S. 1 BGB: Das Rechtsgeschäft ist nichtig. Automatisch davon auszugehen, dass bei der Erfüllung eines jeden Vertrages immer der Formmangel geheilt wird, wäre falsch!

c) Berufung auf den Formmangel verstößt gegen Treu und Glauben

Fall 4: Ludwig Lebeleicht leidet an chronischem Geldmangel. Um dem wenigstens vorübergehend abzuhelfen, bittet er den wohlhabenden Herrn Schaf um ein Darlehen. Dieser ist bereit, dem Lebeleicht mit 50.000,– € auszuhelfen, allerdings möchte er eine Sicherheit dafür haben. Der Vater von Lebeleicht, von Beruf Rechtsanwalt, ist gerne bereit, für seinen missratenen Sohn eine Bürgschaft zu übernehmen. Als Schaf ihn um eine schriftliche Bürgschaftserklärung bittet, lehnt Vater Lebeleicht dies jedoch ab. Durch seinen Beruf als Rechtsanwalt wisse er, dass eine schriftliche Bürgschaftserklärung nicht erforderlich sei. Außerdem habe Schaf doch sein Ehrenwort, das müsse reichen. Später verweigert Vater Lebeleicht die Rückzahlung des Darlehens mit Hinweis auf die formunwirksame Bürgschaft. Hat Schaf nun Pech gehabt?

Wenn § 125 S. 1 BGB bei einem Formverstoß die Nichtigkeit des Rechtsgeschäftes vorschreibt und keine Heilungsmöglichkeit vorsieht, kann es manchmal ziemlich ungerecht werden, wie der obige Fall zeigt. Deshalb haben die Gerichte in einigen Fällen entschieden, dass eine Vertragspartei sich nicht auf den Formmangel berufen darf. Immer, wenn die Nichtigkeit wegen eines Formmangels zu einem **schlechthin untragbaren Ergebnis** führen würde, macht die Rechtsprechung eine Ausnahme von § 125 S. 1 BGB. Das Rechtsgeschäft wird dann als wirksam behandelt. Begründet wird das mit einem Hinweis auf § 242 BGB: Die Berufung auf den Formmangel verstößt in diesen Fällen **gegen Treu und Glauben**.

Die Rechtsprechung hat folgende Fallgruppen anerkannt, bei denen § 125 S. 1 BGB nicht angewendet wird:
– **Existenzgefährdung einer Partei:** Wenn eine Vertragspartei wegen der Formnichtigkeit in ihrer Existenz gefährdet wird, so darf sich der andere Vertragspartner nicht auf § 125 S. 1 BGB berufen. Wenn z.B. jemand aufgrund eines formnichtigen Grundstückskaufvertrages bereits sein ganzes Vermögen aufgewendet hat, um den Kaufpreis zu bezahlen und der Verkäufer inzwischen pleite ist, also das Geld auch nicht mehr zurückzahlen kann, dann wäre der Käufer bei Nichtigkeit des Kaufvertrages in seiner Existenz gefährdet. Oder: Der Vater hat seinem Sohn immer wieder versprochen, dass er ihm seinen Betrieb nebst den dazugehörenden Grundstücken übertragen werde. Später hält er sich nicht an dieses Versprechen. Der Sohn hat nur im Hinblick auf das Versprechen des Vaters den Aufbau einer eigenen wirtschaftlichen Existenz unterlassen. Inzwischen ist der Sohn Mitte vierzig, kann also jetzt auch nicht mehr damit anfangen. Der Vertrag ist nicht notariell beurkundet worden, deshalb formnichtig. Trotzdem hat die Rechtsprechung entschieden, dass der Vater sich nicht auf die Formnichtigkeit berufen darf, weil dann die Existenz des Sohnes gefährdet wäre.
– **besonders schwere Treuepflichtverletzung:** Wenn ein Vertragspartner gegenüber dem anderen Vertragspartner eine besonders schwere Treuepflichtverletzung begangen hat, soll der Vertrag trotz der Nichtbeachtung des Formerfordernisses wirksam sein. Eine Stadt, die jahrelang Grundstücke verkauft hat und die Verträge nicht nach § 311 b Abs. 1 BGB hat notariell beurkunden lassen, kann sich nicht auf den Formmangel berufen, wenn sie zuvor alle Verträge widerspruchslos abgewickelt hat, der andere Vertragsteil ihr besonderes Vertrauen entgegenbrachte und zudem schon erhebliche Aufwendungen gemacht hat.

Außerdem ist nach der Rechtsprechung ein Vertrag als gültig anzusehen, wenn die eine Vertragspartei den anderen Teil bewusst von der Wahrung der Form abgehalten hat, um sich später auf den Formmangel berufen zu können.

In unserem Fall 4 kann man davon ausgehen, dass Vater Lebeleicht den armen Herrn Schaf bewusst darüber getäuscht hat, dass ein Bürgschaftsvertrag eigentlich der Schriftform bedarf. Als Rechtsanwalt wird er den § 766 S. 1 BGB sicher gekannt haben. Also hat er vorsätzlich den Abschluss eines formgerechten Bürgschaftsvertrages verhindert. Dann würde es zu einem schlechthin untragbaren Ergebnis führen, wenn er aus seinem Verhalten jetzt noch Vorteile ziehen könnte. Daher wird der eigentlich nichtige Bürgschaftsvertrag als gültig behandelt. Herr Schaf kann von Vater Lebeleicht die Erfüllung der Darlehensverbindlichkeit verlangen.

Es gibt noch weitere Fälle in diesem Bereich. Andererseits muss man sich immer wieder klarmachen, dass es hier wirklich nur um eng begrenzte Ausnahmefälle geht, bei denen die Rechtsprechung ein schlechthin untragbares Ergebnis verhindern will. Im Grundsatz muss es immer dabei bleiben, dass ein Rechtsgeschäft, das ohne Einhaltung der gesetzlichen Formvorschrift abgeschlossen wurde, nichtig ist. Sonst könnte man sich die Formvorschriften ja letztlich sparen, wenn sie schon bei jeder Kleinigkeit über den Haufen geworfen werden.

4. Die vertraglich vereinbarte Form

Wenn das BGB keine besondere Formvorschrift enthält, ist das Rechtsgeschäft formlos gültig. Die Parteien eines eigentlich formlos gültigen Rechtsgeschäftes können aber auch im Rahmen der Vertragsfreiheit vereinbaren, dass ihr Vertrag sowie seine Änderung und Kündigung eine bestimmte Form haben sollen.

Sie können dabei eine gesetzliche Formart, z.B. die Schriftform, vereinbaren. Sie können sich aber auch – wieder aufgrund der Vertragsfreiheit – eine andere Formart ausdenken. Meist werden die Parteien vereinbaren, dass für ihren Vertrag die Schriftform gelten soll.

5. Folgen der Nichteinhaltung der rechtsgeschäftlich vereinbarten Form

Wenn die gesetzlich vorgeschriebene Form nicht eingehalten wird, ist das BGB in § 125 S. 1 BGB ziemlich hart. Das Rechtsgeschäft ist nichtig. Das BGB hat ja schließlich seine Gründe für die Anordnung einer bestimmten Form: Beweis, Warnung und Belehrung, s.o.

Wenn die Parteien aber selbst vereinbart haben, dass für ein eigentlich formlos wirksames Rechtsgeschäft eine bestimmte Form, z.B. die Schriftform, gelten soll und diese Form später nicht eingehalten wird, ist das BGB etwas entgegenkommender. Schließlich hat es bei den Rechtsgeschäften, die formlos wirksam sind, keine Notwendigkeit für die Anordnung einer bestimmten Form gesehen. Wenn nur die Parteien eine bestimmte Form haben wollen, muss man bei der Folge, die die Nichteinhaltung der vereinbarten Form hat, nicht so streng sein. § 125 S. 2 BGB sagt deshalb auch: »Der Mangel der durch Rechtsgeschäft bestimmten Form hat im Zweifel gleichfalls Nichtigkeit zur Folge.« Also **nicht zwingend**, wie in § 125 S. 1 BGB, sondern nur **im Zweifel**. Dadurch wird es allerdings auch ziemlich schwammig: Welches sind denn die Fälle, in denen das Rechtsgeschäft bei Verstoß gegen eine vereinbarte Form wirksam sein soll? Dazu muss man gucken, warum die Parteien für ihren Vertrag eine bestimmte Form vereinbart haben. Allein der Wille der Parteien ist ausschlaggebend dafür, ob das Rechtsgeschäft wirksam ist oder nicht. Nur sie haben ja auch entschieden, dass für das eigentlich formlos wirksame Rechtsgeschäft eine bestimmte Form gelten soll: Wollten sie **wirklich**, dass das Rechtsgeschäft bei Nichtbeachtung der vereinbarten Form **komplett unwirksam** ist? War den Parteien die vereinbarte Form so wichtig, dass das Rechtsgeschäft nur bei Einhaltung der Form wirksam sein sollte? Dann wird man sagen müssen, dass das Rechtsgeschäft bei Nichtbeachtung der vereinbarten Form nichtig ist.

Oder wurde die Form vielleicht **nur** deshalb vereinbart, damit man später die Vereinbarungen zwischen den Parteien **besser beweisen** kann? Und war das Rechtsgeschäft im Übrigen den Parteien so wichtig, dass sie es auf jeden Fall wollten, auch wenn die Form nicht eingehalten wurde? Dann ist das Rechtsgeschäft bei Nichteinhaltung der vereinbarten Form wirksam.

Im Einzelfall kann es natürlich schwierig werden, aus den Vereinbarungen der Parteien herauszulesen, wie wichtig ihnen nun die Einhaltung der Formvorschrift war. Bevor man also anfängt, den Parteien etwas unterzuschieben, was sie vielleicht gar nicht gewollt haben, kann man mit gutem Gewissen auch § 125 S. 2 BGB zu Hilfe nehmen und das Rechtsgeschäft für nichtig erklären.

Auch § 125 S. 2 BGB entscheidet sich ja schließlich im Zweifel eher gegen die Wirksamkeit des Rechtsgeschäftes.

Übersicht zur Form des Rechtsgeschäftes:

Rechtsgeschäfte sind grundsätzlich formlos (= mündlich) gültig. Rechtsgeschäfte bedürfen nur dann einer bestimmten Form, wenn es:

gesetzlich vorgeschrieben ist	Von den Parteien vertraglich vereinbart worden ist
Arten:	
1. Schriftform, § 126 BGB	
Beispiel: § 766 S. 1 BGB	
2. Textform, § 126 b BGB	
Beispiel: § 477 II Abs. 3 BGB	
3. öffentliche Beglaubigung, § 129 BGB	
Beispiel: § 411 BGB	
4. notarielle Beurkundung, § 128 BGB	
Beispiel: § 518 Abs. 1; § 311 b Abs. 1 S. 1 BGB	
Funktionen	
1. Klarstellungs- und Beweisfunktion	
2. Warnfunktion	
3. Belehrungsfunktion	

Folgen der Nichtbeachtung der Form:

§ 125 S. 1 BGB: Das Rechtsgeschäft ist **nichtig**. **Ausnahmen:**	§ 125 S. 2 BGB: Das Rechtsgeschäft ist **im Zweifel nichtig:**
– Evtl. Heilungsmöglichkeiten, z.B.: § 766 S. 3; § 311 b Abs. 1 S. 2; § 518 Abs. 2 BGB	Wenn die vereinbarte Form nur Beweis-funktion haben sollte und die Wirksamkeit des Vertrages nicht von der Einhaltung der Form abhängen sollte, ist der Vertrag
– Ausnahmsweise kann die Berufung auf § 125 gegen Treu und Glauben verstoßen, z.B. bei einer schweren Treuepflichtverlet-zung oder wenn eine Partei in ihrer Existenz gefährdet wird.	wirksam. Wenn der Vertrag nur bei Einhal-tung der Form wirksam sein sollte, ist er bei Nichtbeachtung der vereinbarten Form ungültig.

9. Kapitel: Anfechtung

Fall: Die schöne Sieglinde will den wilden Waldemar heiraten. Kurz vor der geplanten Hochzeit begibt sie sich in ein Fachgeschäft für Brautmoden und erwirbt ein sündhaft teures Brautkleid. Als sie der Junggesellenabschiedsparty des Waldemar überraschenderweise einen Besuch abstattet, muss sie feststellen, dass Waldemar etwas zu wild feiert. Sie findet ihn in enger Umarmung mit der von Freunden angeheuerten Stripteasetänzerin. Empört verlässt sie die Feier und sagt kurzerhand die Hochzeit ab. Das Brautkleid bringt sie laut schluchzend zurück in das Geschäft und verlangt den Kaufpreis zurück. Sie erklärt, dass sie den Kaufvertrag anfechten will. Sie werde nicht heiraten, habe das Kleid aber nur zu diesem Zweck erworben. Die Verkäuferin ist zwar durchaus mitfühlend, meint aber, dass sie für die Wildheit von Waldemar nichts kann und dass sie das Ganze nichts angeht. Der Vertrag sei ihrer Meinung nach weiterhin gültig. Wer hat recht?

Nicht immer sind alle Beteiligten nach einem Vertragsschluss dauerhaft glücklich. Manchmal will eine Vertragspartei –aus welchen Gründen auch immer – von dem Vertrag wieder loskommen. Das ist allerdings nicht so einfach. Das BGB sieht es nämlich nicht so gerne, wenn jemand an seiner Willenserklärung nicht mehr festhalten will. Es geht davon aus, dass man das, was man einmal versprochen hat, auch halten muss. **Verträge müssen gehalten werden.** Deshalb kommt man auch von einem Vertrag nicht wieder so leicht los. Man kann sich nicht einfach hinstellen und sagen: »Ich will diesen Vertrag nicht mehr.« Schließlich verlässt sich der andere Vertragsteil auf die vertragliche Vereinbarung. Deshalb gibt das BGB nur in einigen Ausnahmefällen und unter bestimmten Voraussetzungen einer der Vertragsparteien die Möglichkeit, sich wieder von dem Vertrag zu lösen.
Eine dieser Möglichkeiten, einen Vertrag wieder aus der Welt zu schaffen, ist die Anfechtung: Unter bestimmten Voraussetzungen gibt das BGB einem der Vertragspartner das Recht, seine Willenserklärung anzufechten und damit zu beseitigen.

1. Rechtsfolgen der Anfechtung, § 142 Abs. 1 BGB
Zunächst ein Wort dazu, was passiert, wenn jemand berechtigterweise die Anfechtung erklärt. In § 142 Abs. 1 BGB heißt es: »Wird ein anfechtbares Rechtsgeschäft angefochten, so ist es als von Anfang an nichtig anzusehen.« Aus einem angefochtenen Rechtsgeschäft können also keine Rechte mehr hergeleitet werden. Dabei ist der Begriff »anfechtbares Rechtsgeschäft«, wenn man nur an Verträge denkt, ein wenig ungenau: Das hört sich so an, als würde der Vertrag insgesamt angefochten werden. Wenn man es aber ganz genau nimmt, wird nicht der ganze Vertrag angefochten, sondern der Anfechtungsberechtigte ficht nur seine Willenserklärung an. Damit bricht dann der Vertrag in sich zusammen, weil ihm dann ja eine der beiden für den Vertragsschluss erforderlichen Willenserklärungen fehlt. Der ganze Vertrag ist von Anfang an nichtig, mit der Folge, dass aus ihm keine Ansprüche mehr hergeleitet werden können.

2. Voraussetzungen der Anfechtung

Eine Willenserklärung ist nur dann wirksam angefochten, wenn drei Voraussetzungen erfüllt sind: es muss ein **Anfechtungsgrund** bestehen, der Anfechtungsberechtigte muss eine **Anfechtungserklärung** abgeben und die Anfechtung muss innerhalb einer bestimmten **Anfechtungsfrist** erfolgen.

a) der Anfechtungsgrund

Die Anfechtung eines Vertrages ist nur möglich, wenn ein bestimmter Anfechtungsgrund besteht. Die Anfechtungsgründe sind in den §§ 119; 120; 123 BGB aufgeführt.

aa) Anfechtung wegen eines Irrtums

Nach § 119 BGB darf man seine Willenserklärung anfechten, wenn man sich bei der Abgabe der Willenserklärung geirrt hat. Ein Irrtum liegt immer dann vor, wenn der Erklärende versehentlich einen Geschäftswillen geäußert hat, der nicht dem tatsächlich gewollten Geschäftswillen entspricht.

Zur Erinnerung: Im Idealfall schafft es der Erklärende, seinen inneren Geschäftswillen nach außen hin so zu formulieren, dass der Erklärungsempfänger genau versteht, was gewollt ist.

Beispiel: Fehlerfreie Willenserklärung eines Gebrauchtwagenhändlers:

Der Gebrauchtwagenhändler will:

> Ich will diesen Gebrauchtwagen der Marke BMW zu einem Preis von 31.000,– € verkaufen.

Der Gebrauchtwagenhändler sagt:

> »Ich biete Ihnen diesen Wagen zu einem Preis i.H.v. 31.000,– € an.

Bei einem Irrtum weicht das, was der Erklärende erklärt, versehentlich von dem ab, was er eigentlich haben will.

Irrtum eines Gebrauchtwagenhändlers:

Der Gebrauchtwagenhändler will:

> Ich will diesen Gebrauchtwagen der Marke BMW zu einem Kaufpreis i.H.v. 31.000,– € verkaufen.

Der Gebrauchtwagenhändler verspricht sich oder verschreibt sich und sagt:

> »Ich biete Ihnen diesen Wagen zu einem Preis von 13.000,– € an.«

Wie bereits im fünften Kapitel dargestellt, kommt es bei einer Willenserklärung in erster Linie darauf an, wie das Verhalten nach außen hin zu verstehen ist. Darauf, was der Erklärende wollte, wird erst an zweiter Stelle geachtet. Die Erklärung geht also immer vor. Wenn jemand einen bestimmten Geschäftswillen geäußert hat, dann gilt erst einmal das Erklärte. In dem Beispiel mit dem Gebrauchtwagen gilt also erst einmal das, was erklärt wurde, also das Angebot des Gebrauchtwagens zu einem Kaufpreis i.H.v. 13.000,– €. Wenn der Käufer dieses Angebot annimmt, dann ist ein Kaufvertrag über den Wagen zu einem Kaufpreis von13.000,– € zustande gekommen.

Weil dem Gebrauchtwagenhändler aber ein Irrtum unterlaufen ist, kann er seine Willenserklärung möglicherweise anfechten. Aber hier wird es schon kompliziert: **Nicht jeder Irrtum berechtigt zur Anfechtung, sondern nur die in § 119 genannten Irrtümer.** § 119 enthält drei Arten von Irrtümern: Der Erklärungsirrtum, den Inhaltsirrtum und den Eigenschaftsirrtum.

(1) Der Erklärungsirrtum, § 119 Abs. 1 2. Alt.
Gemäß § 119 Abs. 1, 2. Alt. BGB kann der Erklärende die Erklärung anfechten, wenn er »eine Erklärung dieses Inhalt überhaupt nicht abgeben wollte.« Was das bedeuten soll, kann man nach dem Gesetzeswortlaut nicht gleich verstehen. Gemeint ist, dass dem Erklärenden bei der Äußerung seiner Erklärung ein Fehler unterläuft. Er verschreibt sich, verspricht sich oder vergreift sich. Er schafft es nicht, seine Erklärung richtig auf den Weg zu bringen.
Dem Gebrauchtwagenhändler im obigen Schaubild unterläuft also ein Erklärungsirrtum, wenn er statt 31.000,– € aus Versehen 13.000,– € sagt.

Aber auch in folgendem Beispiel liegt ein Erklärungsirrtum vor: Herr Glückspilz bestellt bei einem Versandhaus eine Jacke aus Baumwolle. Der Mitarbeiter des Versandhauses, der die Waren einpackt, greift versehentlich in das falsche Regal und nimmt eine Jacke aus Kaschmir, die natürlich viel teurer ist. Diese Jacke wird an Herrn Glückspilz verschickt. Als sich der Fehler später durch Zufall herausstellt, fordert das Versandhaus die Jacke zurück. Zunächst muss man sehen, bei welchem Rechtsgeschäft überhaupt der Irrtum unterlaufen ist: Erinnern Sie sich an die Geschichte mit dem Verpflichtungs- und dem Verfügungsgeschäft. Das Verpflichtungsgeschäft Kaufvertrag ist ohne Irrtum zustande gekommen: Glückspilz hat eine Jacke aus Baumwolle bestellt und das Versandhaus hat dieses Angebot angenommen. Erst bei dem Verfügungsgeschäft – Übereignung der Jacke – ist dem Versandhaus ein Irrtum unterlaufen: Es wollte dem Glückspilz die Übereignung der Baumwolljacke anbieten. Es schafft aber nicht, diese Erklärung richtig auf den Weg zu bringen, weil der Mitarbeiter ins falsche Regal greift. Das Versandhaus erklärt stattdessen ein Angebot, dem Glückspilz die Jacke aus Kaschmir zu übereignen. Dieses Angebot nimmt der Glückspilz durch Entgegennahme der Jacke an. Aber wegen des Erklärungsirrtums des Versandhauses ist die Übereignung anfechtbar. Zu den Rechtsfolgen s.u.

(2) Der Inhaltsirrtum, § 119 Abs. 1 , 1. Alt.
Bei einem Inhaltsirrtum erklärt der Erklärende – anders als beim Erklärungsirrtum – ganz genau das, was er erklären will. Mit der Erklärung selbst ist also alles in Ordnung. Das Problem besteht aber darin, dass der Erklärende nicht weiß, was seine Erklärung bedeutet. Er glaubt, dass seine Erklärung einen Sinn hat, den sie in Wirklichkeit nicht hat. Seine Erklärung hat nach außen einen anderen Inhalt, als der Erklärende meint.

Innerer Geschäftswille:

Ich will 25 **große** Rollen Toilettenpapier der Marke Superflausch kaufen. Im Handelsverkehr sagt man statt »große« Rolle auch »**Gros**« Rolle, deshalb schreibe ich auf den Bestellzettel auch »25 Gros Rollen«.

Geäußerter Geschäftswille:

»Hiermit bestelle ich 25 Gros Rollen Toilettenpapier der Marke Superflausch.«

Der Erklärungsempfänger versteht:

> »Gros« bedeutet 12 x 12,
> also 144. Der Besteller möchte
> 25 x 144, also insgesamt 3.600 Rollen
> Toilettenpapier der Marke Super-
> flausch bestellen.

Ein Inhaltsirrtum kann ganz verschiedene Gesichter haben. Man kann folgende Fallgruppen unterscheiden:

– Der Vertrag sollte über einen anderen Gegenstand geschlossen werden.

In diese Fallgruppe gehört das Beispiel im obigen Schaubild: ein Schuldirektor will neues Toilettenpapier bestellen. Er schreibt an den Toilettenpapier-Großhändler: »Ich bestelle 25 Gros Rollen WC-Papier der Marke ›Superflausch‹.« Dabei geht er davon aus, dass der Begriff »Gros« ein anderes Wort für »groß« ist. Tatsächlich bedeutet »Gros« aber 12 x 12, also 144. Der Schuldirektor hat also 144 x 25 Rollen, somit 3.600 Rollen Toilettenpapier bestellt. Das reicht, um den Bedarf Schule für mehrere Jahre zu decken. Der Schuldirektor hat erklärt, was er erklären wollte, nämlich »Gros«. Es liegt kein Schreibfehler vor. Aber er geht davon aus, dass »Gros« im Geschäftsverkehr »groß« bedeutet, während es in Wirklichkeit ein anderes Wort für eine Menge von 144 ist. Inhalt des geschlossenen Vertrages ist die Menge von 3.600 Rollen, aber der Vertrag ist anfechtbar, weil der Direktor sich geirrt hat.

Oder: Jemand will ein Pferd kaufen und sieht sich bei einem Händler um. Ihm werden mehrere Pferde vorgeführt. Zuletzt sagt er zum Händler, dass er das Pferd »Hopps« kaufen will. Dabei ist er der Meinung, dass es sich dabei um das hochtalentierte Springpferd handelt. Tatsächlich ist »Hopps« nur der eher mittelmäßige Gaul aus der Nachbarbox. Das hochtalentierte Springpferd hieß eigentlich »Klops«. Auch hier sagt der Erklärende das, was er sagen will, nämlich »Hopps«. Aber er stellt sich einen anderen Vertragsgegenstand darunter vor, nämlich das Springpferd und nicht die lahme Krücke. Der Vertrag, der zustande kommt, hat das mittelmäßige Pferd zum Gegenstand, kann aber vom Käufer angefochten werden.

– Der Vertrag sollte mit einem anderen Geschäftspartner geschlossen werden.

Beispiel: Jemand will einen Gärtner damit beauftragen, seinen Garten wieder auf Vordermann zu bringen. Ein Nachbar hat ihm den Gartenbaubetrieb Bäumchen empfohlen. Unter diesem Namen gibt es allerdings zwei Gartenbaubetriebe in der Stadt, was unser Gartenbesitzer nicht weiß. Er beauftragt den Betrieb, der im Telefonbuch eingetragen ist. Als dieser anrückt, weist ihn sein Nachbar darauf hin, dass er ihm doch den anderen Betrieb empfohlen hatte, der allerdings nicht im Telefonbuch steht. Hier liegt ein Inhaltsirrtum vor: Der Gartenbesitzer erklärt zwar dem im Telefonbuch eingetragenen Betrieb gegenüber genau das, was er auch erklären will. Er irrt aber darüber, wem gegenüber er die Erklärung abgibt. Eigentlich wollte er einen anderen Betrieb beauftragen, nämlich den, der ihm von seinem Nachbarn empfohlen worden war. Vertragspartner wird der tatsächlich beauftragte Betrieb, aber der Vertrag ist anfechtbar.

– Es sollte ein ganz anderes Rechtsgeschäft abgeschlossen werden.

Beispiel: Ein junges armes Ehepaar will die erste gemeinsame Wohnung beziehen. Dazu fehlt ihm allerdings etwas ganz Entscheidendes, nämlich Möbel. Also setzen sie eine Anzeige in die Zeitung:

»Wer hat Möbel für ein junges mittelloses Ehepaar?« Auf diese Anzeige meldet sich jemand, der gerade verschiedene Möbel geerbt hat. Er teilt dem Ehepaar mit, dass sie sich etwas Passendes aussuchen dürfen. Später schickt er dann eine Rechnung und will die Möbel bezahlt haben. Aufgrund der Anzeige durfte das Ehepaar davon ausgehen, dass es mit dem Anbieter einen Schenkungsvertrag abgeschlossen hat. Für einen anderen Willen des Anbieters sind keine Anhaltspunkte ersichtlich. Der Anbieter, der nach außen hin erklärt hat: »Ich schenke Euch die Sachen«, hat aber einen anderen Geschäftswillen. Er wollte einen Kaufvertrag abschließen, also ein ganz anderes Rechtsgeschäft. Daher kann er den Schenkungsvertrag wegen eines Inhaltsirrtums anfechten.

(3) Der Irrtum über eine verkehrswesentliche Eigenschaft, § 119 Abs. 2 BGB
Beim Irrtum über eine verkehrswesentliche Eigenschaft (oder kurz: Eigenschaftsirrtum) erklärt der Erklärende das, was er erklären will. Er geht auch vom richtigen Inhalt seiner Erklärung aus. Aber er hat falsche Vorstellungen über den Vertragsgegenstand. Er meint, dass die Sache, um die es in dem Vertrag geht, bestimmte Eigenschaften hat, die in Wirklichkeit nicht vorliegen. Er irrt über bestimmte Merkmale des Vertragsgegenstandes. Unter dem Begriff »Eigenschaften« stellt man sich erst einmal alles das vor, was die Sache selbst ausmacht, also die Beschaffenheit der Sache. Eigenschaft der Sache ist in erster Linie z.B. das Material, aus dem die Sache hergestellt ist. Das Gesetz versteht unter dem Begriff »Eigenschaften« aber noch ein wenig mehr, nämlich alle **wertbildenden Faktoren. Dazu gehören außer den auf der natürlichen Beschaffenheit beruhenden Merkmalen auch tatsächliche oder rechtliche Beziehungen der Sache zur Umwelt, die in der Sache selbst ihren Grund haben oder sie unmittelbar kennzeichnen und nach der Verkehrsanschauung für die Wertschätzung und Verwendbarkeit von Bedeutung sind.** Und das kann sehr viel sein: Zum Beispiel die Frage, ob ein Grundstück bebaut werden darf oder nicht. Oder ob es irgendwelchen baulichen Beschränkungen unterliegt. Die Urheberschaft an einem Gemälde ist eine Eigenschaft. Außerdem die Tatsache, dass ein fabrikneues Auto aus der Vorjahresproduktion stammt. Alle vorgenannten Beispiele zeigen: Eigenschaft ist nicht nur das, woraus eine Sache besteht, sondern auch die Merkmale, die – sozusagen unsichtbar – der Sache von außen her beigelegt werden.
Keine Eigenschaft ist hingegen der Preis einer Sache. Der Preis hat nämlich nicht seinen Grund in der Sache selbst, sondern wird von der derzeitigen Marktlage bestimmt.

Beispiel: Jemand verkauft eine Eintrittskarte für das Finale der Fußball-WM für 200,– €. Später stellt er fest, dass die Karten inzwischen für 500,– € gehandelt werden. Dieser Irrtum berechtigt ihn nicht zur Anfechtung. Er allein trägt das Risiko dafür, dass seine eigene Bewertung von der der übrigen Marktteilnehmer abweicht.
Allerdings versteckt sich hinter einem Irrtum über den Preis manchmal auch ein Irrtum über einen wertbildenden Faktor:
Beispiel: Ein Juwelier verkauft eine Kette für 90,– €. Dabei geht er davon aus, dass die Kette nur vergoldet ist. In Wirklichkeit ist die Kette aber aus reinem Gold. Wenn er das gewusst hätte, hätte er einen viel höheren Preis gefordert. Der Verkäufer kann den Vertrag anfechten, aber nur mit der Begründung, dass er sich über den wertbildenden Faktor »Material« geirrt hat. Er kann hingegen nicht mit der Begründung anfechten, dass er versehentlich einen zu geringen Preis gefordert hat.

Aber nicht nur Sachen haben Eigenschaften, sondern auch Personen. So kann sich jemand über bestimmte Eigenschaften seines Geschäftspartners irren. Eigenschaften einer Person können insbesondere sein: Alter, Geschlecht, Konfession, politische Einstellung oder Vorstrafen, aber bei bestimmten Geschäften auch die Kreditwürdigkeit. Weil zu den Eigenschaften einer Person sehr viel gehören kann, wird es gerade in diesem Zusammenhang wichtig, dass **nur** ein Irrtum über eine **verkehrswesentliche** Eigenschaft zur Anfechtung berechtigt. Eine Eigenschaft ist dann verkehrswesentlich, wenn die Parteien sie erkennbar dem Rechtsgeschäft zugrunde gelegt haben. Was »verkehrswesentlich« ist, richtet sich also nach dem Vertrag, um den es im Einzelfall geht. Man muss sich den genauen Vertragsinhalt angucken. Ist eine Eigenschaft für den konkreten Vertrag von Bedeutung? Oder spielt sie für den Vertrag keine Rolle? Danach kann man entscheiden, ob eine Eigenschaft verkehrswesentlich ist oder nicht. Eine Eigenschaft kann bei dem einen Vertrag verkehrswesentlich sein, bei einem anderen nicht.

Beispiel: Der treue Katholik Alois Moser kauft sich im Laden des Glotz einen neuen Fernseher. Noch bevor ihm dieser geliefert wird, stellt Moser fest, dass der Glotz praktizierender Satanist ist. Jetzt möchte Moser den Vertrag wegen Irrtums über eine verkehrswesentliche Eigenschaft seines Vertragspartners anfechten. Für den Kauf eines Fernsehers ist die Religionszugehörigkeit aber keine verkehrswesentliche Eigenschaft: Um einen Fernseher verkaufen zu können, benötigt der Verkäufer nur ein paar Fachkenntnisse über Elektrogeräte. Seine Religion ist Nebensache und hat mit dem abgeschlossenen Kaufvertrag nichts zu tun.

Andererseits kann die Religionszugehörigkeit dann eine verkehrswesentliche Eigenschaft sein, wenn ein Satanist sich um die Stelle eines Küsters bei einer christlichen Gemeinde bewirbt. Zu der Tätigkeit als Küster gehört die Mitwirkung bei Gottesdiensten. Das könnte Probleme bereiten, wenn der Satanist gar keine Ahnung davon hat, wie ein christlicher Gottesdienst abläuft. Außerdem will eine christliche Kirchengemeinde bestimmt niemanden beschäftigen, der im Gottesdienst nur gelangweilt in der Nase bohrt und allen nur vermittelt, dass er damit nichts anfangen kann.

bb) Ausschluss der Anfechtung in den Irrtumsfällen

Fall: Der Juwelier Karfunkel bietet dem Millionär Geldsack schriftlich eine Perlenkette zu einem Preis i.H.v. 10.000,– € an. Dabei ist ihm ein Schreibfehler unterlaufen. Eigentlich wollte er 12.000,– € schreiben. Geldsack nimmt das Angebot an. Als Karfunkel seinen Irrtum erkennt, wendet er sich sofort an Geldsack. Dieser ist sogleich bereit, auch 12.000,– € für die Kette zu bezahlen. Karfunkel hat aber gerade Besuch von dem Ölscheich Habn vil Oiro bekommen. Der will die Kette um jeden Preis haben und bietet Karfunkel 20.000,– € an. So viel will Geldsack dann doch nicht zahlen. Er findet aber, dass ihm Karfunkel die Kette für 12.000,– € geben muss. Hat er recht?

In den Fällen der Irrtumsanfechtung kann im Einzelfall die Anfechtung ausgeschlossen sein. Das ist zum einen dann der Fall, wenn der Vertragspartner, nachdem der Irrtum des Erklärenden zur Sprache gekommen ist, bereit ist, den Vertrag auch mit dem vom Erklärenden tatsächlich gewollten Inhalt abzuschließen. Durch die Anfechtung soll der Erklärende ja nur davor geschützt werden, an einem Vertrag festgehalten zu werden, den er eigentlich nicht will. Wenn er hinterher das bekommt, was er will, dann darf er nicht auf der Anfechtung bestehen. Er darf seinen Irrtum dann nicht dazu benutzen, von seiner Erklärung loszukommen, die er jetzt vielleicht aus anderen Gründen nicht mehr will.

In unserem Fall ist also ein Kaufvertrag zwischen Karfunkel und Geldsack über die Kette zu einem Preis i.H.v. 12.000,– € zustande gekommen. Karfunkel kann diesen Vertrag nicht anfechten, weil er das bekommt, was er ursprünglich einmal wollte.

Außerdem ist eine Anfechtung ausgeschlossen, wenn der Erklärende sich zu seinen Gunsten geirrt hat.

Wenn in unserem Beispiel Herr Karfunkel 10.000,– € schreiben wollte, aber versehentlich 12.000,– € geschrieben hat, dann kann er die Willenserklärung ebenfalls nicht anfechten, weil er später mehr geboten bekommt. Schließlich hat er ja irrtümlicherweise mehr gefordert, als er eigentlich wollte. Er wird also durch den Irrtum nicht schlechter gestellt, sondern besser. Da ein Anfechtungsrecht nur dazu dienen soll, den Erklärenden vor einer nachteiligen Willenserklärung zu schützen, macht eine Anfechtung in diesen Fällen keinen Sinn. Der Erklärende soll seinen Irrtum ja nicht dazu benutzen können, von seiner Willenserklärung wieder loszukommen, die er jetzt aus ganz anderen Gründen nicht mehr will.

cc) Schadensersatzpflicht nach erfolgter Anfechtung gemäß § 122 BGB

Fall: Der reiche Ölscheich Habn vil Oiro will sich trösten. (Sie erinnern sich: Ihm war die Perlenkette von Karfunkel durch die Lappen gegangen.) Deshalb betritt er den Zoohandel von Herrn Flosse und erwirbt einen Goldfisch zum sagenhaft günstigen Preis von 1,– €. Seinem neuen Liebling soll es natürlich an nichts fehlen. Deshalb kauft vil Oiro auch gleich noch ein riesiges goldenes Aquarium mit umfangreicher Innenausstattung (insbesondere mehrere Fahrräder für das Fischlein). Kaufpreis für das Aquarium: 50.000,– €. Noch bevor es sich der Goldfisch in diesem Aquarium so richtig bequem machen kann, kommt Herr Flosse vorbei: Er erklärt berechtigterweise die Anfechtung des Kaufvertrages und nimmt das Fischlein gleich wieder mit. Der Ölscheich heult. Einen anderen Goldfisch will er nicht. Daher fordert er von Herrn Flosse den Ersatz der Kosten für das nun unnütze Aquarium.

Wenn jemand seine Willenserklärung angefochten hat, dann ist oft der andere Vertragspartner benachteiligt, der auf den Bestand dieser Willenserklärung vertraut hat. Darum billigt ihm § 122 BGB einen Anspruch auf Schadensersatz zu. Der Anfechtungsberechtigte muss ihm den Schaden ersetzen, der ihm dadurch entstanden ist, dass er auf die Gültigkeit der Willenserklärung vertraut hat. Alle Kosten, die aufgewendet wurden, weil der andere Vertragpartner auf den Bestand des Vertrages vertraut hat, sind zu ersetzen. Aber auch, wenn ein anderes Geschäft im Hinblick auf den geschlossenen Vertrag abgelehnt wurde, ist der hierdurch entstandene Nachteil zu ersetzen. Letztlich muss der Vertragspartner so gestellt werden, als wenn er von dem angefochtenen Vertrag nie etwas gehört hätte.

Das kann natürlich sehr weitreichend sein: Wenn unser Ölscheich von dem Vertrag nichts gehört hätte, hätte er jetzt 50.000,– € mehr auf dem Konto! Das ist der Schaden, der ihm entstanden ist, weil er darauf vertraut hat, dass das Fischlein dauerhaft bei ihm bleibt.

Damit die Schadensersatzpflicht nicht ausufert, ist in § 122 eine Obergrenze eingebaut: Die Schadensersatzpflicht geht nicht über den Betrag des Interesses hinaus, das der andere Vertragspartner an der Gültigkeit der Erklärung hat. Das heißt übersetzt, dass der Vertragspartner nur so gestellt werden soll, wie er gestanden hätte, wenn ordnungsgemäß erfüllt worden wäre. Alle weiteren Kosten, die zwar im Vertrauen auf den Bestand des Vertrages gemacht wurden, aber über den Wert der eigentlichen Vertragsleistung hinausgehen, sind nicht zu ersetzen.

Und das ist die Rettung für den armen Herrn Flosse: Er muss dem Ölscheich nicht die Unkosten für das Aquarium ersetzen. Dieser Vertrauensschaden geht über das Erfüllungsinteresse des Ölscheichs hinaus. Bei ordnungsgemäßer Erfüllung hätte er einen Goldfisch mit einem Wert von einem Euro gehabt. Nur dieser Betrag ist ihm zu ersetzen.

Wenn der Vertragspartner allerdings genau gewusst hat, dass das Rechtsgeschäft anfechtbar ist, dann besteht gemäß § 122 Abs. 2 BGB auch kein Schadensersatzanspruch. Dann hat der Vertragspartner von vornherein gewusst, dass mit dem Vertrag etwas nicht stimmt und konnte nicht darauf vertrauen, dass der Vertrag dauerhaft Bestand haben würde.

Zusammenfassende Übersicht: Anfechtung wegen eines Irrtums:

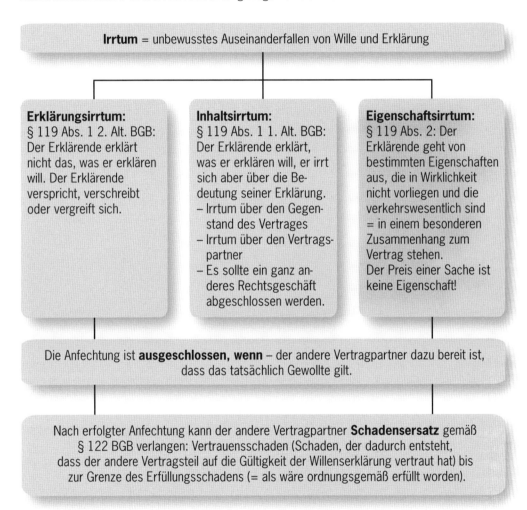

Irrtum = unbewusstes Auseinanderfallen von Wille und Erklärung

Erklärungsirrtum:
§ 119 Abs. 1 2. Alt. BGB:
Der Erklärende erklärt
nicht das, was er erklären
will. Der Erklärende
verspricht, verschreibt
oder vergreift sich.

Inhaltsirrtum:
§ 119 Abs. 1 1. Alt. BGB:
Der Erklärende erklärt,
was er erklären will, er irrt
sich aber über die Be-
deutung seiner Erklärung.
– Irrtum über den Gegen-
  stand des Vertrages
– Irrtum über den Vertragspartner
– Es sollte ein ganz an-
  deres Rechtsgeschäft
  abgeschlossen werden.

Eigenschaftsirrtum:
§ 119 Abs. 2: Der
Erklärende geht von
bestimmten Eigenschaften
aus, die in Wirklichkeit
nicht vorliegen und die
verkehrswesentlich sind
= in einem besonderen
Zusammenhang zum
Vertrag stehen.
Der Preis einer Sache ist
keine Eigenschaft!

Die Anfechtung ist **ausgeschlossen, wenn** – der andere Vertragpartner dazu bereit ist, dass das tatsächlich Gewollte gilt.

Nach erfolgter Anfechtung kann der andere Vertragpartner **Schadensersatz** gemäß § 122 BGB verlangen: Vertrauensschaden (Schaden, der dadurch entsteht, dass der andere Vertragsteil auf die Gültigkeit der Willenserklärung vertraut hat) bis zur Grenze des Erfüllungsschadens (= als wäre ordnungsgemäß erfüllt worden).

Ist Ihnen übrigens schon ein Grund eingefallen, wie sich die schöne Sieglinde von dem Kaufvertrag über das Brautkleid lösen könnte? Ein Erklärungsirrtum und ein Inhaltsirrtum liegen nicht vor. Auch mit einem Eigenschaftsirrtum kommt man nicht weiter. Um den Bräutigam geht es bei dem Kaufvertrag überhaupt nicht. Farbe und Größe des Kleides sind von Bedeutung.

dd) Falsche Übermittlung der Willenserklärung, § 120 BGB

Ein weiterer Anfechtungsgrund, der eigentlich auch zu den Irrtümern gehört, ist § 120 BGB: Wenn jemand eine Willenserklärung nicht selbst an den Erklärungsempfänger übermittelt, sondern einen Boten losschickt, damit dieser die Erklärung übermittelt, dann kann die Willenserklärung angefochten werden, wenn dem Boten bei der Übermittlung ein Fehler unterläuft. Bei § 120 BGB müssen aber zwei Voraussetzungen beachtet werden: Der Überbringer der Erklärung muss ein **Erklärungsbote** sein. Das bedeutet, dass er nur eine **fremde** Willenserklärung überbringt. Er trägt wie ein Briefträger die Willenserklärung von einem zum anderen. Wenn der Überbringer eine **eigene** Willenserklärung abgibt, ist er kein Erklärungsbote, sondern Stellvertreter. Zur Abgrenzung siehe im Kapitel Stellvertretung.

Außerdem ist Voraussetzung für die Anwendung von § 120 BGB, dass der Erklärende die Willenserklärung **nur aus Versehen** falsch übermittelt. Wenn er absichtlich eine falsche Erklärung überbringt, werden die §§ 177 ff. BGB angewendet.

ee) Anfechtung wegen arglistiger Täuschung

Fall: Kurt Simpel möchte sich gerne einen Gebrauchtwagen zulegen. Nach längerer Suche landet er an einem Winterabend beim Gebrauchtwagenhändler Rostlaube. Es ist schon dunkel und schneit ziemlich stark. Auf dem Außengelände des Autohauses entdeckt Simpel endlich den Wagen, nach dem er so lange gesucht hat. Zwar kann er den Wagen aufgrund der Witterung nicht so genau besichtigen, Farbe und Modell entsprechen aber genau seinen Vorstellungen. Man wird sich schnell handelseinig. Simpel bezahlt den Wagen in bar und nimmt ihn gleich auf seinem Anhänger mit nach Hause. Am nächsten Morgen – ein herrlicher Wintertag mit strahlendem Sonnenschein – fallen dem Simpel sofort einige Dinge ins Auge: Der Innenraum des Autos ist voller Glasscherben und die Lackierung ist offenbar gerade erst neu aufgetragen worden. Überall sind Blasen im Lack. Und die Motorhaube ist so verzogen, dass sie einen breiten Spalt offen lässt ... Wutschnaubend fährt Simpel wieder zu Rostlaube und teilt ihm mit, dass ein Blinder mit dem Krückstock sehen könne, dass der Wagen einen Unfall gehabt hat. Er fühle sich getäuscht, weil Rostlaube ihm von dem Unfall nichts erzählt habe. Deshalb will er nun den Vertrag anfechten. Rostlaube weist eine Täuschung empört von sich. Schließlich habe Simpel nach Unfällen gar nicht gefragt. Da hätte er doch von sich aus Simpel nicht mit der Nase drauf stoßen müssen, wenn der so blöd ist, dass er es nicht selber merkt. Hat Rostlaube recht oder kann Simpel den Vertrag anfechten?

Abwandlung: Rostlaube wusste selbst nicht, dass der Wagen einen Unfall hatte. Er hat auch noch keine Zeit gehabt, den Wagen genauer anzusehen. Trotzdem behauptet er auf die Frage des Simpel hin im Brustton der Überzeugung, der Wagen sei unfallfrei. Später meint er dann, dass er den Simpel nicht getäuscht habe, da er ja selbst nicht wusste, dass das Fahrzeug ein Unfallwagen ist.

Außer bei den oben aufgezählten Irrtümern kann der Erklärende seine Willenserklärung auch dann anfechten, wenn er bei der Abgabe der Willenserklärung arglistig getäuscht worden ist, § 123 Abs. 1 1. Alt. BGB. Schließlich soll niemand an einer Willenserklärung festgehalten werden, die er unter normalen Umständen nicht abgegeben hätte.

(1) Täuschungshandlung

Für § 123 Abs. 1 BGB braucht man zunächst einmal eine Täuschungshandlung. Eine Täuschungshandlung liegt zunächst immer dann vor, wenn jemand durch sein Verhalten versucht, bestimmte Tatsachen zu verheimlichen oder im Gegenteil gerade so tut, als würden bestimmte Tatsachen vorliegen. So liegt z.B. eine Täuschungshandlung vor, wenn der Kilometerzähler eines Pkw zurückgedreht wird: Der wahre Kilometerstand wird verheimlicht. Oder wenn Möbel so behandelt werden, dass sie ganz alt aussehen, um dann als Antiquitäten verkauft zu werden. Oder wenn eine Eigentumswohnung, die für 33.000,– € angekauft wurde, für 150.000,– € weiterverkauft wird und dabei als ein »besonders günstiges Angebot« angepriesen wird. Immer wenn durch ein bestimmtes Verhalten versucht wird, die Wirklichkeit unter den Teppich zu kehren, sollte man darüber nachdenken, ob nicht eine arglistige Täuschung vorliegt. Wenn es um Werbeaussagen geht, kann man dann natürlich ins Schleudern kommen. Enthält die Äußerung »Red Bull verleiht Flügel« nicht eigentlich eine Täuschung? Nein, denn eine Täuschung liegt immer nur dann vor, wenn eine nachprüfbare Tatsache mitgeteilt wird. Bei dem Satz »Red Bull verleiht Flügel« handelt es sich nur um eine reißerische Anpreisung. Jedem ist klar, dass hier keine nachprüfbare Tatsache mitgeteilt wird.

Was passiert aber, wenn jemand gar kein bestimmtes Verhalten an den Tag gelegt hat, sondern einfach nur bestimmte Tatsachen verschwiegen hat?

Im obigen Beispiel hat Herr Rostlaube nicht an dem Wagen herumrepariert, um den Unfall in irgendeiner Weise zu verheimlichen. Vielmehr wäre bei Tageslicht gleich zu erkennen gewesen, dass der Wagen einen Unfall hatte. Rostlaube hat einfach gar nichts getan. Liegt darin schon eine Täuschung?

Auch das bloße Verschweigen von Tatsachen kann eine Täuschung darstellen, und zwar immer dann, wenn eine **Rechtspflicht zur Aufklärung** besteht. Derjenige, der schweigt, muss also verpflichtet sein, den Mund aufzumachen und dem anderen mitzuteilen, wie die Dinge in Wirklichkeit liegen. Eine Rechtspflicht zur Aufklärung besteht zunächst immer dann, wenn der andere Teil Fragen stellt. Diese müssen wahrheitsgemäß beantwortet werden. Wenn man dann lügt, liegt eine Täuschung durch aktives Tun vor. Wenn der andere nicht nachfragt, muss man genauer gucken, ob er auch ungefragt auf einen bestimmten Umstand hätte hinweisen müssen. Nun ist es natürlich so, dass man seinen Vertragspartner nicht auf alles hinweisen muss, was irgendwie mit dem Vertrag zu tun haben könnte. Grundsätzlich muss jeder selbst auf sich aufpassen und sich erkundigen, ob z.B. die Sache, die er kaufen will auch wirklich seinen Vorstellungen entspricht. Eine Rechtspflicht zur Aufklärung besteht immer nur dann, wenn der Vertragspartner nach »Treu und Glauben unter Berücksichtigung der Verkehrsanschauung redlicherweise eine Aufklärung erwarten durfte«. Das ist natürlich wieder herrlich schwammig. Gemeint ist damit, dass man über **besonders wichtige Umstände** aufklären muss, die für den anderen offensichtlich von ausschlaggebender Bedeutung sind.
Wenn man nicht genau weiß, ob ein Umstand nun wichtig ist oder nicht, kann man sich fragen, ob es sich auf die Höhe des Preises auswirkt, wenn der andere Teil die Wahrheit erfährt.

In unserem Beispiel ist der Unfall ein besonders wichtiger Umstand. Ob ein Wagen einen Unfall hatte oder nicht, hat erhebliche Auswirkungen auf die Höhe des Kaufpreises. Selbst wenn der Unfallschaden wieder vollständig behoben ist, wird man einen Unfallwagen nicht so gerne kaufen und nur weniger zahlen wollen, als für einen Wagen, der noch keinen Unfall hatte. Für Rostlaube bestand also eine Rechtspflicht zur Aufklärung. Er hätte Herrn Simpel ungefragt mitteilen müssen, dass das Fahrzeug einen Unfall hatte. Sein Schweigen stellt eine Täuschung dar.

Besonders wichtige Umstände liegen auch dann vor, wenn der andere Teil erkennbar bestimmte Erwartungen hat, die in Wirklichkeit nicht zutreffen. Oder wenn man erkennt, dass eine Sache gar nicht für die Zwecke geeignet ist, zu denen der andere sie verwenden will. Dann muss der andere Teil über die Wirklichkeit aufgeklärt werden.

(2) Widerrechtlichkeit der Täuschungshandlung
Die Täuschungshandlung muss widerrechtlich sein. Das ist eigentlich immer der Fall.
Nur manchmal darf gelogen werden: Und zwar dann, wenn man etwas gefragt wird und die Frage unzulässig ist. Das kann eine Rolle bei Vorstellungsgesprächen spielen. Der Arbeitgeber darf z.B. nicht danach fragen, ob eine Bewerberin schwanger ist. Tut er es dennoch, darf die Bewerberin lügen. Diese Täuschung ist nicht widerrechtlich. Auch die Frage nach im Vorstrafenregister bereits gelöschten Vorstrafen ist nicht erlaubt. Der Bewerber, dem diese Frage gestellt wird, darf also lügen.

(3) Irrtum und Kausalität zwischen Irrtum und Abgabe der Willenserklärung
Nun eine Voraussetzung, die eigentlich selbstverständlich ist: Der Anfechtungsgrund der arglistigen Täuschung liegt nur dann vor, wenn durch die Täuschung bei dem anderen Teil auch tatsächlich ein entsprechender Irrtum erzeugt wird und wenn allein aufgrund dieses Irrtums dann auch eine entsprechende Willenserklärung abgegeben wird. Daran fehlt es, wenn der Getäuschte trotz der Täuschung genau erkennt, wie die Dinge in Wirklichkeit liegen. Oder wenn der Getäuschte auch ohne die Täuschung genau die gleiche Willenserklärung abgegeben hätte. Dann muss er nicht geschützt werden, weil er die Willenserklärung auch aus freien Stücken so abgegeben hätte.

Wenn in unserem Fall der Simpel sofort genau erkannt hätte, dass es sich um einen Unfallwagen handelt, würde also § 123 Abs. 1 BGB nicht eingreifen. Oder wenn feststehen würde, dass Simpel den Wagen auch als Unfallwagen gekauft hätte und dafür den gleichen Preis gezahlt hätte. Da Simpel aber aller Wahrscheinlichkeit nach den Wagen nur zu einem geringeren Preis gekauft hätte, kann man feststellen, dass er seine Willenserklärung nur aufgrund der arglistigen Täuschung durch Rostlaube abgegeben hat.

(4) Subjektiver Tatbestand: Arglist
Der Täuschende muss auch arglistig gehandelt haben. Arglist ist ein anderes Wort für Vorsatz. Der Täuschende muss vorsätzlich getäuscht haben. Er muss also gewusst haben, dass er etwas Falsches erzählt oder die Wahrheit verschweigt und dass der Getäuschte deshalb eine Willenserklärung abgibt, die er nicht abgeben würde, wenn er über die Wirklichkeit Bescheid wüsste.

Wenn in unserem Fall Herr Rostlaube irrtümlicherweise davon ausgegangen wäre, dass Herr Simpel genau erkennt, dass es sich um einen Unfallwagen handelt, dann würde es am Vorsatz fehlen. Dann hätte er ja nicht absichtlich die Wahrheit verschwiegen.

Schwierig wird es dann, wenn der Täuschende selbst die Wahrheit nicht so genau kennt und nur einfach etwas behauptet, was falsch, aber auch richtig sein kann. Dann hat er nicht vorsätzlich etwas Falsches erzählt. Es könnte ja auch sein, dass das stimmt, was er sagt. Andererseits soll man aber auch nicht einfach so irgendetwas behaupten, wovon man keine Ahnung hat und so tun, als wüsste man Bescheid. Daher wird in solchen Fällen ein arglistiges Verhalten dann angenommen, wenn man ganz bewusst, obwohl man die Wahrheit nicht kennt, Behauptungen »ins Blaue hinein« macht, ohne dass man dem anderen Teil deutlich macht, dass man es selbst nicht so genau weiß.

So liegen die Dinge in der Abwandlung: Rostlaube behauptet etwas, ohne zu wissen, ob es stimmt. Es hätte ja auch sein können, dass der Wagen tatsächlich unfallfrei ist.

Aber er tut so, als hätte er vorher geprüft, ob es sich bei dem Fahrzeug um einen Unfallwagen handelt. Wegen dieser Behauptung »ins Blaue hinein« ist sein Verhalten eine arglistige Täuschung, obwohl er Herrn Simpel nicht wissentlich getäuscht hat.

(5) Die Person des Täuschenden

Fall: Herr Witzigmann spaziert auf der Suche nach einem neuen Auto über das große Außengelände eines Gebrauchtwagenhändlers. An diesem Tag wimmelt es hier nur so von Interessenten. Da läuft ihm Herr Schafskopf über den Weg. Dieser hält Herrn Witzigmann versehentlich für den Inhaber des Gebrauchtwagenhandels und fängt an, ihn über ein bestimmtes Fahrzeug auszufragen. Herr Witzigmann will sich einen Spaß machen und klärt Herrn Schafskopf nicht über den Irrtum auf. Vielmehr erzählt er ihm das Blaue vom Himmel herunter und sagt unter anderem auch, dass der Wagen über eine besondere Luxusausstattung verfügt. Daraufhin eilt Herr Schafskopf in das Geschäftsgebäude und kauft das Fahrzeug. Als er den Wagen abholt, stellt er fest, dass dieser nur über die Holzbrettausstattung verfügt. Er will den Kaufvertrag wegen arglistiger Täuschung anfechten. Der Inhaber des Gebrauchtwagenhandels weist dies empört zurück. Er habe nichts davon gewusst, dass Herr Witzigmann Herrn Schafskopf »beraten« habe. Er selbst hätte ihn selbstverständlich wahrheitsgemäß beraten. Er könne doch nichts dafür, dass irgendein dahergelaufener Fremder Herrn Schafskopf so einen Bären aufgebunden habe. Hat er recht oder darf Herr Schafskopf anfechten?

Abwandlung: Wie wäre es, wenn Herr Witzigmann ein Angestellter des Gebrauchtwagenhändlers gewesen wäre?

Bisher war immer nur die Rede davon, dass der Erklärungsempfänger auch derjenige ist, der den Erklärenden getäuscht hat. Das BGB hat aber in § 123 Abs. 2 S. 1 BGB auch den Fall geregelt, dass nicht der Erklärungsempfänger, sondern ein anderer den Erklärenden getäuscht hat. Das BGB spricht dann vom **Dritten,** der die Täuschung verübt hat. Das Problem in diesen Fällen ist, dass der Erklärungsempfänger eventuell gar nichts dafür kann, dass der Erklärende getäuscht wurde und deshalb ihm gegenüber jetzt eine bestimmte Willenserklärung abgibt. Es wäre ein bisschen zu viel verlangt, wenn man vom Erklärungsempfänger immer erwarten würde, dass er noch einmal genau nachprüft, ob der Erklärende vielleicht getäuscht worden ist. § 123 Abs. 2 S. 1 BGB ordnet deshalb an, dass bei einer Täuschung durch einen Dritten die Willenserklärung nur dann anfechtbar ist, wenn der Erklärungsempfänger die Täuschung kannte oder kennen musste. Wenn der Erklärungsempfänger weiß, dass der Erklärende getäuscht worden ist, ganz egal von wem, dann muss sein Vertrauen auf die Willenserklärung nicht geschützt werden. Dann hätte er den Irrtum des Erklärenden ja auch verhindern können, wenn er gewollt hätte. Wenn der Erklärungsempfänger aber keine Ahnung von der Täuschung hat, dann geht sein Schutz vor. Dann hat der Erklärende Pech gehabt, er kann seine Willenserklärung nicht anfechten.

In unserem Beispiel könnte Herr Schafskopf also seine Willenserklärung nicht anfechten, weil der Gebrauchtwagenhändler nicht wusste und auch nicht hätte wissen können, dass Herr Schafskopf von Herrn Witzigmann getäuscht worden ist. Es bleibt also bei dem zwischen Herrn Schafskopf und dem Gebrauchtwagenhändler abgeschlossenen Kaufvertrag.

Nun ist die Regelung in § 123 Abs. 2 S. 1 BGB für den Erklärungsempfänger zwar gut, der Getäuschte hat dabei aber das Nachsehen: Er wird an einer Willenserklärung festgehalten, die durch eine Täuschung zustande gekommen ist. Damit der Erklärende nicht allzu sehr benachteiligt wird, muss man deshalb genau prüfen, ob jemand wirklich ein »Dritter« i.S.v. § 123 Abs. 2 S. 1 BGB ist. Auch wenn es im BGB nicht so ausdrücklich drinsteht: **Mit »Dritter« sind nur die Personen gemeint, die an dem Geschäft vollkommen unbeteiligt sind und die mit dem Erklärungsempfänger nichts zu tun haben. Sobald jemand in irgendeiner Weise auf der Seite des Erklärungsempfängers steht, ist er nicht mehr »Dritter«.** Sein Verhalten wird dann vielmehr dem Erklärungsempfänger zugerechnet, so, als habe dieser selbst die Täuschung verübt. Dann kann der Getäuschte seine Willenserklärung anfechten. Das Verhalten des Dritten wird dem Erklärungsempfänger insbesondere dann zugerechnet, wenn er der Stellvertreter des Erklärungsempfängers ist oder wenn der Dritte auf andere Weise in einer engen Beziehung zum Erklärungsempfänger steht und deshalb als Vertrauensperson des Erklärungsempfängers anzusehen ist. Wenn der Erklärungsempfänger die Vorteile davon hat, dass ein anderer in seinem Interesse tätig wird, dann soll er auch die Nachteile tragen, wenn dieser Jemand etwas falsch macht.

In der Abwandlung muss sich der Gebrauchtwagenhändler das Verhalten seines Angestellten zurechnen lassen, so, als habe er selbst Herrn Schafskopf getäuscht. Als Angestellter wäre Herr Witzigmann der Stellvertreter des Gebrauchtwagenhändlers und würde ganz eindeutig auf seiner Seite stehen. In der Abwandlung könnte Herr Schafskopf also seine Willenserklärung anfechten.

ff) Die widerrechtliche Drohung gemäß § 123 Abs. 1 2. Alt.
Ein letzter Anfechtungsgrund ist die widerrechtliche Drohung gemäß § 123 Abs. 1 2. Alt. BGB. Anders als bei den bisherigen Anfechtungsgründen liegt hier kein Irrtum des Erklärenden vor. Der Erklärende ist vielmehr bedroht worden und hat deshalb die Willenserklärung abgegeben. Vor den Folgen dieser Willenserklärung soll er geschützt werden, weil er sie nicht aus freien Stücken abgegeben hat, sondern nur aufgrund eines Zwanges.

(1) Drohung
Eine Drohung ist das Inaussichtstellen eines künftigen Übels. Das bedeutet, dass der Handelnde dem Erklärenden irgendeinen Nachteil aufzeigt, der eintreten soll, wenn der Erklärende nicht die gewünschte Willenserklärung abgibt. Dabei geht es nur um solche Nachteile, bei denen der Handelnde entscheiden kann, ob sie eintreten oder nicht. Wenn ein Nachteil ohnehin mit Sicherheit eintritt, kann mit ihm nicht gedroht werden.

(2) Widerrechtlichkeit
Eine Anfechtung wegen § 123 Abs. 1 2. Alt. BGB kommt nur dann infrage, wenn die Drohung auch widerrechtlich ist. »Widerrechtlich« ist ein anderes Wort für »rechtswidrig«. Und an dieser Stelle wird es wieder kompliziert. Die Rechtswidrigkeit der Drohung kann sich nämlich ergeben aus: dem angedrohten Übel, dem angestrebten Erfolg oder dem Verhältnis von angedrohtem Übel und angestrebtem Erfolg. Die Drohung ist also dann widerrechtlich, wenn:
– **das angedrohte Übel rechtswidrig ist:** Das ist immer dann der Fall, wenn das Verhalten, mit dem gedroht wird, nicht mit der Rechtsordnung im Einklang steht. Das Androhen einer strafbaren Handlung stellt also immer eine widerrechtliche Drohung dar.

Wenn jemand einem anderen Schläge androht oder damit droht, sein Auto zu zerkratzen, wenn er nicht eine bestimmte Willenserklärung abgibt, dann ist diese Willenserklärung wegen widerrechtlicher Drohung anfechtbar.

- **der angestrebte Erfolg widerrechtlich ist:** Das Übel, das angedroht wird, kann mit der Rechtsordnung im Einklang stehen. Trotzdem liegt dann eine widerrechtliche Drohung vor, wenn der Drohende mit der Willenserklärung etwas erreichen will, das nicht erlaubt ist.

Beispiel: Herr Bautz fährt Herrn Schummel schwungvoll hinten ins Auto rein. Schuld daran ist der Umstand, dass Herr Bautz ein wenig angetrunken ist. Herr Schummel wittert die Möglichkeit, auch gleich noch seinen kaputten Kotflügel reparieren zu lassen: Er fordert von Bautz die Unterschrift unter ein Schuldanerkenntnis, in dem Bautz auch den kaputten Kotflügel auf seine Kappe nimmt. Auf diese Weise will Schummel die Versicherung betrügen. Wenn Bautz nicht bereit ist, diese Unterschrift zu leisten, dann wäre er leider gezwungen, die Polizei zu benachrichtigen, die sich sicherlich sehr für die Alkoholfahne des Bautz interessieren würde. Bautz unterschreibt daraufhin, möchte später aber gerne wegen widerrechtlicher Drohung anfechten. Das darf er auch. Das Rufen der Polizei ist dabei kein widerrechtliches Übel. Das wäre das gute Recht von Schummel gewesen und steht mit der Rechtsordnung im Einklang. Aber er verfolgt mit der erzwungenen Willenserklärung einen widerrechtlichen Zweck: Ein Versicherungsbetrug stellt eine strafbare Handlung dar und ist daher rechtswidrig.

- **das Verhältnis von angedrohtem Übel und dem erstrebten Erfolg widerrechtlich ist:** In seltenen Fällen können das angedrohte Übel und der erstrebte Erfolg jedes für sich genommen ganz in Ordnung sein. Die Widerrechtlichkeit kann sich dann aber daraus ergeben, dass **genau dieses** Mittel zur Erreichung **dieses** Erfolges nicht in Ordnung ist.

*Beispiel: Im vorangegangenen Beispiel fordert Schummel von Bautz die Unterschrift unter eine Erklärung, in der Bautz sich verpflichtet, den **tatsächlich verursachten** Schaden zu ersetzen. Sollte Bautz diese Erklärung nicht unterschreiben, dann würde er Anzeige gegen Bautz erstatten wegen des Unfalls von vor drei Wochen, bei dem Bautz Fahrerflucht begangen hatte.*
In diesem Fall ist das angedrohte Übel für sich betrachtet rechtmäßig. Auch der angestrebte Erfolg ist rechtmäßig. Schummel will nur das, was ihm ohnehin zusteht. Aber das Verhältnis von angedrohtem Übel und angestrebtem Erfolg ist nicht in Ordnung: Der Erfolg steht in keinem Zusammenhang zu dem erstrebten Übel. Die Schadensersatzforderung hat mit dem Unfall vor drei Wochen nichts zu tun.

(3) Kausalität zwischen Drohung und Abgabe der Willenserklärung

Auch wenn es vielleicht selbstverständlich ist: Für die widerrechtliche Drohung gilt das Gleiche wie für die arglistige Täuschung: Die Willenserklärung kann nur dann wegen einer widerrechtlichen Drohung angefochten werden, wenn feststeht dass der Erklärende die Willenserklärung nur wegen der Drohung abgegeben hat. Anders gesagt: Wenn der Erklärende die Willenserklärung auch ohne die Drohung in genau der gleichen Weise abgegeben hätte, kann die Willenserklärung nicht gemäß § 123 Abs. 1 2. Alt. angefochten werden.

(4) Subjektiver Tatbestand: Vorsatz

Zu einer widerrechtlichen Drohung gehört, dass der Drohende bewusst auf den Erklärenden Einfluss nimmt, um ihn zur Abgabe der Willenserklärung zu zwingen. Nicht erforderlich ist dagegen, dass der Drohende dem Erklärenden einen Schaden zufügen möchte. Auch wenn der Drohende »nur das Beste« für den Erklärenden will, kann also eine widerrechtliche Drohung vorliegen.

So, nun kennen Sie alle Anfechtungsgründe. Und auch in § 123 war kein Anfechtungsgrund für die schöne Sieglinde dabei! Aber halt, vielleicht ist sie ja vom wilden Waldemar arglistig über seine

Wildheit getäuscht worden?! Und hat nur deshalb das Brautkleid gekauft. Aber auch die Überlegung ist umsonst ... Waldemar wäre dann ja Dritter im Sinne von § 123 Abs. 2 BGB mit der Folge, dass Sieglinde ihre Willenserklärung nur dann anfechten könnte, wenn die Verkäuferin des Brautmodengeschäftes die Täuschung kannte oder kennen musste. Und dafür gibt es keine Anhaltspunkte. Auch irgendein anderer Rücktrittsgrund liegt nicht vor, weshalb es bei dem Grundsatz bleibt: Verträge müssen gehalten werden.

b) die Anfechtungserklärung, § 143 BGB

Wenn ein Anfechtungsgrund vorliegt, ändert das zunächst erst einmal nichts an der abgegebenen Willenserklärung. Diese bleibt weiter gültig. Wenn der Erklärende nichts weiter unternimmt, bleibt der Vertrag also wirksam, als ob zwei ganz normale Willenserklärungen vorliegen würden und nicht eine normale und eine anfechtbare. Erst wenn derjenige, der die anfechtbare Willenserklärung abgegeben hat, eine Anfechtungserklärung abgibt, zerstört er seine anfechtbare Willenserklärung und damit den ganzen Vertrag. Der Anfechtungsberechtigte hat die freie Wahl, ob er den Vertrag weiter aufrechterhalten will oder ob er sich von dem Vertrag lösen will.

Die Anfechtungserklärung ist nichts anderes, als eine weitere empfangsbedürftige Willenserklärung. Sie wird vom Anfechtungsberechtigten an den Anfechtungsgegner gerichtet. Dabei muss der Anfechtungsberechtigte nicht unbedingt den Ausdruck »Anfechtung« verwenden. Es reicht aus, wenn er irgendwie deutlich macht, dass er nicht mehr an dem Vertrag festhalten will.

Anfechtungsberechtigter ist nicht unbedingt immer derjenige, der die Willenserklärung abgegeben hat, sondern derjenige, den die Folgen der Willenserklärung treffen. Wenn ein Stellvertreter für einen anderen eine Willenserklärung abgegeben hat, dann ist nicht der Stellvertreter zur Anfechtung berechtigt, sondern nur der Vertretene.

Anfechtungsgegner ist gemäß § 143 Abs. 2 BGB bei einem Vertrag der andere Vertragspartner, bei einem einseitigen Rechtsgeschäft gemäß § 143 Abs. 4 BGB derjenige, der aus dem Rechtsgeschäft unmittelbar einen rechtlichen Vorteil erlangt.

c) die Anfechtungsfrist

Der Anfechtungsberechtigte hat allerdings nicht uferlos Zeit, bis er sich zur Abgabe der Anfechtungserklärung durchgerungen hat. Die Anfechtungserklärung muss rechtzeitig innerhalb der Anfechtungsfrist abgegeben werden. Dabei muss man zwischen den verschiedenen Anfechtungsgründen unterscheiden:

Bei einer Anfechtung wegen eines Irrtums bestimmt § 121 BGB eine sehr kurze Anfechtungsfrist: Sobald der Anfechtungsberechtigte von dem Anfechtungsgrund erfahren hat, also seinen Irrtum erkannt hat, muss er **ohne schuldhaftes Zögern (unverzüglich)** die Anfechtung erklären. Das bedeutet nun nicht, dass sofort angefochten werden muss. Etwas überlegen darf der Anfechtungsberechtigte schon noch, aber es muss dann wirklich zügig gehen. Schließlich soll der Vertragspartner schnell erfahren, was mit dem Vertrag passiert. Der Vertragspartner kann ja nichts dafür, dass der andere sich geirrt hat.

Wenn der Anfechtungsberechtigte allerdings erst zehn Jahre nach der Abgabe der Willenserklärung erfährt, dass er sich geirrt hat, dann hat er Pech gehabt: Gemäß § 121 Abs. 2 BGB ist die Anfechtung dann ausgeschlossen.

Bei einer Anfechtung wegen § 123 Abs. 1 BGB ist die Anfechtungsfrist großzügiger. Gemäß § 124 BGB kann die Anfechtung innerhalb eines Jahres erfolgen, nachdem der Anfechtungsberechtigte gemerkt hat, dass er getäuscht worden ist. Bei einer Drohung beginnt die Jahresfrist mit dem Ende der Zwangslage zu laufen. Aber auch in den Fällen von § 123 Abs. 1 BGB kann nicht mehr angefochten werden, wenn seit der Abgabe der Willenserklärung mehr als zehn Jahre verstrichen sind.

Zusammenfassende Übersicht zur Anfechtung:

Die Anfechtung führt dazu, dass ein Rechtsgeschäft von Anfang an nichtig ist, § 142 BGB.

1. Anfechtungsgrund:
a. Irrtum gemäß § 119
b. falsche Übermittlung der Erklärung, § 120 BGB
c. arglistige Täuschung, § 123 Abs. 1, 1. Alt. BGB
d. widerrechtliche Drohung, § 123 Abs. 1 2. Alt BGB

2. Anfechtungserklärung: gemäß § 143 BGB vom **Anfechtungsberechtigten** (= derjenige, der die anfechtbare Willenserklärung abgegeben hat oder für den sie durch einen Vertreter abgegeben worden ist) gegenüber dem **Anfechtungsgegner** (=Vertragspartner).

3. Einhaltung der Anfechtungsfrist:
a. Bei einer Anfechtung gemäß §§ 119, 120 BGB: unverzüglich nach Erkennen des Anfechtungsgrundes, max. zehn Jahre seit Abgabe der Willenserklärung.
b. Bei einer Anfechtung wegen § 123 BGB: ein Jahr nach Ende der Täuschung/ Drohung, max. zehn Jahre.

10. Kapitel: Geschäftsfähigkeit

Wenn eine Person einen Vertrag abschließt oder ein einseitiges Rechtsgeschäft vornimmt, so treten die gewünschten Rechtsfolgen nur dann ohne Weiteres ein, wenn die Person voll geschäftsfähig ist. **Geschäftsfähigkeit bedeutet die Fähigkeit, Rechtsgeschäfte wirksam vornehmen zu können.** Grundsätzlich geht das BGB davon aus, dass jeder Mensch geschäftsfähig ist. Andererseits muss berücksichtigt werden, dass der Abschluss eines Vertrages meist dazu führt, dass eine Verpflichtung übernommen wird, wie z.B. die Zahlung des Kaufpreises. Und das BGB möchte, dass eine solche Verpflichtung nur von den Personen übernommen wird, die überblicken, worauf sie sich einlassen. Wenn jemand aus bestimmten Gründen nicht versteht, welche Wirkungen eine übernommene Verpflichtung für ihn haben kann, dann will das BGB ihn vor den Folgen seines Handelns schützen. Der Vertrag oder das Rechtsgeschäft wird dann unter Umständen nicht wirksam. Dabei unterscheidet das BGB zwischen Geschäftsunfähigen (Willenserklärung ist nichtig) und beschränkt Geschäftsfähigen (Willenserklärung kann unter bestimmten Voraussetzungen wirksam sein).

1. Die Geschäftsunfähigkeit

Fall: Es ist der letzte Spieltag der Fußball-Bundesliga. Der begeisterte Fußballfan Willi Waldmeister feiert ausgiebig den Sieg seiner Fußballmannschaft. Schon reichlich angesäuselt, landet er in einer Kneipe. Irgendwann tritt bei ihm ein »Filmriss« ein. Erst am nächsten Tag kommt er wieder zu sich. Die Umstände seines Erwachens sind recht unerfreulich: er liegt auf dem Boden unter der Theke. Über ihn gebeugt steht der Wirt und weist ihn darauf hin, dass er bitte seine Rechnung über 495,– € begleichen solle. Er habe gestern mehrere Lokalrunden spendiert. Dazu hält ihm der Wirt einen Zettel unter die Nase, auf dem Waldmeister in seiner eigenen Handschrift nachlesen kann, dass er sich tatsächlich zur Zahlung dieses Betrages verpflichtet hat. Waldmeister fragt sich, ob er nun tatsächlich zahlen muss? Er kann beweisen, dass er in der fraglichen Nacht einen Blutalkoholgehalt von 3,2 Promille hatte.

Die Willenserklärung eines Geschäftsunfähigen ist gemäß § 105 Abs. 1 BGB nichtig.
Ein Geschäftsunfähiger kann grundsätzlich (zur Ausnahme § 105 a BGB s.u.) keinen wirksamen Vertrag abschließen und sich damit zu einer Leistung verpflichten.
Geschäftsunfähig ist gemäß § 104 BGB, wer
– noch nicht sieben Jahre alt ist (§104 Nr. 1 BGB) oder
– sich in einem, die freie Willensbildung ausschließenden Zustand krankhafter Störung der Geistestätigkeit befindet, sofern nicht der Zustand seiner Natur nach ein vorübergehender ist (§ 104 Nr. 2 BGB).
§ 104 Nr. 2 BGB drückt sich sehr umständlich aus. Gemeint ist damit: Jemand ist **geisteskrank** und deshalb nicht in der Lage, seine rechtsgeschäftlichen Entscheidungen in vernünftiger Weise zu treffen. Dabei darf die Störung nicht nur vorübergehend sein.

§ 104 Nr. 2 BGB hilft Willi Waldmeister also nicht weiter. Unabhängig von der Frage, ob sein Vollrausch nun eine krankhafte Störung ist oder nicht, war es jedenfalls nur ein vorübergehender Zustand. Der Rausch fällt daher nicht unter § 104 Nr. 2 BGB.

§ 104 Nr. 2 BGB greift dann **nicht** ein, wenn jemand zwar geisteskrank ist, aber die Geisteskrankheit nur in Schüben auftritt und er gerade einen sog. »**lichten Moment**« hat. Das folgt aus der Formulierung »sich in einem ... Zustand ... **befindet**.«

In den meisten Fällen führt die Geisteskrankheit dazu, dass dem Betroffenen in **allen** geschäftlichen Bereichen die erforderliche Einsichtsfähigkeit fehlt. Zu § 104 Nr. 2 BGB gehören aber auch die Fälle, in denen der Erklärende aufgrund seiner Erkrankung nur in einem bestimmten, gegenständlich abgegrenzten Kreis von Geschäften nicht die erforderliche Einsichtsfähigkeit hat. So kann z.B. ein krankhafter Querulantenwahn dazu führen, dass dem Betroffenen die Geschäftsfähigkeit für die Führung von Prozessen fehlt. Man spricht in diesen Fällen von **partieller Geschäftsunfähigkeit**. Wichtig dabei ist, dass sich die partielle Geschäftsunfähigkeit nur auf einen **bestimmten Kreis** von Rechtsgeschäften bezieht, egal, wie schwierig sie sind. **Es gibt jedoch keine Geschäftsunfähigkeit, die sich auf besonders schwierige Geschäfte beschränkt.** Das würde zu erheblicher Unsicherheit führen: Es ließe sich nur schwer festlegen, wann ein Rechtsgeschäft schwierig ist und wann nicht.

Um volljährige Geschäftsunfähige nicht komplett vom alltäglichen Leben auszuschließen, eröffnet § 105 a BGB ihnen die Möglichkeit, Verträge über die Dinge des täglichen Bedarfs abzuschließen. Gemäß § 105 a BGB gilt der von einem volljährigen Geschäftsunfähigen geschlossene Vertrag als wirksam, wenn
- es sich um ein Geschäft des täglichen Lebens handelt: Es muss also um den Erwerb von Gegenständen des täglichen Bedarfs gehen, wie z.B. Lebensmittel, Versendung von Briefen oder Fahrten mit öffentlichen Verkehrsmitteln.
- das Geschäft mit geringfügigen Mitteln bewirkt werden kann und
- Leistung und Gegenleistung vollständig bewirkt sind.

Wenn diese Voraussetzungen vorliegen, gibt es keinen Grund mehr dafür, dass der Vertrag nichtig ist. Sonst würde man den Geschäftsunfähigen benachteiligen, indem man ihm nicht zugesteht, sich die Dinge des täglichen Lebens selbständig zu beschaffen.

§ 105 Abs. 1 BGB erklärt zunächst nur die Willenserklärungen der Geschäftsunfähigen für nichtig, also der Personen, die in § 104 BGB genannt werden. Aber auch, wer normalerweise voll geschäftsfähig ist, kann eine nichtige Willenserklärung abgeben. Und zwar, wenn er sich gemäß § 105 Abs. 2 BGB in einem Zustand der Bewusstlosigkeit oder vorübergehenden Störung der Geistestätigkeit befindet. Anders als § 104 Nr. 2 BGB, der von einem Dauerzustand ausgeht, erfasst § 105 Abs. 2 BGB die **vorübergehenden Störungen**, die z.B. durch Alkohol, Medikamente, Rauschgift aber auch durch z.B. hohes Fieber ausgelöst werden.

In unserem Fall kann sich Willi Waldmeister also auf § 105 Abs. 2 BGB berufen: Der Alkoholrausch führt zu einer vorübergehenden Störung der Geistestätigkeit. Dies kann man nicht schon bei einem kleinen Schwips annehmen, aber bei einem Blutalkoholgehalt von mehr als 3 Promille. Mit 3, 2 Promille hatte Willi Waldmeister diese Grenze überschritten. Daher ist die Willenserklärung von Willi Waldmeister, die er im Zustand des Vollrausches abgegeben hat, nichtig.

2. Die beschränkte Geschäftsfähigkeit

Fall 1: Der 19-jährige Bert trifft sich mit seinem 17-jährigen Freund Ernie. Bert befindet sich gerade in erheblichen finanziellen Schwierigkeiten und bietet deshalb Ernie sein hochwertiges Rennrad, das eigentlich 1000,– € wert ist, zu einem Preis von 300,– € an. Ernie hat gerade etwas Taschengeld zusammengespart und sagt erfreut zu. Sein Erspartes reicht allerdings nicht ganz. Deshalb vereinbaren die beiden, dass Ernie sein gespartes Taschengeld in Höhe von insgesamt 150,– € anzahlt und den Rest in monatlichen Raten von 50,– € von seinem Taschengeld abstottert. Als Ernie mit dem Rad nach Hause kommt, sind seine Eltern über den Kauf alles andere als erfreut. Sie verbieten Ernie den Kauf des Rades. Ernie ist der Meinung, dass ihm seine Eltern in dieses überaus günstige Geschäft überhaupt nicht reinreden können. Außerdem könne er mit seinem Taschengeld machen, was er wolle. Hat er recht und kann Bert von ihm die Zahlung der noch ausstehenden Raten fordern?

Anders als bei Geschäftsunfähigen, die keine wirksame Willenserklärung abgeben können, kann ein beschränkt Geschäftsfähiger in bestimmten Grenzen selbst wirksame Rechtsgeschäfte abschließen. Beschränkt geschäftsfähig ist gemäß § 106 BGB, wer das siebente Lebensjahr vollendet hat, aber noch nicht volljährig ist. Beschränkte Geschäftsfähigkeit gibt es nur bei Minderjährigen. **Wer volljährig ist, kann nie beschränkt geschäftsfähig sein. Er ist entweder voll geschäftsfähig oder geschäftsunfähig.**

Das BGB geht davon aus, dass ein Minderjähriger aufgrund seiner Jugend noch nicht in der Lage ist, seine Angelegenheiten sinnvoll selbst zu regeln. Grundsätzlich soll der beschränkt Geschäftsfähige davor geschützt werden, ein unvernünftiges Rechtsgeschäft abzuschließen. In einigen Fällen ist dieser Schutz allerdings nicht erforderlich, z.B. wenn das Rechtsgeschäft für den Minderjährigen nur vorteilhaft ist. Dann muss er vor den Wirkungen dieses Geschäfts gar nicht geschützt werden. Außerdem hat der Minderjährige die Möglichkeit, ein Rechtsgeschäft dann wirksam abzuschließen, wenn die Eltern oder der gesetzliche Vertreter zustimmen. Diese können überprüfen, ob das geplante Rechtsgeschäft für den Minderjährigen nicht sinnvoll ist.
Kurz zusammengefasst: Das Rechtsgeschäft, das ein beschränkt Geschäftsfähiger abschließt, ist dann wirksam, wenn es
– dem Minderjährigen einen rechtlichen Vorteil bringt **oder**
– wenn er **vor dem Abschluss** des Geschäftes die **Einwilligung** seiner Eltern hat **oder**
– wenn er das Geschäft mit seinem Taschengeld bezahlen kann **oder**
– wenn es um ein Rechtsgeschäft geht, das mit dem Dienst- und Arbeitsverhältnis oder dem selbständigen Erwerbsgeschäft zusammenhängt und die Eltern zuvor dem Minderjährigen die Aufnahme dieser Tätigkeit erlaubt haben **oder**
– wenn der gesetzliche Vertreter **im Nachhinein** das Rechtsgeschäft des Minderjährigen **genehmigt.**

Zu diesen Punkten jetzt im Einzelnen:

a) Die Willenserklärung ist gemäß § 107 BGB wirksam,
wenn sie dem Minderjährigen lediglich einen rechtlichen Vorteil bringt
Wenn der Minderjährige ein Rechtsgeschäft abschließt, welches ihm **ausschließlich einen rechtlichen Vorteil bringt**, so ist dieses Rechtsgeschäft wirksam. Eine Einwilligung der Eltern ist nicht erforderlich. Nur für die Rechtsgeschäfte, die für den Minderjährigen mit einem rechtlichen Nachteil verbunden sind, braucht er die Einwilligung seiner Eltern, § 107 BGB.

Ein Rechtsgeschäft bringt dem Minderjährigen nur dann einen rechtlichen Vorteil, wenn es seine Rechtsstellung **ausschließlich** verbessert. **Das ist nur dann der Fall, wenn der Minderjährige durch das Rechtsgeschäft etwas bekommt, wenn er also hinterher mehr hat, als vorher. Treffen den Minderjährigen als Folge des Geschäfts irgendwelche Verpflichtungen, dann ist das Geschäft nicht mehr lediglich vorteilhaft.**

Hier muss man sich zunächst klarmachen, dass es immer nur um die Frage geht, ob der Minderjährige einen **rechtlichen** Vorteil erlangt. Es geht **nicht** um die Frage, ob es sich vielleicht um ein **wirtschaftlich** günstiges Geschäft handelt.

*In unserem Fall macht Ernie ein echtes Schnäppchen: Er bekommt das Fahrrad zu einem Preis, der weit unter dem wirklichen Wert liegt. Entscheidend ist aber, ob der geschlossene Kaufvertrag für ihn ausschließlich einen **rechtlichen** Vorteil bringt. Und daran fehlt es: Zwar erhält Ernie durch den Kaufvertrag einen Anspruch auf Übereignung des Rades und damit einen Vorteil, aber Ernie verpflichtet sich im Rahmen des Kaufvertrages auch, den Kaufpreis in Höhe von 300,– € zu zahlen. Das ist zwar ein sehr geringer Kaufpreis, aber eben doch eine Verpflichtung, die Ernie übernimmt. Und deshalb bringt ihm der Vertrag eben nicht nur einen rechtlichen Vorteil, sondern auch einen Nachteil. Der Kaufvertrag ist also nicht wirksam.*

Man muss bei der Prüfung, ob ein Rechtsgeschäft lediglich vorteilhaft ist, genau unterscheiden zwischen dem Verpflichtungsgeschäft, also z.B. dem Kaufvertrag, und den Verfügungsgeschäften, die zur Erfüllung der Verpflichtungen erfolgen. Das Verpflichtungs- und das Verfügungsgeschäft haben unterschiedliche Wirkungen und können damit entweder vorteilhaft oder nachteilig sein:

– **Ein Verpflichtungsgeschäft ist immer dann rechtlich nachteilig, wenn sich der Minderjährige zu einer Leistung verpflichtet.** Das ist bei den sogenannten gegenseitigen Verträgen **immer** der Fall: Gegenseitige Verträge sind alle Verträge, bei denen sich beide Parteien zu einer Leistung verpflichten, weil auch die jeweils andere Partei sich verpflichtet: z.B. beim Kaufvertrag oder Mietvertrag.
  Es gibt auch Verpflichtungsgeschäfte, bei denen sich nur eine Partei zu einer Leistung verpflichtet (sogenannte einseitig verpflichtende Verträge, Beispiel: Schenkung). Diese sind dann rechtlich vorteilhaft, wenn es nicht der Minderjährige ist, der sich zu der Leistung verpflichtet. Wenn er also z.B. derjenige ist, der beschenkt wird. Dann erhält er ja nur einen Anspruch auf die Schenkung. Wenn er dagegen derjenige ist, der etwas verschenkt, dann verpflichtet er sich zu einer Leistung. Der Vertrag ist in diesem Fall rechtlich nachteilig.
– **Ein Verfügungsgeschäft ist immer dann rechtlich nachteilig, wenn der Minderjährige eine Sache übereignet.** Wenn der Minderjährige das Eigentum an einer Sache auf einen anderen überträgt, hat er hinterher weniger als vorher.
– **Ein Verfügungsgeschäft ist immer dann vorteilhaft, wenn der Minderjährige ein Recht erwirbt.** Dann hat er ja durch das Rechtsgeschäft nun mehr bekommen, als er vorher hatte.

In unserem Fall muss man also auch unterscheiden: Der Kaufvertrag war, wie oben ausgeführt, rechtlich nachteilig. Wenn Bert das Fahrrad an Ernie übereignet, ist dieses Verfügungsgeschäft aber rechtlich vorteilhaft: Ernie bekommt durch die Verfügung das Eigentum an dem Fahrrad. Also hat er hinterher mehr als vorher. Weil die Übereignung des Rades rechtlich vorteilhaft ist, braucht er dafür nicht die Einwilligung seiner Eltern. Die Übereignung ist wirksam. Ernie wird also Eigentümer des Rades, obwohl der Kaufvertrag ohne die Zustimmung der Eltern unwirksam ist! Die Übereignung der 150,– € an Bert ist dafür wiederum rechtlich nachteilig, weil er dadurch ja das Eigentum an den Geldscheinen verliert. Also ist diese Verfügung ohne die Einwilligung der Eltern unwirksam. Im Ergebnis ist Ernie also wirksam Eigentümer des Rades geworden, der zugrunde liegende Kaufvertrag ist unwirksam und auch die Übereignung des Geldes ist nicht wirksam.

b) Die Willenserklärung ist wirksam, wenn der Minderjährige mit der Einwilligung seines gesetzlichen Vertreters handelt. § 107 BGB

Wenn ein Rechtsgeschäft **nicht** lediglich rechtlich vorteilhaft ist, kann es trotzdem wirksam werden, wenn der Minderjährige seine Willenserklärung mit der **Zustimmung** seines gesetzlichen Vertreters, meist seiner Eltern, abgibt. Dann können die Eltern bei der Erteilung der Zustimmung aufpassen, dass der Minderjährige kein unvernünftiges Rechtsgeschäft abschließt. Die Eltern müssen also »Ja« zum Rechtsgeschäft sagen, sonst ist das Rechtsgeschäft nicht wirksam. Das »Ja« ist dabei nichts anderes als eine Willenserklärung der Eltern.

An dieser Stelle müssen wir allerdings erst einmal ein wenig Wortklauberei betreiben: Das BGB sagt nämlich nicht einfach: »Wenn die Eltern zustimmen, ist die Willenserklärung des Minderjährigen wirksam.« Es wird vielmehr danach unterschieden, ob die Zustimmung **vor** der Abgabe der Willenserklärung erteilt wurde oder erst **hinterher**. Wenn der Minderjährige **vor** der Abgabe seiner Willenserklärung mit seinen Eltern gesprochen hat und diese dem geplanten Rechtsgeschäft **vorher** zugestimmt haben, dann spricht das BGB von der **Einwilligung** der Eltern. Wenn der Minderjährige das Rechtsgeschäft ohne Rücksprache mit seinen Eltern geschlossen hat und ihnen **erst hinterher** davon erzählt, nennt das BGB die nachträglich erklärte Zustimmung **Genehmigung**. Diese Unterscheidung ist in den §§ 183 und 184 BGB geregelt und wird in § 107 und § 108 BGB vorausgesetzt. Der Begriff »Zustimmung« ist also nur der Oberbegriff für Einwilligung und Genehmigung.

Kurze Zusammenfassung zur Zustimmung

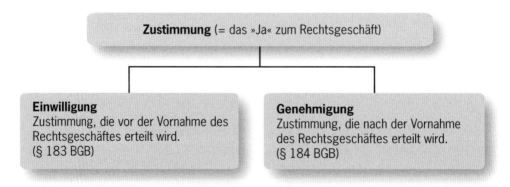

In § 107 BGB geht es um die Einwilligung, also die vorherige Zustimmung der Eltern. Wenn diese vorliegt, ist die Willenserklärung wirksam, auch wenn sie dem Minderjährigen vielleicht einen rechtlichen Nachteil bringt. Das BGB hofft darauf, dass die Eltern ihre Sprösslinge davor bewahren, dummes Zeug zu machen und gegebenenfalls die Einwilligung verweigern. Ohne Einwilligung ist das Rechtsgeschäft unwirksam. Nur wenn die Eltern das Rechtsgeschäft nachträglich doch noch genehmigen, kann es wirksam werden, dazu unten, e.

c) Das Rechtsgeschäft wird wirksam, wenn der Minderjährige die vertragsmäßige Leistung mit eigenen Mitteln bewirkt, § 110 (sog. Taschengeldparagraf)

Im wirklichen Leben wären die Eltern auf Dauer ziemlich genervt, wenn sie bei jedem Kaugummi, das ihr minderjähriges Kind sich kauft, danebenstehen und »ja« sagen müssten.

Um die Sache mit der erforderlichen Einwilligung etwas zu vereinfachen, hat sich das BGB den sogenannten **Taschengeldparagrafen** einfallen lassen: Gemäß § 110 BGB gilt ein von einem Minderjährigen ohne Zustimmung des gesetzlichen Vertreters geschlossener Vertrag als von Anfang an wirksam, wenn der Minderjährige die vertragsmäßige Leistung mit Mitteln bewirkt, die ihm zu diesem Zweck oder zu freier Verfügung von dem Vertreter oder mit dessen Zustimmung von einem Dritten überlassen worden sind. Was erst einmal ziemlich unverständlich klingt, bedeutet übersetzt: Wenn der Minderjährige eine Zahlungsverpflichtung eingeht, also ein nachteiliges Rechtsgeschäft abschließt, für das er eigentlich die Zustimmung seiner Eltern bräuchte, so ist der Vertrag trotzdem wirksam, wenn der Minderjährige die Zahlungsverpflichtung von dem Geld bezahlen kann, das er von seinen Eltern oder Dritten (z.B. Großeltern) als Taschengeld oder aus einem anderen Grund (z.B. Belohnung fürs Zeugnis) erhält. Auf diese Weise erhält der Minderjährige also die Möglichkeit, einen wirksamen Vertrag zu schließen, ohne jedes Mal seine Eltern fragen zu müssen.

Wichtig ist aber, dass der Vertrag erst dann wirksam ist, wenn die Leistung »bewirkt« ist. »**Bewirken**« bedeutet dabei: »**vollständig bezahlt**«. Erst wenn der Minderjährige also den vollen Preis auf den Tisch gelegt hat, wird der Vertrag wirksam.

Im Fall 1 ist die Leistung noch nicht bewirkt, weil Ernie noch nicht den vollen Kaufpreis bezahlt hat, sondern sich verpflichtet hat, monatliche Raten in Höhe von 50,– € zu zahlen. Erst mit der Zahlung der letzten Rate wird der Kaufvertrag wirksam, weil erst dann die Leistung bewirkt ist. Dabei ist es auch egal, dass Ernie die monatlichen Raten von seinem Taschengeld bezahlen kann. Es soll verhindert werden, dass der Minderjährige sich zu einer Leistung verpflichtet, ohne dass sichergestellt ist, dass auch tatsächlich vollständig geleistet werden kann. Vielleicht kürzen Ernies Eltern ihm ja das Taschengeld? Dann hat Ernie ein Problem. Um ihn vor den nachteiligen Folgen des Abzahlungsgeschäftes zu schützen, ordnet § 110 BGB an, dass nur die vollständige Leistung den Vertrag wirksam werden lässt.

Wir kommen also endgültig zu dem Ergebnis, dass der Vertrag unwirksam ist: Der Vertrag ist, obwohl wirtschaftlich gesehen sehr günstig, rechtlich nachteilig für Ernie. Also benötigt er eigentlich die Einwilligung seiner Eltern, die aber nicht vorliegt. § 110 BGB hilft Ernie auch nicht weiter, weshalb der Vertrag zunächst schwebend unwirksam ist, bis er von den Eltern genehmigt wird. Da die Eltern die Genehmigung verweigern, ist der Vertrag endgültig unwirksam. Bert kann die ausstehenden Raten nicht verlangen.

Fall 2: Später erwirbt Bert noch über dunkle Kanäle eine wunderschöne Kalaschnikow, die er Ernie für 100,– € zum Kauf anbietet. Ernie nimmt das Angebot an und zahlt die Kalaschnikow sogleich von seinem Ersparten. Seine Eltern setzt er von diesem Kauf nicht in Kenntnis, da er damit rechnet, dass sie nicht allzu begeistert sein werden. Er versteckt die Waffe unter seinem Bett, wo seine Mutter sie beim Staubsaugen entdeckt. Das Gemecker seiner Mutter versucht Ernie wieder mit dem Argument zu beenden, dass er mit seinem Taschengeld tun könne, worauf er Lust hat. Stimmt das?

§ 110 BGB klingt erst einmal so, als würde er eine Ausnahme vom Grundsatz der Zustimmungsbedürftigkeit nach § 107 BGB machen. Das ist aber nicht der Fall! Es bleibt auch in den Fällen des § 110 BGB dabei, dass die Eltern einem nachteiligen Rechtsgeschäft zustimmen müssen. Diese Norm will den Eltern nur die Arbeit erleichtern. Das geschieht auf die Weise, dass der Taschengeldparagraf es den Eltern gestattet, eine allgemeine Einwilligung in alle Rechtsgeschäfte zu erklären, die der Minderjährige von dem überlassenen Geld bezahlen kann. Das bedeutet, dass nicht automatisch jedes Rechtsgeschäft wirksam ist, wenn es vom Taschengeld bezahlt werden kann. **Vielmehr muss man auch bei den Geschäften, die der Minderjährige von dem ihm überlassenen Geld bezahlen kann, immer noch fragen, ob die Eltern dem Geschäft zustimmen würden, wenn sie danebenstünden.**

Im Fall 2 hätten die Eltern natürlich nie und nimmer zugestimmt, dass Ernie sich eine gefährliche Waffe kauft, zumal der Besitz derselben illegal ist. Auch wenn Ernie die Kalaschnikow gleich bezahlen kann, also ein »Bewirken« der Leistung vorliegt, fehlt es an der erforderlichen Einwilligung der Eltern, und der mit Bert geschlossene Kaufvertrag ist unwirksam.

Wie bei der Kalaschnikow würden Eltern auch bei anderen Dingen ihre Zustimmung (hoffentlich!) nicht erteilen, z.B. wenn sich ein 12-Jähriger Alkohol oder Zigaretten kauft. In diesen Fällen ist es ganz eindeutig. Etwas schwieriger wird es, wenn ein Minderjähriger Geld zusammenspart, um sich davon etwas Größeres zu kaufen. Grundsätzlich ist es Minderjährigen erlaubt, das Taschengeld für eine größere Anschaffung zusammenzusparen. Aber auch hier muss man immer fragen, ob die Eltern mit der Überlassung des Taschengeldes ihre Einwilligung zum Kauf dieser Sache erteilt haben. Wenn die Eltern bereits darauf hingewiesen haben, dass sie gegen die Anschaffung z.B. einer Video-Spielkonsole sind, dann ist der Kaufvertrag auch dann unwirksam, wenn der hoffnungsvolle Nachwuchs die Konsole von seinem mühsam zusammengesparten Taschengeld bezahlen kann.

Zuletzt spielt die Einwilligung auch dann eine Rolle, wenn der Minderjährige von seinem Taschengeld etwas kauft und dann mit Hilfe der gekauften Sache etwas anderes erwirbt. Grundsätzlich gilt die Einwilligung auch für die späteren Geschäfte, vorausgesetzt, der Minderjährige hätte das spätere Geschäft gleich von seinem Taschengeld tätigen können.
Beispiel: Ein Minderjährige kauft von seinem Taschengeld für 30,– € einen MP3-Player. Später tauscht er das Gerät gegen ein neues Computerspiel ein, Wert ebenfalls 30,– €. In diesem Fall ist der Tauschvertrag wirksam, weil der Minderjährige das Computerspiel auch gleich von seinem Taschengeld hätte kaufen können. Die Eltern haben also mit der Überlassung des Taschengeldes auch in dieses Geschäft eingewilligt.

Schwierig wird es dann, wenn der Minderjährige etwas erwirbt, das den Wert des Taschengeldes erheblich übersteigt. Beispiel: Der Minderjährige kauft von seinem Taschengeld für 5,– € ein Lotterielos und gewinnt 5.000,– €. Davon kauft er sich ein Moped. In diesem Fall fehlt für den Mopedkauf die erforderliche Einwilligung. Sie kann auch nicht aus § 110 BGB hergeleitet werden. Der Minderjährige hat das Moped zwar mit Mitteln bezahlen können, die er mit Hilfe seines Taschengeldes erworben hat, er hätte das Moped aber nicht gleich von seinem Taschengeld kaufen können. Weil der Wert des Erworbenen (5.000,– €) den Wert des Taschengeldes erheblich übersteigt, sind alle Geschäfte, die der Minderjährige mit dem gewonnenen Geld bezahlt, nicht von § 110 BGB gedeckt.

**d) Das Rechtsgeschäft ist wirksam, wenn der Minderjährige
im Rahmen eines Dienst- oder Arbeitsverhältnisses die volle Geschäftsfähigkeit hat, § 113 BGB.**

*Der 17-jährige Schüler Adalbert wird von seinen Eltern ermächtigt, einen Ferienjob anzunehmen:
Er will während der Sommerferien Zeitungen und Prospekte austragen. Sind die folgenden von ihm
getätigten Rechtsgeschäfte wirksam?*

a) Adalbert schließt einen Dienstvertrag mit dem Zeitungsverlag »Klatsch und Tratsch«

*b) Adalbert kauft sich einen kleinen Handwagen, um die Prospekte nicht mit der Hand schleppen zu
müssen.*

c) Adalbert kauft sich vom ersten Geld den schon lang ersehnten Großbild-Farbfernseher.

*d) Adalbert kriegt sich nach drei Wochen mit seinem Arbeitgeber in die Haare, der einfach kein
Verständnis dafür aufbringen kann, dass sich Adalbert mindestens zwei bis dreimal pro Woche die
Nacht in der Diskothek »Suff und Zappel« um die Ohren schlagen muss und deshalb nicht pünktlich
die Zeitungen austragen kann. Wutschnaubend kündigt Adalbert den Dienstvertrag.*

*e) Um seine Fähigkeiten nun sinnvoller einzusetzen, beginnt Adalbert in der eben erwähnten Disko-
thek nachts als Barkeeper zu jobben.*

Je älter ein Minderjähriger wird, umso vernünftiger wird er (normalerweise) auch. Er ist immer
mehr in der Lage, seine Angelegenheiten selbst zu regeln. Die §§ 107 ff. BGB werden damit zuneh-
mend zu einem Hindernis. Das BGB trägt diesem Umstand dadurch Rechnung, dass es dem Minderjährigen unter bestimmten Voraussetzungen eine Teilrechtsfähigkeit zubilligt: Gemäß § 113
Abs. 1 BGB können die Eltern des Minderjährigen diesen dazu ermächtigen, ein Dienstverhältnis
einzugehen. Wenn eine solche Ermächtigung vorliegt, wird der Minderjährige für alle Rechtsgeschäfte, die die Eingehung oder Aufhebung des Dienstverhältnisses oder die Erfüllung der sich
daraus ergebenden Verbindlichkeiten betreffen, **voll geschäftsfähig**. Die abgeschlossenen Verträge sind also ohne Weiteres wirksam. Für alle Rechtsgeschäfte, die nicht das Dienstverhältnis
betreffen, bleibt es dagegen bei der beschränkten Geschäftsfähigkeit des Minderjährigen.

Zunächst müssen die Eltern den Minderjährigen zur Eingehung des Dienstvertrages ermächtigen.
Das bedeutet nichts anderes, als dass sie zum Minderjährigen sagen: »Ja, du darfst einen Dienstvertrag abschließen.« Dann darf der Minderjährige losgehen und sich einen Job suchen. **Der
Abschluss eines Ausbildungsvertrages fällt allerdings nicht unter § 113**: Bei diesen Verträgen
überwiegt der Ausbildungszweck.

Wenn die Eltern diese Ermächtigung erteilt haben, verleihen sie dem Minderjährigen damit die
Geschäftsfähigkeit für eine ganze Reihe von Verträgen. Es muss im Einzelfall jeweils geprüft werden, ob der Vertrag die Eingehung oder Aufhebung des Dienstverhältnisses oder die Erfüllung der
sich aus dem Dienstverhältnis ergebenden Verpflichtung betrifft.

*Im obigen Fall muss also geprüft werden, ob die getätigten Rechtsgeschäfte die Eingehung oder Auf-
hebung eines Dienstverhältnisses oder die Erfüllung der sich daraus ergebenden Verpflichtungen
betreffen.*

*Im Fall a) geht es um die Eingehung eines Dienstverhältnisses der gestatteten Art. Da die Eltern
Adalbert ermächtigt hatten, Zeitungen auszutragen, ist er für den Abschluss des Dienstvertrages voll
geschäftsfähig. Der Dienstvertrag ist wirksam.*

*Auch im Fall b) ist der geschlossene Kaufvertrag wirksam: Den Handwagen benötigt Adalbert, um
die Zeitungen leichter austragen zu können. Der Kauf ist also ein Rechtsgeschäft, das die Erfüllung
einer sich aus dem Dienstvertrag ergebenden Verpflichtung betrifft. Adalbert ist demnach insoweit
voll geschäftsfähig.*

In Fall c) sieht es aber anders aus: Die Anschaffung eines Fernsehers ist nicht erforderlich, um Zeitungen austragen zu können. Also ist der Kaufvertrag nicht von § 113 Abs. 1 BGB gedeckt. Adalbert ist insoweit beschränkt geschäftsfähig, mit der Folge, dass der Vertrag ohne die Zustimmung der Eltern oder das Eingreifen von § 110 BGB unwirksam ist.

Im Fall d) kommt § 113 Abs. 1 BGB wieder zum Zuge: Die Kündigung betrifft die Aufhebung des Dienstverhältnisses. Aufgrund der Ermächtigung seiner Eltern darf Adalbert den Dienstvertrag also auch kündigen.

In Fall e) wird es interessant: Grundsätzlich hatten die Eltern Adalbert ermächtigt, einen Ferienjob anzunehmen. Also könnte man auf die Idee kommen, dass er auch jeden anderen Job beginnen kann. Gemäß § 113 Abs. 4 BGB gilt die erteilte Ermächtigung aber nur als allgemeine Ermächtigung zur Eingehung von Verhältnissen derselben Art. Das bedeutet, dass Adalbert zwar grundsätzlich ermächtigt ist, einen neuen Dienstvertrag abzuschließen. Er braucht dafür keine neue Ermächtigung seiner Eltern. Voraussetzung ist aber, dass es um einen ähnlichen Job geht. Eine völlig andere Tätigkeit mit ganz anderen Arbeitsbedingungen ist von der ursprünglich erteilten Ermächtigung nicht mehr gedeckt. Also ist Adalbert für den Job als Barkeeper nicht voll geschäftsfähig. Solange seine Eltern ihn nicht auch zu dieser Tätigkeit ermächtigen, ist der Arbeitsvertrag nicht wirksam.

e) Das Rechtsgeschäft wird wirksam, wenn die Eltern es genehmigen

Fall: Der 12-jährige Eduard kauft sich vom Zoohändler Tierfreund heimlich eine Klapperschlange. Als seine Eltern davon erfahren sind sie zunächst entsetzt. Weil Eduard aber so sehr quengelt, erklären sie sich ihm gegenüber mit dem Kauf einverstanden. Am nächsten Tag meldet sich auch der Zoohändler Tierfreund schriftlich bei den Eltern, um sicherzugehen, dass sie mit dem Kauf einverstanden sind. Eduards Eltern meinen, dass sie ja Eduard gegenüber schon ihr Einverständnis erklärt hätten und reagieren deshalb nicht mehr weiter auf das Schreiben von Herrn Tierfreund. Nach drei Wochen klingelt Herr Tierfreund bei Eduard und seinen Eltern an der Tür und verlangt die Klapperschlange zurück mit der Begründung, dass der geschlossene Kaufvertrag unwirksam sei. Er habe jetzt ein günstigeres Angebot für die Schlange bekommen. Eduards Eltern wollen die Schlange aber nicht herausrücken, da sie sie inzwischen sehr lieb gewonnen haben und mit ihr Tisch und Bett teilen. Sie meinen, dass der Vertrag von ihnen genehmigt wurde und deshalb wirksam ist. Wer hat recht?

Wenn ein Rechtsgeschäft rechtlich nachteilig ist, ohne Einwilligung der Eltern geschlossen wurde und auch die §§ 110 und 113 BGB nicht eingreifen, bedeutet das nicht sofort, dass der Vertrag »zum Tode verurteilt« ist. Er bekommt sozusagen noch eine Gnadenfrist. Er ist nicht sofort komplett unwirksam, sondern erst einmal nur **schwebend unwirksam**. Das bedeutet, dass er zwar grundsätzlich besteht, die Parteien aber aus ihm zunächst keine Rechte herleiten können. Die Eltern können diesen Schwebezustand beenden, indem sie nachträglich dem Vertrag zustimmen, ihn also **genehmigen**. Sobald die Eltern nachträglich ihr O.K. zu dem Vertrag geben, wird der Vertrag von Anfang an wirksam. Wenn die Eltern die Genehmigung verweigern, wird der Vertrag endgültig unwirksam.

Dadurch, dass der Vertrag zunächst nur schwebend unwirksam ist, wird erreicht, dass ein Vertrag, mit dem die Eltern grundsätzlich einverstanden sind, nicht noch einmal komplett neu geschlossen werden muss. Er kann dadurch gerettet werden, dass die Eltern nachträglich »Ja« sagen.

Die Genehmigung muss nicht unbedingt dem Vertragspartner gegenüber erklärt werden. Die Eltern können auch dem Minderjährigen gegenüber den Vertrag genehmigen. Das steht nicht in § 108 BGB, sondern in § 182 Abs. 1 BGB. Wenn die Eltern dem Minderjährigen gegenüber die

Genehmigung des Vertrages erklären, wird dieser also wirksam, ohne dass der Vertragspartner davon überhaupt erfahren muss.

In unserem Fall ist der Vertrag zunächst schwebend unwirksam. Selbst wenn Eduard sein erspartes Taschengeld für den Kauf verwendet hat, wird man annehmen müssen, dass die erforderliche Einwilligung der Eltern zu einer derartigen Anschaffung nicht vorliegt. In dem Augenblick, in dem die Eltern aber dem Gequengel nachgegeben haben und zu ihrem Sohn »Na gut« gesagt haben, ist der Vertrag gemäß § 108 Abs. 1 BGB wirksam geworden.

Die Tatsache, dass die Genehmigung auch dem Minderjährigen gegenüber erklärt werden kann, hat für den Vertragspartner den Nachteil, dass er gar nicht weiß, ob der mit dem Minderjährigen geschlossene Vertrag nun inzwischen wirksam geworden ist oder nicht. Um die Ungewissheit für sich zu beenden, kann er deshalb die Eltern auffordern, die Genehmigung zu erklären. Diese Aufforderung hat gemäß § 108 Abs. 2 BGB zwei interessante Wirkungen:
Zum einen wird eine dem Minderjährigen gegenüber erklärte Genehmigung wieder unwirksam. Zum anderen kann die Genehmigung jetzt nur noch dem Vertragspartner gegenüber erklärt werden.

In unserem Fall fällt also mit der Aufforderung von Herrn Tierfreund, den Vertrag zu genehmigen, die ursprünglich für den Vertrag erteilte Genehmigung wieder weg. Der Vertrag verwandelt sich von einem eigentlich wirksamen Vertrag wieder in einen schwebend unwirksamen Vertrag. Außerdem hat Herr Tierfreund durch die Aufforderung erreicht, dass die Eltern jetzt nur noch ihm gegenüber die Genehmigung des Vertrages erklären können. Das tun sie aber nicht. Sie machen einfach gar nichts. Für diesen Fall ordnet § 108 Abs. 2 S. 2 BGB an, dass die Genehmigung, die nicht innerhalb von zwei Wochen erklärt wird, als verweigert gilt. Der Vertrag (der schon einmal wirksam war!) ist damit endgültig unwirksam geworden. Also hat Herr Tierfreund recht. Er kann die Herausgabe der Schlange verlangen gemäß § 812 Abs. 1 S. 1, 1. Alt. BGB (zu dieser Anspruchsgrundlage mehr im Kapitel Bereicherungsrecht).

f) Unwirksamkeit gemäß § 109 BGB

Manchmal kann es passieren, dass jemand einen Vertrag mit einem Minderjährigen schließt, ohne dabei zu merken, dass der andere noch minderjährig ist. Er sieht eben schon viel älter aus. Dann hat man auf einmal, ohne es zu wollen, einen schwebend unwirksamen Vertrag geschlossen. Um den Vertragspartner vor den Folgen eines solchen Irrtums zu schützen und ihn nicht an einen schwebend unwirksamen Vertrag zu binden, kann er gemäß § 109 Abs. 1 BGB bis zur Genehmigung des Vertrages seine Willenserklärung widerrufen. Auch dann wird der schwebend unwirksame Vertrag endgültig unwirksam. Auf diese Weise wird sichergestellt, dass der Vertragspartner nicht dauerhaft unfreiwillig an einen schwebend unwirksamen Vertrag gebunden bleibt, aus dem er erst einmal keine Rechte herleiten kann. Wenn der Vertragspartner aber wusste, dass der andere minderjährig ist, kann er gemäß § 109 Abs. 2 BGB den Vertrag nur dann widerrufen, wenn der Minderjährige ihm vorgetäuscht hat, dass er die Einwilligung seiner Eltern hat.
In den Fällen, in denen der Vertragspartner weiß, dass der andere minderjährig ist und ohne Zustimmung seiner Eltern handelt, weiß er auch, dass der Vertrag zunächst schwebend unwirksam ist. In diesen Fällen wird der Vertragspartner nicht über § 109 Abs. 1 BGB geschützt. Er kann seine Willenserklärung nicht widerrufen. Er hat nur die Möglichkeit, den Schwebezustand zu beenden, indem er die Eltern gemäß § 108 Abs. 2 BGB zur Genehmigung des Vertrages auffordert.

g) Unwirksamkeit von einseitigen Rechtsgeschäften, § 111 BGB

Im Rahmen eines Vertrages hat der Vertragspartner also verschiedene Möglichkeiten, den Schwebezustand zu beenden und sich Klarheit zu verschaffen. Bei einseitigen Rechtsgeschäften (Sie erinnern sich: Rechtsgeschäfte, die nur eine Willenserklärung enthalten, z.B. eine Kündigung) ist es schwieriger: Der Empfänger eines einseitigen Rechtsgeschäftes hat zunächst einmal keinen Einfluss auf die ihm gegenüber abgegebene Erklärung. Die Rechtsfolgen treten ein, ohne dass er etwas daran ändern kann. Bei einer Kündigung z.B. hat der Kündigungsempfänger keine Wahl, ob er die Kündigung haben will oder nicht. Wenn also z.B. ein Minderjähriger eine Wohnung gemietet hat und dann den geschlossenen Mietvertrag kündigt, stellt das ein rechtlich nachteiliges Rechtsgeschäft für ihn dar, weil er dann ja die Ansprüche aus dem Mietvertrag verliert. Die Kündigung wäre also eigentlich schwebend unwirksam, wenn die Eltern keine Einwilligung erteilt haben. Das hat für den Kündigungsempfänger, in unserem Beispiel den Vermieter, den Nachteil, dass er nicht weiß, ob die Kündigung irgendwann einmal wirksam wird oder nicht. Er selbst kann darauf keinen Einfluss nehmen. Damit dem Empfänger eines einseitigen Rechtsgeschäftes nicht dieser Schwebezustand zugemutet wird, ordnet § 111 S. 1 BGB an, dass ein einseitiges Rechtsgeschäft, das der Minderjährige ohne die erforderliche Einwilligung vornimmt, unwirksam ist. Es wird also kein Umweg über die schwebende Unwirksamkeit mehr gemacht. Um es für den Erklärungsempfänger noch sicherer zu machen, muss der Minderjährige die Einwilligung schriftlich vorlegen, wenn der Empfänger dies verlangt, § 111 S. 2 BGB. Tut er dies nicht, kann der Empfänger die Erklärung zurückweisen. Das Rechtsgeschäft ist dann ebenfalls unwirksam, obwohl eine (allerdings nur mündliche) Einwilligung vorlag.

Zusammenfassende Übersicht: Geschäftsfähigkeit:

Geschäftsfähigkeit = Fähigkeit, Rechtsgeschäfte wirksam vorzunehmen.

Volle Geschäftsfähigkeit:
Besitzt jeder, der nicht geschäftsunfähig oder beschränkt geschäftsfähig ist. Also: Jeder, der älter als 18 Jahre ist und nicht gemäß §§ 104, 105 Abs. 2 BGB geschäftsunfähig ist.

Beschränkte Geschäftsfähigkeit:
Jeder, der sieben Jahre alt ist, aber noch nicht volljährig.

Geschäftsunfähigkeit:
– Jeder, der noch nicht sieben Jahre alt ist, § 104 Nr. 1 BGB
– jeder, der geisteskrank ist, § 104 Nr. 2 BGB
– bei einer vorübergehenden Störung der Geistestätigkeit, § 105 Abs. 2 BGB

Die Willenserklärung des voll Geschäftsfähigen ist wirksam. In der Falllösung muss auf diesen Punkt nicht näher eingegangen werden!

Die Willenserklärung ist **nichtig,** § 105 Abs. 1 BGB.

Die Willenserklärung ist **wirksam,** wenn:
1. das Rechtsgeschäft rechtlich vorteilhaft ist oder
2. der Minderjährige mit der Einwilligung des gesetzlichen Vertreters handelt (§ 107 BGB) oder
3. § 110 BGB eingreift (Taschengeldparagraf) oder
4. der Minderjährige gemäß §§ 112, 113 BGB teilgeschäftsfähig ist (Erwerbsgeschäft, Dienst- und Arbeitsverhältnis).

Die Willenserklärung ist **schwebend unwirksam,** solange die erforderliche Genehmigung nicht erteilt worden ist, § 108 BGB.

Der Vertragspartner kann die Eltern zur Genehmigung auffordern, § 108 Abs. 2 BGB.

Der Vertragspartner hat bis zur Genehmigung unter den Voraussetzungen von § 109 BGB ein Widerrufsrecht.

Die Willenserklärung ist **unwirksam,** wenn:
1. die erforderliche Genehmigung verweigert wird, § 108 BGB oder
2. der Vertragspartner den Vertrag gemäß § 109 BGB widerruft oder
3. es sich um ein einseitiges Rechtsgeschäft handelt und die Einwilligung nicht schriftlich vorgelegt wird und der Erklärungsempfänger deshalb die Erklärung zurückweist.

11. Kapitel: Stellvertretung

1. Wirkungen der Stellvertretung

Normalerweise treffen die Rechtsfolgen einer Willenserklärung denjenigen, der die Willenserklärung abgegeben hat. Bisher ging es immer auch um den Normalfall, dass zwei Personen einen Vertrag schließen und **sich selbst** zu irgendeiner Leistung verpflichten. Es gibt aber Fälle, in denen jemand einen Vertrag schließen (oder ein anderes Rechtsgeschäft vornehmen) muss, es aber nicht selbst tun kann: Der Inhaber eines großen Supermarktes kann nicht gleichzeitig an allen zehn Kassen sitzen und mit allen Kunden Kaufverträge über die Waren schließen. Er braucht deshalb Angestellte, die dies für ihn tun. Die 90-jährige Dame, die nicht mehr gut zu Fuß ist, braucht jemanden, der für sie einkaufen geht. Ein Geschäftsunfähiger, der keine wirksame Willenserklärung abgeben kann, braucht jemanden, der für ihn die erforderlichen Verträge abschließt, wie z.B. den Behandlungsvertrag mit einem Arzt.

In den §§ 164 ff. BGB ist geregelt, wie jemand für einen anderen rechtsgeschäftlich handeln kann. In § 164 Abs. 1 BGB heißt es: »Eine Willenserklärung, die jemand innerhalb der ihm zustehenden Vertretungsmacht im Namen des Vertretenen abgibt, wirkt unmittelbar für und gegen den Vertretenen.« Wenn man ein Rechtsgeschäft nicht selbst abschließen kann oder will, kann man also einen Vertreter einschalten, der für einen handelt. Wenn der Vertreter dann im Namen des Vertretenen eine Willenserklärung abgibt, treffen die Rechtsfolgen nicht den Vertreter, sondern den Vertretenen. Es wird so getan, als hätte der Vertretene selbst die Willenserklärung abgegeben. Dass ein Vertreter am Vertragsschluss beteiligt war, spielt keine Rolle mehr. Der Vertreter hat mit dem Vertrag, den er für einen anderen geschlossen hat, gar nichts mehr zu tun. Er kann keine Ansprüche daraus herleiten.

2. Voraussetzungen der Stellvertretung

Um zu erreichen, dass die Rechtsfolgen der Willenserklärung eines Vertreters nur den Vertretenen treffen und nicht den Vertreter, müssen folgende Voraussetzungen vorliegen:
- die Stellvertretung muss zulässig sein
- der Vertreter muss eine eigene Willenserklärung abgeben
- der Vertreter muss im fremden Namen handeln, d.h. im Namen des Vertretenen
- der Vertreter muss Vertretungsmacht besitzen.

a) Die Zulässigkeit der Stellvertretung

Fall: Landrat Niezeit des Landkreises Schnurpseldingen will heiraten. Allerdings passt der Hochzeitstermin nicht in seinen vollen Terminkalender: Wie man es auch dreht, es gibt immer wichtigere Termine. Weil die Hochzeit aber unbedingt wegen der Steuern noch in diesem Jahr stattfinden soll, kommt Herr Niezeit auf folgende schöne Idee: Er könnte doch einfach seinen treuen Chauffeur als Vertreter zum Standesamt schicken! Wenn dieser dann ausdrücklich im Namen und mit Vollmacht von Herrn Niezeit »Ja« sagen würde, dann würden die Folgen der Eheschließung nicht den Chauffeur, sondern Niezeit treffen. Da der Chauffeur Herrn Niezeit bei seiner Verlobten schon in verschiedenen anderen Bereichen erfolgreich vertritt, hätte Frau Niezeit in spe gegen den Vertreter im Prinzip auch nichts einzuwenden. Aber was wird der Standesbeamte sagen, wenn der Chauffeur bei der Trauung sagt: »Als Vertreter von Herrn Niezeit sage ich ja.«?

Grundsätzlich ist immer dann, wenn es um die Abgabe einer Willenserklärung geht, die Einschaltung eines Stellvertreters möglich. Von diesem Grundsatz macht das BGB an einigen Stellen eine Ausnahme: Es gibt **höchstpersönliche** Rechtsgeschäfte, die der Erklärende **immer selbst** vornehmen muss. Dazu gehört z.B. die Errichtung einer Verfügung von Todes wegen, § 2064 BGB. Sein Testament muss man also selbst machen. Grund dafür ist, dass sich bei der Einschaltung eines Stellvertreters leicht Fehler einschleichen können. Und auch bei Eheschließung ist gemäß § 1311 BGB erforderlich, dass die Eheschließenden beide persönlich anwesend sind und die Erklärung persönlich abgeben, miteinander die Ehe eingehen zu wollen. Wenn gegen diese Spezialvorschriften verstoßen und ein Stellvertreter eingeschaltet wird, dann ist die von diesem abgegebene Willenserklärung nichtig.

Was sich Herr Niezeit überlegt hat, geht also nicht. Er kann nicht einfach seinen Chauffeur schicken. Er muss sich schon die Mühe machen und selbst zum Standesamt gehen. (Erst in der Hochzeitsnacht kann er sich dann wieder vertreten lassen, wenn er will. Obwohl das streng genommen auch nicht geht: Der Vollzug der Ehe stellt keine Abgabe einer Willenserklärung dar. Deshalb ist eine Stellvertretung, wie oben ausgeführt, nicht möglich.)

b) Eigene Willenserklärung des Stellvertreters

Eigentlich ist es logisch, aber trotzdem noch einmal ganz deutlich: Bei der Stellvertretung geht es immer darum, dass jemand für einen anderen eine **Willenserklärung** abgibt. Bei allen anderen rechtlich erheblichen Verhaltensweisen ist eine Stellvertretung nicht möglich. Wenn man z.B. vorhat, seinem Nachbarn das Auto zu zerkratzen (= eine unerlaubte Handlung gemäß § 823 Abs. 1 BGB zu begehen), dann muss man das schon selbst machen. Wenn man einen anderen anstiftet, einem diese Arbeit abzunehmen, dann haftet dieser gemäß § 823 Abs. 1 BGB für den angerichteten Schaden. Der Schädiger hat beim Zerkratzen des Autos ja keine Willenserklärung abgegeben. Er kann sich deshalb nicht hinstellen und sagen, dass er als Vertreter gehandelt hat und deshalb nur der Vertretene verantwortlich ist, der ihn zu der Tat angestiftet hat. Ein Schaden, den jemand verursacht hat, kann nur über andere Vorschriften (z.B. § 278 BGB) einem anderen zugerechnet werden.

Man muss sich bei der Stellvertretung klarmachen, dass der Vertretene selbst gegenüber seinem zukünftigen Vertragspartner **keine** Willenserklärung abgibt, sondern **nur** der Vertreter. Dieser wird vom Vertretenen losgeschickt und gibt eine Willenserklärung ab, die dann aber für den Vertreter keine Wirkung hat, sondern nur für den Vertretenen. Der Vertretene wird dann z.B. Vertragspartner, obwohl er gar keine Willenserklärung gegenüber seinem Vertragspartner abgegeben hat.

Eine Stellvertretung gemäß § 164 Abs. 1 BGB liegt außerdem nur dann vor, wenn der Stellvertreter eine **eigene** Willenserklärung abgibt. Wenn jemand einem anderen eine fremde Willenserklärung überbringt, ist er nicht der Vertreter des Erklärenden, sondern ein **Erklärungsbote**. Eine eigene Willenserklärung des Vertreters liegt immer dann vor, wenn der Vertreter den Inhalt der Willenserklärung bestimmen kann. Der Vertreter hat also immer einen **eigenen**

Entscheidungsspielraum, wie die Willenserklärung letztlich aussehen soll, auch wenn dieser Entscheidungsspielraum im Einzelfall vielleicht sehr klein ist. Der Erklärungsbote übermittelt dagegen nur eine »fertige« Willenserklärung. Er kann keinen Einfluss auf den Inhalt der Willenserklärung nehmen.

Beispiel: Die alte und kränkliche Wanda Weinerlich schickt ihre Nachbarin los, um einige Einkäufe für sie zu erledigen. Wenn Frau Weinerlich zu ihrer Nachbarin sagt: »Bringen Sie mir doch bitte irgendeinen Groschenroman mit«, dann ist die Nachbarin ihre Vertreterin: Sie soll irgendeinen Groschenroman aussuchen, hat also einen eigenen Entscheidungsspielraum. Wenn Frau Weinerlich dagegen sagt: »Bringen Sie mir bitte den neuesten Arztroman aus der Reihe »Landarzt Dr. Schmalzian« mit dem Titel »Weiß ist der Kittel, Rot ist die Liebe« mit«, dann ist die Nachbarin nur die Botin von Frau Weinerlich, weil sie dann keinen eigenen Entscheidungsspielraum hat, sondern eine fertige Willenserklärung überbringt.

Ob jemand nun ein Bote oder ein Vertreter ist, richtet sich danach, wie er nach außen hin gegenüber dem Vertragspartner aufgetreten ist. Wenn jemand also nach außen hin als Stellvertreter auftritt, obwohl er nur ein Bote ist, dann finden die §§ 164 ff. BGB Anwendung. Wenn jemand, der eigentlich ein Vertreter ist, als Bote auftritt, wird er auch als Bote behandelt.

Dass nur der Vertreter eine eigene Willenserklärung abgibt und nicht auch der Vertretene, spielt an verschiedenen Stellen eine Rolle:

(1) Kenntnis bestimmter Umstände, § 166 BGB

Fall: Kunstliebhaber Pinsel schickt seinen Freund Schafsnas als Vertreter los, damit dieser bei einer Kunstauktion ein Bild eines bestimmten Künstlers für ihn ersteigert. Schafsnas hat zwar von Kunst nicht viel Ahnung, bemüht sich aber redlich, mitzubieten. Er ersteigert schließlich ein Bild des großen Malers Schmierfink, ohne zu merken, dass es sich um einen Nachdruck handelt und nicht das Original. Pinsel ist über diesen Erwerb nicht sehr glücklich. Er möchte den Kaufvertrag gern wegen eines Irrtums von Schafsnas gemäß § 119 Abs. 2 BGB anfechten. Der Verkäufer lehnt dies jedoch ab, weil er der Meinung ist, dass nur Schafsnas sich geirrt hat, nicht aber Herr Pinsel. Welchen Paragrafen kann ihm Pinsel daraufhin um die Ohren hauen?

Die Wirkungen der Willenserklärung treffen zwar bei ordnungsgemäßer Stellvertretung ausschließlich den Vertretenen, andererseits hat aber nur der Stellvertreter tatsächlich eine Willenserklärung abgegeben. Weil der Stellvertreter gehandelt hat, ordnet § 166 Abs. 1 BGB an, dass auch nur seine Sicht der Dinge entscheidend ist. § 166 Abs. 1 BGB formuliert das ziemlich umständlich: »Soweit die rechtlichen Folgen einer Willenserklärung durch Willensmängel oder durch die Kenntnis oder das Kennenmüssen gewisser Umstände beeinflusst werden, kommt nicht die Person des Vertretenen, sondern die des Vertreters in Betracht.« Das bedeutet übersetzt, dass man immer, wenn es um besondere Kenntnisse geht, fragen muss, ob der Vertreter diese Kenntnisse hatte. Und wenn es darum geht, ob eine Willenserklärung wegen eines Irrtums angefochten werden kann, dann kommt es nur darauf an, ob dem Vertreter und nicht dem Vertretenen ein Irrtum unterlaufen ist.

In unserem Beispiel kann Pinsel also dem Verkäufer ohne Weiteres § 166 Abs. 1 BGB um die Ohren hauen.

Andererseits wäre es ungerecht, wenn jemand durch die Einschaltung eines Stellvertreters erreichen könnte, dass seine besonderen Kenntnisse unter den Tisch fallen.

Hier greift § 166 Abs. 2 BGB ein und ordnet an, dass der Vertretene sich nicht auf die Unkenntnis seines Vertreters berufen kann, wenn er den Vertreter angewiesen hat, einen bestimmten Vertrag abzuschließen.

Beispiel: Der Pferdehändler Günther Gauner betreibt neben dem Pferdehandel eine Pferdepension. Hier hat der schwerreiche Baron von und zu Blaublut sein wertvolles Rennpferd Schnecke untergestellt. Pferdefreund Schlitzohr möchte dieses Tier unbedingt haben. Baron Blaublut will es ihm jedoch nicht verkaufen. Daher kommt Schlitzohr auf folgende Idee: Er schickt seinen Freund Adrian Ahnungslos zu Günther Gauner mit dem Auftrag, Schnecke zu kaufen. Mit Günther Gauner hat er vereinbart, dass dieser sich als Eigentümer des Pferdes ausgeben soll. Adrian Ahnungslos weiß nicht, wem das Pferd in Wirklichkeit gehört. Er kauft dass Pferd für Schlitzohr. Es wird auch an ihn als Vertreter von Schlitzohr übereignet. Als Baron Blaublut sein Pferd von Schlitzohr wieder zurückhaben will, meint dieser, dass er gemäß § 932 Abs. 1 S.1 BGB Eigentümer geworden sei. Schließlich sei Adrian Ahnungslos als sein Vertreter gutgläubig im Sinne von § 932 Abs. 1 S. 1 BGB gewesen und gemäß § 166 Abs. 1 BGB käme es doch allein darauf an. Hat er recht?

Ein kleiner Vorgriff aufs Sachenrecht: Gemäß § 932 Abs. 1 S.1 BGB kann man das Eigentum an einer Sache auch von jemandem bekommen, der selbst gar nicht Eigentümer ist. Man muss nur daran glauben, dass derjenige, der sich als Eigentümer ausgibt, auch tatsächlich Eigentümer ist. Ahnungslos gibt im Namen von Schlitzohr die nach § 929 S. 1 BGB erforderliche Willenserklärung ab und ist dabei der Meinung, dass Gauner der Eigentümer des Pferdes ist. Also liegen die Voraussetzungen des § 932 Abs. 1 S. 1 BGB eigentlich vor. Da die Wirkungen dieser Erklärung allein Schlitzohr treffen, würde dieser also nach § 932 Abs. 1 S. 1 BGB Eigentümer des Pferdes werden, obwohl er genau weiß, dass Gauner gar nicht Eigentümer ist. Wenn er selbst den Vertrag abgeschlossen hätte, hätte er nicht Eigentümer werden können, weil dann die Voraussetzungen von § 932 Abs. 1 S. 1 BGB nicht erfüllt wären. Um zu verhindern, dass Schlitzohr auf diese Weise seine Hände in Unschuld waschen kann, darf Schlitzohr sich nicht gemäß § 166 Abs. 2 BGB auf die Unkenntnis von Ahnungslos berufen. Schlitzohr hätte einfach nur § 166 BGB vollständig lesen müssen, dann wäre ihm klar gewesen, dass sein Manöver gar nichts bringt.

Wenn jemand einen Boten beauftragt, eine Willenserklärung zu überbringen, dann sind die besonderen Kenntnisse des Boten unerheblich. Es kommt nur auf die Kenntnisse des Auftraggebers an.

(2) Form des Rechtsgeschäftes

Wenn für ein Rechtsgeschäft eine bestimmte Form vorgeschrieben ist, dann muss die Willenserklärung, die der Vertreter abgibt, diese Form einhalten. Wenn ein Bote eine Willenserklärung überbringt, muss diese überbrachte Erklärung das Formerfordernis erfüllen.

(3) Geschäftsfähigkeit

Weil der Stellvertreter eine eigene Willenserklärung abgibt, muss er überhaupt in der Lage sein, eine Willenserklärung abzugeben. Wer geschäftsunfähig ist, also keine Willenserklärung abgeben kann, kann daher niemals Stellvertreter sein. Er kommt höchstens als Bote infrage, weil er dann ja nur eine fremde Erklärung überbringt.

Andererseits muss der Stellvertreter nicht voll geschäftsfähig sein. Es reicht aus, wenn er beschränkt geschäftsfähig ist, § 165 BGB. Der Grund dafür ist, dass den Vertreter die Folgen seiner Willenserklärung nicht treffen. Diese treffen ja allein den Vertretenen. Da der Vertreter mit den Folgen nicht belastet wird, kann auch ein Minderjähriger problemlos Stellvertreter sein, da ihm daraus keine Nachteile entstehen.

c) Handeln im fremden Namen (= Offenkundigkeitsprinzip)

Fall: Herr Maus ist Mitarbeiter des städtischen Zoos der Stadt Schnurpseldingen. Er soll für den Zoo zwei Wildkatzen ankaufen. Er kauft Frau Samtpfote, die als Hobby Wildkatzen züchtet, zwei neugeborene Wildkatzen ab. Dabei weist er nicht darauf hin, dass er die Tiere nicht für sich selbst haben will, sondern die Katzen in seiner Eigenschaft als Vertreter des Zoos erwirbt. Die Katzen sollen noch einige Wochen bei ihrer Mutter bleiben und dann von Herrn Maus abgeholt werden. Bevor es dazu kommt, stellt der Zoo fest, dass man sich die Tiere eigentlich angesichts der angespannten Haushaltslage gar nicht leisten kann. Frau Samtpfote fordert von Herrn Maus, dass dieser ihr die Katzen abnimmt und den Kaufpreis zahlt. Schließlich habe sie mit ihm einen Kaufvertrag geschlossen. Dass er für den Zoo gehandelt habe, habe sie nicht gewusst. Davon habe er kein Wort gesagt. Herr Maus will die Katzen nicht haben, da er eine schwere Katzenphobie hat. Wenn er schon aus Versehen einen Kaufvertrag mit Frau Samtpfote abgeschlossen habe, so könne er diesen Vertrag doch wegen eines Inhaltsirrtums gemäß § 119 Abs. 1 BGB anfechten. Schließlich habe er seiner Erklärung eine andere Bedeutung beigemessen, als sie in Wirklichkeit hat. Hat er recht?

Der Vertreter muss gemäß § 164 Abs. 1 BGB die Willenserklärung **im Namen des Vertretenen** abgeben. Die Willenserklärung, die ein Stellvertreter abgibt, wirkt nur dann für den Vertretenen, wenn der Vertreter deutlich macht, dass er nicht für sich selbst, sondern für einen anderen handelt. Wenn er nicht darauf hinweist, dass er als Vertreter handelt, dann treffen die Wirkungen der Willenserklärung ihn selbst.

Im obigen Fall hat Herr Maus nicht ausdrücklich gesagt, dass er für den städtischen Zoo handeln will. Daher wirkt die von Herrn Maus abgegebene Willenserklärung nicht für den Zoo. Vielmehr hat Herr Maus den Vertrag im eigenen Namen abgeschlossen. Er ist damit Vertragspartner von Frau Samtpfote geworden und müsste jetzt gemäß § 433 Abs. 2 BGB die Katzen nehmen und den Kaufpreis bezahlen.

Nun würde es natürlich komisch wirken, wenn die Kassiererin in einem Supermarkt zu jedem Kunden sagen würde: »Guten Tag, ich schließe mit Ihnen einen Kaufvertrag im Namen der Misto-AG.« Deshalb ist gemäß § 164 Abs. 1 S. 2 BGB ausreichend, wenn sich **aus den Umständen ergibt**, dass die Willenserklärung im Namen des Vertretenen abgegeben wird. Im Supermarkt-Beispiel kann der Kunde auch aus den Umständen, z.B. der Firmenkleidung der Kassiererin, erkennen, dass diese für »Misto« handelt und nicht für sich selbst.

Von dem Grundsatz, dass der Vertreter deutlich machen muss, für wen er handelt, gibt es eine Ausnahme: Bei manchen Verträgen ist es dem Vertragpartner gleichgültig, mit wem er eigentlich einen Vertrag abschließt. Bei den sogenannten Bargeschäften des täglichen Lebens, bei denen der Vertrag sofort erfüllt wird (z.B. Lebensmitteleinkauf, Kauf einer Zeitung am Kiosk), kommt es dem Verkäufer nicht darauf an, mit wem er den Vertrag schließt. Er bekommt schließlich sofort sein Geld. So ist es der Kassiererin im Supermarkt egal, ob der Kunde die Waren für sich kaufen will oder ob er gerade den Einkauf für die kranke Nachbarin erledigt. Es würde wohl auch niemand auf die Idee kommen, der Kassiererin ungefragt zu erzählen, für wen er hier gerade einkaufen geht, es sei denn, er ist ein sehr mitteilungsfreudiger Mensch. In solchen Fällen ist es daher nicht erforderlich, dass der Vertreter genau sagt, für wen er handelt. Auch wenn er das nicht tut, wirkt die Willenserklärung für den Vertretenen, wenn die übrigen Voraussetzungen der Stellvertretung vorliegen (eigene Willenserklärung, Vollmacht).

Diese Ausnahme vom Offenkundigkeitsprinzip hilft Herrn Maus auch nicht weiter. Der Kauf von Wildkatzen ist kein Bargeschäft des täglichen Lebens. Also bleibt es erst einmal dabei, dass er den Vertrag im eigenen Namen geschlossen hat. Aber vielleicht kann er wegen eines Inhaltsirrtums anfechten? Er hat zwar erklärt, was er erklären wollte, dem aber eine andere rechtliche Bedeutung beigemessen. Er wollte ja einen Vertrag für einen anderen schließen, auch wenn er nach außen etwas anderes erklärt hat. Alle Voraussetzungen einer Anfechtung liegen also vor. An dieser Stelle kommt jetzt aber die wahrscheinlich unverständlichste Norm des BGB zum Zuge: § 164 Abs. 2 BGB: »Tritt der Wille, im fremden Namen zu handeln, nicht erkennbar hervor, so kommt der Mangel des Willens, im eigenen Namen zu handeln, nicht in Betracht.« Na, alles klar? Also, das soll heißen: Wenn der Vertreter nicht deutlich gemacht hat, für wen er handelt, und deshalb irrtümlich einen Vertrag im eigenen Namen geschlossen hat, dann kann er wegen dieses Irrtums nicht anfechten (= »kommt der Mangel des Willens, im eigenen Namen zu handeln, nicht in Betracht«). Also hat Herr Maus Pech gehabt. Er muss die Katzen nehmen.

d) Vertretungsmacht

Damit die Willenserklärung für den Vertretenen wirkt, muss der Vertreter innerhalb der ihm zustehenden Vertretungsmacht gehandelt haben. Erst die Vertretungsmacht räumt dem Vertreter das Recht ein, für den Vertretenen zu handeln. Die Vertretungsmacht kann sich aus zwei Gründen ergeben:

– der Vertreter kann **kraft Gesetzes befugt** sein, das Rechtsgeschäft vorzunehmen.
– Der Vertretene hat dem Vertreter **durch ein Rechtsgeschäft** eine entsprechende Vertretungsmacht (= **Vollmacht**) erteilt.

aa) Vertretungsmacht durch eine gesetzliche Vorschrift

Das BGB räumt in verschiedenen Fällen einer Person eine Vertretungsmacht ein. So benötigt jemand, der nicht voll geschäftsfähig ist, einen anderen, der die für ihn erforderlichen Geschäfte abschließt. Daher haben z.B. Eltern für ihr minderjähriges Kind gemäß § 1629 Abs. 1 S. 1 BGB Vertretungsmacht: »Die elterliche Sorge umfasst die Vertretung des Kindes.«
Ein Volljähriger, der geschäftsunfähig ist, wird gemäß § 1902 BGB von seinem Betreuer vertreten: »In seinem Aufgabenkreis vertritt der Betreuer den Betreuten gerichtlich und außergerichtlich.« Eheleute haben gemäß § 1357 Abs. 1 BGB für den jeweils anderen Ehepartner die Vertretungsmacht, die Geschäfte abzuschließen, die zur angemessenen Deckung des Lebensbedarfes der Familie erforderlich sind.
Aber auch die Organe einer juristischen Person haben für diese aufgrund einer gesetzlichen Vorschrift Vertretungsmacht: Gemäß § 26 Abs. 2 BGB vertritt der Vorstand den eingetragenen Verein gerichtlich und außergerichtlich. Eine GmbH wird durch ihren Geschäftsführer vertreten, § 35 Abs. 1 GmbHG, eine Aktiengesellschaft durch ihren Vorstand, § 78 Abs. 1 Aktiengesetz.

bb) Rechtsgeschäftlich erteilte Vertretungsmacht (= Vollmacht)

Außerhalb der gesetzlichen Vertretungsmacht kann man jedem anderen durch Rechtsgeschäft eine Vertretungsmacht einräumen. Die durch ein Rechtsgeschäft erteilte Vertretungsmacht heißt

Vollmacht (s. hierzu die Legaldefinition in § 166 Abs. 2 BGB). Die Vollmacht wird durch eine einseitige empfangsbedürftige Willenserklärung erteilt. Der Empfänger braucht sich also nicht dazu zu äußern, ob er mit der Bevollmächtigung einverstanden ist oder nicht. Der Bevollmächtigte muss sich auch deshalb nicht dazu äußern, weil ihm durch die Bevollmächtigung keine Nachteile entstehen. Er bekommt schließlich dadurch nur mehr Rechte: Er darf jetzt auch für einen anderen handeln.

(1) Vollmachtsarten: Unterscheidung nach der Person des Vollmachtsempfängers
Eine Vollmacht kann viele verschiedene Gesichter haben. Zunächst kann man danach unterscheiden, wem gegenüber die Vollmacht erteilt wird. Interessanterweise muss die Vollmacht nämlich nicht unbedingt dem Vertreter gegenüber erteilt werden. Gemäß § 167 Abs. 1 BGB kann die Vollmacht auch gegenüber dem zukünftigen Vertragspartner erteilt werden. Der Vertretene kann sich also mit dem zukünftigen Vertragspartner in Verbindung setzen und ihm z.B. mitteilen: »Ich werde Ihnen Herrn Schulze vorbeischicken, der für mich bei Ihnen einen Neuwagen bestellen soll.« Dann hat Herr Schulze, obwohl er davon eventuell noch gar nichts weiß, in diesem Augenblick eine Vollmacht bekommen. Wird die Vollmacht dem zukünftigen Vertragspartner gegenüber erteilt, spricht man von einer **Außenvollmacht**.
Normalerweise wird die Bevollmächtigung gegenüber dem Vertreter erfolgen. Der zukünftige Vertretene wird also Herrn Schulze zu sich holen und zu ihm sagen: »Hiermit bevollmächtige ich Sie, für mich bei der Firma Schrottmühl einen Neuwagen zu bestellen. Wenn die Vollmacht dem Stellvertreter erteilt wird, spricht man von einer **Innenvollmacht**.

(2) Unterscheidung nach dem Umfang der Vollmacht
Der Vertretene, der eine Vollmacht erteilt, kann auch bestimmen, welchen Umfang die Vollmacht haben soll, also für welche Rechtsgeschäfte sie gelten soll. Je nachdem, wofür die Vollmacht erteilt wird, unterscheidet man zwischen:

– **Spezialvollmacht**: Sie wird erteilt, wenn der Bevollmächtigte zur Vornahme **eines einzigen Rechtsgeschäftes** befugt sein soll. Beispiel: »Kaufen Sie für mich bei der Auktion am 29.06. ein Bild des Künstlers Schmierklecks.«
– **Gattungs- bzw. Artvollmacht**: Sie ermächtigt den Bevollmächtigten zu allen gleichartigen Rechtsgeschäften, die zu einem **bestimmten Geschäftsbereich** gehören. Beispiel: Der Kassierer eines Supermarktes ist bevollmächtigt, an der Kasse die Kaufverträge über die Waren abzuschließen und das Geld zu kassieren. Er darf aber nicht die Wareneinkäufe tätigen oder Personal einstellen.
– **Generalvollmacht**: berechtigt zur Vornahme **aller** Rechtsgeschäfte, bei denen eine Vertretung **zulässig** ist.

Welchen Umfang die Vollmacht hat, ist im Zweifelsfall durch Auslegung zu ermitteln. Da es sich bei der Vollmachtserteilung um eine empfangsbedürftige Willenserklärung handelt, erfolgt die Auslegung nach dem objektiven Empfängerhorizont. (Sie erinnern sich: Wie konnte der Erklärungsempfänger die Erklärung verstehen?)

(3) Vollmacht und zugrunde liegendes Rechtsgeschäft
Die Vollmachtserteilung enthält nur die Erklärung, dass der Vertreter ein Rechtsgeschäft für den Vertretenen vornehmen darf. Es ist lediglich die Ermächtigung des Vertreters **nach außen** hin. Davon muss man unterscheiden, **warum** der Vertreter ein Rechtsgeschäft vornehmen soll, ob

er hierfür bezahlt wird oder irgendwelchen Beschränkungen unterliegt, z.B. bei dem Kauf einer Sache einen bestimmten Preis nicht zu überschreiten. Das ist eine Frage des der Vollmachtserteilung zugrunde liegenden Rechtsgeschäftes. Zwischen dem Vertreter und dem Vertretenen wird nämlich in aller Regel ein Vertrag geschlossen, in dem sich der Vertreter verpflichtet, für den Vertretenen ein bestimmtes Rechtsgeschäft vorzunehmen. Dies kann z.B. ein Dienstvertrag sein oder ein Auftragsverhältnis.

Die Vollmacht ist **unabhängig** von dem zugrunde liegenden Vertragsverhältnis. So kann z.B. dem Vertreter die Vollmacht erteilt werden, Wareneinkäufe für ein Warenhaus vorzunehmen. Damit ist der Vertreter nach außen hin ermächtigt, Wareneinkäufe vorzunehmen. Die Vollmacht regelt, was der Vertreter nach außen hin im Verhältnis zum Geschäftspartner alles tun **kann**, nämlich Waren einkaufen. Eine andere Frage ist es, was der Vertreter tun **darf**. Hierfür entscheidend ist das Vertragsverhältnis zwischen dem Vertreter und dem Vertretenen. Dort ist geregelt, welche Rechtsgeschäfte der Vertreter im Einzelnen nur abschließen darf und welche Beschränkungen er dabei beachten muss. **Für den Geschäftspartner sind diese Beschränkungen gleichgültig. Wenn das vorgenommene Rechtsgeschäft nach außen hin von der erteilten Vollmacht gedeckt wird, dann treffen die Folgen des Rechtsgeschäftes den Vertretenen, auch wenn der Vertreter das Rechtsgeschäft nach dem mit dem Vertretenen geschlossenen Vertragsverhältnis gar nicht abschließen durfte.** Nur wenn der Vertreter die ihm erteilte Vollmacht auch nach außen hin überschritten hat, wirkt das Rechtsgeschäft nicht für den Vertretenen (zu den Folgen in diesem Fall genauer s.u.: der Vertreter ohne Vertretungsmacht).

Zusammenfassende Übersicht: Vollmacht und zugrunde liegendes Vertragsverhältnis:
Zoohändler Tierfreund stellt Herrn Krabbel als neuen Mitarbeiter an. Dabei gibt er gegenüber Herrn Krabbel zwei Willenserklärungen ab:

1. Angebot auf Abschluss eines Dienstvertrages: Herr Krabbel sagt:

Sie können bei mir arbeiten und auch Einkäufe für das Zoogeschäft tätigen, Aber natürlich nur das, was wir so brauchen. Und keine Vogelspinnen oder Skorpione, auf denen bleiben wir nur sitzen. Außerdem dürfen Sie nicht mehr als 100,– € pro Einkauf ausgeben.

Ich nehme Ihr Angebot an!

= Abschluss eines Dienstvertrages = verpflichtet Herrn Krabbel im Verhältnis zu Herrn Tierfreund (= Innenverhältnis) keine Skorpione zu kaufen.

2. Erteilung einer Vollmacht:

Ich erteile Ihnen eine Vollmacht, für mich Wareneinkäufe zu erledigen.

= ermächtigt Herrn Krabbel nach außen hin.

Jetzt geht Herr Krabbel los zu Herrn Mistkäfer und sagt:

Herr Mistkäfer sagt:

Ich kaufe im Namen von Herrn Tierfreund diesen wunderbaren Skorpion für 150,– €.

Ich nehme Ihr Angebot an!

= Trauriges Ergebnis für Herrn Tierfreund: Es kommt ein Kaufvertrag zwischen ihm und Herrn Mistkäfer über den Skorpion für 150,– € zustande.

Von dem Grundsatz, dass das abgeschlossene Rechtsgeschäft mit dem Vertretenen zustande kommt, auch wenn der Vertreter es aufgrund des Vertragsverhältnisses mit dem Vertretenen gar nicht abschließen durfte, wird nur in zwei Fällen eine Ausnahme gemacht:
– Wenn der Vertreter mit dem Vertragspartner unter einer Decke steckt und beide zusammenwirken, um den Vertretenen zu schädigen, wirkt das Rechtsgeschäft nicht gegen den Vertretenen. Der Vertreter wird so behandelt, als habe er ohne Vertretungsmacht gehandelt. Der Vertreter kann das Rechtsgeschäft gemäß § 177 BGB genehmigen (s. dazu unten (5)).
– Wenn der Vertragspartner genau weiß, dass der Vertreter aufgrund des Vertragsverhältnisses mit dem Vertretenen das Rechtsgeschäft gar nicht abschließen darf. Auch in diesem Fall wird so getan, als habe der Vertreter ohne Vertretungsmacht gehandelt.

(4) Erlöschen der Vollmacht
Die erteilte Vollmacht bleibt dem Bevollmächtigten nicht ewig erhalten. Es gibt verschiedene Gründe, die zum Erlöschen der Vollmacht führen:
– der erste Grund liegt auf der Hand: Eine Spezialvollmacht erlischt, wenn das Rechtsgeschäft, für das sie erteilt wurde, vorgenommen worden ist.
– Die Vollmacht erlischt in der Regel auch, wenn das zugrunde liegende Rechtsgeschäft (Dienstverhältnis, Auftrag) erlischt, allerdings kann der Vollmachtgeber etwas anderes bestimmen.
– Der Vertretene kann die Vollmacht jederzeit widerrufen, § 168 S. 2 BGB. Unabhängig davon, ob es sich um eine Innen- oder Außenvollmacht handelt, kann der Widerruf sowohl dem Bevollmächtigten als auch dem Geschäftspartner gegenüber erfolgen.

Wenn die Vollmacht erloschen ist, kann der Bevollmächtigte eigentlich keine Rechtsgeschäfte für den Vertretenen mehr vornehmen. Von diesem Grundsatz macht das Gesetz aber einige Ausnahmen zugunsten des Geschäftspartners, nämlich dann, wenn beim Geschäftspartner ein besonderes Vertrauen in das Bestehen der Vollmacht geweckt wurde. Die Vollmacht ist dann zwar grundsätzlich aus einem der eben genannten Gründen erloschen, sie bleibt aber gegenüber dem Geschäftspartner unter bestimmten Voraussetzungen wirksam:

– Das Erlöschen einer Außenvollmacht muss dem Geschäftspartner gegenüber angezeigt werden oder sie muss direkt gegenüber dem Geschäftspartner widerrufen werden, sonst bleibt sie dem Geschäftspartner gegenüber in Kraft, § 170 BGB. Der Bevollmächtigte kann also mit der Vollmacht weiterhin mit dem Geschäftspartner Verträge abschließen. Diese wirken gegenüber dem Vertretenen, obwohl die Vollmacht eigentlich erloschen ist. Der Grund dafür ist, dass die Außenvollmacht dem Vertragspartner gegenüber erteilt worden ist. Solange ihm nichts Gegenteiliges bekannt ist, darf er deshalb davon ausgehen, dass die Vollmacht fortbesteht.

– Wenn es sich zwar nicht um eine Außenvollmacht handelt, die Vollmacht aber durch besondere Mitteilung an den Geschäftspartner oder öffentliche Bekanntmachung kundgegeben worden ist (sogenannte nach außen kundgemachte Innenvollmacht), dann bleibt die Vollmacht auch nach ihrem Erlöschen so lange in Kraft, bis das Erlöschen auf dem gleichen Weg mitgeteilt wird wie die Erteilung, § 171 BGB. Auch hier ist ja beim Geschäftspartner ein besonderes Vertrauen in das Bestehen der Vollmacht geweckt worden.

– Auch wenn der Bevollmächtigte dem Geschäftspartner eine Vollmachtsurkunde vorgelegt hat, bleibt die erloschene Vollmacht dem Geschäftspartner gegenüber so lange in Kraft, bis ihm das Erlöschen mitgeteilt wird, § 172 BGB.

Bei den eben genannten Gründen geht es immer darum, ein bestehendes Vertrauen des Geschäftspartners zu schützen. Daher kommen diese Vorschriften dann nicht zum Zuge, wenn der Geschäftspartner ohnehin weiß, dass die Vollmacht erloschen ist, § 173 BGB.

Außerdem muss man sich noch einmal ganzklar machen, dass es sich bei den §§ 170–172 BGB um **Ausnahmen** handelt. **Wenn keine dieser Ausnahmen vorliegt, wird das Vertrauen des Geschäftspartners in das Bestehen einer Vollmacht nicht geschützt.** Selbst wenn der Geschäftspartner also felsenfest davon überzeugt ist, dass der Vertreter eine Vollmacht für den Abschluss des Rechtsgeschäftes hat, wirkt das Geschäft nicht gegenüber dem Vertretenen, wenn tatsächlich keine Vollmacht vorliegt.

(5) Der Vertreter ohne Vertretungsmacht
a) Folgen für den geschlossenen Vertrag
Fall: Der 17-jährige Rudi befindet sich im ersten Lehrjahr seiner Ausbildung zum Verwaltungsfachangestellten bei der Stadt Schnurpseldingen. Er wird vom Hauptamtsleiter zum Büroartikelfachmarkt Müllia-Markt (M) losgeschickt mit dem Auftrag, eine Kiste mit 1000 Blatt Papier zu kaufen. Rudi erhält dafür 20,– €, und der Hauptamtsleiter bittet ihn, nach dem günstigsten Angebot zu suchen.

Rudi sieht sich bei M um und probiert erst einmal alle Spielkonsolen aus, die es bei M gibt. Hinterher hat er schon wieder ganz vergessen, warum er eigentlich zu M geschickt wurde. Auf dem Weg zum Ausgang kommt er allerdings an einem sehr günstigen Sonderangebot vorbei: Ein Schreibtischstuhl für nur 49,– €. Da er weiß, dass der Hauptamtsleiter schon seit einiger Zeit laut über einen neuen Bürostuhl für sich nachdenkt, nimmt er den Stuhl mit und hofft, dass der Hauptamtsleiter aus Begeisterung über sein selbständiges Verhalten gar nicht mehr daran denkt, was Rudi eigentlich besorgen sollte. An der Kasse teilt Rudi mit, dass er den Stuhl für die Stadt Schnurpseldingen erwerben will. Da das ihm mitgegebene Bargeld nicht für den Stuhl ausreicht, bittet er um Übersendung einer Rechnung.

Der Hauptamtsleiter ist entsetzt über den angeschleppten Bürostuhl. Als die Rechnung eintrifft, weigert er sich, zu zahlen. Muss die Stadt Schnurpseldingen den Stuhl bezahlen?

Wenn jemand sich als Vertreter eines anderen ausgibt, obwohl er gar keine Vertretungsmacht hat, dann greifen die Wirkungen der Stellvertretung nicht ein. Es kommt also zunächst kein wirksamer Vertrag zwischen dem Geschäftspartner und dem scheinbar Vertretenen zustande. Das Gleiche gilt auch, wenn der Vertreter zwar eigentlich Vertretungsmacht hatte, aber die Grenzen der Vertretungsmacht überschreitet. Auch dann kommt es erst einmal nicht zu einem wirksamen Vertragsschluss zwischen dem Vertragspartner und dem Vertretenen. Trotzdem bleibt das Verhalten des Vertreters nicht ohne Folgen für den Vertretenen. Das BGB geht nämlich von der Möglichkeit aus, dass der Vertrag, den der Vertreter im Namen des Vertretenen, aber ohne Vertretungsmacht abschließt, für den Vertretenen vielleicht doch ganz interessant sein könnte. Dem Vertretenen soll die Gelegenheit gegeben werden, darüber zu entscheiden, ob er den Vertrag im Nachhinein genehmigen und so einen wirksamen Vertragsschluss zwischen sich und dem Vertragspartner herbeiführen will. Aus diesem Grund sieht das BGB vor, dass es auch bei fehlender Vertretungsmacht zu einem **Vertragsschluss zwischen dem Vertretenen und dem Vertragspartner** kommt. Dieser Vertrag ist allerdings zunächst nicht wirksam, sondern **schwebend unwirksam**, § 177 Abs. 1 BGB. Schwebend unwirksam bedeutet das Gleiche wie bei einem Vertrag, den der Minderjährige ohne die erforderliche Einwilligung seiner Eltern abgeschlossen hat: Der Vertrag besteht zwar und die Parteien sind auch daran gebunden, es können aber keine Rechte daraus hergeleitet werden. (Übrigens: Viele Regelungen für den Vertreter ohne Vertretungsmacht sind genauso wie bei einem schwebend unwirksamen Vertrag, den ein Minderjähriger ohne Einwilligung seiner Eltern abgeschlossen hat, wie Sie gleich sehen werden. Damit können Sie sich das Lernen etwas vereinfachen.)

Im obigen Beispiel besteht also über den Stuhl erst einmal ein Kaufvertrag zwischen der Stadt Schnurpseldingen und dem Müllia-Markt. Wegen der fehlenden Vertretungsmacht von Rudi ist dieser Vertrag aber zunächst schwebend unwirksam, so lange, bis der Hauptamtsleiter entweder genehmigt oder die Genehmigung verweigert. Dass Rudi noch minderjährig ist, ist übrigens gemäß § 165 kein Problem!

Wenn der Vertretene den Vertrag genehmigt, wird dieser von Anfang an wirksam, § 184 Abs. 1 BGB. Es wird also so getan, als habe der Vertreter von Anfang an mit Vertretungsmacht gehandelt. Die Genehmigung kann gemäß § 182 Abs. 1 BGB sowohl dem Vertreter als auch dem Dritten gegenüber erteilt werden.

Wenn der Vertretene dagegen die Genehmigung verweigert, wird der Vertrag zwischen dem Vertretenen und dem Vertragspartner endgültig unwirksam.

In unserem Beispiel könnte der Hauptamtsleiter also den Kauf des Stuhles genehmigen. Der Einfachheit halber kann er Rudi gegenüber erklären, dass er das Geschäft genehmigt. Er braucht dafür nicht extra zum Müllia-Markt zu laufen. Mit der Erteilung der Genehmigung Rudi gegenüber wird dieser Kaufvertrag rückwirkend wirksam.

Allerdings ist der Hauptamtsleiter über den Stuhl entsetzt und verweigert die Genehmigung. Auch dieses kann Rudi gegenüber erklärt werden. Damit ist der Vertrag zwischen der Stadt und M endgültig unwirksam geworden.

Für den Vertragspartner, der erfährt, dass er einen schwebend unwirksamen Vertrag geschlossen hat, ist es natürlich ziemlich lästig: Er ist an einen Vertrag gebunden, ohne daraus Rechte herleiten zu können. Dabei war er davon ausgegangen, dass mit dem Vertrag alles in Ordnung gehen würde! Wie bei einem Vertrag, den ein beschränkt Geschäftsfähiger ohne die erforderliche Einwilligung geschlossen hat, hat der Vertragspartner zwei Möglichkeiten:

1. Der Vertragspartner kann den Vertretenen auffordern, den Vertrag zu genehmigen, § 177 Abs. 2 BGB. Diese Regelung entspricht § 108 Abs. 2 BGB: Eine dem Vertreter gegenüber erteilte Genehmigung wird wieder unwirksam. Wenn die Genehmigung nicht innerhalb von zwei Wochen dem Vertragspartner gegenüber erteilt wird, gilt sie als verweigert.
2. Er kann den schwebend unwirksamen Vertrag bis zur Erteilung der Genehmigung widerrufen, § 178 BGB. Wenn der Vertragspartner den Vertrag widerruft, ist der Vertrag ebenfalls endgültig unwirksam. Das geht nur dann nicht, wenn der Vertragspartner wusste, dass der Vertreter ohne Vertretungsmacht handelt. Dann wusste er schließlich, worauf er sich einlässt und dass der Vertrag zunächst schwebend unwirksam ist. Er bleibt daher an den schwebend unwirksamen Vertrag gebunden und hat nur die Möglichkeit, den Schwebezustand durch die Aufforderung des Vertretenen zur Genehmigung zu beenden.

b) Haftung des Vertreters ohne Vertretungsmacht

Wenn der Vertrag vom Vertretenen nicht genehmigt wird und damit unwirksam ist, ist die Sache aber noch nicht endgültig vom Tisch. Der Vertragspartner hat dann nämlich noch gemäß § 179 Abs. 1 BGB die Möglichkeit, gegen den Vertreter vorzugehen. Ganz wichtig: Diese Möglichkeit besteht **nur, wenn der Vertrag wegen der Verweigerung der Genehmigung durch den Vertretenen unwirksam ist**. Wenn der Vertragspartner selbst den Vertrag widerrufen hat, hat er keine Rechte aus § 179 Abs. 1 BGB. Dann hat er sich ja selbst entschieden, den Vertrag aus der Welt zu schaffen. § 179 Abs. 1 BGB greift nur in dem Fall, dass dem Vertragspartner von dem Vertreter ein schwebend unwirksamer Vertrag untergejubelt wurde, der ohne sein Zutun durch die Verweigerung der Genehmigung vom Vertretenen wieder zerstört wurde. Dann ist der Vertragspartner ja erst einmal angeschmiert. Deshalb gibt § 179 Abs. 1 BGB ihm die Möglichkeit, vom Vertreter **entweder Erfüllung oder Schadensersatz** zu verlangen.

– Wenn der Vertragspartner Erfüllung wählt, passiert etwas ganz Interessantes: Es wird so getan, als wäre der Vertrag zwischen dem Vertragspartner **und dem Vertreter** geschlossen worden. Der Vertragspartner kann also von dem Vertreter alles das verlangen, was er vom Vertretenen hätte verlangen können, wenn dieser den Vertrag genehmigt hätte. Gleichzeitig bekommt auch der Vertreter alle Rechte aus dem Vertrag, als hätte er ihn im eigenen Namen mit dem Vertragspartner geschlossen.

Bei dem Kaufvertrag über den Stuhl könnte M also darüber nachdenken, Erfüllung zu wählen. Wenn er Erfüllung wählt, wird er so behandelt, als hätte er einen Kaufvertrag mit Rudi geschlossen: Dieser muss ihm gemäß § 433 Abs. 2 BGB den Stuhl abnehmen und ihm den Kaufpreis zahlen. Voraussetzung dafür ist allerdings, dass Rudi volljährig ist! Dazu s.u.

– Wenn der Vertragspartner Schadensersatz wählt, muss ihm der Vertreter den Schaden bezahlen, der ihm dadurch entstanden ist, dass der Vertrag nicht mit dem Vertretenen zustande gekommen ist.

c) Einschränkungen der Haftung des Vertreters

Die Haftung des Vertreters wird in § 179 Abs. 2 und 3 BGB für einige Fälle eingeschränkt:

1. In den Fällen, in denen **der Vertreter selbst nicht wusste, dass er keine Vertretungsmacht hat**, wird seine Haftung gegenüber dem Vertragspartner durch § 179 Abs. 2 BGB eingeschränkt: Der Vertragspartner kann nicht Erfüllung verlangen. Er kann nur den Ersatz des Schadens verlangen, der ihm dadurch entstanden ist, dass er auf die Gültigkeit der Erklärung vertraut hat. Hinsichtlich der Rechtsfolgen entspricht § 179 Abs. 2 BGB der Vorschrift des § 122 Abs. 1 BGB. Zu den Einzelheiten daher → Kapitel Anfechtung.

2. Wenn **der Vertragspartner selbst genau wusste, dass der Vertreter keine Vertretungsmacht hatte**, dann haftet der Vertreter **nicht**. In diesem Fall weiß der Vertragspartner schließlich, worauf er sich einlässt.

3. Zuletzt haftet der Vertreter auch dann nicht, wenn er **beschränkt geschäftsfähig** ist, § 179 Abs. 3 S. 2 BGB. Noch einmal zur Wiederholung: Auch ein beschränkt Geschäftsfähiger kann gemäß § 165 BGB ein Vertreter sein *(In unserem Beispiel konnte Rudi also auch als Minderjähriger wirksam vertreten)*. Wenn er aber ohne Vertretungsmacht handelt, dann haftet er dem Vertragspartner nicht gemäß § 179 Abs. 1 BGB. Schließlich soll er ja vor allen nachteiligen Folgen seines rechtsgeschäftlichen Handelns geschützt werden.

In unserem Beispiel hat M also Pech gehabt, weil Rudi minderjährig ist. Er müsste den Stuhl wieder zurücknehmen, weil kein Vertrag zwischen ihm und der Stadt zustande gekommen ist und er auch nicht gemäß § 179 Abs. 1 BGB gegen Rudi vorgehen könnte.

d) Das einseitige Rechtsgeschäft durch einen Vertreter ohne Vertretungsmacht

Wenn ein Vertreter ohne Vertretungsmacht ein einseitiges Rechtsgeschäft vorgenommen hat, dann wäre es keine glückliche Lösung, wenn das einseitige Rechtsgeschäft zunächst so wie ein Vertrag schwebend unwirksam wäre. Dann wüsste der Erklärungsempfänger überhaupt nicht, woran er ist. Hier gibt es wieder eine vergleichbare Regelung wie bei einem Rechtsgeschäft, das von einem beschränkt Geschäftsfähigen abgeschlossen wurde: Gemäß § 180 Abs. 1 BGB ist ein einseitiges Rechtsgeschäft, das ohne Vertretungsmacht vorgenommen wird, unwirksam. Nur wenn der Erklärungsempfänger damit einverstanden war oder nicht beanstandet hat, dass der Vertreter ohne Vertretungsmacht handelt, ist das Rechtsgeschäft zunächst schwebend unwirksam und kann nachträglich genehmigt werden.

(6) Die Anscheinsvollmacht und die Duldungsvollmacht

*V ist im Betrieb des B als Bürokraft beschäftigt. Den für den Betrieb benötigten Bürobedarf (Schreibwaren) kauft er regelmäßig im Namen des B im Geschäft des D ein. Die Rechnungen werden von D an den Betrieb des B verschickt und von B gegengezeichnet und **stets durch ihn bezahlt**.*

Als B eines Tages eine Rechnung in Höhe von 25 € für einen Taschenrechner erhält, den V im Namen des B bei D gekauft hat, verweigert er die Bezahlung mit dem Hinweis, er habe V hierfür niemals eine Vollmacht erteilt.

B geht davon aus, dass für die Lösung der Aufgaben im Büro kein Taschenrechner erforderlich ist und V besser im Kopf rechnen soll. Er verweigert die Zahlung des Kaufpreises an D.

Kann D von B die Zahlung des Kaufpreises verlangen?

Manchmal treten die Wirkungen einer Stellvertretung auch dann ein, wenn der Vertretene keine Vollmacht erteilt hat, also der Vertreter eigentlich ohne Vertretungsmacht gehandelt hat. Das geschieht aber nur in den Fällen, in denen der Vertretene dafür gesorgt hat, dass nach außen hin der Anschein erweckt wurde, dass der Vertreter für ihn handelt. Das kann auf zwei Arten geschehen: jemand handelt für einen anderen, ohne dazu bevollmächtigt worden zu sein und der scheinbar Vertretene weiß und duldet das. Dann spricht man von einer **Duldungsvollmacht.** Es kann aber auch sein, dass es der scheinbar Vertretene nicht weiß, es aber hätte wissen können, wenn er aufgepasst hätte und es daher auch hätte verhindern können. In diesen Fällen liegt eine **Anscheinsvollmacht** vor. Anscheins- und Duldungsvollmacht nennt man auch **Rechtsscheinsvollmachten,** weil nach außen hin scheinbar eine Vollmacht besteht, ein Geschäftspartner also davon ausgehen kann, dass der Vertreter eine Vollmacht hat. Der scheinbar Vertretene haftet also deshalb, weil er im Geschäftsverkehr den Anschein erzeugt hat, dass jemand von ihm bevollmächtigt worden ist und er nichts dagegen unternommen hat, um diesen Anschein zu zerstören.

a) Die Duldungsvollmacht
Eine Duldungsvollmacht liegt immer dann vor, wenn folgende Voraussetzungen gegeben sind:
– Jemand tritt wiederholt im Namen eines anderen auf.
– Er hat keine Vertretungsmacht
– Der Vertretene kennt das Verhalten des Vertreters
– Trotz dieser Kenntnis unternimmt er nichts gegen den Vertreter, sondern **duldet** dessen Verhalten.
– Der Geschäftspartner geht davon aus, dass der Vertreter tatsächlich bevollmächtigt ist. Er ist **gutgläubig.**

Wenn diese Voraussetzungen erfüllt sind, dann wird der Vertretene so behandelt, als hätte er dem Vertreter tatsächlich eine Vollmacht erteilt. Die Willenserklärung des Vertreters wirkt also wie bei einer echten Bevollmächtigung gemäß § 164 BGB für und gegen den Vertretenen.

Im Beispiel könnte sich ein Anspruch auf Zahlung der Kaufpreises aus § 433 Abs. 2 BGB ergeben. Dann müsste zwischen D und B ein wirksamer Kaufvertrag bestehen. B selbst hat aber mit D keinen Vertrag geschlossen. Eine Einigung ist nur zwischen V und D erfolgt. Daher würde der zwischen V und D geschlossene Vertrag nur dann gemäß § 164 BGB für und gegen B wirken, wenn die Voraussetzungen einer wirksamen Stellvertretung vorliegen. V hat im fremden Namen eine Willenserklärung abgegeben. Allerdings hatte er keine entsprechende Vollmacht, sodass eigentlich die Regelungen der §§ 179 ff. eingreifen würden. Jedoch könnte hier auch eine Duldungsvollmacht vorliegen mit dem Ergebnis, dass dann auch die Wirkungen einer Stellvertretung eintreten. Dazu sind die folgenden Voraussetzungen zu prüfen:
V müsste wiederholt im Namen des B aufgetreten sein. Das ist der Fall, da V immer den Bürobedarf bei D einkauft. Er hat dabei ohne eine rechtsgeschäftlich erteilte Vollmacht gehandelt. B wusste auch von den Verträgen, die der V in seinem Namen geschlossen hat. Er hat die Rechnungen stets bezahlt. B war also mit dem Verhalten des V einverstanden und hat geduldet, dass V als sein Vertreter auftritt. D konnte auch davon ausgehen, dass der V bevollmächtigt war, da es bisher nie Probleme gegeben hat. Insgesamt liegen daher die Voraussetzungen einer Duldungsvollmacht vor und B muss sich so behandeln lassen, als hätte er den V bevollmächtigt. Es ist ein wirksamer Kaufvertrag zwischen B und D zustande gekommen und B ist daher verpflichtet, den Kaufpreis zu zahlen.

<u>b) Die Anscheinsvollmacht</u>

Die Anscheinsvollmacht hat dieselben Voraussetzungen wie die Duldungsvollmacht, bis auf eine: Der Vertretene wusste nicht von dem Handeln des Vertreters in seinem Namen – er hätte es aber wissen können und daher auch verhindern können. Im Einzelnen sind folgende Voraussetzungen zu prüfen:

– Jemand tritt wiederholt im Namen eines anderen auf.
– Er hat keine Vertretungsmacht
– Der Vertretene hätte das Verhalten des Vertreters erkennen und verhindern können, wenn er aufgepasst hätte
– Der Geschäftspartner geht davon aus, dass der Vertreter tatsächlich bevollmächtigt ist. Er ist **gutgläubig.**

Die Rechtsfolgen der Anscheinsvollmacht sind dieselben wie bei der Duldungsvollmacht: Der Vertretene wird so behandelt, als hätte er tatsächlich eine entsprechende Vollmacht erteilt. Die Willenserklärungen des Vertreters werden ihm zugerechnet.

Zusammenfassende Übersicht: Der Vertreter ohne Vertretungsmacht:

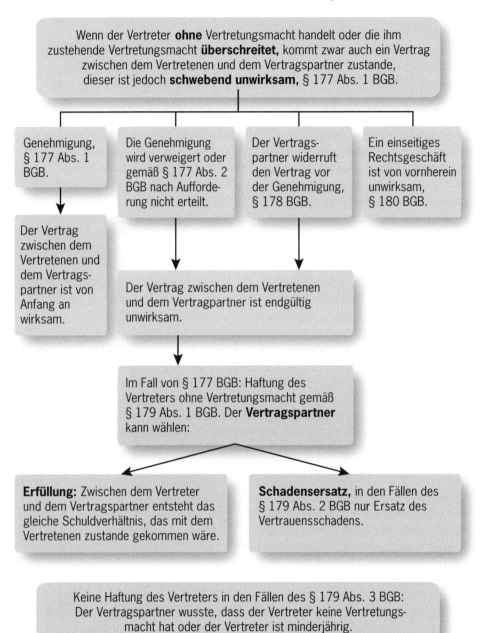

Wenn der Vertreter **ohne** Vertretungsmacht handelt oder die ihm zustehende Vertretungsmacht **überschreitet,** kommt zwar auch ein Vertrag zwischen dem Vertretenen und dem Vertragspartner zustande, dieser ist jedoch **schwebend unwirksam,** § 177 Abs. 1 BGB.

Genehmigung, § 177 Abs. 1 BGB.

Die Genehmigung wird verweigert oder gemäß § 177 Abs. 2 BGB nach Aufforderung nicht erteilt.

Der Vertrags-partner widerruft den Vertrag vor der Genehmigung, § 178 BGB.

Ein einseitiges Rechtsgeschäft ist von vornherein unwirksam, § 180 BGB.

Der Vertrag zwischen dem Vertretenen und dem Vertrags-partner ist von Anfang an wirksam.

Der Vertrag zwischen dem Vertretenen und dem Vertragpartner ist endgültig unwirksam.

Im Fall von § 177 BGB: Haftung des Vertreters ohne Vertretungsmacht gemäß § 179 Abs. 1 BGB. Der **Vertragspartner** kann wählen:

Erfüllung: Zwischen dem Vertreter und dem Vertragspartner entsteht das gleiche Schuldverhältnis, das mit dem Vertretenen zustande gekommen wäre.

Schadensersatz, in den Fällen des § 179 Abs. 2 BGB nur Ersatz des Vertrauensschadens.

Keine Haftung des Vertreters in den Fällen des § 179 Abs. 3 BGB: Der Vertragspartner wusste, dass der Vertreter keine Vertretungs-macht hat oder der Vertreter ist minderjährig.

Zusammenfassende Übersicht zu Stellvertretung:

Die Rechtsfolgen einer Willenserklärung treffen normalerweise den Erklärenden. Es gibt aber die Möglichkeit, einen Stellvertreter für sich handeln zu lassen. Wenn die Voraussetzungen einer wirksamen Stellvertretung vorliegen, treffen die Rechtsfolgen der Willenserklärung den Vertretenen und nicht den Stellvertreter.

Voraussetzungen der Stellvertretung:	Folge des Fehlens dieser Voraussetzung:
1. Zulässigkeit der Stellvertretung Stellvertretung ist bei Rechtsgeschäften, also wenn es um die Abgabe von Willenserklärungen geht, grundsätzlich immer zulässig. Ausnahme: höchstpersönliche Rechtsgeschäfte wie Eheschließung oder Testament.	Bei unzulässiger Stellvertretung ist die Willenserklärung des Vertreters nichtig.
2. Eigene Willenserklärung des Stellvertreters Der Stellvertreter gibt eine eigene Willenserklärung ab, wenn er einen **eigenen Entscheidungsspielraum** hat.	Wenn der Stellvertreter nur eine fremde Willenserklärung überbringt, ist er Erklärungsbote und nicht Stellvertreter.
3. Im Namen des Vertretenen (= Offenkundigkeitsprinzip) Der Vertreter muss deutlich machen, dass er für einen anderen handelt.	Wenn der Stellvertreter nicht deutlich macht, dass er für einen anderen handelt, treffen die Folgen der Willenserklärung ihn selbst. Er hat dann z.B. einen Vertrag im eigenen Namen geschlossen und kann diesen auch nicht anfechten, § 164 Abs. 2 BGB.
4. Mit Vertretungsmacht = Rechtsmacht, für einen anderen ein Rechtsgeschäft vornehmen zu können. Ergibt sich aus – dem Gesetz: z.B.: § 26 Abs. 2 S. 1; § 1629 Abs. 1 S. 1, 1902 BGB oder – aufgrund eines Rechtsgeschäftes (= Vollmacht)	Wenn der Vertreter ohne Vertretungsmacht gehandelt hat, kommt auch ein Vertrag zwischen dem Vertretenen und dem Vertragspartner zustande. Dieser ist aber schwebend unwirksam. Der Vertretene kann diesen Vertrag genehmigen. Tut er dies nicht, ist der Vertrag endgültig unwirksam. Der Vertreter haftete dann gemäß § 179 Abs. 1 BGB.

12. Kapitel: Vertragsarten

In den bisherigen Kapiteln haben Sie Regelungen kennengelernt, die für alle Verträge Anwendung finden. In den Beispielen ging es dabei meist um Kaufverträge. Das BGB hält aber noch viele andere Verträge bereit! Die Wichtigsten sollen Ihnen jetzt einmal kurz vorgestellt werden.

1. Austauschverträge

Der **Kaufvertrag** gehört zu den sogenannten Austauschverträgen: Es werden Waren gegen Geld ausgetauscht.

Ebenfalls zu den Austauschverträgen gehört der **Tauschvertrag**, geregelt in § 480 BGB. Wobei das Wort »geregelt« an dieser Stelle übertrieben ist. Geregelt ist in § 480 BGB eigentlich gar nichts. Es wird nur auf die Vorschriften über den Kauf verwiesen. Aber was ein Tauschvertrag ist, weiß man auch ohne eine gesetzliche Regelung: Beide Parteien verpflichten sich, dem jeweils anderen eine Sache zu übereignen. Anders als beim Kaufvertrag wird also nicht eine Sache gegen Geld ausgetauscht, sondern Ware gegen Ware. Weil der Tauschvertrag dem Kaufvertrag sehr ähnlich ist, finden auch alle Regelungen über den Kaufvertrag auf den Tauschvertrag entsprechende Anwendung.

2. Tätigkeitsverträge

Im Rahmen eines Vertrages kann man sich nicht nur zur Übereignung einer Sache verpflichten, sondern auch zur Erbringung einer Arbeitsleistung. Dabei geht es um sogenannte Tätigkeitsverträge. Die wichtigsten Tätigkeitsverträge sind der **Dienstvertrag** und der **Werkvertrag.**

a) Dienstvertrag

Der Dienstvertrag ist in den §§ 611 ff. BGB geregelt. Gemäß § 611 Abs. 1 BGB wird durch den Dienstvertrag der eine Vertragspartner verpflichtet, die versprochenen Dienste zu erbringen, der andere Vertragspartner wird dazu verpflichtet, die vereinbarte Vergütung zu entrichten. Hauptfall des Dienstvertrages ist der Arbeitsvertrag. Ein Dienstvertrag kann die unterschiedlichsten Gesichter haben. Es können alle möglichen Tätigkeiten geschuldet werden. Entscheidend ist, dass beim Dienstvertrag **nur eine Arbeitsleistung, nicht aber ein bestimmter Erfolg dieser Tätigkeit geschuldet wird.**

b) Werkvertrag, §§ 631 ff. BGB

Anders als beim Dienstvertrag wird beim Werkvertrag **nicht nur eine Tätigkeit geschuldet, sondern ein bestimmtes Arbeitsergebnis.** Gemäß § 631 Abs. 1 BGB wird durch den Werkvertrag der Unternehmer (= der, der das Werk herstellt) zur Herstellung des versprochenen Werkes, der Besteller (= der, der das Werk haben will) zur Entrichtung der vereinbarten Vergütung verpflichtet. Bei Werkverträgen denkt man zunächst immer an die Leistungen eines Handwerkers, also z.B. das Anstreichen eines Hauses oder das Mauern einer Wand. Ein Werkvertrag kann aber auch ganz anders aussehen. Entscheidend ist nur, dass eine Tätigkeit geschuldet wird, die einen bestimmten Erfolg haben muss.

Um Dienst- und Werkvertrag voneinander abzugrenzen, muss man sich immer fragen: Wird ein bestimmtes Ergebnis geschuldet (dann ist es ein Werkvertrag) oder nur eine Tätigkeit unabhängig von einem Erfolg (dann Dienstvertrag)?

Beispiele für einen Werkvertrag:	Beispiele für einen Dienstvertrag:
– klassisch: alle Handwerkerleistungen, Reparaturen – Bau eines Fertighauses (<u>nicht</u> Kaufvertrag! Im Übrigen ist die Lieferung einer Sache mit gleichzeitiger Verpflichtung zur Montage immer ein Kaufvertrag) – Beförderungsvertrag (Personen und Güter) – Veranstaltungen: Theater-, Kinobesuch etc. (mit mietvertraglichem Element hinsichtlich des Sitzplatzes) – Friseurbesuch, Nagelmodellage, Tätowierung – Erstellung eines Gutachtens	– Arztvertrag (Leider ist der Arzt nicht verpflichtet, den Patienten gesund zu machen!) – Behandlungsvertrag mit einem Zahnarzt – Bewachungsvertrag – angestellte Reinigungskraft

c) Werklieferungsvertrag, § 651 BGB

Der Werklieferungsvertrag ist eine Mischung aus Kauf- und Werkvertrag: Wie beim Kaufvertrag verpflichtet sich der eine Vertragspartner dazu, eine Sache zu übereignen. Anders als beim Kaufvertrag muss die Sache aber vom Unternehmer hergestellt werden, wie beim Werkvertrag. Eine bloße Montageverpflichtung ist dabei nicht ausreichend: Dann handelt es sich nur um einen Kaufvertrag. Ein Werklieferungsvertrag liegt wirklich nur dann vor, wenn der Unternehmer eine Sache komplett neu herstellen muss und diese dann dem Besteller liefern muss. Dabei ist es auch möglich, dass das Material, aus dem die Sache hergestellt wird, dem Besteller gehört. Wichtig ist auch: Es muss um die Lieferung einer **beweglichen** Sache gehen, sonst handelt es sich um einen Werkvertrag.

Der Werklieferungsvertrag ist in einer einzigen Vorschrift geregelt: § 651 BGB. Dort wird in erster Linie auf das Kaufrecht verwiesen. Wenn es um die Herstellung einer nicht vertretbaren Sache geht, findet teilweise Werkvertragsrecht Anwendung.

d) Auftrag, §§ 662 ff. BGB

Mit dem Auftragsvertrag kann man seinen Mitmenschen einen Gefallen tun: Darin verpflichtet sich nämlich der Beauftragte, ein ihm von dem Auftraggeber übertragenes Geschäft für diesen **unentgeltlich** zu besorgen. »Geschäft« bedeutet dabei jede Tätigkeit im fremden Interesse. Immer wenn jemand etwas für einen anderen tut und der andere dafür nichts bezahlen muss, sollte man sich fragen, ob die Parteien nicht einen Auftragsvertrag geschlossen haben. Nur zur Erinnerung: Auch wenn bei einem Auftrag kein Geld im Spiel ist, kann ein Vertrag geschlossen worden sein! Allerdings muss man bei der Frage, ob ein Vertragsschluss vorliegt, schauen, ob beide Parteien eine Willenserklärung abgegeben haben, also ob beide einen Rechtsbindungswillen hatten. (Dazu siehe oben Kapitel Willenserklärung.)

e) Geschäftsbesorgungsvertrag

Ein weiterer Tätigkeitsvertrag ist der Geschäftsbesorgungsvertrag, geregelt in den §§ 675 ff. BGB. Im Rahmen des Geschäftsbesorgungsvertrages verpflichtet sich der eine Teil zur Geschäftsbesorgung, der andere Teil zu Entrichtung einer Vergütung. Eine Geschäftsbesorgung ist jede selbständige Tätigkeit wirtschaftlicher Art zur Wahrnehmung bestimmter Vermögensinteressen. Hierher gehören z.B. der Vertrag mit einem Rechtsanwalt oder Steuerberater oder auch der Girovertrag mit einer Bank.

3. Gebrauchsüberlassungsverträge

Bei den Gebrauchsüberlassungsverträgen darf der eine Teil eine Sache benutzen, die einem anderen gehört.

a) Mietvertrag, §§ 535 ff. BGB

Der wichtigste Gebrauchsüberlassungsvertrag ist der Mietvertrag. Durch den Mietvertrag verpflichtet sich der Vermieter, dem Mieter den Gebrauch der Mietsache während der Mietzeit zu gewähren. Im Gegenzug dazu verpflichtet sich der Mieter, den vereinbarten Mietzins zu zahlen, § 535 BGB. Am häufigsten wird Wohnraum gemietet. Mieten kann man grundsätzlich alle Sachen, aber auch Teile von Sachen, z.B. eine Hauswand zu Werbezwecken.

b) Leihvertrag, § 598

Beim Leihvertrag verpflichtet sich der Verleiher dazu, dem Entleiher den Gebrauch der Sache unentgeltlich zu gestatten, § 598 BGB. Es geht also genauso wie beim Mietvertrag um die Gebrauchsüberlassung einer Sache. Anders als beim Mietvertrag muss der Entleiher aber nichts dafür zahlen, dass er die Sache benutzen darf.

c) Pachtvertrag, §§ 581 ff. BGB

Der Pachtvertrag geht etwas weiter als der Mietvertrag. Der Pächter ist nicht nur berechtigt, die Sache zu gebrauchen, er ist auch »zum Genuss der Früchte« berechtigt. (Was tun Sie, wenn Sie jetzt nicht wissen, was mit »Früchten« gemeint ist? Genau das, was Sie immer tun, wenn Sie auf einen Begriff stoßen, der nicht ganz deutlich ist: Sie gucken in den allgemeinen Teil des BGB, ob Sie dort eine Legaldefinition finden.) Früchte sind gemäß § 99 Abs. 1 BGB die Erzeugnisse einer Sache. Ein Pachtvertrag liegt also immer dann vor, wenn der eine Teil die Sache nicht nur benutzen darf, sondern darüber hinaus mit der Sache auch arbeiten darf. Man kann gewerbliche Betriebe wie z.B. ein Hotel pachten oder eine Kiesgrube oder einen Kleingarten. In allen diesen Fällen will man die Sache nicht nur haben, sondern außerdem alles haben, was die Sache abwirft. (So will der Pächter einer Kiesgrube in dieser nicht nur zelten dürfen, sondern sie in erster Linie ausbeuten.)

4. Sonstige wichtige Verträge

Die nachfolgenden Verträge lassen sich nicht so richtig in die obigen Kategorien einordnen:

a) Schenkungsvertrag, § 516 ff. BGB

Wenn jemand das Vermögen eines anderen vermehrt und dies unentgeltlich geschieht, dann liegt zwischen den Beteiligten ein Schenkungsvertrag vor. Eine Schenkung ist also nicht nur ein einseitiges Rechtsgeschäft, sondern auch hier geben beide Parteien jeweils eine Willenserklärung ab.

b) Darlehensvertrag, §§ 488 ff. BGB

Bei einem Darlehensvertrag verpflichtet sich der Darlehensgeber (der, der das Darlehen gewährt) dem Darlehensnehmer (der, der das Darlehen bekommt) einen Geldbetrag zur Verfügung zu stellen. Im Gegenzug dazu verpflichtet sich der Darlehensnehmer für das erhaltene Geld Zinsen zu zahlen und das Geld bei Fälligkeit zurückzuzahlen, § 488 BGB. Wenn der Darlehensnehmer keine Zinsen zahlen muss, handelt es sich übrigens trotzdem um ein Darlehen (und nicht etwa um einen Leihvertrag).

c) Bürgschaft, §§ 765 ff. BGB

Bei einer Bürgschaft verpflichtet sich der Bürge gegenüber dem Gläubiger eines Dritten, dafür einzustehen, dass der Dritte seine Schuld begleicht. Tut er dies nicht, dann muss der Bürge in die eigene Tasche greifen. Der Gläubiger hat aufgrund des Bürgschaftsvertrages einen Zahlungsanspruch gegen den Bürgen. Wohlgemerkt: Der Bürgschaftsvertrag ist ein Vertrag zwischen dem Bürgen und dem Gläubiger, nicht zwischen dem Bürgen und dem Dritten. Zwischen denen besteht zwar auch meist irgendein Vertragsverhältnis, aus dem hervorgeht, warum sich der Bürge für den Dritten verbürgt, aber das ist eben nicht der eigentliche Bürgschaftsvertrag.

So, das waren die wichtigsten Verträge des BGB. Es gibt natürlich im BGB und darum herum noch viele weitere Verträge, die hier nicht aufgezählt werden können Sie erinnern sich: Es gilt Gestaltungsfreiheit. Man kann also auch Verträge ganz neu erfinden, von denen das BGB noch nie etwas gehört hat. Und dann gibt es Verträge, die verschiedene Verträge des BGB miteinander verbinden. Wenn man z.B. einen Aufenthalt in einem Hotel bucht, dann enthält dieser Vertrag Elemente von Miete (Zimmer), Kauf (Frühstück) und Dienstvertrag (Bedienung, Zimmermädchen). In diesem Fall spricht man von einem gemischten Vertrag.

Wichtig ist, dass für alle diese Verträge die gleichen Regeln aus dem allgemeinen Teil des BGB gelten: Vertragsschluss durch Angebot und Annahme, Stellvertretung, Geschäftsfähigkeit, Anfechtung ...

13. Kapitel:
Erfüllung und Erfüllungstatbestände

Was passiert, wenn jemand seine Schulden getilgt hat und wie kann man überhaupt seine Schulden tilgen?

1. Wirkung der Erfüllung
Fall: der Schuldner Habnix schuldet dem Gläubiger Gierig einen Betrag i.H.v. 500,– €. Habnix zahlt die 500,– € an Gierig. Kann Gierig jetzt immer noch 500,– € fordern?
Die Antwort ist natürlich: »Das wäre ja noch schöner! Der Schuldner hat gezahlt und damit ist die Angelegenheit vom Tisch.«

Im Grunde genommen ist ganz klar, was passieren muss, wenn man seine Schulden bezahlt hat: Der Gläubiger kann dann nichts mehr fordern, weil er das bekommen hat, was ihm zusteht. Das Ganze steht im Gesetz natürlich wieder etwas komplizierter. § 362 Abs. 1 BGB sagt zum Thema Erfüllung: »Das Schuldverhältnis erlischt, wenn die geschuldete Leistung an den Gläubiger bewirkt wird.«

Übertragen auf unser Beispiel bedeutet das: Wenn Schuldner Habnix gezahlt hat, besteht kein Anspruch des Gläubigers Gierig mehr. Das ist die Wirkung der Erfüllung. Gierig kann also nichts mehr verlangen, weil sein Anspruch erloschen ist.

2. Wie kann man als Schuldner einen Anspruch erfüllen?
»Na, man muss halt einfach zahlen!« Richtig, dass ist natürlich immer das Beste: Aber es ist natürlich mal wieder nicht ganz so einfach ... Erfüllung kann nämlich verschiedene Gesichter haben. Zunächst einmal soll es um den Normalfall der Erfüllung gehen:

a) Erfüllung im Sinne von § 362 Abs. 1 BGB (oder »einfach zahlen«)
Erfüllung im Sinne von § 362 Abs. 1 BGB bedeutet »das Bewirken der geschuldeten Leistung«. Das bedeutet übersetzt: Wenn der Schuldner an den Gläubiger die geschuldete Leistung zur richtigen Zeit am richtigen Ort erbringt, dann ist der Anspruch des Gläubigers erfüllt und erlischt. Der Umfang dessen, was der Schuldner für die Erfüllung tun muss, richtet sich nach dem, was er genau schuldet.

Beispiel: Beim Kaufvertrag schuldet der Verkäufer einer Sache die Übergabe und Übereignung der Sache, § 433 Abs. 1 S. 1 BGB. Die Erfüllung geschieht auf die Weise, dass der Verkäufer gemäß § 929 S. 1 BGB die Sache übereignet und übergibt. Wenn dies geschehen ist, ist der Anspruch des Käufers auf Übergabe und Übereignung der Sache erfüllt und erlischt gemäß § 362 Abs. 1 BGB.

Eine Geldschuld – wie z.B. die Verpflichtung des Käufers zur Zahlung des Kaufpreises, § 433 Abs. 2 BGB – kann durch Barzahlung an den Gläubiger erfolgen, also durch Übereignung von Geldscheinen. Sie kann aber auch durch eine Banküberweisung erfüllt werden.

Die Erfüllung i.S.v. § 362 Abs. 1 BGB ist der Idealfall der Beendigung des Schuldverhältnisses. Daneben gibt es aber auch andere Erfüllungstatbestände, die zum Erlöschen des Schuldverhältnisses führen:

b) Leistung an Erfüllungs statt, § 364 Abs. 1 BGB

Fall: Schuldner Habnix überredet seinen Gläubiger Gierig, anstelle der geschuldeten 500,– € ein Fernsehgerät anzunehmen. Ist die Forderung des Gierig damit erloschen?

Normalerweise erlischt der Anspruch des Gläubigers nur, wenn die **geschuldete** Leistung erbracht wird, s.o. Erbringt der Schuldner eine andere als die geschuldete Leistung, so erlischt das Schuldverhältnis nur dann, wenn der Gläubiger die Leistung **als Erfüllung** annimmt, § 364 Abs. 1 BGB. Man spricht dann von einer Leistung an Erfüllungs statt. Eine Leistung an Erfüllungs statt liegt aber nur dann vor, wenn die Parteien sich darüber **einig** sind, dass das Schuldverhältnis durch eine andere als die geschuldete Leistung **erlöschen** soll. Es ist ein Entgegenkommen des Gläubigers, wenn er eine andere Leistung als Erfüllung akzeptiert. Der Schuldner kann dem Gläubiger nicht eine andere als die geschuldete Leistung aufzwingen.

Wenn im genannten Fall Herr Gierig den Fernseher als Erfüllung annimmt, dann erlischt seine Forderung. Er wäre aber nicht dazu verpflichtet gewesen. Wenn er den Fernseher abgelehnt hätte, hätte er weiterhin die Zahlung des geschuldeten Betrages verlangen können.

c) Leistung erfüllungshalber

Fall: Schuldner Habnix schuldet Gläubiger Gierig 500,– €. Weil er gerade nicht flüssig ist, übereignet er dem Gierig seinen Fernseher. G. soll versuchen, den Fernseher zu verkaufen und auf diese Weise an sein Geld zu kommen. Ist bereits mit der Übereignung des Fernsehers die Forderung des Gierig erloschen?

Von der Leistung an Erfüllungs statt ist die Leistung erfüllungshalber zu unterscheiden. Im ersten Fall bewirkt die Annahme einer anderen als der geschuldeten Leistung das Erlöschen des Schuldverhältnisses: Bei der Leistung erfüllungshalber bleibt der Anspruch zunächst bestehen. Der Gläubiger soll durch die Verwertung des ihm erfüllungshalber geleisteten Gegenstandes befriedigt werden; erst dann erlischt die Schuld.

Ob eine Leistung an Erfüllungs statt oder eine Leistung erfüllungshalber vorliegt, muss durch Auslegung der Parteivereinbarung ermittelt werden. Also: Wollten die Parteien und insbesondere der Gläubiger wirklich, dass die Forderung erlöschen sollte? Dann liegt eine Leistung an Erfüllungs statt vor. Oder soll der Gläubiger einer Geldforderung die vom Schuldner gelieferte Sache vereinbarungsgemäß verkaufen, um dadurch zu seinem Geld zu kommen? Dann handelt es sich um eine Leistung erfüllungshalber.

d) Hinterlegung, §§ 372 ff. BGB

Fall: Schuldner Habnix schuldet dem Gläubiger Gierig die Übereignung eines sibirischen Tigers nebst dem dazugehörigen Diamantenhalsband und -leine. Habnix soll dies dem Gierig am 01.05. übergeben. Leider hat Gierig den vereinbarten Termin vergessen, Habnix will am nächsten Tag für mehrere

Monate eine Weltreise antreten und fragt sich, was er jetzt tun kann, um den Anspruch des Gierig auf Übereignung von Tiger und Halsband zum Erlöschen zu bringen.

Neben der Erfüllung gibt es noch weitere Möglichkeiten, um den Anspruch des Gläubigers erlöschen zu lassen. Eine davon ist die Hinterlegung. Unter bestimmten Umständen darf der Schuldner die Leistung beim Amtsgericht hinterlegen. Die Möglichkeit der Hinterlegung besteht allerdings nicht immer, sondern nur dann, wenn bestimmte Voraussetzungen vorliegen.

Der Schuldner hat die Möglichkeit der Hinterlegung nur dann, wenn
– ein Hinterlegungsgrund i.S.v. § 372 BGB besteht (aa) **und**
– die Sache hinterlegungsfähig ist (bb)

aa) Der Hinterlegungsgrund

Ein Hinterlegungsgrund besteht, wenn der Gläubiger im Annahmeverzug ist, § 372 S. 1 BGB. Annahmeverzug liegt dann vor, wenn der Gläubiger die angebotene Leistung – aus welchem Grund auch immer – nicht annimmt.

Ein weiterer Hinterlegungsgrund besteht bei einer unverschuldeten Unsicherheit über die Person des Gläubigers, § 372 S. 2 BGB (Bitte diese Vorschrift lesen und sich an der Verständlichkeit erfreuen). Das bedeutet übersetzt: Wenn sich plötzlich zwei Personen an den Schuldner wenden und jeder behauptet, dass er der richtige Gläubiger ist und der Schuldner gefälligst an ihn zahlen soll, dann darf der Schuldner die Sache hinterlegen. Die beiden Streithähne müssen sich dann einigen, wer die Sache vom Amtsgericht bekommt. Der Schuldner braucht sich um die Angelegenheit nicht mehr zu kümmern. So kann der Schuldner verhindern, dass er an den falschen Anspruchsteller zahlt und er dann noch einmal an den anderen zahlen muss.

bb) Hinterlegungsfähigkeit

Nicht jede Sache kann beim Amtsgericht hinterlegt werden. Es wäre ja auch für das Amtsgericht als Hinterlegungsstelle etwas schwierig, wenn die geschuldete Leistung z.B. eine Wagenladung Frischfisch oder eine Milchkuh wäre. Aus diesem Grund legt das BGB in § 372 fest, dass nur Geld, Wertpapiere, Urkunden und Kostbarkeiten hinterlegt werden können. Also nur Sachen, die sich gut verstauen lassen und nicht stinken.

Wenn eine Sache nicht hinterlegt werden kann, hat der Schuldner aber die Möglichkeit des Selbsthilfeverkaufes: Gemäß § 383 BGB kann der Schuldner die Sache versteigern lassen und dann den Erlös hinterlegen.

Im obigen Fall kann Habnix Leine und Halsband hinterlegen. Da Gierig sich im Annahmeverzug befindet, liegt auch ein Hinterlegungsgrund vor. Den Tiger kann Habnix natürlich nicht hinterlegen, da wird sich das Amtsgericht schön bedanken! Habnix bleibt insoweit nur die Möglichkeit des Selbsthilfeverkaufs.

Die Hinterlegung allein führt aber noch nicht dazu, dass der Anspruch des Gläubigers erlischt. Gemäß § 378 BGB wird der Schuldner durch die Hinterlegung von seiner Verbindlichkeit erst befreit, wenn die Rücknahme der hinterlegten Sache ausgeschlossen ist. Grundsätzlich hat der Schuldner nämlich zunächst noch ein Rücknahmerecht, §§ 376 Abs. 1 BGB. Erst wenn die Rücknahme gemäß § 376 Abs. 2 BGB ausgeschlossen ist, z.B. wegen des Verzichts auf das Rücknahmerecht, wirkt die Hinterlegung schuldbefreiend.

Wenn Schuldner Habnix also hinsichtlich des Halsbandes auf sein Recht zur Rücknahme verzichtet, erlischt der Anspruch des Gierig gegen ihn.

e) Aufrechnung

Fall: Schuldner Habnix steht diesmal besser da: Zwar hat Gläubiger Gierig wieder eine Forderung in Höhe von 500,– € gegen ihn, aber auch er hat einen Anspruch gegen Gierig i.H.v. 500,– €. Müssen sich Habnix und Gierig jetzt jeweils den Geldbetrag übereignen oder gibt es eine einfachere Möglichkeit?

Wenn sich zwei Leute gegenseitig Geld schulden, wäre es albern, wenn die Erfüllung erst dann eintreten würde, wenn die jeweiligen Geldbeträge übereignet worden sind. Deshalb kann das Ganze vereinfacht werden, indem einer der beiden die Aufrechnung erklärt. Die Aufrechnung bewirkt, dass die Forderungen, soweit sie sich decken, als in dem Zeitpunkt erloschen gelten, in welchem sie zur Aufrechnung geeignet einander gegenübergetreten sind, § 389 BGB (fragen Sie jetzt bitte nicht, wie sich Forderungen gegenübertreten können, das BGB liebt es nun einmal schwülstig).

Übersetzt bedeutet das: Wechselseitig bestehende Forderungen können durch die Erklärung eines Beteiligten gleichzeitig getilgt werden. Beide Forderungen erlöschen dann.

Um aufrechnen zu können, muss nach folgendem Rezept vorgegangen werden:

1. Man nehme zwei **gegenseitige Forderungen**: Zwei Personen müssen einander Leistungen schulden, § 387 BGB. Jede der beiden Personen muss zugleich Gläubiger und Schuldner der anderen sein.

2. **Die Forderungen müssen gleichartig sein**, d.h. auf gleiche Gegenstände gerichtet sein. Der Hauptfall ist natürlich Geld. Es würden auch Äpfel gegen Äpfel gehen, nicht aber Äpfel gegen Birnen. Bitte beachten: Gleichartigkeit bedeutet **nicht**, dass die Forderungen in der gleichen Höhe bestehen müssen! Im Fall könnte Habnix auch aufrechnen, wenn er nur eine Forderung i.H.v. 300,– € hätte. Dann müsste er eben noch 200,– € zahlen, aber der Rest wäre durch Aufrechnung erloschen.

3. **Die Forderung desjenigen, der aufrechnen will, muss fällig und durchsetzbar sein.** Das bedeutet, dass der Schuldner dieser Forderung jetzt zur Leistung verpflichtet sein muss. Wenn der Schuldner erst zu einem späteren Zeitpunkt leisten müsste oder der Forderung eine Einrede entgegenhalten kann, kann nicht aufgerechnet werden.

4. **Die Aufrechnung muss erklärt werden**. Die Wirkung der Aufrechnung tritt nur ein, wenn bei bestehender Aufrechnungslage eine Aufrechnungserklärung gegenüber dem anderen Teil abgegeben wird, § 388 BGB. Wenn keiner der beiden etwas erklärt, bleiben die Forderungen unverändert bestehen. Erst wenn einer der beiden die Aufrechnung erklärt, erlöschen beide Forderungen.

Wenn diese Voraussetzungen vorliegen, erlöschen die Forderungen, soweit sie sich decken.

In unserem Fall könnte Habnix also die Aufrechnung erklären. Dann müsste er nichts mehr an Gierig zahlen, würde aber auch nichts mehr von ihm bekommen. Beide Forderungen wären erloschen. Keiner könnte dann noch etwas vom anderen verlangen.

f) Erlassvertrag (oder: »lass mal stecken«)

Fall: Gläubiger Gierig schreibt an seinen Schuldner Habnix, dass er in seiner grenzenlosen Güte auf seine noch offene Darlehensforderung i.H.v. 500,– € verzichte. Habnix schreibt zurück, dass es ihn in seiner Ehre kränke, wenn er sich von Gierig etwas schenken lasse. Später verlangt Gierig dann Zahlung: Habnix beruft sich darauf, dass Gierig auf die Forderung verzichtet habe.

Zum Abschluss noch die für den Schuldner netteste Möglichkeit, wie ein Anspruch auch erlöschen kann: Der Gläubiger kann dem Schuldner die Schuld erlassen, § 397 Abs. 1 BGB. Dies geschieht interessanterweise durch einen Vertrag zwischen dem Gläubiger und dem Schuldner: Der Gläubiger kann also nicht einseitig auf seinen Anspruch verzichten, der Schuldner muss dem zustimmen.

Im Fall hat der Habnix dem Gierig mitgeteilt, dass er das Angebot des Gierig auf Abschluss eines Erlassvertrages nicht annehmen will. Daher ist der Erlassvertrag nicht zustande gekommen und die Forderung ist somit auch nicht erloschen.

14. Kapitel:
Leistungszeit und Leistungsort

Damit der Schuldner von seiner Leistungspflicht frei wird, muss er seine Leistung zur **richtigen Zeit und am richtigen Ort** erbringen. Wann und wo er leistet, darf er sich nicht selbst aussuchen. Er hat sich in erster Linie danach zu richten, was die Parteien vereinbart haben. Und wenn die Parteien nichts vereinbart haben, dann darf er es sich trotzdem nicht aussuchen. Für diesen Fall hat das BGB ein paar Paragrafen für ihn, die ihm sagen, wann und wo er leisten muss.

1. Die Leistungszeit

Fall: Arbeitnehmer Treu hat von seinem Arbeitgeber im Arbeitsvertrag ein Weihnachtsgeld in Höhe von 1.000,– € zugesagt bekommen. Ein genauer Zahlungstermin für dieses Geld wurde allerdings nicht vereinbart. Voller Freude sieht Treu Anfang Dezember auf seine Kontoauszüge, kann aber keinen Zahlungseingang feststellen. Bis Mitte des Monats kommt nichts. Treu, der in Erwartung dieses Geldes kein zusätzliches Geld für das Weihnachtsfest zurückgelegt hat, wird nervös. Das Weihnachtsfest kommt und geht, ohne dass das Geld auf seinem Konto erscheint. (Entsprechend »ausgelassen« ist die Stimmung bei Familie Treu am Heiligen Abend. Frau Treu serviert schmallippig und vorwurfsvoll trockenes Brot und Kamillentee, es gibt weder Baum noch Geschenke.) Am 2. Januar ist das Weihnachtsgeld endlich da. Als Treu seinen Arbeitgeber darauf anspricht, sagt dieser nur, dass er das in Zukunft immer so handhaben werde, das sei für ihn günstiger. Schließlich habe man ja auch keinen genauen Zahlungstermin vereinbart. Außerdem würde Treu dann nicht so viel unnützes Geld für Weihnachten ausgeben, solle ihm also dankbar für seine Umsicht sein. Treu fragt sich, ob er das im nächsten Jahr wieder so hinnehmen muss?

Das BGB beantwortet die Frage, wann der Schuldner leisten muss, in § 271 Abs. 1 BGB. Dort heißt es: »Ist eine Zeit für die Leistung weder bestimmt noch aus den Umständen zu entnehmen, so kann der Gläubiger die Leistung sofort verlangen, der Schuldner sie sofort bewirken.«
Aus der Formulierung von 271 BGB geht hervor, dass man zwei unterschiedliche Zeitpunkte auseinanderhalten muss: Aus der Sicht des Gläubigers ist entscheidend, wann er die Leistung **fordern kann**. Aus der Sicht des Schuldners ist wichtig, wann er die Leistung **erbringen darf**. Wenn der Gläubiger die Leistung fordern kann, der Schuldner also leisten **muss**, ist der Anspruch **fällig**. Wenn der Schuldner die Leistung erbringen kann, ist der Anspruch **erfüllbar**. Diese beiden Zeitpunkte können zusammenfallen, wie es in § 271 Abs. 1 BGB vorgesehen ist. Es kann aber auch so sein, dass der Schuldner die Leistung schon erbringen darf, der Gläubiger sie aber noch nicht fordern kann. Darum geht es in § 271 Abs. 2 BGB (dazu s.u.).

»Weder bestimmt noch aus den Umständen zu entnehmen ...« Aus dieser Formulierung geht hervor, dass man zunächst immer gucken muss, ob eine Leistungszeit **bestimmt** worden ist. Erst wenn man dazu nichts findet, muss man sich fragen, ob die Umstände für eine bestimmte Leistungszeit sprechen oder ob man zuletzt auf § 271 BGB zurückgreifen muss.

a) Bestimmung der Leistungszeit durch Vereinbarung der Parteien

Man schaut also zunächst einmal danach, ob die Parteien eine bestimmte Leistungszeit vereinbart haben. Eigentlich ist das BGB da etwas zu ausführlich, wenn es noch einmal ausdrücklich darauf hinweist. Es ist doch klar, dass man immer erst auf die Vereinbarungen der Parteien guckt. Sie erinnern sich: Schließlich haben die Parteien ja Gestaltungsfreiheit. Sie können alles vereinbaren, was ihnen in den Kram passt.

Wenn also eine bestimmte Zeit vereinbart worden ist, dann ist die Leistung zu diesem Zeitpunk fällig und erfüllbar. Schwierig wird es, wenn die Parteien kein bestimmtes Datum oder einen bestimmten Zeitraum vereinbart haben, sondern nur gesagt haben: »in Kürze« oder »schnellstmöglich«. Je nachdem, um welche Leistung es geht, muss man sich dann fragen, wie lange es dauert, diese Leistung zu erbringen. Bei der Lieferung von Möbeln kann man z.B. nach vier bis sechs Wochen die Leistung verlangen. Ein Buch kann man schon nach kürzerer Zeit, vielleicht nach einer Woche verlangen.

b) Bestimmung der Leistungszeit durch spezielle gesetzliche Regelungen

Wenn es keine Vereinbarung zwischen den Parteien gibt, muss man (wie immer) gucken, ob das BGB nicht eine spezielle gesetzliche Regelung für diesen Fall bereithält. Hier gibt es haufenweise Paragrafen. Man muss also im Einzelfall die gesetzlichen Regelungen zu dem Vertrag, den man gerade am Wickel hat, durchflöhen, ob sich nicht irgendwo eine Norm findet, die eine bestimmte Leistungszeit vorschreibt. Beispiele:

– § 556 b Abs. 1 BGB bestimmt für den Mietvertrag, dass die Miete zu Beginn, spätestens bis zum dritten Werktag der einzelnen Zeitabschnitte zu entrichten ist, nach denen sie bemessen ist. Im Regelfall ist die Miete monatlich zu zahlen, also bis zum dritten Werktag eines jeden Monats im Voraus.

– § 614 BGB bestimmt für den Dienstvertrag, dass die Vergütung nach der Leistung der Dienste zu entrichten ist. Wenn die Vergütung nach Zeitabschnitten bemessen ist, ist die Vergütung nach Ablauf der Zeitabschnitte zu entrichten ist. Das bedeutet, dass der Dienstverpflichtete erst seine Dienste erbringt und dann erst dafür bezahlt wird.

c) Leistungszeit ist aus den Umständen zu entnehmen

Wenn es weder eine Vereinbarung der Parteien noch eine spezielle gesetzliche Regelung gibt, besteht noch die Möglichkeit, die Leistungszeit den Umständen zu entnehmen. Das ist natürlich eine ziemlich schwammige Angelegenheit: Welche Umstände? Und wie kann man aus ihnen eine Leistungszeit entnehmen? Auch hier muss man wieder darauf gucken, um was für einen Vertrag es eigentlich geht. Wenn man dann sagen kann: »Klar, da kann nur zu dem Zeitpunkt geleistet werden und nicht früher oder später«, dann ergibt sich diese Leistungszeit aus den Umständen. Beispiel: Wenn ein Opernliebhaber vor Beginn der Opernaufführung mit der berühmten Sängerin Lucia di Jammertur vor dem ausverkauften Opernhaus steht und endlich jemanden findet, der ihm noch eine Karte verkauft, dann will er diese Karte auch sofort haben. Wenn der Kartenverkäufer erst noch nach Hause fährt, um die Karte zu holen, sodass der Opernabend schon halb gelaufen ist, nützt ihm die Karte nicht viel. Hier ergibt sich aus den Umständen, dass der Verkäufer die Karte sofort hergeben muss.

Weiteres Beispiel: Wenn jemand ein undichtes Dach hat, ist klar, dass der Dachdecker möglichst sofort kommen muss und nicht den Winter (!) abwarten darf.

Letztes Beispiel: Wenn ein Bauunternehmer sich gegenüber einem Grundstückseigentümer verpflichtet, auf dessen Grundstück ein Fertighaus zu errichten, dann ist diese Verpflichtung erst dann fällig, wenn die Baugenehmigung für das Haus erteilt worden ist. Vorher darf der Bauunternehmer ja noch gar nicht bauen, dann darf der Grundstückseigentümer das auch nicht von ihm verlangen.

Im obigen Fall gab es keine Vereinbarung zwischen den Parteien und auch keine spezielle gesetzliche Regelung (Irgendwelche Tarifvereinbarungen bleiben jetzt mal unberücksichtigt). Also kann man es mit den »Umständen« versuchen: Es ist klar, dass ein »Weihnachtsgeld« vor Weihnachten gezahlt werden muss, damit noch Weihnachtseinkäufe davon getätigt werden können. Nach Weihnachten erfüllt es seinen eigentlichen Zweck nicht mehr. Also ergibt sich auch hier aus den Umständen, dass das Geld noch rechtzeitig, bis spätestens eine Woche vor Weihnachten, gezahlt werden muss.

d) Leistungszeit nach § 271 Abs. 1 BGB

Erst wenn sich die Leistungszeit weder aus einer Bestimmung der Parteien oder dem Gesetz oder aus den Umständen entnehmen lässt, kommt § 271 Abs. 1 BGB zum Zuge. Diese Vorschrift ist der Notnagel, wenn man die Leistungszeit nicht anders bestimmen kann: Dann darf der Gläubiger die Leistung sofort verlangen, der Schuldner sofort erfüllen.

e) Erfüllbarkeit nach § 271 Abs. 2 BGB

Fall: Herr Langweilig möchte seine Frau zum Hochzeitstag überraschen. Er bestellt deshalb beim Möbelverkäufer Flink eine neue Hollywoodschaukel. Er vereinbart mit Flink, dass die Schaukel am 30.03 geliefert werden soll. Das ist der Hochzeitstag. Warum ihm dieses Datum so wichtig ist, teilt er allerdings Herrn Flink nicht mit. Herr Flink bekommt die Hollywoodschaukel selbst bereits schon eher geliefert und steht deshalb schon drei Tage vor dem vereinbarten Termin bei Langweiligs auf der Matte. Herr Langweilig will die Schaukel aber nicht nehmen. Er meint, dass er dazu vor dem vereinbarten Termin auch nicht verpflichtet ist. Hat er recht?

§ 271 Abs. 2 BGB hält noch ein Bonbon für den Schuldner bereit: Wenn eine Leistungszeit bestimmt ist, darf der Gläubiger die Leistung nicht vorher fordern.

Im obigen Fall dürfte Herr Langweilig also nicht auf die Idee kommen, die Hollywoodschaukel schon zwei Wochen vor dem Termin zu verlangen.

Der Schuldner darf aber schon vor dem bestimmten Termin leisten, wenn ihm danach ist. Der Gläubiger darf den Schuldner also nicht daran hindern, zu leisten, bevor er eigentlich muss. Allerdings gilt das nur »im Zweifel«. Wenn durch die frühere Leistung irgendwelche Rechte des Gläubigers beeinträchtigt werden, dann darf der Schuldner noch nicht leisten. Wenn der Gläubiger z.B. durch die vorzeitige Rückzahlung eines Darlehens Zinsansprüche verliert, dann darf der Schuldner nicht früher zahlen.

In unserem Beispiel ist allerdings nicht ersichtlich, dass Herr Langweilig in irgendwelchen Rechten beeinträchtigt wird. Er hat Herrn Flink ja noch nicht einmal darauf hingewiesen, dass das

Lieferdatum für ihn von besonderer Bedeutung ist. Also darf Herr Flink schon vor dem vereinbarten Datum liefern.

Zusammenfassende Übersicht zur Leistungszeit:

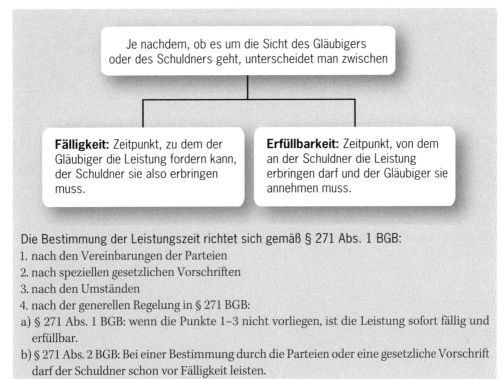

Je nachdem, ob es um die Sicht des Gläubigers oder des Schuldners geht, unterscheidet man zwischen

Fälligkeit: Zeitpunkt, zu dem der Gläubiger die Leistung fordern kann, der Schuldner sie also erbringen muss.

Erfüllbarkeit: Zeitpunkt, von dem an der Schuldner die Leistung erbringen darf und der Gläubiger sie annehmen muss.

Die Bestimmung der Leistungszeit richtet sich gemäß § 271 Abs. 1 BGB:

1. nach den Vereinbarungen der Parteien
2. nach speziellen gesetzlichen Vorschriften
3. nach den Umständen
4. nach der generellen Regelung in § 271 BGB:
   a) § 271 Abs. 1 BGB: wenn die Punkte 1–3 nicht vorliegen, ist die Leistung sofort fällig und erfüllbar.
   b) § 271 Abs. 2 BGB: Bei einer Bestimmung durch die Parteien oder eine gesetzliche Vorschrift darf der Schuldner schon vor Fälligkeit leisten.

2. Der Leistungsort

Fall: Das Schuldach der Grundschule in der Verbandsgemeinde Schnurpseldingen ist undicht. Einige Dachpfannen haben sich gelöst. Der Hausmeister ruft deshalb den Dachdeckermeister Holzkopf an, damit er zu Hilfe eilt. Dieser sagt auch zu, das Dach sofort zu reparieren. Als er im Laufe des Tages nicht erscheint, ruft der Hausmeister ihn wieder an und fragt, wo er bleibe. Holzkopf fragt zurück, warum denn das Dach bisher noch nicht vorbeigebracht wurde? Darauf weiß der Hausmeister allerdings auch keine Antwort mehr. Wo ist denn in diesem Fall der Leistungsort?

Der Leistungsort ist der Ort, an dem der Schuldner seine Leistung erbringen muss. Nur die Leistung an der richtigen Stelle befreit den Schuldner von seiner Leistungspflicht. Der Ort, an dem der Schuldner seine Leistungshandlung vornimmt, ist aber nicht immer automatisch der Ort, an der auch der Leistungserfolg eintritt. Wenn z.B. der Verkäufer auf Verlangen die bestellte Ware verschickt, dann wird die Leistungshandlung dort vorgenommen, wo der Verkäufer seinen Gewerbebetrieb hat: Hier werden die Waren verpackt und losgeschickt. Die Erfüllungswirkung tritt aber am Wohnsitz des Käufers ein. Erst dort wird der Käufer Eigentümer der verschickten Ware. Man unterscheidet deshalb zwischen **Leistungsort** und **Erfolgsort**:

– Leistungsort ist der Ort, an dem der Schuldner seine Leistungshandlung vornimmt.
– Erfolgsort ist der Ort, an dem der Leistungserfolg eintritt.

Wo jeweils der Leistungs- und der Erfolgsort liegen, richtet sich danach, was genau geschuldet wird. Hier wird unterschieden zwischen Hol-, Bring- und Schickschulden:

– bei der **Holschuld** muss der Gläubiger die Leistung beim Schuldner holen. Der Schuldner muss nichts weiter tun, als die Leistung zur Abholung bereitzuhalten. **Leistungs- und Erfolgsort sind am Wohnsitz des Schuldners.**
– bei der **Bringschuld** ist es genau entgegengesetzt: Hier muss der Schuldner dem Gläubiger die Leistung bringen. **Leistungs- und Erfolgsort liegen am Wohnsitz des Gläubigers.**
– Nur bei der **Schickschuld** fallen Leistungs- und Erfolgsort auseinander: der Schuldner muss die Leistung an den Gläubiger verschicken. **Der Leistungsort ist am Wohnsitz des Schuldners, der Erfolgsort am Wohnsitz des Gläubigers.**

Wo genau der Leistungsort jeweils liegt bzw. ob eine Hol-, Schick oder Bringschuld vorliegt, ist in § 269 BGB geregelt. Ebenso wie in § 271 BGB ist danach zunächst das entscheidend, was »bestimmt« ist. Man muss also zunächst wieder nur gucken, was die Parteien vereinbart haben oder ob es spezielle gesetzliche Regelungen gibt. Wenn man dazu nichts findet, kann man wieder gucken, ob sich aus den Umständen der Leistungsort entnehmen lässt. Und wenn auch das nicht weiterhilft, kommt die generelle Regelung in § 269 Abs. 1, 2 BGB zum Zuge: Dann ist der Leistungsort am Wohnsitz des Schuldners bzw. am Ort der gewerblichen Niederlassung. Wenn also nichts bestimmt oder aus den Umständen zu entnehmen ist, dann kommt das BGB zu dem Ergebnis, dass eine Holschuld vorliegt. Eine Ausnahme von diesem Grundsatz der Holschuld ordnet § 270 BGB für Geldschulden an: Geld hat der Schuldner im Zweifel auf seine Gefahr und seine Kosten dem Gläubiger an dessen Wohnsitz zu übermitteln. Der Gläubiger muss sich also sein Geld nicht beim Schuldner abholen, sondern er bekommt es durch Barzahlung oder Überweisung an seinen Wohnsitz oder seine gewerbliche Niederlassung (§ 270 Abs. 2 BGB) übermittelt.

Wie bei § 271 BGB gilt also wieder folgende Prüfungsreihenfolge zur Ermittlung des Leistungsortes:

a) Bestimmung des Leistungsortes durch die Vereinbarung der Parteien
Wie immer geht dieser Punkt allem anderen vor. Wir haben schließlich Gestaltungsfreiheit. Die Parteien können also frei vereinbaren, wo der Schuldner seine Leistung erbringen soll.

b) Bestimmung des Leistungsortes durch spezielle gesetzliche Regelungen
Wenn es keine Vereinbarung gibt, muss man prüfen, ob sich nicht für den jeweiligen Fall, um den es geht, eine spezielle gesetzliche Regelung findet. So muss z.B. bei einem Verwahrungsvertrag (Jemand bewahrt für einen anderen eine Sache auf) gemäß § 697 Abs. 1 BGB die Rückgabe an dem Ort erfolgen, wo die Sache aufbewahrt war. Der Verwahrer muss die Sache nicht demjenigen bringen, für den er sie verwahrt hat.

c) Bestimmung des Leistungsortes nach den Umständen
Wenn auch keine besondere gesetzliche Regelung eingreift, muss man wieder schauen, ob sich nicht schon aus den Umständen ein bestimmter Leistungsort ergibt. Genauso wie bei der Leistungszeit ist das dann der Fall, wenn ganz klar ist, dass die Leistung nur an einem Ort erbracht werden kann. Wenn der Hauseigentümer Heizöl bestellt, dann ist klar, dass der Verkäufer ihm das Öl mit dem Tankwagen liefern muss und bei ihm in den Tank füllen muss. Der Hausbesitzer muss sich dass Öl nicht selbst im Eimer abholen und nach Hause tragen. Es ergibt sich also aus den Umständen, dass es hier um eine Bringschuld geht.

Auch im obigen Fall ergibt sich der Leistungsort aus den Umständen: Es ist klar, dass die Grundschule nicht ihr Dach abschrauben und zu Holzkopf hintragen kann. Er muss natürlich zu ihr kommen. Der Leistungsort ist also bei auf dem Dach der Grundschule, weil nur hier die Leistung überhaupt erbracht werden kann.

d) Bestimmung des Leistungsortes nach den §§ 270; 271 BGB

Und wenn das alles nicht weiterhilft, dann muss man wieder auf die generelle gesetzliche Regelung zurückgreifen: Dann hat die Leistung gemäß § 269 Abs. 1 BGB am Wohnort des Schuldners zu erfolgen (= Holschuld). Ausnahme: Es geht um die Zahlung von Geld. Das muss gemäß § 270 BGB an den Wohnort des Gläubigers übermittelt werden.

Zusammenfassende Übersicht zum Leistungsort:

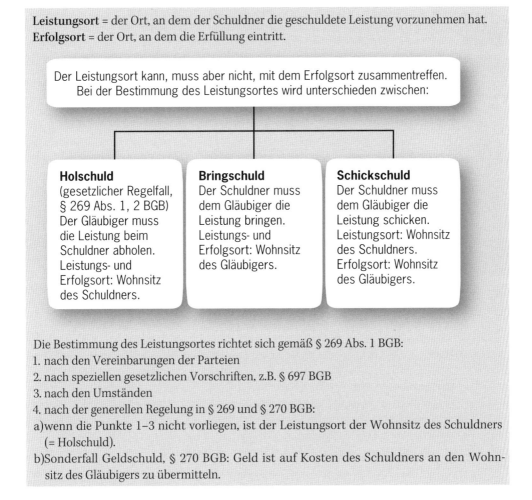

Die Bestimmung des Leistungsortes richtet sich gemäß § 269 Abs. 1 BGB:

1. nach den Vereinbarungen der Parteien
2. nach speziellen gesetzlichen Vorschriften, z.B. § 697 BGB
3. nach den Umständen
4. nach der generellen Regelung in § 269 und § 270 BGB:
   a) wenn die Punkte 1–3 nicht vorliegen, ist der Leistungsort der Wohnsitz des Schuldners (= Holschuld).
   b) Sonderfall Geldschuld, § 270 BGB: Geld ist auf Kosten des Schuldners an den Wohnsitz des Gläubigers zu übermitteln.

15. Kapitel: Leistungsstörungen

In den beiden vorangegangenen Kapiteln ging es um die Frage, was der Schuldner tun muss, um seine Leistungspflicht gegenüber dem Gläubiger zu erfüllen. Nur wenn der Schuldner die geschuldete Leistung zur richtigen Zeit und am richtigen Ort erbringt, dann ist der Anspruch des Gläubigers erfüllt und erlischt.

Nicht immer erbringt der Schuldner die geschuldete Leistung so, wie er sie erbringen soll. Wenn der Schuldner eine Leistungspflicht nicht ordnungsgemäß erfüllt, sondern irgendetwas falsch macht, spricht man von **Leistungsstörungen:** Der Schuldner stört seine eigene ordnungsgemäße Leistung.

Der Schuldner kann auf ganz unterschiedliche Weise die Verpflichtungen, die ihn gegenüber dem Gläubiger treffen, verletzen. Es gibt im Wesentlichen vier Dinge, die schieflaufen können:

1. Der Schuldner kann die Leistung nicht erbringen, weil die Leistung nicht mehr möglich ist (= Unmöglichkeit, § 275).
2. Der Schuldner leistet nicht rechtzeitig, sondern verspätet (= Schuldnerverzug, § 286).
3. Der Schuldner erbringt eine schlechte Leistung (= Gewährleistungsrecht, z.B. §§ 434 ff. für den Kaufvertrag, §§ 633 ff. für den Werkvertrag).
4. Der Schuldner erbringt zwar die Leistung selbst ordnungsgemäß, er verletzt dabei aber eine ihm gegenüber dem Gläubiger obliegende Pflicht (= Nebenpflichtverletzung).

Wenn der Schuldner nicht das tut, was er soll, dann stellt sich die Frage für den Gläubiger, was er für Rechte gegen den Schuldner geltend machen kann. Je nach Art der Leistungsstörung können das sein: Schadensersatz, Rücktritt oder Gewährleistungsrechte.

Übersicht zu Arten von Leistungsstörung und den Rechtsfolgen:

Art der Leistungsstörung:		Rechtsfolgen?
A. Unmöglichkeit	Der Schuldner kann nicht leisten	– § 275 BGB: Leistungsanspruch entfällt – Herausgabe des Ersatzes – Rücktritt: § 323 BGB – nur bei Verschulden: Schadensersatz: § 280 1, 3; § 283 BGB – Aufwendungsersatz
B. Verzug	Der Schuldner leistet verspätet	– Schadensersatz: – Verzögerungsschaden: § 280 1, 2; § 286 BGB – statt der Leistung: § 280 1, 3; § 281 BGB – Rücktritt: § 323 BGB
C. Schlechtleistung	Der Schuldner leistet mangelhaft	§ 437 BGB (Kaufvertrag) § 634 BGB (Werkvertrag) – Nacherfüllung – Rücktritt – Schadensersatz
D. Nebenpflichtverletzung	Der Schuldner verletzt eine Pflicht gemäß § 241 Abs. 2 BGB: Rücksichtnahme, Aufklärung und Beratung	§ 280 i.V.m. § 241 Abs. 2 BGB Schadensersatz

Jetzt soll es darum gehen, was im Einzelnen passiert, wenn der Schuldner eine vertragliche Pflicht verletzt.

A. Unmöglichkeit, § 275 BGB

Fall: Bert Brummsel, Leiter des Bauhofes der Gemeinde Schnurpseldingen, erwirbt vom Landmaschinenhändler Lotterlich einen gebrauchten Rasentrecker für die Grünflächenpflege der Gemeinde. Bevor die Gemeinde Schnurpseldingen den Trecker abholen kann, schlägt der Blitz in die Verkaufshalle von Lotterlich ein. Von dem Trecker bleibt nichts übrig. Brummsel fragt sich, welche Rechte der Gemeinde gegen Lotterlich zustehen? Lotterlich hingegen findet, dass ihm die Gemeinde den geschuldeten Kaufpreis i.H.v. 5.000,– € zahlen muss. Hat hier überhaupt jemand Ansprüche?

Unmöglichkeit liegt immer dann vor, wenn der Schuldner die Leistung – aus welchem Grund auch immer – nicht erbringen kann. Dabei kann es sein, dass es **für niemanden möglich** ist, die Leistung zu erbringen. Dann spricht man von **objektiver Unmöglichkeit**. Es kann aber auch sein, dass es **nur für den Schuldner unmöglich** ist, die Leistung zu erbringen. Jemand anderes könnte die Leistung erbringen. Dann spricht man von **subjektiver Unmöglichkeit**.

Was passiert, wenn die Leistung unmöglich ist, ist in § 275 Abs. 1 BGB geregelt. Gemäß § 275 Abs. 1 BGB ist der Anspruch auf die Leistung ausgeschlossen, soweit diese für den Schuldner oder für jedermann unmöglich ist. Das BGB sagt also ganz einfach: »Wenn der Schuldner nicht leisten kann, dann muss er auch nicht leisten. Niemand soll zu einer Leistung verpflichtet sein, die er nicht erbringen kann.« Was erst einmal sehr nett klingt, ist aber eigentlich nur zwingend: Wie soll man denn auch eine Leistung erbringen, wenn das gar nicht geht? (Wenn Sie übrigens jetzt meinen, dass man für dieses Ergebnis kein BGB braucht, sondern nur gesunden Menschenverstand, haben Sie natürlich recht!)
Die Gründe, weswegen die Leistung unmöglich ist, können sehr vielfältig sein:

I. Auf welche Weise wird die Leistung unmöglich?

a) Die Leistung kann von niemandem mehr erbracht werden, weil der Leistungsgegenstand nicht mehr vorhanden ist (= die geschuldete Sache ist im Eimer).

Zunächst kann die Leistung unmöglich sein, weil dass, was geleistet werden sollte, gar nicht mehr existiert. Wenn die Sache unwiederbringlich zerstört ist, kann niemand mehr die geschuldete Leistung erbringen.

Um diesen Fall geht es im obigen Beispiel: Von dem Trecker sind nur noch verkohlte Reste übrig. Das Fahrzeug existiert nicht mehr.

b) Die Leistung kann nicht erbracht werden, weil der Schuldner die Sache nicht hat, sondern ein Dritter

Die Leistung kann unmöglich sein, weil die Sache, die geleistet werden sollte, nicht mehr im Besitz des Schuldners ist. Wenn ein Dritter die Sache hat, weil er Eigentümer ist oder die Sache gestohlen hat, dann kann der Schuldner die Leistung nicht erbringen. Nur derjenige, der die Sache hat, könnte die Leistung erbringen. Wenn die Sache gestohlen ist, hat der Schuldner keine Möglichkeit, die Sache zu beschaffen, wenn nicht die Polizei ihm dabei hilft. Wenn ein Dritter Eigentümer der Sache ist, kann der Schuldner nur versuchen, den Eigentümer dazu zu überreden, ihm die Sache zu verkaufen. Wenn der Eigentümer dazu aber nicht bereit ist, dann ist dem Schuldner die Leistung unmöglich.

Das wäre in unserem Beispiel der Fall, wenn der Trecker nicht verbrannt wäre, sondern von Herrn Lotterlich noch vor dem Abholen an einen anderen Interessenten verkauft worden wäre. Dieser ist nicht bereit, den Trecker herauszurücken, egal, welcher Preis ihm dafür geboten wird. Der zweite Käufer könnte die Leistung erbringen, wenn er wollte. Nicht aber Herr Lotterlich. Ihm ist die Leistung unmöglich (= subjektive Unmöglichkeit).

c) Der Leistungserfolg ist auf andere Weise eingetreten (= Zweckerreichung).

Manchmal kann es auch passieren, dass der Leistungserfolg, den der Schuldner herbeiführen sollte, ohne Zutun des Schuldners auf andere Weise eintritt.

Beispiel: Gustaf Gourmet verschluckt sich in einem Restaurant an einer Fischgräte und leidet an akuter Atemnot. Ein Arzt wird herbeigerufen. Bevor dieser eintrifft, hat der Oberkellner mit einem gekonnten Handgriff Herrn Gourmet von der Gräte befreit. Der Arzt kann nichts mehr tun.

Weiteres Beispiel: das Auto von Fräulein Blond will morgens nicht anspringen. Verzweifelt ruft sie die Werkstatt an, damit ihr von dort jemand zu Hilfe eilt. Bevor der Mechaniker bei ihr eintrifft, hat der hilfreiche Nachbar den Wagen wieder in Gang gebracht.

d) Der Gegenstand, an dem die Leistung erbracht werden soll, existiert nicht mehr (= Zweckfortfall).

Wenn eine Leistung an einem Gegenstand zu erbringen ist und der Gegenstand nicht mehr da ist, dann ist die Leistung auch unmöglich geworden.

Beispiel: Das Haus des Gläubigers, dessen Dach vom Schuldner neu gedeckt werden sollte, brennt vorher ab.

e) Der Leistungserfolg wird durch Zeitablauf unmöglich

Bei einigen Verträgen ist die Einhaltung der Leistungszeit so wichtig, dass die Leistung zu einem späteren Zeitpunkt keine Erfüllung mehr darstellt. Der Gläubiger kann die Leistung nur zu einem ganz bestimmten Zeitpunkt gebrauchen. Später nützt sie ihm nichts mehr. Man spricht dann von einem **absoluten Fixgeschäft**. Obwohl die Leistung selbst noch möglich wäre, wird in diesen Fällen so getan, als wäre die Leistung unmöglich.

Beispiel: Herr Sausewind hat eine Flugreise gebucht. Am Tag vor dem Abflug bestellt er sich ein Taxi, um pünktlich am Flughafen zu sein. Er weist das Taxiunternehmen ausdrücklich darauf hin, wie wichtig es ist, dass das Taxi pünktlich kommt. Trotzdem verspätet sich das Taxi um zwei Stunden, sodass Herr Sausewind seinen Flug verpasst. Das Taxi könnte ihn zwar noch zum Flughafen bringen, aber das stellt für Sausewind keine Erfüllung mehr dar.

In allen eben aufgeführten Fällen liegt Unmöglichkeit i.S.v. § 275 Abs. 1 BGB vor, mit der Folge, dass der Schuldner von seiner Leistungspflicht befreit wird. Er muss die Leistung nicht erbringen, weil er sie gar nicht erbringen kann.

In unserem Beispiel muss Lotterlich den Trecker also nicht leisten, weil es sie ja gar nicht mehr gibt. Er wird gemäß § 275 Abs. 1 BGB von seiner Leistungspflicht befreit.

f) Unmöglichkeit bei Gattungsschulden

Fall: Herr Miefig, stolzer Eigentümer einer Pommes-Bude, bestellt beim Öko-Bauern Knolle drei Zentner Kartoffeln. Knolle stellt die Kartoffeln bereit und bittet Herrn Miefig, sie bald abzuholen. Drei Tage später, die Kartoffeln stehen immer noch bei Knolle, bricht eine Wildschweinherde nachts in den Lagerschuppen von Knolle ein und frisst als Erstes die für Miefig bereitgestellten Kartoffeln. Miefig findet das gar nicht schlimm, weil ja noch genug andere Kartoffeln bei Knolle lagern. Er meint, dass die Säcke austauschbar waren und fordert drei andere Zentner. Knolle ist der Meinung, dass er nicht mehr leisten muss, weil die bereitgestellten Kartoffeln hin sind. Er wäre nur bereit, Herrn Miefig zu einem höheren Preis andere Kartoffeln zu verkaufen. Bekommt Herr Miefig neue Kartoffeln?

Schwierig wird es in den Fällen, in denen der Schuldner nicht eine ganz bestimmte Sache leisten soll, sondern eine Sache aus einer bestimmten Gattung schuldet. In diesen Fällen spricht man von einer sogenannten Gattungsschuld: Die geschuldete Leistung ist nur nach allgemeinen Merkmalen bestimmt. Es handelt sich bei der Leistung nicht um ein ganz bestimmtes Einzelstück, dass nicht ersetzt werden kann. Wenn man z.B. bei einem Versandhaus eine blaue Jacke bestellt, dann hat das Versandhaus nicht nur diese eine Jacke, sondern ein ganzes Regal voll mit den gleichen Jacken. In diesen Fällen kann der Schuldner, wenn ein Stück der Gattung zerstört wird, ein anderes Stück nehmen. Solange noch Sachen der gleichen Gattung vorhanden sind, kann niemals Unmöglichkeit eintreten. Der Schuldner muss vielmehr eine andere Sache aus der Gattung beschaffen und mit dieser dann erfüllen. In den Fällen einer Gattungsschuld ist die Erbringung der Leistung nur dann unmöglich, wenn

– die gesamte Gattung nicht mehr vorhanden ist, also auf dem Markt nicht mehr beschafft werden kann.
– der Schuldner gemäß § 243 Abs. 2 BGB das »seinerseits Erforderliche« getan hat. Dann beschränkt sich seine Leistungspflicht auf dieses Stück. Man spricht dann von **Konkretisierung**. Wenn das Stück untergeht, dann wird er von der Leistungspflicht gemäß § 275 Abs. 1 BGB befreit.

Es fragt sich nur, wann der Schuldner das »seinerseits Erforderliche« getan hat. Dazu müssen Sie sich auf die Unterscheidung zwischen Hol-, Schick- und Bringschuld zurückbesinnen. Je nachdem, um welche Schuld es sich handelt, kann das »seinerseits Erforderliche« etwas anderes sein:

1. Bei der **Holschuld** hat der Schuldner dann das seinerseits Erforderliche getan, **wenn er die Sache aus der Gattung ausgesondert hat und den Gläubiger benachrichtigt hat.**

Im obigen Beispiel hat Bauer Knolle also das seinerseits Erforderliche getan: Der Leistungsort befindet sich gemäß § 269 Abs. 1 BGB am Wohnort des Schuldners: Eine Bestimmung durch die Parteien oder eine spezielle gesetzliche Vorschrift gibt es nicht. Auch aus den Umständen lässt sich kein besonderer Leistungsort entnehmen. Also liegt der gesetzliche Regelfall der Holschuld vor. Deshalb muss Bauer Knolle nur die drei Zentner von den übrigen Kartoffen absondern und Herrn Mief benachrichtigen. Wenn das geschehen ist, hat er das seinerseits Erforderliche getan. Dann beschränkt sich gemäß § 243 Abs. 2 BGB seine Schuld auf die ausgesonderten drei Zentner Kartoffeln. Wenn diese futsch sind, muss er nicht in seinen Kartoffelvorrat greifen und neue hervorholen. Er ist gemäß § 275 Abs. 1 BGB von seiner Leistungspflicht befreit.

2. Bei der **Bringschuld** hat der Schuldner dann das seinerseits Erforderliche getan, **wenn er die Sache aus der Gattung ausgesondert, zum Gläubiger transportiert und dem Gläubiger**

angeboten hat. Wenn das alles geschehen ist, beschränkt sich die Schuld auf das ausgesonderte Stück. Wenn die Sache auf dem Weg zum Gläubiger zerstört wird, muss der Schuldner eine andere Sache aus der Gattung beschaffen und damit erfüllen.

Wenn in unserem Kartoffel-Beispiel eine Bringschuld vereinbart worden wäre, hätte Knolle die Kartoffeln also bei Miefig abliefern müssen. Wenn dem Knolle auf dem Weg zu Miefig ein Wildschwein vor den Wagen läuft, sodass Wagen und Kartoffeln hinterher Mus sind, dann muss Knolle neue Kartoffeln holen, weil er noch nicht das seinerseits Erforderliche getan hat und deshalb noch nicht gemäß § 275 Abs. 1 BGB von seiner Leistungspflicht befreit ist.

3. Bei der **Schickschuld** hat der Schuldner das seinerseits Erforderliche getan, **wenn er die Sache der Transportperson übergeben hat.** Danach kann es ihm egal sein, was auf dem Transport mit der Sache passiert, weil er von seiner Leistungspflicht befreit ist und keine neue Sache beschaffen muss.

Außer den eben genannten Fällen der Unmöglichkeit sind in § 275 noch zwei Sonderfälle geregelt, in denen zwar keine Unmöglichkeit wie in den oben aufgeführten Beispielen vorliegt, der Schuldner aber trotzdem aus bestimmten Gründen berechtigt ist, die Leistung zu verweigern:

g) Leistungsverweigerungrecht wegen unverhältnismäßigem Aufwand, § 275 Abs. 2 BGB

Es kann auch passieren, dass die Leistung selbst noch möglich wäre, aber für den Schuldner mit einem unverhältnismäßigen Aufwand verbunden wäre. Dieser Fall ist in § 275 Abs. 2 BGB geregelt: Wenn die Leistung einen Aufwand erfordert, der unter Beachtung des Inhalts des Schuldverhältnisses und der Gebote von Treu und Glauben in einem groben Missverhältnis zu dem Leistungsinteresse des Gläubigers steht, dann ist der Schuldner berechtigt, die Leistung zu verweigern. Das bedeutet übersetzt: Auch wenn die Leistung noch möglich ist, muss sie nicht erbracht werden, wenn der Aufwand, der betrieben werden muss, um die Leistung zu erbringen, viel teurer ist als die Sache selbst. Diese Fälle werden genauso behandelt, als wäre die Leistung tatsächlich unmöglich.

Beispiel: Ernie und Bert (inzwischen übrigens beide volljährig) treffen sich am Wochenende zum Segeln auf der Nordsee. Auf dem Boot stellt Ernie fest, dass Bert ein tolles Goldkettchen hat. Er möchte es Bert abkaufen. Beide werden sich handelseinig, das gute Stück soll 80,– € kosten. In dem Augenblick, als Bert Ernie das Kettchen überreicht, erfasst eine hohe Welle das Boot, und das Schmuckstück fällt ins Wasser. Ernie ist der Meinung, dass Bert nun ein U-Boot und mehrere Taucher runterschicken muss, um nach der Kette zu suchen. Doch dieser Aufwand ist Bert nicht zumutbar. Ein derartiger Einsatz würde mehrere Tausend Euro kosten, was angesichts des Kaufpreises für die Kette ein unverhältnismäßiger Aufwand wäre. Die Leistung wäre Bert zwar theoretisch noch möglich, er kann sie aber gemäß § 275 Abs. 2 BGB verweigern.

h) Leistungsverweigerungsrecht bei persönlich zu erbringender Leistung gemäß § 275 Abs. 3 BGB

Ein weiterer Fall, in dem die Unmöglichkeitsregeln entsprechend angewendet werden, ist in § 275 Abs. 3 BGB aufgeführt. Nach dieser Vorschrift kann der Schuldner die Leistung verweigern, wenn er sie persönlich zu erbringen hat und sie ihm unter Abwägung des seiner Leistung entgegenstehenden Hindernisses mit dem Leistungsinteresse des Gläubigers nicht zugemutet werden kann. Das bedeutet übersetzt, dass der Schuldner die Leistung aus persönlichen Gründen verweigern darf, wenn er aus einem Grund an der Leistung gehindert wird, der schwerwiegender ist, als das Interesse des Gläubigers daran, dass die Leistung durchgeführt wird. Man muss also gucken, welches Interesse auf der Seite des Gläubigers steht und wodurch der Schuldner an der Leistung gehindert wird. Wenn man dann zum Gläubiger sagen kann: »Deine Probleme sind nur Kleinkram im Vergleich zu den Sorgen des Schuldners«, dann darf der Schuldner die Leistung aus diesem persönlichen Grund verweigern, auch wenn er eigentlich leisten könnte.

Beispiel: Der Chanson-Sänger Nachtigall soll am Silvesterabend in der Kneipe des Herrn Schluckspecht auftreten. Am gleichen Tag erkrankt das Kind von Herrn Nachtigall an Masern. Herr Nachtigall kann als alleinerziehender Vater so kurzfristig keine Betreuung für das Kind auftreiben. Außerdem möchte er auch gar nicht von der Seite seines schwerkranken Kindes weichen. Unter diesen Umständen darf Herr Nachtigall seinen Auftritt verweigern: Das kranke Kind ist im Vergleich zur Umsatzeinbuße, die Schluckspecht dann vielleicht erleidet, das größere Übel. Herr Nachtigall dürfte aber nicht den Auftritt mit dem Hinweis verweigern, dass er gerade an Liebeskummer leide.

Zu guter Letzt noch ein Hinweis am Rande für alle, die sich jetzt schon gefreut haben: Wenn man zur Zahlung von Geld verpflichtet ist, dann wird diese Verpflichtung niemals unmöglich, egal, wie pleite man ist. Geld muss man immer haben. Da kann man sich leider nicht auf § 275 Abs. 1 BGB berufen.

II. Rechtsfolgen der Unmöglichkeit

Die wichtigste Rechtsfolge der Unmöglichkeit haben wir schon genannt: Gemäß § 275 Abs. 1 BGB erlischt der Anspruch auf die unmöglich gewordene Leistung. Damit sind wir aber noch nicht am Ende. Die Unmöglichkeit der Leistung hat noch weitere Rechtsfolgen. Die Rechtsfolgen können aber ganz unterschiedlich sein, **je nachdem, wer daran Schuld hat, dass die Leistung unmöglich geworden ist.** Es gibt – grob gesehen – drei Varianten:
– weder der Gläubiger noch der Schuldner können etwas dafür, dass die Leistung unmöglich ist. Das war in den vorangegangenen Beispielen immer der Fall: Die Sache wird durch einen Blitzschlag zerstört oder die Wildschweine fallen darüber her. In die Fallgruppe gehören aber auch die Fälle, in denen ein Dritter die Sache zerstört.
– Der Schuldner ist daran schuld, dass die Leistung unmöglich ist.
– Der Gläubiger ist daran schuld, dass die Leistung unmöglich ist.

Das BGB drückt sich natürlich wieder etwas eleganter aus: Es spricht nicht von »Schuld haben«, sondern von »zu vertreten haben«. Wenn es also sagt: »die Pflichtverletzung ist vom Schuldner nicht zu vertreten«, dann heißt das: »der Schuldner kann nichts für die Pflichtverletzung«.
Kleine Anmerkung: Leider arbeitet das BGB bei den Rechtsfolgen der Leistungsstörungen mit vielen Verweisungen. Wenn Sie sich fragen, welche der Rechte der Gläubiger hat, dann finden sich diese Rechte nicht in § 275 BGB. Dort heißt es nur in Absatz vier: »Die Rechte des Gläubigers bestimmen sich nach den §§ 280; 283 bis 285; 311 a und 326.« Das bedeutet, dass Sie von einem Paragrafen zum nächsten geschickt werden und sich Ihre Rechtsfolgen und die Voraussetzungen dieser Rechtsfolgen mühsam zusammensuchen müssen. Das BGB macht das aus Sparsamkeitsgründen. Das führt dazu, dass nicht alles hübsch in einem Paragrafen steht, sondern an den interessantesten Stellen zu finden ist.

a) Die Unmöglichkeit ist von niemandem zu vertreten

aa) Folgen für den Anspruch auf die Gegenleistung: § 275 Abs. 4 i.V.m. § 326 Abs. 1 BGB

Wenn die Leistung unmöglich geworden ist, ohne dass irgendjemand etwas dafür kann, wäre es schwierig, wenn der Gläubiger trotzdem seine Gegenleistung erbringen müsste. Zum Beispiel. wäre es ungerecht, wenn der Gläubiger den Kaufpreis zahlen muss, obwohl er die gekaufte Sache nicht bekommt. Um das zu verhindern, ordnet § 326 Abs. 1 S. 1 BGB an: »Braucht der Schuldner nach § 275 Abs. 1 bis 3 BGB nicht zu leisten, entfällt der Anspruch auf die Gegenleistung.« Wenn die **Leistung unmöglich** geworden ist, dann muss also auch der Gläubiger die **Gegenleistung nicht erbringen**.

Im Trecker-Beispiel könnte Herr Lotterlich also nicht den Kaufpreis verlangen.

bb) Herausgabe des Ersatzes, § 275 Abs. 4 i.V.m. § 285 Abs. 1 BGB

Eigentlich könnte man meinen, dass damit alles vom Tisch ist: Der Schuldner muss die Leistung nicht erbringen, er bekommt aber auch nicht die Gegenleistung. Jedoch gibt es noch eine weitere Möglichkeit: Der Gläubiger kann nämlich gemäß § 285 BGB die Herausgabe des Ersatzes verlangen. In § 285 Abs. 1 BGB heißt es: »Erlangt der Schuldner infolge des Umstandes, aufgrund dessen er die Leistung nach § 275 Abs. 1 bis 3 BGB nicht zu erbringen braucht, für den geschuldeten Gegenstand einen Ersatz oder einen Ersatzanspruch, so kann der Gläubiger die Herausgabe des als Ersatz Empfangenen oder Abtretung des Ersatzanspruches verlangen.« Das bedeutet übersetzt: Wenn der Schuldner für die zerstörte Sache eine Versicherungsleistung erhält oder einen Schadensersatzanspruch gegen denjenigen hat, der die Sache kaputt gemacht hat, dann kann der Gläubiger verlangen, dass der Schuldner ihm die Versicherungsleistung gibt oder den Schadensersatzanspruch gegen den Schädiger abtritt.

Wenn in unserem Trecker-Beispiel Herr Lotterlich eine Leistung von der Versicherung erhält, dann kann Herr Brummsel verlangen, dass diese Versicherungsleistung an die Gemeinde geht.

Wenn der Gläubiger die Herausgabe des Ersatzes gemäß § 285 Abs. 1 BGB verlangt, dann wäre es wiederum ungerecht, wenn er selbst dafür nichts zahlen müsste. Also bleibt es in diesem Fall nicht bei § 326 Abs. 1 S. 1 BGB. Stattdessen ordnet § 326 Abs. 3 BGB an: »Verlangt der Gläubiger nach § 285 BGB Herausgabe des für den geschuldeten Gegenstand erlangten Ersatzes, so bleibt er zur Gegenleistung verpflichtet.« Das ist auch wieder logisch: Wenn der Gläubiger etwas bekommt, dann muss er etwas dafür zahlen. Er bekommt nichts geschenkt. Der Gläubiger muss allerdings auch nur so viel zahlen, wie er als Ersatz bekommt, § 326 Abs. 3 S. 2 BGB. Das klingt auf den ersten Blick so, als würde die Herausgabe des Ersatzes gar keinen Sinn machen: Der Gläubiger bekommt zwar Geld, muss aber dafür genauso viel zahlen. Das stimmt allerdings in einem Punkt nicht: Der Ersatzanspruch kann nämlich auch höher liegen als das, was der Gläubiger zahlen muss. Und dann macht der Gläubiger ein gutes Geschäft, wenn er die Herausgabe des Ersatzes verlangt.

cc) Rücktritt, § 275 Abs. 4 i.V.m. § 326 Abs. 5 BGB

Der Gläubiger hat noch eine weitere Möglichkeit, wenn die Leistung unmöglich geworden ist: Er kann vom Vertrag zurücktreten, § 326 Abs. 5 BGB. Wenn er zurücktritt, dann hat das gemäß § 346 Abs. 1 BGB folgende Wirkungen: Die empfangenen Leistungen sind zurückzugewähren.

Und wenn noch keine Leistungen ausgetauscht wurden, also gar nichts zurückgewährt werden kann, dann befreit der Rücktritt wenigstens von der Leistungspflicht. Das erschien dem BGB so selbstverständlich, dass es in § 346 Abs. 1 BGB gar nicht mehr erwähnt wird. Im Fall der Unmöglichkeit ist es allerdings überflüssig, zurückzutreten, da ohnehin über § 275 Abs. 1 und § 326 Abs. 1 S. 1 BGB keine gegenseitigen Ansprüche mehr bestehen. Also nur der Vollständigkeit halber: Wenn dem Gläubiger danach ist, darf er vom Vertrag zurücktreten.

Das sind die Möglichkeiten, die der Gläubiger hat, wenn die Leistung unmöglich ist und niemand etwas dafür kann. Sehr viel mehr Möglichkeiten gibt es, wenn die Leistung unmöglich ist und der Schuldner daran Schuld hat.

b) Die Unmöglichkeit ist vom Schuldner zu vertreten

Fall: Wieder geht es um die Gemeinde Schnurpseldingen und ihren Bauhofleiter Brummsel: Nachdem der Trecker zerstört ist, erwirbt Brummsel bei Lotterlich einen gebrauchten Häcksler zum Zerkleinern von Astwerk. Als Lotterlich die Maschine zur Lieferung auf seinen Anhänger lädt, fällt sie herunter, weil Lotterlich sie nicht ausreichend gesichert hatte. Der Häcksler ist nicht mehr zu reparieren. Brummsel fragt, welche Rechte die Gemeinde jetzt hat?

aa) Anspruch auf die Leistung, § 275 Abs. 1 BGB

Um es noch einmal ganz deutlich zu sagen: Auch wenn der Schuldner daran schuld ist, dass die Sache jetzt kaputt ist, erlischt der Anspruch auf die Leistung! § 275 Abs. 1 BGB gilt immer, egal wer die Unmöglichkeit verursacht hat. Man kann also nicht sagen: Wenn der Schuldner die Sache kaputt gemacht hat, dann bleibt zur Strafe der Leistungsanspruch erhalten. Auch hier gilt: Niemand soll etwas leisten müssen, was er nicht leisten kann.

In unserem Beispiel kann Herr Brummsel also nicht mehr die Lieferung des Häckslers verlangen.

bb) Anspruch auf die Gegenleistung, § 275 Abs. 4 i.V.m. § 326 Abs. 1 S. 1 BGB

Auch in diesen Fällen erlischt der Anspruch auf die Gegenleistung. Klar, der Gläubiger muss nicht zahlen, obwohl er die Sache nicht bekommt. Das muss erst recht dann gelten, wenn der Schuldner daran Schuld hat, dass der Gläubiger die Sache nicht bekommt.

Die Gemeinde muss also auch in diesem Fall nicht den Kaufpreis zahlen.

cc) Schadensersatz statt der Leistung gemäß § 275 Abs. 4 i.V.m. § 280 Abs. 1; § 283 S. 1 BGB

Wenn der Gläubiger die Sache selbst nicht bekommt, kann er stattdessen Schadensersatz verlangen. Nun wird es allerdings etwas mühsam, weil es jetzt mit den Verweisungen so richtig losgeht. § 275 Abs. 4 BGB schickt Sie zu § 283 BGB: Schadensersatz statt der Leistung bei Ausschluss der Leistungspflicht. In § 283 steht aber nur, dass der Gläubiger unter den Voraussetzungen von § 280 Abs. 1 BGB Schadensersatz verlangen kann. Also müssen Sie für die Voraussetzungen des Schadensersatzanspruches in § 280 Abs. 1 BGB gucken. Was jetzt erst einmal verwirrend klingt, hat eigentlich einen ganz einfachen Hintergrund: Es gibt nämlich bei den allgemeinen Leistungsstörungen nur zwei Anspruchsgrundlagen für Schadensersatz und das sind § 280 Abs. 1 BGB und § 311 a Abs. 2 BGB. § 311 a Abs. 2 BGB betrifft nur einen Ausnahmefall (dazu gleich), so dass es in den meisten Fällen um § 280 Abs. 1 BGB geht. § 280 Abs. 1 BGB ist die Grundnorm, zu der je nach Art der Leistungsstörung weitere Voraussetzungen treten.

Die Voraussetzungen für einen Schadensersatzanspruch gemäß § 280 Abs. 1 BGB sind:

1. Das Bestehen eines Schuldverhältnisses zwischen Gläubiger und Schuldner
2. die Verletzung einer Pflicht aus dem Schuldverhältnis
3. Pflichtverletzung ist vom Schuldner zu vertreten
4. Das Entstehen eines Schadens

Wenn man mit diesen Voraussetzungen dann einen Fall der Unmöglichkeit prüft, heißt es:

1. Liegt ein Schuldverhältnis vor? Das ist immer dann der Fall, wenn die Parteien einen wirksamen Vertrag geschlossen haben.

   Brummsel und Lotterlich haben einen Kaufvertrag geschlossen, weshalb zwischen ihnen ein Schuldverhältnis besteht.

2. Liegt eine Pflichtverletzung vor? Das ist immer dann der Fall, wenn der Schuldner gemäß § 275 Abs. 1–3 von der Leistungspflicht befreit wird, also nicht mehr leisten kann. Er verletzt also seine Leistungspflicht durch Nichtleistung.

Lotterlich kann gemäß § 275 Abs. 1 nicht leisten und verletzt damit seine Leistungspflicht.

3. Ist die Pflichtverletzung vom Schuldner zu vertreten? An dieser Stelle muss man sich fragen, was »vertreten« bedeutet. Oben wurde es mit »Verschulden« gleichgesetzt. Was genau der Schuldner zu vertreten hat, ist in § 276 Abs. 1 S. 1 BGB geregelt: »Der Schuldner hat Vorsatz und Fahrlässigkeit zu vertreten ...« Vorsatz bedeutet, dass der Schuldner den Schaden wissentlich und willentlich herbeiführt. Fahrlässigkeit bedeutet nach der Legaldefinition in § 276 Abs. 2 BGB, dass »der Schuldner die im Verkehr erforderliche Sorgfalt außer Acht lässt« und dadurch einen Schaden verursacht.

In unserem Beispiel war Herr Lotterlich den Häcksler nicht richtig gesichert. Damit hat er fahrlässig gehandelt. Die Fahrlässigkeit hat er gemäß § 276 Abs. 1 BGB zu vertreten.

An dieser Stelle kommt Ihnen das BGB übrigens ein Stück weit entgegen: Anders als in unserem Fall kann es nämlich manchmal sein, dass man gar nicht erkennen kann, ob der Schuldner nun etwas für die Unmöglichkeit kann oder nicht. Nach der Gesetzesformulierung wird das Verschulden des Schuldners dann einfach vermutet. In § 280 Abs. 1 S. 2 BGB heißt es: »Dies gilt nicht, wenn der Schuldner die Pflichtverletzung nicht zu vertreten hat.« Damit sagt das BGB: »Es wird erst einmal davon ausgegangen, dass der Schuldner die Pflichtverletzung zu vertreten hat. Wenn er nichts dafür kann, dann muss er das erst einmal beweisen.« Bei der Lösung eines Falles bedeutet das: Wenn Sie genaue Anhaltspunkte dafür haben, dass der Schuldner Schuld an der Unmöglichkeit hat, dann können Sie das feststellen. Das Gleiche gilt, wenn der Schuldner nach dem Sachverhalt nichts für die Unmöglichkeit kann. Aber wenn nichts Genaues im Sachverhalt steht und Sie nicht sagen können, ob der Schuldner nun etwas für die Unmöglichkeit kann oder nicht, dann dürfen Sie es sich leichtmachen und sagen: »Das Verschulden des Schuldners wird vermutet, § 280 Abs. 1 S. 2 BGB.«

4. Ist ein Schaden entstanden? Ein Schaden liegt nach dem BGB immer dann vor, wenn der Gläubiger einen **finanziellen Nachteil** erlitten hat. Wenn der Gläubiger Schadensersatz statt der Leistung verlangt, ist er so zu stellen, wie er im Fall der Erfüllung gestanden hätte. Man muss gucken, wie der Gläubiger gestanden hätte, wenn erfüllt worden wäre, und wie er jetzt

tatsächlich steht. Das, was er bei ordnungsgemäßer Erfüllung mehr hätte, ist ihm als Schaden zu ersetzen.

Wenn in unserem Fall die Gemeinde den Häcksler hätte weiterverkaufen können und dabei einen Gewinn erzielt hätte, dann kann sie den Ersatz dieses Gewinns verlangen. Außerdem könnte dann ein Schaden entstanden sein, wenn die Gemeinde einen geringeren Kaufpreis hätte zahlen müssen, als der Häcksler tatsächlich wert ist. Beispiel: Bei ordnungsgemäßer Erfüllung hätte sie eine Maschine mit einem Wert von z.B. 10.000,– € bekommen, dafür aber nur einen Kaufpreis i.H.v. 8.000,– € hinge-blättert. Auch in diesem Fall hätte sie dann auf dem Konto weniger gehabt, als bei ordnungsgemäßer Erfüllung, sodass ihr diese Differenz (in unserem Beispiel 2.000,– €) ersetzt werden müsste.

Der eben dargestellte Schadensersatzanspruch greift nur in dem Fall ein, wenn die Leistung **nach** Vertragsschluss unmöglich wird. Es ging also um den Fall der sogenannten **nachträglichen** Unmöglichkeit. Davon zu unterscheiden ist die **anfängliche** Unmöglichkeit: Die Leistung ist bereits bei Vertragsschluss unmöglich. Die Rechtsfolgen der anfänglichen Unmöglichkeit sind die gleichen wie bei der nachträglichen Unmöglichkeit. Es gibt nur einen einzigen Unterschied: Beim Schadensersatz gilt eine andere Anspruchsgrundlage, die die Schadensersatzpflicht an andere Voraussetzungen knüpft:

dd) Sonderfall der anfänglichen Unmöglichkeit, § 311 a BGB

Fall: In unserem obigen Beispiel wird der Häcksler nicht durch die fehlerhafte Sicherung zerstört, sondern durch einen Blitzschlag irreparabel beschädigt, während Lotterlich und Brummsel noch Vertragsverhandlungen führen. Beide bekommen nicht mit, dass der Häcksler lichterloh brennt, obwohl draußen das schlimmste Unwetter seit hundert Jahren tobt. Sie werden auch nicht aufmerksam, als die Feuerwehr mit Blaulicht auf den Hof des Lotterlich fährt, so sehr sind sie mit den Verhandlungen beschäftigt. Erst später stellen sie fest, dass die Maschine schon bei Abschluss des Vertrages nicht mehr zu retten war. Brummsel fragt, ob die Gemeinde Schadensersatz verlangen kann?

Auch wenn der Leistungsgegenstand bei Vertragsschluss nicht mehr existiert, kommt ein wirksamer Vertrag zustande. Wie bei der nachträglichen Unmöglichkeit besteht aber kein Anspruch auf die Leistung, § 275 Abs. 1 BGB, und auch der Gegenleistungsanspruch entfällt gemäß § 326 Abs. 1 BGB. Nur beim Schadensersatzanspruch wird es etwas anders. Anspruchsgrundlage für den Schadensersatzanspruch bei anfänglicher Unmöglichkeit ist nicht § 280 Abs. 1 BGB sondern § 311 a Abs. 2 BGB: Danach kann der Gläubiger nach seiner Wahl Schadensersatz statt der Leistung oder Ersatz seiner Aufwendungen in dem in § 284 bestimmten Umfang verlangen. Dies gilt nicht, wenn der Schuldner das Leistungshindernis bei Vertragsschluss nicht kannte und seine Unkenntnis auch nicht zu vertreten hat. § 311 a Abs. 2 BGB knüpft die Schadensersatzpflicht nicht daran, dass der Schuldner die Unmöglichkeit der Leistung verschuldet hat, also z.B. die Sache kaputt gemacht hat. Es kommt vielmehr bei der anfänglichen Unmöglichkeit dann zu einer Schadensersatzverpflichtung des Schuldners, wenn er den Vertrag geschlossen hat, obwohl er wusste oder hätte wissen können, dass er gar nicht leisten kann. Der Grund für diese besondere Schadensersatzpflicht in § 311 a Abs. 2 BGB ist nicht, dass der Schuldner irgendetwas für die Unmöglichkeit kann, sondern nur, dass er etwas versprochen hat, was er nicht halten kann. Wenn der Schuldner eine Leistung verspricht, die es nicht mehr gibt, dann muss er dafür hinterher auch haften. Er soll sich eben vorher schlaumachen, ob er zur Leistung imstande ist. Nur wenn der Schuldner nicht wusste und auch nicht wissen konnte, dass der Leistungsgegenstand nicht mehr existiert, haftet er nicht. Seine Unkenntnis hat der Schuldner dann nicht zu vertreten, wenn es keinen Grund gab, an der eigenen Leistungsfähigkeit zu zweifeln. Auch an dieser Stelle geht aus der Gesetzesformulierung wieder hervor, dass das Verschulden des Schuldners hinsichtlich seiner Unkenntnis vermutet wird. Nur wenn der Schuldner darlegen kann, dass er beim besten Willen keine Ahnung davon haben konnte, dass die Sache weg ist, haftet er nicht.

Die Voraussetzungen für einen Anspruch auf Schadensersatz statt der Leistung wegen anfänglicher Unmöglichkeit sind im Überblick:
a) Wirksames Schuldverhältnis im Sinne von § 311 a Abs. 1
b) Leistungsbefreiung des Schuldners gemäß § 275 Abs. 1–3
   Die Unmöglichkeit muss **bereits bei Vertragsschluss** vorgelegen haben.
c) Der Schuldner muss die Unmöglichkeit bei Vertragsschluss gekannt haben oder er muss seine Unkenntnis zu vertreten haben. Die Kenntnis wird vermutet, wenn der Schuldner nicht nachweisen kann, dass er die Unkenntnis nicht zu vertreten hat.
d) Schaden

Im obigen Fall hätte Lotterlich angesichts der Flammen und des Blaulichts vermuten können, dass etwas passiert ist. Jeder normale Mensch hätte sich gefragt, ob mit der Maschine noch alles in Ordnung ist. Lotterlich hätte sich vor dem Vertragsschluss noch einmal die Mühe machen können, zu gucken, ob der Häcksler noch da ist. Da er dies nicht getan hat, hat er seine Unkenntnis zu vertreten. Er haftet gemäß § 311 a Abs. 2 BGB auf Schadensersatz. Etwas anderes würde z.B. dann gelten, wenn der Häcksler wenige Minuten vor dem Vertragsschluss unbemerkt gestohlen worden wäre: Gerade haben Lotterlich und Brummsel die Maschine noch einmal durchs Fenster besichtigt, aber als sie sich nach der Unterzeichnung des Vertrages nach draußen begeben, ist der Häcksler weg. Dann haftet Lotterlich nicht, weil er das Leistungshindernis (= Diebstahl) nicht kannte und auch nicht kennen konnte.

ee) Aufwendungsersatz gemäß § 275 Abs. 4; § 280 Abs. 1, 3, 284 BGB

Der Gläubiger kann statt des Schadensersatzes auch Ersatz seiner vergeblichen Aufwendungen gemäß § 284 BGB verlangen. Wichtig ist, dass der Aufwendungsersatz nach § 284 BGB **statt** des Schadensersatzes geschuldet wird. Der Gläubiger muss sich also entscheiden, ob er Schadensersatz oder Aufwendungsersatz haben will. Beides auf einmal geht nicht. Im Gesetz heißt es ausdrücklich in § 284 BGB: »**Anstelle** des Schadensersatzes ...«

Aufwendungsersatz kann nur dann verlangt werden, wenn alle oben aufgeführten Voraussetzungen eines Schadensersatzanspruches vorliegen, also insbesondere ein Verschulden des Schuldners. Nur ein Schaden muss nicht unbedingt entstanden sein. An die Stelle des Schadens treten die Aufwendungen. Der Gläubiger kann Ersatz aller Aufwendungen verlangen, die er im Vertrauen darauf getätigt hat, dass er die Leistung bekommen wird. Dazu gehören z.B. Montage-, Untersuchungs- und Transportkosten.

ff) Herausgabe des Ersatzes, § 275 Abs. 4 i.V.m. § 285 Abs. 1 BGB

Außer dem Schadensersatzanspruch und dem Aufwendungsersatzanspruch hat der Gläubiger genau die gleichen Rechte, die er hat, wenn die Unmöglichkeit von niemandem zu vertreten ist. Der Gläubiger kann also gemäß § 285 Abs. 1 BGB die Herausgabe des Ersatzes verlangen. Versicherungsleistungen oder Schadensersatzansprüche gehen an ihn, wenn er das verlangt. Dieser Anspruch kann zusätzlich zu einem Schadensersatzanspruch geltend gemacht werden. Dann gilt aber auch wieder das Gleiche wie oben: Der Gläubiger muss dann auch wieder die Gegenleistung erbringen. Außerdem muss er sich das, was er als Ersatz erhält, auf seinen Schadensersatzanspruch anrechnen lassen, § 285 Abs. 2 BGB.

gg) Rücktritt, § 275 Abs. 4 i.V.m. § 326 Abs. 5 BGB

Zuletzt kann der Schuldner auch in diesem Fall wieder gemäß § 326 Abs. 5 BGB vom Vertrag zurücktreten.

c) Die Unmöglichkeit ist vom Gläubiger zu vertreten oder der Gläubiger befindet sich im Annahmeverzug

Fall: Wieder Brummsel und Lotterlich: Nachdem die ersten beiden Geräte nicht den Weg zur Gemeinde geschafft haben, versucht es Brummsel diesmal mit einem Multicar. Dieses Fahrzeug möchte er sicherheitshalber selbst abholen. Zur Feier des Tages will er noch zusammen mit Herrn Lotterlich eine Zigarre rauchen. Dabei ist Brummsel unvorsichtig und lässt glühende Zigarrenasche in eine Ölpfütze neben dem Multicar fallen. Daraufhin geht das Fahrzeug in Flammen auf. Lotterlich findet, dass ihm spätestens jetzt der vereinbarte Kaufpreis zusteht, wenn Brummsel so blöd ist und den Laster abfackelt. Die Gemeinde will natürlich nichts zahlen, weil sie ja auch nichts bekommt. Wer hat Recht?

Es ist auch möglich, dass der Gläubiger noch vor der ordnungsgemäßen Erfüllung die Sache kaputt macht. Auch in diesen Fällen greift zwar wieder § 275 Abs. 1 BGB ein mit der Folge, dass der Schuldner nicht leisten muss. Trotzdem muss man dem Schuldner entgegenkommen, weil er ja nichts dafür kann, dass die Leistung nicht mehr möglich ist. Wenn der Gläubiger selbst dafür gesorgt hat, dass die Sache zerstört ist, hat das Auswirkungen auf die von ihm zu erbringende Gegenleistung und auf die übrigen ihm zustehenden Rechte.

Ähnlich liegen die Dinge, wenn die Sache in einer Zeit zerstört wird, in der der Gläubiger sich im Annahmeverzug befindet. Annahmeverzug liegt immer dann vor, wenn der Gläubiger die Sache nicht annimmt, obwohl sie ihm vom Schuldner angeboten wird. Wenn der Schuldner also auf der Sache sitzen bleibt, obwohl der Gläubiger sie ihm abnehmen müsste, kann er nichts dafür, wenn die Sache bei ihm den Bach heruntergeht: Eigentlich wäre die Sache jetzt schon beim Gläubiger. Auch in diesen Fällen kommt das BGB dem Schuldner entgegen.

aa) Der Anspruch auf die Gegenleistung bleibt erhalten, § 326 Abs. 2 BGB

Weil der Schuldner letztlich gar nichts dafür kann, dass die Leistung nicht mehr möglich ist, sondern der Gläubiger allein verbockt hat, dass er die Leistung nicht bekommt, erhält der Schuldner wenigstens die Gegenleistung, § 326 Abs. 2 BGB.

Im obigen Fall hat Brummsel in fahrlässiger Weise den Multicar zerstört. Also muss die Gemeinde es bezahlen, auch wenn sie es nicht bekommt. Lotterlich ist von seiner Leistungspflicht gemäß § 275 Abs. 1 BGB jedenfalls befreit.

Das gilt, wenn der Gläubiger, so wie im obigen Beispiel, den Leistungsgegenstand selbst zerstört hat. Das gilt aber auch in den Fällen, in denen der Gläubiger im Annahmeverzug ist. Wenn der Gläubiger sich im Annahmeverzug befindet, kommt das BGB dem Schuldner sogar noch weiter entgegen: In diesen Fällen bleibt dem Schuldner die Gegenleistung sogar dann erhalten, wenn er selbst die Unmöglichkeit leicht fahrlässig verursacht hat! Das aus dem Gesetz herauszulesen ist allerdings etwas umständlich:

Beispiel: Erinnern Sie sich noch an den Fall mit der Hollywoodschaukel?
Wenn Herr Langweilig Herrn Flink mit der Schaukel wieder nach Hause schickt, dann befindet er sich in diesem Augenblick im Annahmeverzug. Wenn Herr Flink auf dem Heimweg in leicht fahrlässiger Weise einen Unfall baut und von der Schaukel nur noch ein Haufen verknotetes Blech übrig bleibt, dann könnte man ja denken, dass Herr Flink die Unmöglichkeit der Leistung zu vertreten hat, weil er fahrlässig gehandelt hat. Dadurch, dass sich Herr Langweilig im Annahmeverzug befindet, hat Herr Flink aber gemäß § 300 Abs. 1 BGB nur Vorsatz und grobe Fahrlässigkeit zu vertreten. Leichte Fahrlässigkeit wie in unserem Fall hat er nicht zu vertreten. Deshalb bleibt ihm gemäß § 326 Abs. 2 BGB der Anspruch auf den Kaufpreis erhalten.

Nur am Rande: Es handelt sich bei der Hollywoodschaukel um eine Gattungsschuld. Kann da überhaupt Unmöglichkeit eintreten? Muss nicht Herr Flink eine neue Schaukel holen? Nein, weil sich die Gattungsschuld nun auf diese (kaputte) Schaukel konkretisiert hat: Herr Flink hat nämlich das seinerseits Erforderliche getan: Es handelt sich um eine Bringschuld, da muss der Schuldner die Sache dem Gläubiger hinbringen und anbieten. Danach beschränkt sich seine Schuld auf diese konkrete Hollywoodschaukel. Flink muss keine neue Schaukel aus seinem Lager holen. Er bekommt den Kaufpreis, ohne noch etwas dafür tun zu müssen. Schließlich hat er schon genug getan und kann nichts dafür, dass die Schaukel im Eimer ist. Wenn Langweilig sie gleich genommen hätte, wäre sie jetzt noch heile.

bb) der Rücktritt ist ausgeschlossen, § 326 Abs. 5 i.V.m. § 323 Abs. 6 BGB

Wenn der Gläubiger die Unmöglichkeit zu vertreten hat oder die Leistung unmöglich wird, während der Gläubiger im Annahmeverzug ist, bleibt er zur Gegenleistung verpflichtet. Nun könnte der schlaue Gläubiger auf die Idee kommen, vom Vertrag zurückzutreten und sich so der Verpflichtung zu entziehen, die Gegenleistung erbringen zu müssen. Denn bei einem Rücktritt wird man ja gemäß § 346 Abs. 1 BGB von der Leistungspflicht befreit. Ganz wörtlich genommen ordnet § 326 Abs. 5 BGB auch in diesen Fällen an, dass der Gläubiger zurücktreten kann. Damit der Gläubiger sich nicht seiner Gegenleistungspflicht entziehen kann, kommt ihm § 323 Abs. 6 BGB dazwischen: Danach ist der Rücktritt in den Fällen ausgeschlossen, in denen der Gläubiger die Unmöglichkeit zu vertreten hat oder sich im Annahmeverzug befindet. (Nicht fragen, warum das nicht gleich in § 326 Abs. 5 BGB steht, nur leise wundern!)

Im Multicar-Fall kann die Gemeinde also nicht zurücktreten. Sie muss auf jeden Fall den Kaufpreis zahlen.

cc) Herausgabe des Ersatzes, § 275 Abs. 4 i.V.m. § 285 BGB

Zuletzt kommt noch ein kleines Trostpflaster für den armen Gläubiger: Wenn er schon zahlen muss, obwohl er die Sache nicht bekommt, kann er wenigstens gemäß § 285 BGB Herausgabe des Ersatzes verlangen, wenn der Schuldner denn einen Ersatz bekommt. Wenn nicht, bleibt es dabei: Der Gläubiger guckt in die Röhre: Er kriegt nichts, muss aber trotzdem zahlen. Selber schuld …

Zusammenfassende Übersicht zu den Rechtsfolgen der Unmöglichkeit:

Der Anspruch auf die Leistung entfällt, § 275 Abs. 1 BGB.
Die Rechtsfolgen richten sich danach, wer die Unmöglichkeit zu vertreten hat.

Die Unmöglichkeit ist weder vom Gläubiger noch vom Schuldner zu vertreten
1. Der Anspruch auf die Gegenleistung entfällt, § 326 Abs. 1 S.1 BGB.
2. Der Gläubiger kann Herausgabe des Ersatzes verlangen, § 285 BGB, dann aber: § 326 Abs. 3 BGB.
3. Der Gläubiger kann vom Vertrag zurücktreten, § 326 Abs. 5 BGB.

Die Unmöglichkeit ist vom Schuldner zu vertreten
1. Der Anspruch auf die Gegenleistung entfällt, § 326 Abs. 1 S. 1 BGB.
2. Der Gläubiger kann Schadensersatz statt der Leistung fordern, § 275 Abs. 4; § 280 Abs. 1; § 283 BGB.
Sonderfall bei anfänglicher Unmöglichkeit; § 311a Abs. 2 BGB.
3. oder: Aufwendungsersatz, § 284 BGB.
4. Der Gläubiger kann Herausgabe des Ersatzes verlangen, § 285 BGB, dann aber: § 326 Abs. 3, außerdem Anrechnung auf den Schadensersatzanspruch, § 285 Abs. 2 BGB.
5. Rücktritt, § 326 Abs. 5 BGB.

Die Unmöglichkeit ist vom Gläubiger zu vertreten oder der Gläubiger ist im Annahmeverzug.
1. Der Anspruch des Schuldners auf die Gegenleistung bleibt bestehen, § 326 Abs. 2 BGB.
2. Der Gläubiger kann Herausgabe des Ersatzes verlangen, § 285 BGB.
3. Der Rücktritt ist ausgeschlossen, § 323, Abs. 6 BGB.

B. Schuldnerverzug

Fall: Die Stadt Schnurpseldingen benötigt für den städtischen Kindergarten fünf neue Waschbecken und fünf neue Toilettenbecken.. Die Firma Bummelmann macht das günstigste Angebot und erhält daher den Auftrag. Dummerweise vergisst der Sachbearbeiter der Stadt mit der Firma Bummelmann einen Termin für die Lieferung zu vereinbaren. Nach vier Wochen sind die Waschbecken und Toiletten immer noch nicht geliefert worden. Was kann die Stadt jetzt unternehmen?

In Kapitel 14, 1 ging es um die Frage, wann der Schuldner seine Leistung erbringen muss: Wenn der Schuldner zu dieser Zeit nicht leistet, kommt er unter den Voraussetzungen von § 286 Abs. 1 BGB in Verzug: Leistet der Schuldner auf eine Mahnung des Gläubigers nicht, die nach dem Eintritt der Fälligkeit erfolgt, so kommt er durch die Mahnung in Verzug. Der Schuldner kommt aber nicht in Verzug, solange die Leistung infolge eines Umstandes unterbleibt, den er nicht zu vertreten hat, § 286 Abs. 4 BGB.

Die **Voraussetzungen des Verzuges** in Kurzform sind also:

1. Ein **fälliger, durchsetzbarer Anspruch** des Gläubigers gegen den Schuldner.
2. Die **Nichtleistung** des Schuldners zur Leistungszeit.
3. Eine **Mahnung** durch den Gläubiger oder die Entbehrlichkeit der Mahnung gemäß § 286 Abs. 2 BGB.
4. Die Nichtleistung ist **vom Schuldner zu vertreten**, § 286 Abs. 4 BGB.

Jetzt zu den **Rechtsfolgen** des Verzuges: Was passiert, wenn der Schuldner im Verzug ist?
Zunächst einmal geht natürlich der Anspruch des Gläubigers auf die Leistung nicht unter wie bei der Unmöglichkeit gemäß § 275 Abs. 1 BGB. Auch wenn der Schuldner nicht rechtzeitig leistet, kann der Gläubiger weiterhin die Leistung fordern.
Der Gläubiger braucht jetzt Möglichkeiten, um den Schuldner doch noch zur Leistung anzuhalten oder den durch die verspätete Leistung entstandenen Schaden vom Schuldner ersetzt zu bekommen. Die **Rechte des Gläubigers in Kurzform** sind:
1. Der Gläubiger hat Anspruch auf Ersatz des Verzögerungsschadens gemäß § 280 Abs. 1, 2; § 286 BGB
2. Der Gläubiger einer Geldschuld hat Anspruch auf Verzugszinsen, § 286; § 288 Abs. 1 BGB.
3. Der Gläubiger kann Schadensersatz statt der Leistung verlangen, § 280 Abs. 1, 3; § 281 BGB: Zusätzliche Voraussetzung: Fristsetzung und erfolgloser Ablauf dieser Frist.
4. Der Gläubiger kann vom Vertrag zurücktreten, § 323 BGB: Auch hier muss zusätzlich dem Schuldner noch eine Frist gesetzt werden.

Zu den Voraussetzungen des Schuldnerverzuges nun im Einzelnen:

I. Dem Gläubiger steht ein fälliger, durchsetzbarer Anspruch zu und der Schuldner leistet nicht

Natürlich kann der Gläubiger nur dann Schadensersatz verlangen, wenn ihm ein Leistungsanspruch gegen den Schuldner zusteht, den dieser nicht erfüllt. Der Anspruch muss fällig sein, d.h. es muss die Leistungszeit gemäß § 271 BGB eingetreten sein. Zuletzt muss der Anspruch durchsetzbar sein, d.h. es dürfen dem Schuldner keine Einreden zustehen. Wenn der Schuldner sich z.B.

auf die Einrede der Verjährung berufen kann, dann kommt er auch nicht in Verzug. Der Gläubiger muss sagen können: »Leiste!«, ohne dass der Schuldner ihm irgendetwas entgegensetzen kann.

In unserem Beispiel steht der Stadt Schnurpseldingen ein Anspruch aus § 433 Abs. 1 S. 1 BGB zu: Bummelmann muss die Waschbecken und die Toiletten liefern. Fraglich ist, ob die Leistung fällig ist. Hier gilt § 271 Abs. 1 BGB: Da nichts anderes vereinbart ist und sich aus den Umständen auch nichts anderes ergibt, ist der Anspruch auf Lieferung der Waschbecken und Toiletten sofort fällig. Die Firma Bummelmann hat dem nichts entgegenzusetzen.

II. Mahnung oder Entbehrlichkeit der Mahnung

Als weitere Voraussetzung für den Anspruch auf Ersatz des Verzögerungsschadens ordnet § 286 Abs. 1 BGB an, dass der Schuldner vom Gläubiger gemahnt werden muss. Nur in den Ausnahmefällen des § 286 Abs. 2 BGB ist eine Mahnung entbehrlich.

a) Mahnung

Um es ganz deutlich zu sagen: Wenn der Schuldner nicht rechtzeitig seine Leistung erbringt, passiert erst einmal gar nichts! Die bloße Nichtleistung durch den Schuldner löst noch keine zusätzlichen Rechte des Gläubigers aus. Der Gläubiger muss schon selbst etwas tun, um sich den Schadensersatzanspruch aus § 280; § 286 BGB zu verschaffen. Er muss mahnen.

Eine Mahnung ist nichts anderes als eine eindeutige Leistungsaufforderung. Der Gläubiger muss zum Ausdruck bringen, dass er jetzt die geschuldete Leistung verlangt. Diese Mahnung muss nicht schriftlich erfolgen.

In unserem Fall müsste die Stadt Schnurpseldingen die Lieferung der Waschbecken und Toiletten also anmahnen. Tut sie das nicht, passiert erst einmal gar nichts: Die Firma Bummelmann ist noch nicht im Verzug. Dafür muss sie schon die Mahnung erhalten.

b) Entbehrlichkeit der Mahnung, § 286 Abs. 2 BGB

In einigen Fällen wäre es überflüssig, wenn der Schuldner noch einmal extra gemahnt werden müsste. § 286 Abs. 2 BGB sieht deshalb vor, dass in folgenden Fällen nicht gemahnt werden muss.

aa) Für die Leistung ist eine Zeit nach dem Kalender bestimmt, § 286 Abs. 2 Nr. 1

Gemäß § 286 Abs. 2 Nr. 1 BGB ist eine Mahnung entbehrlich, wenn für die Leistung eine Zeit nach dem Kalender bestimmt ist. Das ist dann der Fall, wenn der Schuldner mit Hilfe des Kalenders genau erkennen kann: »Jetzt muss ich leisten.« Wenn klar vereinbart ist, wann der Schuldner leisten muss, dann wäre es eine zusätzliche unnötige Belastung für den Gläubiger, wenn er trotzdem noch einmal mahnen müsste. »Kalendermäßig bestimmt« ist eine Leistungszeit zum einen dann, wenn ein fester Termin vereinbart worden ist. Aber auch wenn die Leistung innerhalb eines bestimmten Zeitraumes erfolgen soll, den man mit Hilfe des Kalenders ermitteln kann, liegt eine kalendermäßige Bestimmung vor. So bei einer Vereinbarung »Übergabe im August«, »Lieferung Ende Juni«, »Ende des Jahres 2012« oder »in der 43. Kalenderwoche«. In allen diesen Fällen kann der Schuldner anhand eines Kalenders genau ermitteln, wann er spätestens leisten muss.

Eine »kalendermäßige Bestimmtheit« des Leistungszeitpunktes liegt übrigens nur dann vor, wenn die Parteien die Leistungszeit **vertraglich vereinbart** haben, wenn also beide eine Verabredung darüber getroffen haben. Wenn nur der Gläubiger eine Leistungszeit bestimmt hat, dann greift § 286 Abs. 2 Nr. 1 BGB nicht ein.

In unserem Fall war kein fester Termin für die Lieferung vereinbart worden. Wenn der zuständige Sachbearbeiter von vornherein einen Liefertermin mit Bummelmann vereinbart hätte, dann wäre eine Mahnung jetzt entbehrlich: Die Firma Bummelmann würde nach dem Verstreichen des Liefertermins automatisch in Verzug kommen.

bb) Leistung nach vorausgegangenem Ereignis, § 286 Abs. 2 Nr. 2 BGB

§ 286 Abs. 2 Nr. 2 BGB geht in die gleiche Richtung wie § 286 Abs. 2 Nr. 1 BGB. Die Mahnung ist auch dann entbehrlich, wenn die Parteien vereinbart haben, dass die Leistung innerhalb einer bestimmten Frist nach einem Ereignis erfolgen soll. Dabei geht es um solche Vereinbarungen wie: »Lieferung zwei Tage nach Abruf.« Das vorausgehende Ereignis ist der Abruf. Wenn dieses Ereignis stattgefunden hat, kann der Schuldner mit Hilfe eines Kalenders genau errechnen, wann er leisten muss. Wichtig ist, dass der Schuldner nach dem Ereignis allein anhand des Kalenders errechnen kann, wann er leisten muss. Eine Bestimmung »Zahlung sofort nach Lieferung« ist daher nicht ausreichend, weil man nicht mit Hilfe eines Kalenders ermitteln kann, was »sofort« ist. Der Sinn dieser Vorschrift ist eben auch hier wieder, dass eine Mahnung überflüssig ist, wenn der Schuldner genau weiß, wann er leisten muss. Nur wenn der Schuldner es nicht genau sagen kann, ist eine Mahnung durch den Gläubiger erforderlich.

cc) Entbehrlichkeit wegen ernsthafter und endgültiger Erfüllungsverweigerung, § 286 Abs. 2 Nr. 3 BGB

Eine Mahnung ist auch dann entbehrlich, wenn der Schuldner von vornherein sagt: »Ich leiste nicht!« Unter diesen Umständen wäre es überflüssig, wenn man vom Gläubiger verlangen würde, dass er den Schuldner noch einmal zur Leistung auffordert.

Wenn im obigen Fall die Firma Bummelmann sagt: »Wir werden nicht liefern«, dann könnte Schnurpseldingen sich eine Mahnung sparen. Bummelmann würde ohne Mahnung in Verzug kommen.

dd) Entbehrlichkeit der Mahnung wegen besonderer Umstände, § 286 Abs. 2 Nr. 4 BGB

Eine Mahnung ist zuletzt auch dann gemäß § 286 Abs. 2 Nr.4 BGB entbehrlich, wenn »aus besonderen Gründen unter Abwägung der beiderseitigen Interessen der sofortige Eintritt des Verzuges gerechtfertigt ist«. Das ist mal wieder »sehr aussagekräftig«. Hier gehören all die Fälle hin, bei denen klar ist, dass eine Mahnung überflüssig ist und nichts bringt. Oder wenn man sagen kann: »Kein normaler Mensch würde in diesem Fall eine Mahnung aussprechen.«

Beispiel: Die Toilette in der Kneipe »Fußball + Schluck« ist defekt. Der Wirt ruft mittags verzweifelt beim Klempner an. Die Reparatur ist deshalb besonders eilig, weil heute Abend das Endspiel der Champions-League übertragen wird und sich der Wirt davon einen satten Umsatz erhofft, was er dem Klempner auch mitteilt. Dieser sagt zu, sofort zu kommen. Zwei Stunden vor dem Anstoß ist der Klempner noch nicht aufgetaucht. Wenn dem Wirt seine Kneipe dann nicht öffnen kann, kann er den entgangenen Gewinn ohne Mahnung gemäß § 280 Abs. 1, 3; § 286 Abs. 1 BGB vom Klempner fordern. Eine Mahnung ist entbehrlich, weil klar war, dass die Reparatur sofort durchgeführt werden musste.

Weiteres Beispiel: Jemand bestellt sich einen Maßanzug. Der Schneider schwört ihm beim Barte seiner Großmutter und allem, was ihm sonst heilig ist, dass er alsbald liefern werde. In diesen Fällen der sogenannten Selbstmahnung ist eine nochmalige Mahnung durch den Gläubiger entbehrlich, weil der

Schuldner durch seine Selbstmahnung schon zum Ausdruck gebracht hat, dass er bald leisten will. Dann muss ihn niemand mehr darauf hinweisen.

Letztes Beispiel: Der Schuldner einer Darlehensforderung zieht es vor, nach Pfefferland auszuwandern, um gar nicht erst irgendwelche Mahnungen zu bekommen. Dann muss der Gläubiger auch keine großen Verrenkungen mehr machen, um dem Schuldner eine Mahnung zukommen zu lassen.

ee) Entbehrlichkeit der Mahnung bei Entgeltforderungen, § 286 Abs. 3 BGB

Wenn es um eine Entgeltforderung geht, also um eine Zahlungsforderung, dann kommt der Schuldner ohne Mahnung in Verzug, wenn er 30 Tage nach dem Zugang der entsprechenden Rechnung noch nicht gezahlt hat. Zweck dieser Regelung ist, den Schuldner zu einer zügigen Bezahlung seiner Rechnung anzuhalten und dem Gläubiger eine Mahnung zu ersparen. Der Gläubiger kann allerdings auch durch eine Mahnung vor Ablauf der 30 Tage den Schuldner in Verzug setzen.

III. Verschulden, § 286 Abs. 4 BGB

Gemäß § 286 Abs. 4 BGB kommt der Schuldner nicht in Verzug, solange die Leistung infolge eines Umstandes unterbleibt, den er nicht zu vertreten hat. Wenn der Schuldner also nichts dafür kann, dass er nicht leistet, dann kommt er auch nicht in Verzug. Was der Schuldner zu vertreten hat, steht (wie bei der Unmöglichkeit, s.o.) in § 276 Abs. 1 BGB: Vorsatz und Fahrlässigkeit. Der Schuldner kommt also nur dann in Verzug, wenn er die Leistung vorsätzlich oder fahrlässig nicht erbringt. Auch sonst läuft es hier wie bei der Unmöglichkeit: Durch die Gesetzesformulierung macht das BGB deutlich, dass das Verschulden immer vermutet wird. Der Schuldner muss dann beweisen, dass er für die verspätete Leistung nichts kann. Ohne besondere Anhaltspunkte im Sachverhalt können Sie einfach davon ausgehen, dass der Schuldner den Verzug auch zu vertreten hat.

In unserem obigen Beispiel wurde nicht erwähnt, warum Bummelmann nicht liefert. Vielleicht können die Waschbecken nicht mehr geliefert werden, weil nach einem Blitzeinschlag die Lagerhalle komplett ausgebrannt ist? Egal, solange Bummelmann sich nicht dazu äußert, dürfen Sie davon ausgehen, dass Bummelmann auch schuld an der verspäteten Leistung ist.

Jetzt soll es um die Frage gehen, wann und unter welchen Voraussetzungen der Gläubiger wegen einer verspäteten Leistung des Schuldners zusätzliche Rechte geltend machen kann:

1. Ersatz des Verzögerungsschadens, § 280 Abs. 1, 2; § 286 BGB

Wenn der Schuldner nicht rechtzeitig leistet, entsteht dem Gläubiger dadurch eventuell ein Schaden: Er kann z.B. zusätzliche Kosten haben, wie Mietkosten für die Anmietung einer Ersatzsache. Oder er hat einen Gewinnausfall, weil er die Sache gewinnbringend hätte weiterverkaufen können. Aus den § 280 Abs. 1, 2; § 286 BGB ergibt sich ein Anspruch des Gläubigers auf Ersatz dieses Verzögerungsschadens: Der Gläubiger kann verlangen, so gestellt zu werden, wie er bei ordnungsgemäßer Erfüllung gestanden hätte. Die Anspruchsgrundlage für den Schadensersatzanspruch ist – wie immer bei den Leistungsstörungen – § 280 Abs. 1 BGB. Das ist die Grundnorm. Je nach Art der Leistungsstörung ordnet § 280 für einen Schadensersatzanspruch **zusätzliche Voraussetzungen** an: Wenn es um Schadensersatz wegen Verzögerung der Leistung geht, verweist § 280 Abs. 2 BGB auf § 286 BGB. Nur wenn die zusätzlichen Voraussetzungen von § 286 BGB vorliegen, kann der Gläubiger den Ersatz des Verzögerungsschadens verlangen. Man muss sich also die Voraussetzungen für den Anspruch auf Ersatz des Verzögerungsschadens mühsam aus

§ 280 Abs. 1 und § 286 BGB zusammensuchen.

Die Voraussetzungen für den Schadensersatzanspruch aus § 280 Abs. 1, 2; § 286 heißen dann:

1. Schuldverhältnis zwischen Gläubiger und Schuldner: Vertrag?
2. Vorliegen einer Pflichtverletzung = der Schuldner ist im Verzug. Es sind also die Voraussetzungen des Verzuges zu prüfen: – fälliger, durchsetzbarer Anspruch
   – Nichtleistung
   – Mahnung
   – Verzug zu vertreten, § 286 IV
3. Vorliegen eines Verzögerungsschadens.

Wenn die eben aufgeführten Voraussetzungen vorliegen, kann der Gläubiger den Ersatz des Verzögerungsschadens verlangen. Der Verzögerungsschaden umfasst alle Vermögensnachteile, die dadurch entstehen, dass der Schuldner verspätet erfüllt. Man muss also prüfen, wie viel Geld der Gläubiger mehr auf dem Konto hätte, wenn die Leistung pünktlich da gewesen wäre. Zum Verzögerungsschaden gehören:

– Mehraufwendungen wegen der Verspätung: z.B. Wohnungsmiete, weil das Haus nicht rechtzeitig fertig gebaut wurde.
– Entgangener Gewinn: Eine Sache hätte gewinnbringend weiterverkauft werden können.
  Oder: Durch die verspätete Leistung kann eine Sache nicht gewinnbringend genutzt werden.
– Der Gläubiger muss einen Rechtsanwalt beauftragen, um die Forderung einzutreiben.

Im Gegensatz zum Schadensersatz statt der Leistung zeichnet sich der Verzögerungsschaden dadurch aus, dass er neben dem Erfüllungsanspruch bestehen kann.

Es geht nur um den Schaden, der **neben** der eigentlichen Leistung entstanden ist. Wenn der Gläubiger die Leistung gar nicht mehr will, sondern einen Ersatz dafür haben will, dass er die Leistung nicht bekommt, handelt es sich nicht um einen Verzögerungsschaden, sondern um Schadensersatz statt der Leistung, der nur unter den zusätzlichen Voraussetzungen von § 281 BGB gefordert werden kann. Man muss sich also immer fragen: Wenn jetzt noch erfüllt werden würde, bleibt der Schaden des Gläubigers trotzdem bestehen? Dann handelt es sich um einen Verzögerungsschaden. Oder will der Gläubiger die Leistung nicht mehr haben, sondern fordert er einen Ersatz für die ausgebliebene Leistung? Dann handelt es sich um Schadensersatz statt der Leistung.

Im obigen Beispiel ist Schnurpseldingen bisher kein Schaden entstanden. Es könnte allerdings sein, dass die Stadt vorübergehend einen mobilen Toilettenwagen anmieten muss. Die Mietkosten könnten dann der Firma Bummelmann als Verzögerungsschaden in Rechnung gestellt werden und zusätzlich zur Lieferung der Toiletten und der Waschbecken gefordert werden.

2. Verzugszinsen, § 288 BGB

Außer dem Verzögerungsschaden hat der Gläubiger einer **Geldschuld** noch ein weiteres Recht: sobald der Schuldner in Verzug kommt, schuldet er dem Gläubiger Verzugszinsen in Höhe von fünf Prozentpunkten über dem Basiszinssatz pro Jahr. Wenn kein Verbraucher beteiligt ist, dann beträgt der Zinssatz neun Prozentpunkte über dem Basiszinssatz.

3. Schadensersatz statt der Leistung, § 280 Abs. 1, Abs. 3; § 281 Abs. 1 S. 1 BGB

Wenn der Gläubiger lange genug gewartet hat, kann es irgendwann passieren, dass er die Leistung gar nicht mehr haben will. Unter den Voraussetzungen der §§ 280 Abs. 1, 3; 281 Abs. 1 S. 1 BGB kann der Gläubiger Schadensersatz statt der Leistung verlangen. Er will dann nicht mehr die eigentliche Leistung, sondern einen Ersatz dafür, dass er die Leistung nicht bekommt. Beim Schadensersatz statt der Leistung kann der Gläubiger verlangen, so gestellt zu werden, wie er bei ordnungsgemäßer Erfüllung gestanden hätte. Er erhält Ersatz für alle Schäden, die durch das Ausbleiben der Leistung entstanden sind. Die Höhe des Schadensersatzes wird durch einen Vergleich ermittelt: Wie sieht das Konto des Gläubigers heute aus? Und wie würde es aussehen, wenn der Schuldner seine Leistungsverpflichtung ordnungsgemäß erfüllt hätte? Wenn der Gläubiger ohne die Pflichtverletzung des Schuldners mehr auf seinem Konto gehabt hätte, dann ist ihm dieses »Mehr« vom Schuldner zu ersetzen.

In unserem Fall kann die Stadt Schnurpseldingen, wenn sich Bummelmann gar nicht rührt, auf die Idee kommen, sich die Waschbecken und die Toiletten von einem anderen Anbieter zu besorgen. Wenn die Sachen bei einem anderen Anbieter teurer sind, dann kann diese Differenz von der Firma Bummelmann als Schadensersatz statt der Leistung gefordert werden. Die Firma Bummelmann kann dann die Abnahme und Zahlung der Waschbecken und der Toiletten nicht mehr verlangen, weil sich Schnurpseldingen nun woanders eingedeckt hat.

Wenn der Gläubiger Schadensersatz statt der Leistung fordert, ist das für den Schuldner natürlich sehr einschneidend: Er bleibt auf seiner Leistung sitzen und muss eventuell tief in die Tasche greifen, um dem Gläubiger alle seine Schäden zu ersetzen. Daher muss gegenüber dem Verzögerungsschaden eine weitere Voraussetzung erfüllt sein: Der Gläubiger muss dem Schuldner eine Frist setzen, innerhalb derer der Schuldner die Leistung doch noch erbringen kann. Erst wenn diese Frist abgelaufen ist, kann der Gläubiger Schadensersatz statt der Leistung verlangen.
Auch die Voraussetzungen des Anspruches auf Schadensersatz statt der Leistung müssen Sie wieder aus verschiedenen Paragrafen zusammensuchen: In § 286 BGB steht zu diesem Thema leider gar nichts. Die Anspruchsgrundlage für Schadensersatz ist wie üblich: § 280 Abs. 1 BGB. Und § 280 Abs. 3 BGB schickt Sie dann für diesen besonderen Schadensersatzanspruch – Schadensersatz statt der Leistung – zu § 281 BGB. In § 281 BGB ist geregelt, dass Schadensersatz statt der Leistung nur verlangt werden kann, wenn der Gläubiger dem Schuldner erfolglos eine Frist zur Leistung bestimmt hat. Sie müssen also § 281 Abs. 1 und § 280 Abs. 1 BGB zusammenmixen, um die Voraussetzungen des Schadensersatzanspruches zu bekommen.

Zu den Voraussetzungen des Schadensersatzanspruches im Einzelnen:
1. Bestehen eines Schuldverhältnisses
Wie beim Verzögerungsschaden ist die erste Voraussetzung das Vorliegen eines Schuldverhältnisses. Das liegt immer dann vor, wenn ein Vertrag zwischen den Parteien besteht.
2. Vorliegen einer Pflichtverletzung: Nichtleistung bei Fälligkeit
Die gemäß § 280 Abs. 1 BGB erforderliche Pflichtverletzung besteht in den Fällen des Schadensersatzes statt der Leistung darin, dass der Schuldner zum Fälligkeitszeitpunkt gemäß § 271 I nicht leistet.

Achtung: Auf die Voraussetzungen des Verzuges ist bei einem Anspruch auf Schadensersatz statt der Leistung nicht einzugehen.

3. Nichtleistung ist vom Schuldner zu vertreten
Zuletzt muss auch hier wieder der Schuldner etwas dafür können, dass er nicht leistet, § 280 Abs. 1 S. 2 BGB. Das Verschulden wird wie immer vermutet.

4. Fristsetzung oder Entbehrlichkeit der Fristsetzung gemäß § 281 Abs. 2 BGB
a) Fristsetzung und erfolgloser Fristablauf

Wenn der Gläubiger Schadensersatz statt der Leistung fordert, verweist § 280 Abs. 3 auf § 281 BGB: Wenn der Gläubiger Schadensersatz statt der Leistung haben will, dann muss er dafür mehr tun als den Schuldner nur zu mahnen: Er muss ihm eine angemessene Frist setzen, innerhalb der der Schuldner die Leistung doch noch erbringen kann. Wenn diese Frist abgelaufen ist, ohne dass der Schuldner geleistet hat, kann der Gläubiger Schadensersatz statt der Leistung verlangen. Die Fristsetzung soll dem Schuldner noch einmal die Gelegenheit geben, den Vertrag ordnungsgemäß zu erfüllen. Mahnung und Fristsetzung haben gemeinsam, dass beide eine eindeutige Leistungsaufforderung an den Schuldner enthalten. Eine Fristsetzung ist aber mehr als eine Mahnung: Der Gläubiger sagt bei der Mahnung nur: »Lieber Schuldner, erbring jetzt bitte deine Leistung.« Bei der Fristsetzung sagt der Gläubiger zusätzlich noch, bis zu welchem Zeitpunkt er die Leistung des Schuldners spätestens haben will: »Bitte leiste bis zum 31.03.!« **Jede Fristsetzung enthält also gleichzeitig eine Mahnung, geht aber über eine Mahnung hinaus.** Das hat zur Folge, dass der Gläubiger, der dem Schuldner eine Frist gesetzt hat, immer auch den Verzögerungsschaden geltend machen kann: Alle Voraussetzungen für einen Anspruch auf Ersatz des Verzögerungsschadens liegen dann vor. Er kann aber, wenn er nur gemahnt hat, nie Schadensersatz statt der Leistung verlangen. Was macht also der schlaue Gläubiger? Er setzt in seiner Mahnung immer dem Schuldner auch eine Frist, damit er gleich nach Ablauf der Frist die Wahl hat, ob er nur den Verzögerungsschaden oder gleich Schadensersatz statt der Leistung verlangen will. Er muss dann nicht mehr weiter abwarten und dem Schuldner extra noch einmal eine Frist setzen.

Die nächste Frage ist: Was ist eine **angemessene** Frist? Man kann nicht pauschal für jede Leistung sagen: »Vier Wochen.« Es kommt vielmehr auf die jeweilige Leistung an. Der Schuldner soll die Möglichkeit bekommen, die Leistung doch noch erbringen zu können. Wenn eine Leistung länger dauert, dann muss auch die Frist länger bemessen werden. Andererseits kann bei einer sehr dringenden Leistung, die vom Schuldner schnell erbracht werden kann, auch eine Frist von zwei Tagen angemessen sein. Das ist natürlich sehr schwammig, und der Gläubiger steht vor dem Problem, dass er vielleicht selbst gar nicht sagen kann, ob seine Frist nun angemessen ist oder nicht. Dafür gibt es aber eine Lösung: Wenn der Gläubiger eine Frist gesetzt hat, die zu kurz war, dann hat er damit gleichzeitig eine angemessene Frist in Gang gesetzt. Der Schuldner kann sich also bei einer zu kurzen Frist nicht darauf berufen, dass gar keine Frist in Gang gesetzt wurde und deshalb auch nicht Schadensersatz statt der Leistung gefordert werden kann. Wenn der Schuldner innerhalb der Frist nicht leistet, die in seinem Fall angemessen gewesen wäre, dann kann der Gläubiger Schadensersatz statt der Leistung verlangen, auch wenn er eigentlich eine zu kurze Frist gesetzt hatte.

Erst nach erfolglosem Fristablauf kann der Gläubiger Schadensersatz statt der Leistung verlangen. Wenn der Schuldner also die Leistung noch erbringt, ist alles wieder in Ordnung und der Gläubiger kann nur den entstandenen Verzögerungsschaden vom Schuldner fordern. Übrigens muss der Schuldner innerhalb der Frist **nur die Leistungshandlung** vornehmen. Wenn der **Leistungserfolg erst nach Fristablauf** eintritt, ist das egal. Es reicht also z.B. bei Geldschulden aus, wenn der Schuldner den Überweisungsauftrag innerhalb der Frist erteilt. Auch wenn das Geld erst nach Fristablauf dem Konto des Gläubigers gutgeschrieben wird, hat der Schuldner innerhalb der Frist geleistet. Oder: Wenn eine Sache vereinbarungsgemäß an den Gläubiger verschickt werden soll, gilt: Es ist ausreichend, dass der Schuldner die Sache innerhalb der Frist losschickt. Wenn die

Sache erst nach Fristablauf beim Gläubiger eintrifft, kann dieser trotzdem nicht Schadensersatz statt der Leistung verlangen, sondern nur einen Verzögerungsschaden.

b) Entbehrlichkeit der Fristsetzung gemäß § 281 Abs. 2 BGB

Wie bei der Mahnung gibt es auch hier Fälle, in denen eine Fristsetzung entbehrlich ist, weil sie nichts mehr bringt. Sie treffen hier auf zwei alte Bekannte aus § 286 Abs. 2 BGB: Aus dem gleichen Grund, aus dem eine Mahnung entbehrlich ist, ist auch eine Fristsetzung überflüssig.

aa) die Fristsetzung ist entbehrlich, wenn der Schuldner die Leistung ernsthaft und endgültig verweigert.

Wenn der Schuldner von vornherein sagt: »Ich leiste nicht«, dann kann sich der Gläubiger die Fristsetzung sparen und gleich Schadensersatz statt der Leistung verlangen. Es wäre – genauso wie bei der Mahnung, § 286 Abs. 2 Nr. 3 BGB – zu viel verlangt, wenn der Gläubiger dann noch weiter hinter dem Schuldner herrennen und ihn zur Leistung auffordern müsste.

bb) Entbehrlichkeit der Fristsetzung wegen besonderer Umstände

Dieser Teil von § 281 Abs. 2 BGB stimmt mit § 286 Abs. 2 Nr. 4 BGB überein. Es gilt auch hier das Gleiche, was zu § 286 Abs. 2 Nr. 4 BGB gesagt wurde: Wenn kein normaler Mensch noch eine Frist setzen würde, dann kann der Gläubiger auch gleich Schadensersatz statt der Leistung verlangen.

5. Rechtsfolgen: Schadensersatz statt der Leistung

Wenn der Gläubiger dem Schuldner eine Frist gesetzt hat und der Schuldner innerhalb der Frist nicht geleistet hat, dann passiert vorerst gar nichts! Der Gläubiger hat nach dem Ablauf der Frist (oder wenn eine Fristsetzung entbehrlich war) erst einmal die Wahl, was er tun möchte: Er kann nach wie vor Erfüllung verlangen und daneben den entstandenen Verzögerungsschaden nach § 280 Abs. 1, 2, 286 BGB. Erst wenn der Gläubiger sich hinstellt und sagt: »Ich verlange jetzt Schadensersatz statt der Leistung«, passiert etwas: Gemäß § 281 Abs. 4 BGB erlischt in diesem Augenblick der Anspruch auf die Leistung. Der Gläubiger kann dann nicht mehr die Erfüllung seines Anspruches verlangen. Das führt natürlich auch dazu, dass der Schuldner die Gegenleistung nicht mehr verlangen kann, wäre ja auch noch schöner! Der Gläubiger kann jetzt nur noch einen finanziellen Ausgleich dafür verlangen, dass der Schuldner nicht ordnungsgemäß geleistet hat: Er ist so zu stellen, als hätte der Schuldner rechtzeitig geleistet. Zur Berechnung s.o. III.

Noch einmal am Rande: Natürlich ist es blöd, dass man sich die Voraussetzungen der einzelnen Schadensersatzansprüche immer mühsam zusammensuchen muss, auf der anderen Seite ist es eigentlich immer ganz einfach, weil es nur um § 280 Abs. 1 BGB geht. Es sind also immer dieselben Voraussetzungen:
1. Vorliegen einer Pflicht aus einem Schuldverhältnis.
2. Verletzung dieser Pflicht.
3. Verschulden wird vermutet.
4. Schaden.
Zu diesen Voraussetzungen treten dann je nach Schadensersatzanspruch weitere Voraussetzungen hinzu:
– beim Verzögerungsschaden die Mahnung, § 286 Abs. 1 BGB.
– beim Schadensersatz statt der Leistung die Fristsetzung und der erfolglose Fristablauf, § 281 Abs. 1 BGB.

4. Sonderfall: Während des Verzuges wird die Leistung unmöglich

Fall: A leiht dem B ein Auto. B soll das Auto am 03.12.2008 zurückgeben. Das tut er aber nicht. Am 04.12. hat B unverschuldet einen Unfall, bei dem das Fahrzeug einen Totalschaden erleidet. Kann A von B Schadensersatz statt der Leistung verlangen?

Es kann passieren, dass während des Verzuges die Leistung unmöglich wird. Zum Beispiel kann die Sache, die geschuldet wird, zerstört werden. Dann rutscht man vom Verzug in die Regeln über die Unmöglichkeit. Die Unmöglichkeit beendet den Verzug. Für einen Schadensersatzanspruch statt der Leistung sind nun die § 280 Abs. 1, 3; § 283 BGB die richtige Anspruchsgrundlage. Aber eine Besonderheit muss man nun beachten, wenn man das Verschulden prüft: Der Schuldner haftet nämlich jetzt sogar, wenn die Sache ohne sein Verschulden untergeht, § 287 BGB.

In unserem Fall muss B also auch dann Schadensersatz leisten, wenn er an dem Unfall keine Schuld trägt. Das ist nur korrekt: Wenn er das Auto rechtzeitig zurückgegeben hätte, dann wäre der Unfall nicht passiert.

5. Rücktritt, § 323 BGB

Wenn der Schuldner nicht leistet, kann der Gläubiger gemäß § 323 BGB vom Vertrag zurücktreten. Die Voraussetzungen des Rücktrittsrechts müssen Sie sich jetzt ausnahmsweise mal nicht aus mehreren Paragrafen zusammensuchen. Alles was Sie brauchen, steht in § 323 Abs. 1 BGB. Die Voraussetzungen des Rücktritts stimmen mit den Voraussetzungen für den Schadensersatz statt der Leistung überein. Es gibt nur eine Ausnahme: Der Gläubiger kann auch dann zurücktreten, wenn der Schuldner die Nichtleistung nicht zu vertreten hat. Auch wenn der Schuldner gar nichts dafür kann, dass er nicht leistet, darf der Gläubiger zurücktreten. Die Voraussetzungen des Rücktritts auf einen Blick sind:

1. Es besteht ein gegenseitiger Vertrag.
2. Fälliger durchsetzbarer Anspruch → wie beim Verzögerungsschaden und Schadensersatz statt der Leistung.
3. Nichtleistung → wie beim Verzögerungsschaden und Schadensersatz statt der Leistung.
4. Fristsetzung oder Entbehrlichkeit der Fristsetzung gemäß § 323 Abs. 2 BGB. § 323 II Nr. 1 entspricht einer ernsthaften und endgültigen Erfüllungsverweigerung aus § 281 II.
   In § 323 II Nr. 2 BGB geht es um die Fälle, bei denen der Gläubiger deutlich gemacht hat, dass die rechtzeitige Leistung so wichtig ist, dass eine nachträgliche Erfüllung nicht mehr als ordnungsgemäße Erfüllung anzusehen ist. Das Geschäft soll mit der Einhaltung der Leistungszeit »stehen und fallen«. Man spricht dann von einem **relativen Fixgeschäft.** Anders als beim absoluten Fixgeschäft, wo durch die Verspätung die Leistung unmöglich wird, bleibt die Leistung beim relativen Fixgeschäft weiterhin möglich. Sie ist aber für den Gläubiger nicht mehr von Interesse.

Beispiel: Wenn der Inhaber eines Süßwarenladens rechtzeitig vor Ostern Schokoladenosterhasen und Schokoladeneier bestellt, dann ist klar, dass diese Sachen vor Ostern geliefert werden müssen. Der Süßwarenverkäufer muss dem Lieferanten nicht zusätzlich eine Frist setzen, damit er rechtzeitig liefert. Wenn er verspätet leistet, kann der Gläubiger gleich vom Vertrag zurücktreten.
Außer diesem Beispiel kann man immer dann an ein relatives Fixgeschäft denken, wenn die Parteien Klauseln wie z.B. »fix«, »genau«, »präzis«, »spätestens« oder »prompt« verwendet haben.

Nach § 232 II Nr. 3 ist eine Fristsetzung entbehrlich, wenn im Falle einer nicht vertragsgemäß erbrachten Leistung besondere Umstände vorliegen, die unter Abwägung der beiderseitigen Interessen den sofortigen Rücktritt rechtfertigen.

Diese Regelung ist nur anwendbar, wenn eine – wenn auch nicht vertragsgemäße – Leistung vorliegt. Daher ist sie in Fällen des Verzugs, in denen ja gerade nicht geleistet wird, nicht anwendbar.

5. Erfolgloser Fristablauf → wie Schadensersatz statt der Leistung.

Wenn der Gläubiger vom Vertrag zurücktritt, erlöschen die gegenseitigen Leistungsansprüche. Die bereits empfangenen Leistungen sind zurückzugewähren, § 346 Abs. 1 BGB.

Zusammenfassende Übersicht zu den Rechten des Gläubigers beim Schuldnerverzug:

Voraussetzungen:
1. Der Schuldner leistet trotz Fälligkeit nicht.
2. Mahnung oder Entbehrlichkeit der Mahnung
   gemäß § 286 Abs. 2 und 3 BGB.
Am besten verbindet man die Mahnung mit einer Fristsetzung, damit man gleich Schadensersatz statt der Leistung oder Rücktritt verlangen kann.
3. Der Schuldner hat den Verzug zu vertreten, § 286 Abs. 4 BGB.
Rechte des Gläubigers:

1. Der Erfüllungsanspruch besteht fort.

2. Bei Geldschulden: Zinsanspruch gemäß § 288 BGB.
3. Verzögerungsschaden, §§ 280 I, II; 286 BGB: Der Schaden, der auch noch dann besteht, wenn jetzt noch ordnungsgemäß geleistet wird.
Der Anspruch besteht neben dem Erfüllungsanspruch.

4. Schadensersatz statt der Leistung,
   §§ 280 Abs. 1, 3; 281 Abs. 1 S. 1 BGB: Voraussetzung des § 280 I.
Zusätzliche Voraussetzung: **Fristsetzung oder Entbehrlichkeit der Fristsetzung gemäß § 281 Abs. 2 BGB.**
Sobald der Anspruch auf Schadensersatz statt der Leistung geltend gemacht wird, erlischt der Erfüllungsanspruch, § 281 Abs. 4 BGB.
Beachte: Während des Verzuges haftet der Schuldner für jede Fahrlässigkeit und sogar für Zufall, § 287 BGB.

5. Rücktritt, § 323 BGB
Voraussetzungen: gegenseitiger Vertrag, Nichtleistung bei Fälligkeit, Fristsetzung oder Entbehrlichkeit der Fristsetzung gemäß § 323 II BGB
Beachte: Anders als beim Schadensersatzanspruch ist **kein Verschulden** erforderlich.

C. Die Gewährleistungsrechte des Käufers

Wenn der Schuldner die Leistung rechtzeitig erbringt, heißt das nicht automatisch, dass die Welt in Ordnung ist. Das verkaufte Auto kann einen Motorschaden haben. In der vermieteten Wohnung kann das Dach undicht sein. Die Dauerwelle beim Friseur hat zur Folge, dass die Haare auf einmal grün sind. Das BGB spricht dann von einer **mangelhaften Leistung**. Beim Gewährleistungsrecht geht es um die Frage, welche Rechte dem Gläubiger zustehen, wenn der Schuldner seine vertragliche Verpflichtung schlecht erfüllt. Leider ist nicht für alle Verträge einheitlich geregelt, welche Rechte der Gläubiger im Falle einer schlechten Leistung hat. So gibt es für einige Verträge ein eigenes Gewährleistungsrecht, wie z.B. beim Kaufvertrag, Werkvertrag oder Mietvertrag. Da steht genau drin, welche Rechte der Gläubiger geltend machen kann. Bei anderen Verträgen gibt es kein eigenes Gewährleistungsrecht. Die Rechte des Gläubigers richten sich dann nach den Regelungen im allgemeinen Schuldrecht über Rücktritt und Schadensersatz.

Hier soll es um die Gewährleistungsrechte beim Kaufvertrag gehen. Welche Rechte hat der Käufer, wenn die gekaufte Sache einen Mangel aufweist?

I. Wann ist eine Sache mangelhaft?

Fall: Bauamtsleiter Alfred Baumann kauft sich beim Elektrofachhändler Stromschlag eine neue Kaffeemaschine. Bereits kurz nach dem Kauf muss er feststellen, dass die Maschine das Wasser nicht richtig erhitzt. Der Kaffee wird immer nur eine lauwarme Plörre. Er möchte die kaputte Kaffeemaschine gerne gegen eine heile umtauschen. Herr Stromschlag lehnt das ab. Beim Kauf der Maschine sei diese heile gewesen. Er könne doch nichts dafür, dass Herr Baumann sie durch falsche Bedienung kaputt gemacht habe. Er wäre allenfalls bereit, kulanterweise die kaputte Maschine zu reparieren. Baumann ist damit nicht einverstanden. Kann er den Umtausch der Kaffeemaschine verlangen?

Auch wenn es eigentlich logisch ist, noch einmal ganz deutlich: Bevor man sich Gedanken darüber macht, welche Gewährleistungsrechte dem Käufer zustehen, muss man sich zunächst immer mit der Frage befassen, ob zwischen dem Käufer und dem Verkäufer überhaupt ein wirksamer Kaufvertrag geschlossen worden ist. Wenn schon kein wirksamer Kaufvertrag besteht, stehen dem Käufer auch keine Gewährleistungsrechte zu! Erst, wenn man zu dem Ergebnis gekommen ist, dass ein wirksamer Kaufvertrag geschlossen wurde, kann man sich der nächsten Frage zuwenden: Wann stehen dem Käufer denn Gewährleistungsrechte zu?

Einem Käufer stehen nur dann Gewährleistungsrechte zu, wenn die Sache, die er gekauft hat, bei Gefahrübergang mangelhaft ist. Bei den Mängeln, die einer Sache anhaften können, muss man zunächst grob unterscheiden: Zum einen liegt ein Mangel dann vor, wenn mit der Sache selbst etwas nicht in Ordnung ist. Dann spricht man von einem **Sachmangel**. Es kann aber auch sein, dass die Sache selbst in Ordnung ist, aber Dritte gegenüber dem Käufer irgendwelche Rechte geltend machen können. Man spricht dann von einem **Rechtsmangel**. Der Rechtsmangel ist in § 435 BGB geregelt: Die Sache ist frei von Rechtsmängeln, wenn Dritte im Bezug auf die Sache keine oder nur die im Kaufvertrag übernommenen Rechte gegen den Käufer geltend machen können. Wenn z.B. jemand ein Haus kauft, ohne zu wissen, dass es vermietet ist, dann kann sich der Mieter gemäß § 566 BGB gegenüber dem Käufer auf den bestehenden Mietvertrag berufen und in dem Haus wohnen bleiben. Der Käufer kann nichts dagegen tun, er darf den Mieter nicht vor die Tür setzen. Der Mietvertrag stellt aber einen Rechtsmangel dar. Die Rechte, die dem Käufer bei einem Rechtsmangel zustehen, sind die gleichen wie bei einem Sachmangel. Nun aber ausführlich zum Sachmangel:

Wann eine Sache mangelhaft ist, ist in § 434 BGB geregelt. Dabei ist § 434 I BGB etwas kompliziert formuliert: Diese Vorschrift sagt nämlich nicht: »Eine Sache ist mangelhaft, wenn …«, sondern es heißt dort: »Die Sache ist frei von Sachmängeln, wenn …« Es wird also in § 434 I BGB festgelegt, wie die Sache sein muss, damit sie mangelfrei ist. Wenn die Sache die in § 434 I BGB aufgeführten Anforderungen nicht erfüllt, ist sie mangelhaft. Man kann § 434 BGB einfach umformulieren:

Eine Sache ist nach § 434 BGB fehlerhaft, wenn
1. sie **nicht** die vereinbarte Beschaffenheit hat, § 434 Abs. 1 S. 1 BGB.
2. sie für die vertraglich vorausgesetzte Verwendung **nicht** geeignet ist, § 434 Abs. 1 S. 2 Nr. 1 BGB.
3. a) sie für die gewöhnliche Verwendung **nicht** geeignet ist und **nicht** die Beschaffenheit aufweist, die bei Sachen gleicher Art üblich ist und die der Käufer nach der Art der Sache erwarten kann, § 434 Abs. 1 S. 2 Nr. 2 BGB,
   b) sie **nicht** die Beschaffenheit aufweist, die der Käufer aufgrund der Werbung erwarten darf, § 434 Abs. 1 S. 3 BGB.
4. sie durch den Verkäufer oder dessen Erfüllungsgehilfen unsachgemäß montiert wurde, § 434 Abs. 2 S. 1 BGB.
5. die Montageanleitung mangelhaft ist, es sei denn, der Käufer kann die Sache trotzdem mangelfrei montieren, § 434 Abs. 2 S. 2 BGB.
6. eine andere Sache geliefert wird, § 434 Abs. 3 BGB.
7. eine zu geringe Menge geliefert wird, § 434 Abs. 3 BGB.

Dazu jetzt im Einzelnen:

1. Die Sache ist mangelhaft, wenn sie nicht die vereinbarte Beschaffenheit aufweist, § 434 Abs. 1 S. 1 BGB

Wenn der Käufer mit dem Verkäufer vereinbart hat, dass die Sache eine bestimmte Beschaffenheit aufweisen soll, dann ist die Sache mangelhaft, wenn diese vereinbarten Merkmale fehlen.

Unter »Beschaffenheit« sind erst einmal alle physischen Eigenschaften zu verstehen, die der Sache unmittelbar anhaften: Größe, Gewicht, Alter, Herstellungsmaterial, Energieverbrauch, Höchstgeschwindigkeit … Also alles, was die Sache selbst ausmacht und woraus sie besteht. Aber das ist noch nicht alles. Zur Beschaffenheit einer Sache gehören nämlich alle gegenwärtigen, rechtlichen, sozialen und wirtschaftlichen Beziehungen der Sache zur Umwelt von gewisser Dauer. Eben alles, was nicht der Sache selbst anhaftet, aber eben doch mit der Sache zusammenhängt und nach der Verkehrsanschauung von Bedeutung für die Sache ist.

Beispiel: Jemand kauft ein Haus, weil ihm der Verkäufer versichert hat, dass das Nachbargrundstück nie bebaut werden wird, die freie Aussicht über die grüne Landschaft also stets erhalten bleibt. Drei Tage nach dem Einzug erscheinen auf dem Nachbargrundstück die ersten Planierraupen und ein Jahr später steht nebenan ein Einkaufszentrum … Die Frage, ob das Nachbargrundstück bebaut werden darf oder nicht, ist nichts, was dem gekauften Grundstück selbst unmittelbar anhaftet. Egal, wie das Nachbargrundstück aussieht, das gekaufte Grundstück bleibt immer gleich. Die Bebaubarkeit des Nachbargrundstückes stellt aber eine Umweltbeziehung des gekauften Grundstückes dar und gehört damit auch zum Begriff »Beschaffenheit«.

Weiteres Beispiel: Jemand zahlt einen horrenden Preis für ein Auto, das einmal der Papst benutzt haben soll. Hinterher stellt sich heraus, dass der Papst nie mit diesem Wagen gefahren ist. Die Frage, wem ein Auto früher gehört hat, ist nichts, was dem Auto selbst anhaftet. Aber die Frage, wem das Auto vorher gehört hat, stellt eine Beziehung der Sache zur Umwelt dar, gehört also auch zur Beschaffenheit der Sache.

Wenn feststeht, dass ein bestimmtes Merkmal zur Beschaffenheit der Sache gehört, begründet das Fehlen dieses Merkmales nur dann einen Mangel, wenn diese Beschaffenheit der Sache von den Parteien auch tatsächlich vereinbart wurde. Das bedeutet, dass die Parteien wirklich eine Vereinbarung darüber getroffen haben müssen, dass die Sache eine bestimmte Beschaffenheit aufweist. Das muss nicht immer eine ausdrückliche Vereinbarung sein. Grundsätzlich können sich die Parteien auch stillschweigend einigen. Dazu ist ausreichend, dass der Zustand der Sache beschrieben wurde und diese Beschreibung in den Vertrag mit aufgenommen wurde. Aber an dieser Stelle wird es gemein: Man darf nämlich den Parteien nicht unterstellen, dass sie automatisch immer eine stillschweigende Vereinbarung darüber getroffen haben, dass die Sache die normale und übliche Beschaffenheit aufweist. Sonst wäre § 434 Abs. 1 S. 2 Nr. 2 BGB – Sache weist nicht die übliche Beschaffenheit auf – überflüssig. § 434 Abs. 1 S. 1 BGB ist nur für die Fälle gedacht, in denen die Parteien sich über eine bestimmte Beschaffenheit geeinigt haben oder mehr als die übliche Beschaffenheit vereinbart haben.

In unserem Beispiel haben Baumann und Herr Stromschlag nicht über eine bestimmte Beschaffenheit der Kaffeemaschine gesprochen. Man darf ihnen auch nicht eine stillschweigende Vereinbarung unterstellen, dass die Kaffeemaschine eine normale Beschaffenheit (= heile) aufweisen soll. Also liegt keine Vereinbarung über eine bestimmte Beschaffenheit der Kaffeemaschine vor.

2. Die Sache ist mangelhaft, wenn sie sich nicht für die nach dem Vertrag vorausgesetzte Verwendung eignet, § 434 Abs. 1 S. 2 Nr. 1 BGB

Wenn keine bestimmte Beschaffenheit der Sache vereinbart worden ist, kann man fragen, ob die Parteien nicht bei Abschluss des Vertrages davon ausgingen, dass die Sache für einen bestimmten Verwendungszweck geeignet sein soll.

Beispiel: Der Käufer kauft ein Grundstück, um ein Haus darauf zu bauen. Wenn er dies dem Verkäufer mitteilt, dann ist der vorausgesetzte Verwendungszweck des Grundstückes, dass es bebaut wird. Wenn sich später herausstellt, dass das Grundstück nicht bebaut werden darf, dann ist das Grundstück mangelhaft.

Weiteres Beispiel: Jemand kauft einen Lkw, um bestimmte Bauteile befördern zu können. Später stellt sich heraus, dass die Ladekapazität des Lkw für diese Bauteile nicht ausreicht. Die vertraglich vorausgesetzte Verwendung ist, dass der Lkw die Bauteile transportieren kann.

Auch hier darf man den Parteien nicht unterstellen, dass sie stillschweigend die **gewöhnliche** Verwendung der Kaufsache vereinbart haben. Dann wäre nämlich § 434 Abs. 1 S. 2 Nr. 2 BGB überflüssig. Dort ist geregelt, dass eine Sache dann mangelhaft ist, wenn sie für die gewöhnliche Verwendung nicht geeignet ist. § 434 Abs. 1 S. 2 Nr. 1 BGB kommt nur zum Tragen, wenn eine **besondere** Verwendung vorausgesetzt wird.

In unserem Fall darf man also nicht davon ausgehen, dass die Parteien vorausgesetzt haben, dass die Kaffeemaschine zum Kaffeekochen geeignet sein muss. Dabei wäre das eigentlich logisch. Wozu kauft man schließlich eine Kaffeemaschine? Aber das ist eben nur die gewöhnliche Verwendung. Hier muss sich Baumann mit § 434 Abs. 1 S. 2 Nr. 2 BGB behelfen. Anders wäre es nur, wenn er z.B. bei Vertragsschluss angegeben hätte, dass er die Maschine bräuchte, um besonders große Mengen Kaffee in kurzer Zeit herzustellen und Stromschlag dann nicht gesagt hätte: »Mit dieser Maschine bekommen Sie nur vierzig Tassen pro Stunde.« Dann wäre eine besondere Verwendung – schnell viel Kaffee – vorausgesetzt worden.

Immer dann, wenn der Käufer bei Vertragsschluss sagt: »Ich habe mit der Sache das und das vor«, und der Verkäufer dann nicht sagt: »Das geht aber nicht«, dann ist das, was der Käufer mit der Sache vorhat, der vertraglich vorausgesetzte Verwendungszweck. Wichtig ist nur, dass der Käufer dem Verkäufer mitteilen muss, was er mit der Sache vorhat. Einseitige Vorstellungen des Käufers reichen nicht aus, wenn der Verkäufer davon nichts erfährt.

3.a) Die Sache ist für die gewöhnliche Verwendung objektiv nicht geeignet (oder: die Sache ist kaputt), § 434 Abs. 1 S. 2 Nr. 2 BGB

Wenn die Parteien nichts vereinbart haben und auch keinen besonderen Zweck vereinbart haben, dann ist die Sache mangelhaft, wenn sie sich nicht für die gewöhnliche Verwendung eignet. Was sich hier sehr unverständlich anhört, bedeutet übersetzt und in Kurzform: Eine Sache ist mangelhaft, wenn sie nicht das tut, was sie normalerweise tun soll, also kaputt ist.

Hier kommt jetzt endlich Baumann zum Zuge: Eine Kaffeemaschine soll normalerweise heißen Kaffee kochen. Dies darf der Käufer auch erwarten. Tut sie das nicht, ist sie für die gewöhnliche Verwendung objektiv nicht geeignet.

3.b) Die Sache weist nicht die Beschaffenheit auf, die bei Sachen gleicher Art üblich ist und die der Käufer nach der Art der Sache erwarten kann, § 434 Abs. 1 S. 2 Nr. 2

Hier geht es jetzt um die Fälle, in denen die Parteien keine bestimmte Beschaffenheit vereinbart haben (dann wäre § 434 Abs. 1 S. 1 BGB anwendbar). Ohne eine besondere Vereinbarung muss die Sache jedenfalls die übliche Beschaffenheit aufweisen. Problem nur: Was ist »üblich«? Man muss vergleichen, welches die übliche Beschaffenheit bei Sachen der gleichen Art ist. Was darf man normalerweise als Käufer in so einem Fall erwarten? Wenn man einen Gebrauchtwagen für 1.000,– € kauft, muss man unter Umständen in Kauf nehmen, dass er Roststellen hat. Wenn man einen Neuwagen für einen entsprechend hohen Preis erwirbt, muss man Rostflecken natürlich nicht hinnehmen.

3.c) Die Sache weist nicht die Beschaffenheit auf, die der Käufer aufgrund der Werbung erwarten darf, § 434 Abs. 2 S. 3 BGB

Die Sache muss nicht nur die übliche Beschaffenheit aufweisen, sondern auch so beschaffen sein, wie der Verkäufer oder der Hersteller es in der Werbung versprochen hat. Dabei muss es sich bei den Werbeaussagen um nachprüfbare **Tatsachen** handeln. Reißerische Anpreisungen reichen hier nicht aus. Wenn aber z.B. der Fahrzeughersteller damit wirbt, dass ein Fahrzeug einen sehr geringen Benzinverbrauch hat, dann ist das Fahrzeug mangelhaft, wenn es einen höheren Verbrauch hat. In § 434 Abs. 1 S. 3 BGB sind allerdings noch einige Ausnahmen aufgeführt:
1. Der Verkäufer kannte die Werbung überhaupt nicht und konnte sie auch nicht kennen.
2. Die Werbung ist »in gleichwertiger Weise« berichtigt worden. Es ist also ein Widerruf der Werbung auf dem gleichen Weg erfolgt wie die Werbeäußerung selbst.
3. Die Werbeaussage konnte die Kaufentscheidung des Käufers nicht beeinflussen.

Alle diese Ausnahmen sind vom Verkäufer darzulegen und zu beweisen. Das ergibt sich wieder aus der Formulierung des Gesetzes (»... es sei denn ...«). Grundsätzlich wird also davon ausgegangen, dass der Verkäufer für die Äußerungen in der Werbung einzustehen hat.

4. Die Sache ist mangelhaft, wenn sie durch den Verkäufer oder dessen Erfüllungsgehilfen unsachgemäß montiert wurde, § 434 Abs. 2 S. 1 BGB

Wenn der Verkäufer nach den Vereinbarungen im Kaufvertrag die verkaufte Sache auch noch montieren soll, dann muss die Montage natürlich richtig durchgeführt werden. Wenn eine eigentlich heile Sache unsachgemäß montiert wird und deshalb nicht richtig funktioniert, dann liegt ein Sachmangel vor. Zur Frage, was ein Erfüllungsgehilfe ist s.u.

5. Die Sache ist mangelhaft, wenn die Montageanleitung mangelhaft ist (sog. IKEA-Klausel), § 434 Abs. 2 S. 2 BGB

Die Vorschrift des § 434 Abs. 2 S. 2 BGB wird auch IKEA-Klausel genannt. Und damit ist klar, worum es geht: Eine eigentlich heile Sache ist mangelhaft, wenn sie mit einer Montageanleitung geliefert wird, die nichts taugt. Eine Montageanleitung muss immer so beschaffen sein, dass ein durchschnittlicher Käufer die Sache nach der Anleitung auch zusammenbauen kann. Wenn das nicht gegeben ist, liegt ein Sachmangel vor.

Das Gesetz macht eine Ausnahme: Wenn es dem Käufer gelingt, die Sache trotz der schlechten Montageanleitung richtig zusammenzubauen, dann ist die Sache nicht mangelhaft. Denn dann hat der Käufer eine richtige Montageanleitung offensichtlich nicht gebraucht.

§ 434 Abs. 2 S. 2 BGB bezieht sich übrigens nur auf Montageanleitungen, nicht auf Gebrauchsanweisungen und Bedienungsanleitungen. Der Videorekorder, der mit einer Gebrauchsanweisung geliefert wird, die wörtlich vom Japanischen ins Deutsche übersetzt wurde, fällt also nicht unter diese Vorschrift. In diesen Fällen wird man aber über § 434 Abs. 1 S. 2 Nr. 2 BGB zu einem Sachmangel kommen.

6. Die Sache ist mangelhaft, wenn eine andere Sache geliefert wird, § 434 Abs. 3 BGB

Wenn eine Sache gekauft worden ist, aber eine andere Sache geliefert wird, dann ist die falsche Sache zwar nicht mangelhaft, die Lieferung einer anderen Sache wird aber so behandelt, als würde ein Sachmangel vorliegen. Das führt dann zu folgendem interessanten Ergebnis: Wenn statt der bestellten roten Jacke eine grüne geliefert wird, dann ist die grüne Jacke eine mangelhafte rote Jacke. Oder wenn statt des bestellten Sommerweizens Winterweizen geliefert wird: Der gelieferte Winterweizen, der als Winterweizen ganz in Ordnung ist, ist mangelhafter Sommerweizen. Der Käufer kann die richtige Sache fordern. Die falsch gelieferte Sache muss er herausgeben.

7. Die Sache ist mangelhaft, wenn eine zu geringe Menge geliefert wird, § 434 Abs. 3 BGB

Auch wenn der Verkäufer weniger liefert als vom Käufer bestellt, liegt ein Sachmangel vor, und dem Käufer stehen Gewährleistungsrechte zu. Wenn jemand drei Tonnen Zuckerrüben bestellt, aber nur zwei Tonnen bekommt, dann sind diese zwei Tonnen mangelhafte drei Tonnen.

§ 434 Abs. 3 BGB sagt nichts darüber, was passieren soll, wenn der Verkäufer **mehr** liefert, als er eigentlich soll. Das steht an einer anderen Stelle im BGB: Eine Zuviel-Lieferung ist nach § 812 Abs. 1 S. 1 1. Alt. BGB wieder an den Verkäufer zurückzugeben. Dazu s.u. Kapitel Bereicherungsrecht.

II. Vorliegen des Mangels bei Gefahrübergang

Wenn man festgestellt hat, dass eine Sache mangelhaft ist, bedeutet das noch nicht automatisch, dass dem Käufer nun Gewährleistungsrechte zustehen. Der Sachmangel muss nach dem Wortlaut von § 434 Abs. 1 BGB nämlich **bei Gefahrübergang** vorgelegen haben. Wann die Gefahr übergeht, ist in den §§ 446; 447 BGB geregelt: Die Gefahr geht mit der Übergabe der verkauften Sache auf den Käufer über. Beim Versendungskauf, also wenn die Sache auf Verlangen des Käufers an einen anderen Ort als den Erfüllungsort verschickt wird, geht die Gefahr mit der Übergabe an die Transportperson auf den Käufer über.

Der Sachmangel muss also in dem Augenblick vorliegen, in dem der Käufer die Sache vom Verkäufer erhält oder im Falle des Versendungskaufes in dem Augenblick, wo die Sache der Transportperson übergeben wird. Das führt zu einem Problem für den Käufer: Er muss nämlich beweisen, dass der Mangel bereits bei Gefahrübergang vorhanden war. Das ist schwierig, wenn der Mangel sich erst später gezeigt hat. Der Verkäufer kann sich dann immer auf den Standpunkt stellen, dass der Mangel erst vom Käufer verursacht worden ist, z.B. durch eine falsche Bedienung.

In unserem Beispiel konnte Baumann der Kaffeemaschine nicht ansehen, dass sie nicht funktioniert. Er konnte sie im Geschäft schließlich nicht ausprobieren. Also wird es schwer für ihn, zu beweisen, dass die Maschine bereits beim Kauf defekt war.

Von dem Grundsatz, dass der Käufer das Vorliegen des Mangels bei Gefahrübergang beweisen muss, macht das BGB eine Ausnahme, wenn es sich um einen **Verbrauchsgüterkauf** handelt. Was ein Verbrauchsgüterkauf ist, steht in § 474 Abs. 1 BGB: Wenn ein Verbraucher von einem Unternehmer eine bewegliche Sache kauft. Und was ist ein Verbraucher? Und ein Unternehmer? Wenn Sie das nicht wissen, tun Sie das, was Sie immer tun, wenn Ihnen im BGB ein unverständlicher Begriff über den Weg läuft: Sie schauen in den allgemeinen Teil. Dort steht in § 13, was ein Verbraucher ist und in § 14 was ein Unternehmer ist. Übertragen auf § 474 Abs. 1 BGB liegt also ein Verbrauchsgüterkauf vor, wenn jemand für private Zwecke etwas kauft von jemandem, der dabei in Ausübung seiner gewerblichen oder selbständigen beruflichen Tätigkeit handelt. Oder noch einfacher: Wenn Otto Normalverbraucher in den Laden geht und sich etwas kauft.

Für den Verbrauchsgüterkauf gelten verschiedene Sonderregeln. Hier ist § 476 BGB interessant: Wenn sich der Sachmangel innerhalb von sechs Monaten seit Gefahrübergang zeigt, so wird vermutet, dass die Sache bereits bei Gefahrübergang mangelhaft war. Das bedeutet: Zugunsten des Käufers wird vermutet, dass die Sache bereits bei der Übergabe mangelhaft war.

Es muss nun der Verkäufer beweisen, dass die Sache bei der Übergabe mangelfrei war, der Mangel also erst später durch den Käufer verursacht wurde. Und damit steht der Verkäufer vor dem gleichen Problem wie der Käufer, der sonst das Vorliegen des Mangels bei Gefahrübergang beweisen müsste: Es ist nämlich sehr schwierig, zu beweisen, dass die Sache mangelfrei war.

Der Kauf der Kaffeemaschine stellt einen Verbrauchsgüterkauf dar: Baumann kauft die Maschine für private Zwecke von Herrn Stromschlag, der dabei in Ausübung seiner gewerblichen Tätigkeit handelt. Daher kann sich Herr Stromschlag nicht darauf zurückziehen, dass der Defekt an der Maschine erst später aufgetreten ist und von Baumann verursacht worden ist. Das müsste Stromschlag schon beweisen können. Wenn ihm dieser Beweis nicht gelingt, dann wird vermutet, dass die Maschine schon beim Kauf kaputt war.

III. Rechte des Käufers bei Vorliegen eines Mangels

Wenn man mit Hilfe von § 434 BGB festgestellt hat, dass eine Sache bei Gefahrübergang mangelhaft war, wird es erst interessant: Welche Rechte stehen dem Käufer jetzt zu? Das ist in § 437 BGB geregelt: Der Käufer kann

1. Nacherfüllung gem. § 439 BGB verlangen.
2. den Kaufpreis mindern oder vom Vertrag zurücktreten.
3. Schadensersatz verlangen.

Das klingt so, als würden dem Käufer sofort viele verschiedene Rechte zustehen: Nacherfüllung, Minderung, Rücktritt und Schadensersatz. Das stimmt aber nicht. Der Käufer hat zunächst nur ein einziges Recht: Er kann nach § 439 BGB Nacherfüllung verlangen. Mehr erst einmal nicht. Wenn es um Rücktritt und Schadensersatz geht, verweist § 437 BGB nämlich auf die Vorschriften im allgemeinen Schuldrecht: Für den Rücktritt auf § 323 und für Schadensersatz unter anderem auf §§ 280; 281 BGB. Diese Vorschriften haben aber beide, wie Sie gerade beim Schuldnerverzug gesehen haben, weitere Voraussetzungen: Dem Schuldner muss eine Frist gesetzt werden. Das bedeutet übertragen auf das Gewährleistungsrecht: Der Käufer kann zunächst nur Nacherfüllung gemäß § 439 BGB verlangen. Er kann dann dem Verkäufer eine Frist setzen, innerhalb der die Nacherfüllung durchgeführt werden muss. Erst wenn diese Frist abgelaufen ist, ohne dass der Verkäufer die geforderte Nacherfüllung geleistet hat, hat der Käufer die Wahl zwischen weiteren Gewährleistungsrechten: Er kann vom Kaufvertrag zurücktreten, den Kaufpreis mindern oder Schadensersatz verlangen. Er kann aber natürlich auch nach dem Fristablauf noch weiterhin Nacherfüllung verlangen.

1. Nacherfüllung gemäß § 437 Nr. 1 i.V.m. § 439 Abs. 1 BGB

Wenn eine Sache bei Gefahrübergang mangelhaft ist, kann der Käufer zunächst Nacherfüllung gemäß § 439 BGB verlangen. In § 439 Abs. 1 BGB heißt es: Der Käufer kann nach seiner Wahl die Beseitigung des Mangels oder die Lieferung einer mangelfreien Sache verlangen. Der Käufer hat also zwei Möglichkeiten: Er kann verlangen, dass
– der Verkäufer die verkaufte Sache repariert oder
– die mangelhafte Sache gegen eine heile Sache austauscht.

Zwischen diesen beiden Möglichkeiten kann der Käufer grundsätzlich erst einmal frei wählen. Der Verkäufer darf ihm da keine Vorschriften machen.

In unserem Fall kann Alfred Baumann sich also aussuchen, ob er seine Kaffeemaschine von Herrn Stromschlag reparieren lassen will oder ob er lieber eine ganz neue Kaffeemaschine haben will. Wenn er eine neue Maschine haben will, muss Stromschlag sie ihm geben. Er darf Baumann nicht auf die Reparatur der kaputten Maschine verweisen.

Nur in einigen Ausnahmefällen darf der Verkäufer gemäß § 439 Abs. 3 BGB die gewählte Art der Nacherfüllung verweigern: Wenn die vom Käufer gewünschte Art der Nacherfüllung mit **unverhältnismäßigen Kosten** verbunden ist, einen **unzumutbaren Aufwand bedeutet, § 275 Abs. 2 BGB,** oder dem Verkäufer aus **persönlichen Gründen nicht zugemutet werden kann,** § 275 Abs. 3 BGB (für § 275 Abs. 2 und 3 s.o. A. Unmöglichkeit). In diesen Fällen muss der Verkäufer dann nur die andere Art der Nacherfüllung durchführen.
Beispiel: Rudi Raser kauft sich einen Neuwagen. Nach einigen Wochen stellt er fest, dass die Karosserie durch einen Produktionsfehler verzogen ist. Er möchte den Wagen repariert bekommen. Der Verkäufer will den Wagen aber nicht reparieren, weil es für ihn günstiger ist, wenn er Raser einen neuen Wagen gibt. Raser will aber kein neues Fahrzeug, weil er den Wagen schon so schön eingefahren hat und außerdem auch schon den Innenraum seinen Bedürfnissen entsprechend dekoriert hat. Gleichwohl muss der Verkäufer das Auto nicht reparieren. Er kann sich auf § 439 Abs. 3 BGB berufen: Die andere Art der Nacherfüllung (= neues Fahrzeug) bedeutet für Rudi Raser nur einen geringen Nachteil im Gegensatz zu der wirtschaftlichen Belastung für den Verkäufer, wenn er das Auto reparieren muss.

Und auch in einem weiteren Fall kann das Wahlrecht des Käufers eingeschränkt sein, nämlich dann, wenn die gewählte Art der Nacherfüllung **unmöglich** ist. Der Verkäufer muss dann nur die Art der Nacherfüllung leisten, die ihm noch möglich ist. Wenn jemand z.B. ein bestimmtes Einzelstück gekauft hat, dann kann er immer nur die Reparatur der Sache verlangen, nicht die Lieferung einer neuen Sache.

Beispiel: Jemand kauft einen Oldtimer, dessen Vergaser defekt ist. Wenn der Verkäufer nicht gerade zufälligerweise von diesem Oldtimer noch drei andere auf Lager hat, die im genau gleichen Zustand sind, dann wird der Käufer nur die Reparatur des Wagens verlangen können. Die Lieferung eines mangelfreien Autos ist unmöglich und gemäß § 275 Abs. 1 BGB ausgeschlossen.

Wenn **beide** Arten der Nacherfüllung durch Unmöglichkeit ausgeschlossen sind, dann steht dem Käufer natürlich kein Nacherfüllungsanspruch mehr zu. Er kann dann ohne Fristsetzung vom Vertrag zurücktreten, mindern oder Schadensersatz verlangen. So ist es z.B., wenn jemand einen Gebrauchtwagen als unfallfrei kauft. Wenn sich später herausstellt, dass der Wagen doch einen Unfall hatte, sind beide Möglichkeiten der Nacherfüllung wegen Unmöglichkeit ausgeschlossen: Eine Ersatzlieferung scheidet aus, wenn der Verkäufer nicht gerade zufälligerweise einen gleichartigen Gebrauchtwagen auftreiben kann. Und eine Reparatur ist auch nicht möglich: Die Tatsache, dass der Wagen einen Unfall hatte, kann man nicht wegreparieren. In diesem Fall ist also die Nacherfüllung insgesamt ausgeschlossen. Der Käufer kann daher nur die anderen Rechte aus § 437 BGB geltend machen.

2. Rücktritt gemäß § 437 Nr. 2; §§ 440; 323 und 326 Abs. 5 BGB

Fall: Die Stadt Schnurpseldingen kauft beim Gartengroßhandel Grünlich einen Rasentrecker. Nach der Beschreibung des Herstellers hat das gekaufte Modell einen Benzinverbrauch von 16 Litern auf 100 Kilometer. Nach einiger Zeit stellt sich heraus, dass der Trecker tatsächlich 17 Liter auf 100 Kilometern verbraucht. Der zuständige Sachbearbeiter Peter Pingelig möchte am liebsten den Trecker zurückgeben und den Kaufpreis zurück, weil die Stadt sparen muss. Kann die Stadt vom Kaufvertrag zurücktreten?

Erst wenn der Verkäufer nicht innerhalb der ihm gesetzten Frist der Forderung des Käufers nach Nacherfüllung nachgekommen ist oder die Nacherfüllung fehlgeschlagen ist oder feststeht, dass eine Nacherfüllung nicht möglich ist, kann der Käufer auf die weiteren Rechte in § 437 Nr. 2 und 3 BGB zurückgreifen.

In unserem Beispiel kann die Stadt, vertreten durch Pingelig, also ohnehin nicht gleich vom Vertrag zurücktreten und das Geld zurückverlangen. Es muss erst Nacherfüllung verlangt werden: Entweder die Reparatur des Fahrzeugs oder die Lieferung eines neuen Treckers, der genau den vereinbarten Benzinverbrauch hat.

Wenn der Käufer vom Vertrag zurücktritt, muss ihm der Verkäufer gemäß § 346 BGB den gezahlten Kaufpreis zurückgeben. Der Käufer muss seinerseits die mangelhafte Sache zurückgeben. § 437 BGB verweist für den Rücktritt auf die Vorschriften im allgemeinen Schuldrecht. Der Rücktritt richtet sich nach § 323 BGB. Das hat den Vorteil, dass Sie hier auf bekannte Dinge stoßen. Sie müssen nur die Voraussetzungen des Rücktritts auf das Gewährleistungsrecht übertragen. Die Voraussetzungen des Rücktritts sind dann zunächst die gleichen wie für den Nacherfüllungsanspruch:

1. Es muss ein gegenseitiger Vertrag vorliegen. Das heißt Sie müssen prüfen, ob ein **wirksamer Kaufvertrag** zustande gekommen ist.
2. Laut § 323 Abs. 1 ist Voraussetzung für ein Rücktrittsrecht, dass der Schuldner eine fällige Leistung nicht vertragsgemäß erbracht hat. Gemäß § 433 Abs. 1 S. 2 ist der Verkäufer verpflichtet, die Sache mangelfrei zu verschaffen. Nicht vertragsgemäß geleistet hat der Verkäufer also, wenn die **Sache bei Gefahrübergang mangelhaft ist**.

Im Fall liegen diese beiden Voraussetzungen vor: Die Parteien haben einen Kaufvertrag geschlossen, und es liegt ein Mangel gemäß § 434 Abs. 1 S. 3 BGB vor.

Nun kommt eine zusätzlich Voraussetzung für den Rücktritt: Gemäß § 323 Abs. 1 BGB muss der Käufer dem Verkäufer eine Frist setzen, innerhalb der der Verkäufer die Nacherfüllung zu erbringen hat. Der Verkäufer soll noch einmal die Möglichkeit bekommen, den Vertrag doch noch ordnungsgemäß zu erfüllen. Erst wenn diese Frist erfolglos abgelaufen ist, kann der Käufer vom Kaufvertrag zurücktreten.

In unserem Fall muss Pingelig also zunächst Grünlich aufgefordert haben, den Trecker zu reparieren oder auszutauschen und ihm hierfür eine Frist gesetzt haben. Erst wenn diese Frist erfolglos abgelaufen ist, könnte man sich fragen, ob er zurücktreten darf.

Unter den Voraussetzungen von § 323 Abs. 2 BGB kann diese Fristsetzung entbehrlich sein:
1. Wenn der Verkäufer die Nacherfüllung verweigert, § 323 Abs. 2 Nr. 1 BGB.
2. Wenn der Verkäufer die Nacherfüllung zu einem im Vertrag bestimmten Termin oder innerhalb einer bestimmten Frist nicht bewirkt obwohl die termin- oder fristgerechte Leistung nach einer Mitteilung des Gläubigers an den Schuldner vor Vertragsschluss oder aufgrund anderer den Vertragsschluss begleitender Umstände für den Gläubiger wesentlich ist.
3. Wenn im Falle einer nicht vertragsgemäß erbrachten Leistung besondere Umstände vorliegen, die unter Abwägung der beiderseitigen Interessen den sofortigen Rücktritt rechtfertigen.

In diesen Fällen gilt das Gleiche, was bereits oben beim Schuldnerverzug zum Rücktritt gesagt wurde. Zusätzlich zu diesen Fällen ist aber im Gewährleistungsrecht noch in einigen anderen Fällen die Fristsetzung entbehrlich:
4. Beide Möglichkeiten der Nacherfüllung sind unmöglich, § 275 Abs. 1 BGB, s.o. In diesen Fällen gilt § 326 Abs. 5 BGB: Wenn der Schuldner nicht leisten kann, muss keine Frist mehr gesetzt werden. Das wäre ja auch unnütz: Warum sollte man für eine Leistung eine Frist setzen, die ohnehin nichterbracht werden kann?
5. Auch wenn der Verkäufer beide Arten der Nacherfüllung gemäß § 439 Abs. 3 BGB verweigern kann, muss keine Frist mehr gesetzt werden, § 440 S. 1 1. Alt.
6. Außerdem ist eine Fristsetzung entbehrlich, wenn die Nacherfüllung fehlgeschlagen ist, § 440 S. 1 2. Alt. Das ist spätestens nach dem zweiten erfolglosen Nachbesserungsversuch der Fall, § 440 S. 2 BGB.
7. Und eine Fristsetzung ist auch dann entbehrlich, wenn eine Nacherfüllung für den Käufer unzumutbar ist. Das ist dann der Fall, wenn die Nacherfüllung mit besonderen Unannehmlichkeiten für den Käufer verbunden ist oder wenn das Vertrauen zum Verkäufer nachhaltig gestört worden ist.

In unserem Fall ist keiner dieser Gründe erkennbar. Daher muss Pingelig erst eine Frist setzen.

Auch wenn die Voraussetzungen des Rücktritts vorliegen, ist ein Rücktritt gemäß § 323 Abs. 5 S. 2 BGB ausgeschlossen, wenn die Pflichtverletzung des Schuldners unerheblich ist. Das bedeutet: wenn nur ein klitzekleiner Mangel vorliegt, dann kann der Käufer nicht vom Vertrag zurücktreten. Immer wenn man also das Gefühl hat: »Na, jetzt stellt sich der Käufer aber an«, sollte man an § 323 Abs. 5 BGB denken. **Wichtig aber: Ihm bleiben andere Gewährleistungsrechte**: Der Nacherfüllungsanspruch, die Minderung und auch der Schadensersatzanspruch. Zu den Einschränkungen auch hier s.u.

In unserem Beispiel wird man bei dem geringfügigen Mehrverbrauch das Rücktrittsrecht der Stadt über § 323 Abs. 5 S. 2 BGB ausschließen. Pingelig kann nur auf die anderen Gewährleistungsrechte zurückgreifen.

3. Minderung, § 437 Nr. 2; § 441 BGB

Wenn der Käufer nicht zurücktreten will, kann er stattdessen den Kaufpreis mindern. Er muss dann weniger zahlen. Dabei sind die Voraussetzungen für die Minderung genau die gleichen wie für den Rücktritt: In § 441 BGB heißt es: »Statt zurückzutreten ...« Damit verweist § 441 in vollem Umfang auf die Voraussetzungen des Rücktritts. Es gelten also die gleichen Voraussetzungen: Kaufvertrag, Vorliegen eines Sachmangels bei Gefahrübergang und Fristsetzung sowie erfolgloser Fristablauf. Es läuft alles wie beim Rücktritt. Einzige Ausnahme: Wie bereits eben beim Rücktritt gesagt, findet § 323 Abs. 5 S. 2 BGB keine Anwendung. Auch bei einem geringfügigen Mangel kann also der Kaufpreis gemindert werden.

Es stellt sich nur die Frage, wie genau der Kaufpreis gemindert wird? Zunächst vermindert sich der Kaufpreis nicht von selbst, sondern der Käufer muss erst erklären, dass er den Kaufpreis mindern will. Auch insoweit stimmen Minderung und Rücktritt überein: Der Rücktritt muss ja ebenfalls erklärt werden. In welchem Umfang der Kaufpreis gemindert wird, steht in § 441 Abs. 3 BGB: Der Kaufpreis ist in dem Verhältnis herabzusetzen, in dem zur Zeit des Vertragsschlusses der Wert der Sache in mangelfreiem Zustand zu dem wirklichen Wert gestanden haben würde. Das, was da so unverständlich steht, kann man in folgende Formel übertragen:

$$\text{Minderungsbetrag} = \frac{\text{Wert der kaputten Sache x vereinbarter Kaufpreis}}{\text{Wert der Sache ohne Mangel}}$$

Mit dieser Formel können Sie dann einfach ausrechnen, um welchen Betrag der Kaufpreis herabgesetzt werden muss.

4. Schadensersatz, § 437 Nr. 3; §§ 440; 280; 281; 283 und 311 a Abs. 2 BGB

Fall: Die Stadt Schnurpseldingen renoviert den Ratssaal und erneuert das Mobiliar. Die Stühle werden von der Firma Knacks geliefert. Bei der ersten Ratssitzung im renovierten Ratssaal brechen mehrere Stühle unter der Last der Ratsmitglieder zusammen, unter anderem auch der Stuhl des Bürgermeisters. Bürgermeister Brummelig kippt nach hinten und macht einen großen hässlichen Kratzer in die frisch gestrichene Wand. Es wird festgestellt, dass die Stühle alle nicht ordnungsgemäß verleimt worden sind. Was kann die Stadt verlangen?

Außer Rücktritt und Minderung kann der Käufer einer mangelhaften Sache Schadensersatz verlangen. Auch hier verweist § 437 Nr. 3 BGB einfach nur auf das allgemeine Schuldrecht. Sie bekommen es also unter anderem wieder mit der bekannten Anspruchsgrundlage § 280 Abs. 1 BGB zu tun. Bevor Sie sich aber aus den Vorschriften, auf die § 437 Nr. 3 BGB verweist, die richtige heraussuchen, müssen Sie gucken, **wofür der Käufer überhaupt Schadensersatz verlangt**: Möchte er Schadensersatz dafür, dass die Sache selbst mangelhaft ist (sog. **Mangelschaden**)? Dann geht es um **Schadensersatz statt der Leistung**. Oder möchte der Käufer Ersatz dafür, dass durch den Mangel ein Schaden an anderen Sachen verursacht worden ist? Anders: Geht es um einen Schaden, der auch dann bestehen bleibt, wenn jetzt noch ordnungsgemäß erfüllt wird? Dann spricht man vom sog. **Mangelfolgeschaden** bzw. **Schadensersatz neben der Leistung**. Oder will der Käufer einfach nur Ersatz für den Schaden, der ihm dadurch entstanden ist, dass die Nacherfüllung vom Verkäufer zu spät geleistet wurde? Dann kann er den **Verzögerungsschaden** nach Verzugsregeln geltend machen. Dazu s.o. B. Verzug.

a) Schadensersatz statt der Leistung

Beim Schadensersatz statt der Leistung will der Käufer einen Ersatz dafür haben, dass er durch die Lieferung einer mangelhaften Sache schlechter gestellt wird als durch die Lieferung einer mangelfreien Sache. Er will Ersatz für den **Mangelschaden** haben.

Nun muss man zunächst gucken, ob der Mangel, den die Sache hat, grundsätzlich noch durch Nacherfüllung behoben werden könnte oder nicht. Je nachdem, ob der Mangel behebbar ist oder nicht, kommen nämlich unterschiedliche Anspruchsgrundlagen zur Anwendung. Im Prinzip geht es darum, ob Unmöglichkeitsrecht Anwendung findet oder nicht.

aa) Schadensersatz statt der Leistung, wenn die Nacherfüllung **nach** Vertragsschluss unmöglich wird, § 437 Nr. 3; § 280 Abs. 1, 3; § 283 BGB

Wenn der Mangel nicht behebbar ist, also durch Nacherfüllung nicht beseitigt werden kann, richtet sich der Schadensersatzanspruch nach Unmöglichkeitsrecht. Wenn die Nacherfüllung **bereits bei Vertragsschluss** unmöglich ist, findet über § 437 Nr. 3 § 311 a Abs. 2 BGB Anwendung. Wenn die Nacherfüllung **erst nach Vertragsschluss** unmöglich wird, richtet sich der Schadensersatzanspruch nach § 280 Abs. 1, 3; § 283 BGB. Man muss sich Folgendes überlegen: Der Verkäufer ist gemäß § 433 Abs. 1 S. 2 BGB verpflichtet, dem Käufer die Sache frei von Sach- und Rechtsmängeln zu verschaffen. Wenn die Sache aber einen Mangel hat, der nicht beseitigt werden kann, dann ist dem Verkäufer nicht möglich, dem Käufer diese Sache mangelfrei zu verschaffen. Wenn ihm die Leistung unmöglich ist, findet § 275 Abs. 1 BGB Anwendung: Der Verkäufer wird von seiner Leistungspflicht befreit. Und in diesen Fällen schuldet der Verkäufer gemäß § 280 Abs. 1, 3; § 283 BGB oder § 311 a Abs. 2 BGB Schadensersatz statt der Leistung, s.o. A. Unmöglichkeit.

In unserem Fall ist die Nacherfüllung noch möglich: Die Firma Kracks kann die Stühle austauschen oder reparieren. Da es sich also um einen behebbaren Mangel handelt, findet nicht Unmöglichkeitsrecht Anwendung, sondern §§ 280 Abs. 1, 3; 281 BGB. Dazu unten.

Nun müssen Sie sich wieder an das Prüfungsschema für § 280 Abs. 1 BGB erinnern. Übertragen auf die Gewährleistungsfälle sieht es so aus:

1. Vorliegen einer Pflicht aus einem Schuldverhältnis: Durch einen **wirksamen Kaufvertrag** ist der Verkäufer zur Lieferung einer mangelfreien Sache verpflichtet, § 433 Abs. 1 S. 2 BGB.
2. Verletzung dieser Pflicht: Die Sache ist bei Gefahrübergang mit einem **Sach- oder Rechtsmangel** behaftet. Dieser Mangel ist nicht behebbar, d.h. die Nacherfüllung ist gemäß § 275 Abs. 1 BGB ausgeschlossen. Wichtig: Die Behebung des Mangels wird erst **nach** Abschluss des Kaufvertrages unmöglich. Sonst greift § 311 a Abs. 2 BGB ein, s.u.

3. Der Verkäufer hat die Pflichtverletzung zu vertreten: Er hat **vorsätzlich oder fahrlässig** eine mangelhafte Sache geliefert. Das Verschulden des Verkäufers wird vermutet, § 280 Abs. 1 S. 2 BGB. Dass heißt: Er muss darlegen, dass er für den Mangel nichts kann. (An dieser Stelle unterscheidet sich der Schadensersatz vom Rücktritt und der Minderung: Rücktritt und Minderung sind ohne Verschulden des Verkäufers möglich.)

Wenn diese Voraussetzungen vorliegen, kann der Käufer Schadensersatz statt der Leistung verlangen. Dabei hat er zwei Möglichkeiten, wie er vorgehen kann:
1. Er kann die Sache behalten und vom Verkäufer verlangen, dass er ihm den Wertunterschied zwischen mangelfreier und mangelhafter Sache ersetzt. Man spricht dann vom **kleinen Schadensersatzanspruch.**
2. Er kann dem Verkäufer die mangelhafte Sache zurückgeben und Schadensersatz statt der Leistung für die Nichterfüllung des ganzen Vertrages verlangen, sogenannter **großer Schadensersatzanspruch.** Er kann dann vom Verkäufer verlangen, dass er so gestellt wird, als wäre ordnungsgemäß erfüllt worden. Alles, was er dann mehr auf dem Konto gehabt hätte, muss ihm der Verkäufer ersetzen. Der große Schadensersatzanspruch hat ähnliche Rechtsfolgen wie der Rücktritt: Die Sache wird zurückgegeben und der Käufer bekommt Geld. Aus diesem Grund ordnet § 281 Abs. 1 S. 3 BGB an, dass der große Schadensersatzanspruch – ebenso wie der Rücktritt – ausgeschlossen ist, wenn es nur um einen unerheblichen Mangel geht. Anderenfalls könnte der Käufer ja durch sein Schadensersatzverlangen das Gleiche erreichen wie durch einen Rücktritt. Er kann bei einem unerheblichen Mangel nur den kleinen Schadensersatzanspruch geltend machen.

Sobald der Käufer Schadensersatz statt der Leistung verlangt, kann er keinen Nacherfüllungsanspruch mehr geltend machen. Der Leistungsanspruch ist dann gemäß § 281 Abs. 4 BGB ausgeschlossen.

bb) Schadensersatz statt der Leistung, wenn die Leistung **bereits bei Vertragschluss** unmöglich ist, § 437 Nr. 3; § 311 a Abs. 2 BGB

Wenn die Leistung einer mangelfreien Sache bereits bei Vertragsschluss unmöglich ist, richtet sich der Schadensersatzanspruch nach § 311 a Abs. 2 BGB. Ein Beispiel für einen nicht behebbaren Mangel ist der Gebrauchtwagen, der einen Unfall hatte. Beide Möglichkeiten der Nacherfüllung sind ausgeschlossen: Eine Reparatur geht, nicht und auch eine Ersatzlieferung wird nur im Ausnahmefall möglich sein. Wenn der Wagen den Unfall schon bei Vertragsschluss hatte, ist die Nacherfüllung schon bei Vertragsschluss ausgeschlossen.

Der Verkäufer schuldet jetzt Schadensersatz statt der Leistung, wenn er den Mangel bei Vertragschluss kannte oder hätte erkennen können, § 311 a Abs. 2 S. 2 BGB. Diese Kenntnis oder fahrlässige Unkenntnis wird vermutet.

cc) Schadensersatz statt der Leistung wenn die Nacherfüllung **noch möglich** ist, § 437 Nr. 3; § 440; § 280 Abs. 1, 3; § 281 BGB

Wenn der Mangel noch behoben werden kann, also eine Nacherfüllung möglich ist, ist die richtige Anspruchsgrundlage für den Schadensersatz statt der Leistung § 437 Nr. 3; §§ 280 Abs. 1, 3; 281 BGB. Es geht also wieder einmal um § 280 Abs. 1 BGB. Die Voraussetzungen dieser Anspruchsgrundlage übertragen auf das Gewährleistungsrecht sind:
1. Vorliegen einer Pflicht aus einem Schuldverhältnis: Pflicht zur Verschaffung einer mangelfreien Sache aufgrund eines **wirksamen Kaufvertrages.**

2. Verletzung dieser Pflicht: Die Sache ist bei Gefahrübergang mit einem **Sach- oder Rechtsmangel** behaftet. Der Mangel kann durch Nacherfüllung behoben werden.
3. Der Verkäufer hat die Pflichtverletzung zu vertreten: Er hat **vorsätzlich oder fahrlässig** eine mangelhafte Sache geliefert. Das Verschulden des Verkäufers wird vermutet, § 280 Abs. 1 S. 2 BGB.

Und jetzt kommt wieder die zusätzliche Voraussetzung aus § 281 Abs. 1 BGB:

4. Der Käufer muss dem Verkäufer eine **angemessene Frist** zur Nacherfüllung gesetzt haben, § 281 Abs. 1 BGB oder die Fristsetzung ist gemäß § 281 Abs. 2; § 440 BGB entbehrlich. Zur Entbehrlichkeit der Fristsetzung gemäß § 281 Abs. 2 BGB s.o. beim Schuldnerverzug. Zur Entbehrlichkeit der Fristsetzung gemäß § 440 BGB gilt das oben beim Rücktritt Gesagte.
5. Die Frist ist erfolglos abgelaufen.

Im Übrigen richtet sich der Schadensersatzanspruch nach den gleichen Regeln wie der Schadensersatz bei Unmöglichkeit der Nacherfüllung: Der Käufer kann zwischen großem und kleinem Schadensersatzanspruch wählen. Sobald er Schadensersatz statt der Leistung fordert, ist der Leistungsanspruch ausgeschlossen. Nacherfüllung kann dann nicht mehr verlangt werden.

In unserem Fall könnte die Stadt zunächst nur nach ihrer Wahl die Reparatur der Stühle oder die Lieferung neuer Stühle verlangen. Es müsste der Firma Kracks eine Frist gesetzt werden, innerhalb der diese die Nacherfüllung zu leisten hat. Erst wenn diese Frist abgelaufen ist, ohne dass Kracks etwas getan hat, könnte die Stadt Schnurpseldingen Schadensersatz statt der Leistung für die kaputten Stühle verlangen. Zusätzlich müsste Kracks auch ein Verschulden treffen, was allerdings vermutet wird. Nach Fristablauf könnte Schnurpseldingen wählen: Sie kann die Stühle oder das, was davon übrig ist, behalten, und die Wertdifferenz zu heilen Stühlen von Kracks verlangen. Weil die Trümmer aber für die Stadt wertlos sein dürften, wird sie sich eher für den großen Schadensersatz entscheiden: Sie wird die Stühle zurückgeben und sich den Wert der mangelfreien Stühle von Kracks auszahlen lassen. Das wird praktisch auf eine Rückzahlung des Kaufpreises hinauslaufen.

dd) Schadensersatz neben der Leistung, § 437 Nr. 3; § 280 Abs. 1 BGB

Manchmal können durch die Lieferung einer mangelhaften Sache weitere Schäden verursacht werden. Es können andere Sachen des Käufers beschädigt werden oder auch seine Gesundheit. Man spricht dann von einem **Mangelfolgeschaden**. In diesen Fällen ist eine Nacherfüllung von vornherein nicht möglich, weil es ja gar nicht um die mangelhafte Sache selbst geht. Wenn jemand z.B. ein Auto mit kaputten Bremsen kauft, damit gegen einen Baum fährt und sich einige Knochenbrüche holt, ist ihm mit einer Nacherfüllung, also z.B. einem neuen Auto, allein nicht gedient. Er will dann natürlich mehr, nämlich den Ersatz der Arztkosten und seinen Verdienstausfall. Er will also nicht nur Ersatz für die mangelhafte Leistung, sondern Ersatz für den Schaden, der auch durch eine Nacherfüllung nicht beseitigt werden kann. Hierfür ist die richtige Anspruchsgrundlage § 280 Abs. 1 BGB. Die Voraussetzungen können Sie jetzt wahrscheinlich nicht mehr hören, trotzdem:

1. Vorliegen einer Pflicht aus einem Schuldverhältnis: Leistungspflicht aufgrund eines **wirksamen Kaufvertrages**.
2. Verletzung dieser Pflicht: Vorliegen eines **Sachmangels bei Gefahrübergang**.
3. Der Verkäufer hat vorsätzlich oder fahrlässig eine mangelhafte Sache geliefert. Das Verschulden wird vermutet, § 280 Abs. 1 S. 2 BGB.

Wenn diese Voraussetzungen vorliegen, kann der Käufer den Ersatz aller Schäden verlangen, die durch den Mangel entstanden sind.

In unserem Fall könnte Schnupseldingen verlangen, dass die Wand im Ratssaal auf Kosten der Firma Kracks neu gestrichen wird. Für diesen Schadensersatzanspruch ist auch keine Fristsetzung erforderlich!

Übersicht: Schadensersatz beim Kauf einer mangelhaften Sache:

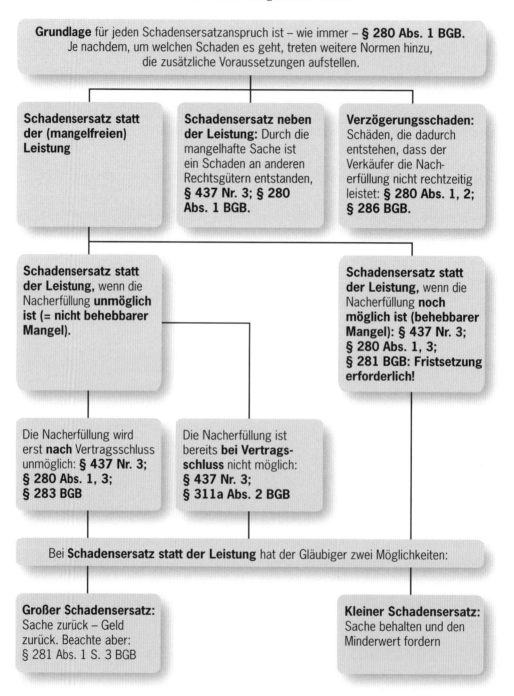

5. Aufwendungsersatz gemäß § 437 Nr. 3; § 440; § 284 BGB

Zuletzt nur der Vollständigkeit halber: Der Käufer kann wie immer bei einem Schadensersatzanspruch statt der Leistung anstelle des Schadensersatzes auch Ersatz seiner vergeblichen Aufwendungen verlangen. Zu § 284 BGB im Einzelnen s.o bei der Unmöglichkeit.

IV. Der Ausschluss der Gewährleistung

Fall: Rolf Rocker benötigt dringend eine neue Lederjacke zum Motorradfahren. Er geht in den Laden »Zum Feuerstuhl« und findet auch schnell, was er sucht: Eine schwarze Lederjacke mit einem großen Totenkopf auf dem Rücken. Rocker ist begeistert. Allerdings ist die Jacke nicht ganz astrein: An den Ärmeln sind an einigen Stellen die Nähte aufgegangen. Rocker findet das nicht weiter schlimm, er will die Jacke trotzdem haben. Er geht zur Kasse und kauft das gute Stück. Der Verkäufer weist ihn dabei noch auf ein großes Schild hin, auf dem steht: »Die Gewährleistungsrechte des Käufers sind ausgeschlossen.« Zu Hause angekommen, kriegt Rocker allerdings Probleme: Seine Mutter, bei der er trotz seiner 36 Jahre noch wohnt, duldet nicht, dass ihr Sohn in dieser Montur herumläuft. Rocker schafft es gerade noch, den Totenkopf durchzusetzen. Wegen der kaputten Ärmel soll Rocker aber noch einmal zurückgehen und eine heile Jacke holen. Der Verkäufer im Feuerstuhl weigert sich allerdings mit Hinweis auf den vereinbarten Gewährleistungsausschluss, die Jacke zurückzunehmen. Außerdem habe Rocker die kaputten Ärmel doch genau gesehen. Da könne er jetzt keine Rechte mehr geltend machen. Hat der Verkäufer recht?

Die oben dargestellten Gewährleistungsansprüche hat der Käufer nur, wenn die Gewährleistung nicht ausgeschlossen ist. Die Gewährleistungsrechte können **durch vertragliche Vereinbarung** zwischen Käufer und Verkäufer ausgeschlossen werden oder aber **kraft Gesetzes**, also durch das BGB.

1. Gewährleistungsausschluss durch vertragliche Vereinbarung

Die Parteien können miteinander vereinbaren, dass dem Käufer keine Gewährleistungsrechte zustehen sollen. Solche Vereinbarungen können zwischen dem Verkäufer und dem Käufer persönlich erfolgen. Der Verkäufer kann aber einen Haftungsausschluss auch in seinen allgemeinen Geschäftsbedingungen (AGB, dazu s.o. Kapitel Vertragsfreiheit und ihre Grenzen) verwenden und so zum Inhalt des Kaufvertrages machen.

In unserem Beispiel ist das Schild mit dem Hinweis »Gewährleistungsrechte sind ausgeschlossen« eine allgemeine Geschäftsbedingung.

Grundsätzlich sind solche Vereinbarungen erlaubt. Schließlich gilt der Grundsatz der Vertragsfreiheit! Aber wie Sie oben im Kapitel Vertragsfreiheit gesehen haben, gibt es dafür auch Grenzen. Der Haftungsausschluss kann aus verschiedenen Gründen unwirksam sein.

a) Unwirksamkeit gemäß § 444 BGB

Der Verkäufer kann sich dann nicht auf eine Vereinbarung berufen, durch die die Gewährleistungsrechte des Käufers ausgeschlossen werden, wenn er den Mangel arglistig verschwiegen hat oder eine Garantie übernommen hat, § 444 BGB. Der Grund für diese Regelung ist klar: Es wäre ja noch schöner, wenn der Verkäufer dem Käufer eine mangelhafte Sache unterjubeln könnte und auf der anderen Seite dann sagen könnte: »Aber Gewährleistungsrechte stehen dir nicht zu.« Dann könnte der Verkäufer täuschen, was das Zeug hält, ohne dass der Käufer sich dagegen wehren könnte.

Wenn der Verkäufer eine Garantie übernommen hat, ist es ähnlich. Bei einer Garantie verspricht der Verkäufer, dass die Sache für einen bestimmten Zeitraum eine bestimmte Beschaffenheit aufweist. Wenn der Verkäufer aber eine bestimmte Beschaffenheit der Sache garantiert, kann er nicht auf der anderen Seite sich durch einen Gewährleistungsausschluss aus der Affäre ziehen, wenn die Sache dann diese Beschaffenheit nicht hat. Zu seinem Wort muss er schon stehen.

In unserem Beispiel greift § 444 BGB allerdings nicht ein. Der Verkäufer hat keine Garantie übernommen. Auch dafür, dass er die kaputten Ärmel verschwiegen hat, gibt es keine Anhaltspunkte. Rocker hatte die Ärmel schon selbst bemerkt, sodass eine arglistige Täuschung von vornherein ausscheidet. (Siehe oben Kapitel Anfechtung)

b) Unwirksamkeit gemäß § 475 BGB

Wenn es sich bei dem Kaufvertrag um einen Verbrauchsgüterkauf handelt, ist ein vollständiger Gewährleistungsausschluss ebenfalls nicht möglich. Wann ein Verbrauchsgüterkauf vorliegt, richtet sich nach § 474 BGB. Zu den Einzelheiten s.o. II. Wenn man also für private Zwecke etwas von einem Unternehmer erwirbt, dann sind alle Vereinbarungen, durch die die gesetzlichen gewährleistungsrechte ausgeschlossen oder beschränkt werden, unwirksam, § 475 Abs. 1 S. 1 BGB. Die einzige Ausnahme ist: Der Anspruch auf Schadensersatz. Dieser kann durch Vereinbarung ausgeschlossen oder beschränkt werden, sodass dem Käufer nur die übrigen Gewährleistungsrechte bleiben. Aber alle anderen Gewährleistungsrechte dürfen dem Käufer nicht genommen werden.

In unserem Beispiel handelt es sich um einen Verbrauchsgüterkauf mit der Folge, dass der Verkäufer sich nicht auf den Gewährleistungsausschluss berufen kann: Das Schild »Die Gewährleistungsrechte des Käufers sind ausgeschlossen«, nützt ihm also gar nichts.

2. Gewährleistungsausschluss durch das Gesetz: § 442 BGB

Auch wenn die Parteien keinen Gewährleistungsausschluss vereinbart haben, können die Gewährleistungsrechte des Käufers ausgeschlossen sein, und zwar dann, wenn der Käufer bei Vertragsschluss wusste, dass die Sache mangelhaft ist oder nur aufgrund grober Fahrlässigkeit nicht gemerkt hat, dass die Sache mangelhaft ist. Der Grund für diese Regelung ist, dass es einfach nicht die feine Art ist, wenn der Käufer, statt von vornherein auf den Kauf zu verzichten oder den von ihm erkannten Mangel zur Sprache zu bringen, nachträglich Gewährleistung verlangt. Der Käufer soll gleich den Mund aufmachen und nicht hinterher angerannt kommen. Wenn also der Käufer weiß, dass die Sache nicht in Ordnung ist, stehen ihm keine Gewährleistungsrechte zu. Wenn der Käufer nicht weiß, dass die Sache einen Fehler hat, es aber hätte wissen können, wenn er besser hingesehen hätte, dann stehen ihm ebenfalls keine Gewährleistungsrechte zu, es sei denn, der Verkäufer hat den Käufer arglistig getäuscht oder eine Garantie übernommen. Dann muss der Verkäufer auch bei grob fahrlässiger Unkenntnis des Käufers für die Gewährleistungsrechte geradestehen.

In unserem Fall konnte sich der Verkäufer zwar nicht auf den vertraglich vereinbarten Gewährleistungsausschluss berufen, aber die Gewährleistungsrechte von Rocker sind dennoch ausgeschlossen, weil er beim Kauf wusste, dass die Jacke nicht in Ordnung ist. Seine Gewährleistungsrechte sind also durch § 442 BGB ausgeschlossen. Er muss mit der kaputten Jacke wieder nach Hause gehen und kriegt Haue von Mutti.

Zusammenfassende Übersicht über die Rechte des Käufers beim Vorliegen eines Mangels:

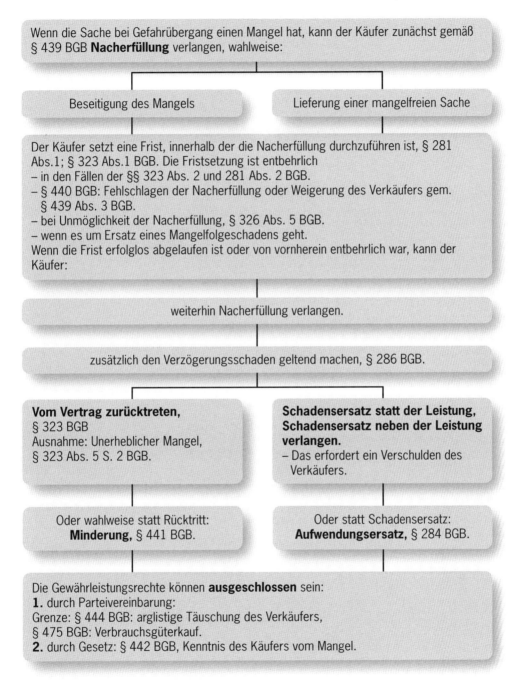

Wenn die Sache bei Gefahrübergang einen Mangel hat, kann der Käufer zunächst gemäß § 439 BGB **Nacherfüllung** verlangen, wahlweise:

Beseitigung des Mangels

Lieferung einer mangelfreien Sache

Der Käufer setzt eine Frist, innerhalb der die Nacherfüllung durchzuführen ist, § 281 Abs.1; § 323 Abs.1 BGB. Die Fristsetzung ist entbehrlich
– in den Fällen der §§ 323 Abs. 2 und 281 Abs. 2 BGB.
– § 440 BGB: Fehlschlagen der Nacherfüllung oder Weigerung des Verkäufers gem. § 439 Abs. 3 BGB.
– bei Unmöglichkeit der Nacherfüllung, § 326 Abs. 5 BGB.
– wenn es um Ersatz eines Mangelfolgeschadens geht.
Wenn die Frist erfolglos abgelaufen ist oder von vornherein entbehrlich war, kann der Käufer:

weiterhin Nacherfüllung verlangen.

zusätzlich den Verzögerungsschaden geltend machen, § 286 BGB.

Vom Vertrag zurücktreten,
§ 323 BGB
Ausnahme: Unerheblicher Mangel,
§ 323 Abs. 5 S. 2 BGB.

Schadensersatz statt der Leistung, Schadensersatz neben der Leistung verlangen.
– Das erfordert ein Verschulden des Verkäufers.

Oder wahlweise statt Rücktritt:
Minderung, § 441 BGB.

Oder statt Schadensersatz:
Aufwendungsersatz, § 284 BGB.

Die Gewährleistungsrechte können **ausgeschlossen** sein:
1. durch Parteivereinbarung:
Grenze: § 444 BGB: arglistige Täuschung des Verkäufers,
§ 475 BGB: Verbrauchsgüterkauf.
2. durch Gesetz: § 442 BGB, Kenntnis des Käufers vom Mangel.

D. Nebenpflichtverletzung

Fall: Der Installateur, der mehrere verstopfte Toiletten der Grundschule in der Verbandsgemeinde Schnurpseldingen in Ordnung bringen soll, erscheint betrunken in der Schule. Zunächst stützt er sich auf ein Waschbecken, sodass dieses abbricht. Als er zwischendurch zum Auto geht, stößt er schwungvoll eine Glastür auf, die beschädigt wird. Bei der anschließenden Auseinandersetzung beleidigt er den Hausmeister der Schule schwer. Er verlässt die Schule mit dem Hinweis, sich die anderen beiden Toiletten (5 hat er schon in Ordnung gebracht) im Laufe der Woche vorzunehmen.
Welche Rechte stehen der Verbandsgemeinde Schnurpseldingen zu?

Zuletzt soll es um die Fälle gehen, bei denen der Schuldner die Leistung rechtzeitig erbringt und die Leistung selbst auch in Ordnung ist, aber der Schuldner hat bei der Leistung bestimmte Pflichten verletzt, die ihm gegenüber dem Gläubiger obliegen. Wenn zwei Parteien miteinander einen Vertrag schließen, sind sie nämlich nicht nur verpflichtet, die vereinbarten Leistungen zu erbringen. Sie übernehmen noch andere Verpflichtungen gegenüber ihrem zukünftigen Vertragspartner. Mit der reinen Erfüllung der Hauptleistungspflicht ist es oft nicht getan. Wenn z.B. jemand einen Kronleuchter kauft und dieser vom Verkäufer nach Hause geliefert werden soll, dann muss der Verkäufer ihn für den Transport sicher verpacken. Es wird nicht ausreichen, den Leuchter in Zeitungspapier einzuwickeln und dann zur Post zu geben. Der Leuchter würde dann nur noch als riesiges Knäuel beim Käufer ankommen. Um also sicherzugehen, dass der Leistungserfolg – Übereignung eines heilen Leuchters – auch eintreten kann, muss der Verkäufer außer der Hauptleistungspflicht noch eine weitere Pflicht erfüllen: Er muss dafür sorgen, dass der Leuchter sicher verpackt ist. Diese Pflicht ergänzt die Hauptleistungspflicht und dient dazu, die Hauptleistungspflicht sicher zu erfüllen. Bei den Pflichten, die der Vorbereitung, Durchführung und Sicherung der Hauptleistungspflicht dienen, spricht man von **Nebenleistungspflichten**. Hierher gehören die Pflicht zur ordnungsgemäßen Verpackung der verkauften Ware, aber auch z.B. Aufklärungs- und Beratungspflichten. So muss der Betreiber eines Sonnenstudios einen Besucher, der zum ersten Mal auf die Sonnenbank geht, über die maximale Bräunungsdauer beraten. Er darf nicht zulassen, dass der Bräunungshungrige sich gleich eine halbe Stunde »gönnt« und hinterher als Grillhähnchen wieder zum Vorschein kommt.

Bei den Nebenleistungspflichten geht es immer darum, dass die ordnungsgemäße Erbringung der Hauptleistung allein den Gläubiger nicht glücklich macht, sondern der Schuldner auch noch etwas dafür tun muss, damit der Gläubiger die Leistung auch optimal nutzen kann.

Außer diesen Pflichten, die etwas mit der Leistung zu tun haben, sind die Parteien aber auch ganz allgemein verpflichtet, aufeinander Rücksicht zu nehmen. Geregelt ist diese Pflicht in § 241 Abs. 2 BGB: »Das Schuldverhältnis kann nach seinem Inhalt jeden Teil zur Rücksicht auf die Rechte, Rechtsgüter und Interessen des anderen Teils verpflichten.« Aus dieser allgemeinen Pflicht zur Rücksichtnahme folgen unterschiedliche Verhaltenspflichten, die man auch **Nebenpflichten** nennt:

a) Aufklärungspflicht

Jeder Vertragspartner muss den jeweils anderen unaufgefordert über die für das Zustandekommen und die Abwicklung erforderlichen Umstände aufklären. Der andere muss alle Informationen bekommen, die für ihn wichtig sind. Er muss zudem vor allen Gefahren gewarnt werden, die der Vertrag mit sich bringt.

An dieser Stelle ist häufig auch Gewährleistungsrecht anwendbar. Dieses ist stets die vorrangige Regelung. Immer dann, wenn z.B. ein Verkäufer falsche Angaben über die Beschaffenheit einer Kaufsache macht, greifen die spezielleren Gewährleistungsvorschriften ein. Nur wenn die Angaben des Verkäufers **keinen** Sachmangel begründen, kann man über die Verletzung der Aufklärungspflicht einen Schadensersatzanspruch begründen. Wenn wegen der Verletzung einer Aufklärungspflicht auch ein Anfechtungsrecht gemäß § 123 BGB infrage kommt, schließt das allerdings den Schadensersatzanspruch gemäß § 280 Abs. 1 BGB nicht aus.

Beispiel: Jemand verkauft ein vermietetes Grundstück, ohne darauf hinzuweisen, dass der Mieter schon seit Monaten die Miete nicht gezahlt hat. Die Zahlungsunfähigkeit des Mieters begründet keinen Mangel des Grundstückes: Sie steht in keiner Beziehung zum Grundstück und stellt kein Beschaffenheitsmerkmal des Grundstückes dar. Weil Gewährleistungsrecht nicht anwendbar ist, besteht gemäß § 280 Abs. 1 i.V.m. § 241 Abs. 2 BGB ein Schadensersatzanspruch. Dieser wird nicht dadurch ausgeschlossen, dass der Vertrag außerdem noch gemäß § 123 BGB wegen arglistiger Täuschung angefochten werden kann. Anders wäre es im vorliegenden Fall, wenn der Verkäufer mit dem Käufer z.B. vereinbart hätte, dass das Nachbargrundstück nicht bebaut werden wird. Wenn das Nachbargrundstück jetzt doch bebaut wird, ist das verkaufte Grundstück gemäß § 434 Abs. 1 S. 1 BGB mangelhaft. Es findet ausschließlich Gewährleistungsrecht Anwendung, nicht § 280 Abs. 1 BGB.

b) Mitwirkungspflichten

Oft müssen beide Vertragsparteien zusammenwirken, um den Vertrag überhaupt durchführen zu können. Besonders deutlich wird dies im Rahmen eines Kaufvertrages oder Werkvertrages, wo der Käufer bzw. der Besteller verpflichtet ist, die Sache bzw. das Werk abzunehmen. Tut der Käufer dies nicht, so kommt er in Verzug und macht sich gemäß § 280 Abs. 1; § 286 schadensersatzpflichtig. Aber es gibt auch andere Mitwirkungspflichten, z.B. die Einholung einer behördlichen Genehmigung.

c) Leistungstreuepflicht

Die Vertragspartner sind verpflichtet, alles zu unterlassen, was den Vertragszweck oder den Leistungserfolg gefährden könnte. Man darf also den anderen Teil nicht daran hindern, die von ihm mit dem Vertrag erstrebten Vorteile zu bekommen. Es gibt die unterschiedlichsten Möglichkeiten, die Leistungstreuepflicht zu verletzen: Der Schuldner weigert sich, den Vertrag zu erfüllen. Oder ein Vertrag wird in unberechtigter Weise gekündigt, z.B. darf der Vermieter einer Wohnung dem Mieter nicht wegen eines in Wahrheit nicht bestehenden Eigenbedarfs kündigen. Oder es werden Mängel gerügt, die tatsächlich nicht vorliegen. Oder es wird dem Vertragspartner Konkurrenz gemacht. Wer z.B. eine Arztpraxis verkauft, darf sich dann nicht zwei Straßen weiter mit einer neuen Praxis niederlassen: Es ist klar, dass seine Patienten dann weiter zu ihm kommen und der Käufer der Praxis nichts zu tun hat.
Hierher gehört einfach alles, was sich nicht gehört und wodurch der andere einen Nachteil erleidet.

d) Schutzpflicht

Jede der Vertragsparteien hat sich bei der Abwicklung des Schuldverhältnisses so zu verhalten, dass Körper, Leben, Eigentum oder andere Rechtsgüter des anderen Teils nicht verletzt werden. Viele Verträge bringen es mit sich, dass die Vertragsparteien enger mit den Sachen der jeweils anderen Partei in Berührung kommen. Dann muss die Partei, der die Sache gehört darauf achten, dass die andere Partei durch die Sache nicht zu Schaden kommt. Und die andere Partei muss im Gegenzug darauf achten, dass sie mit der Sache sorgfältig umgeht und sie nicht beschädigt.

Daraus folgt z.B., dass ein Kaufhausbetreiber dafür sorgen muss, dass innerhalb des Kaufhauses der Boden rutschfest ist und außerdem die Waren so sicher aufgestellt werden, dass niemand zu Schaden kommen kann. Der Malermeister, der die Wohnung neu anstreichen soll, kommt zwangsläufig in besonderen Kontakt mit den Möbeln des Auftraggebers. Also muss er aufpassen, dass er sie nicht beschädigt.

Ein Vermieter muss dafür sorgen, dass auf Flächen, auf denen die Kinder der Mieter spielen, keine giftigen Unkrautvernichtungsmittel verwendet werden. Im Gegenzug muss der Mieter darauf achten, dass das Eigentum des Vermieters nicht beschädigt wird. Zum Beispiel darf er nicht in Spanien überwintern und die Heizung ausschalten, sodass sie einfriert.

Immer wenn eine Partei nicht entsprechend Rücksicht nimmt und dadurch die andere Partei zu Schaden kommt, entsteht eine Schadensersatzpflicht aus § 280 Abs. 1 i.V.m. 241 Abs. 2 BGB und möglicherweise sogar ein Rücktrittsrecht.

I. Anspruch auf Schadensersatz wegen Nebenpflichtverletzung gemäß § 280 Abs. 1 BGB

Die Verletzung einer Nebenpflicht kann zu einem Schadensersatzanspruch gemäß § 280 Abs. 1 BGB führen: Verletzt der Schuldner eine Pflicht aus dem Schuldverhältnis, so kann der Gläubiger Ersatz des hierdurch entstehenden Schadens verlangen.

1. Bestehen eines Schuldverhältnisses

Grundvoraussetzung für das Bestehen eines Schadensersatzanspruches ist – wie immer – das Vorliegen eines Schuldverhältnisses zwischen den Parteien. Es muss also ein Vertrag geschlossen worden sein.

Die eben dargestellten Nebenpflichten können aber auch bereits vor dem Abschluss eines Vertrages bestehen, wie sich aus § 311 Abs. 2 BGB ergibt. Danach entsteht ein Schuldverhältnis mit Pflichten nach § 241 Abs. 2 BGB auch durch

1. die Aufnahme von Vertragsverhandlungen.
2. die Anbahnung eines Vertrags, bei welcher der eine Teil im Hinblick auf eine etwaige rechtsgeschäftliche Beziehung dem anderen Teil die Möglichkeit zur Einwirkung auf seine Rechte, Rechtsgüter und Interessen gewährt oder ihm diese anvertraut.

In unserem Fall war der Werkvertrag bereits geschlossen worden. Aber auch, wenn der Installateur nur zur Erstellung eines Kostenvoranschlages in die Schule gerufen worden wäre und dabei die Schäden angerichtet hätte, würde ein Schuldverhältnis gemäß § 311 Abs. 2 BGB bestehen.

2. Nebenpflichtverletzung

An dieser Stelle muss man prüfen, ob irgendeine der oben aufgeführten Nebenpflichten verletzt worden ist.

In unserem Fall hat der Installateur darauf zu achten, dass das Eigentum der Verbandsgemeinde durch die Reparaturarbeiten nicht beschädigt wird. Wenn er so sorglos mit dem Waschbecken und der Glastür umgeht, verletzt er die Schutzpflicht aus § 241 Abs. 2 BGB.

3. Verschulden

Die Verletzung der Nebenpflicht führt nur dann zu einem Schadensersatzanspruch, wenn der Schuldner schuldhaft gehandelt hat. Er muss also gemäß § 276 BGB die Nebenpflicht vorsätzlich oder fahrlässig verletzt haben. Sie wissen es bereits: Dieses Verschulden wird gemäß § 280 Abs. 1 S. 2 BGB vermutet. Der Schuldner muss sich entlasten und beweisen, dass er für die Pflichtverletzung nichts kann.

In unserem Fall wird das Verschulden des Installateurs also vermutet. Er hat auch keine Möglichkeit, sich zu entlasten.

4. Rechtsfolge: Schadensersatz

Der Gläubiger kann verlangen, dass ihm der Schuldner alle Schäden ersetzt, die ihm durch die Pflichtverletzung entstanden sind. Er muss so gestellt werden, wie er ohne die Pflichtverletzung gestanden hätte.
In unserem Fall kann die Verbandsgemeinde also die Reparatur des Waschbeckens und der Glastür vom Installateur verlangen bzw. ihm die Reparatur in Rechnung stellen.

II. Schadensersatz statt der Leistung gemäß § 280 Abs. 1, 3; § 282 BGB

Wenn der Schuldner eine Nebenpflicht verletzt, kann der Gläubiger trotzdem noch die vertraglich vereinbarte Leistung verlangen. Der eben dargestellte Schadensersatzanspruch tritt neben den eigentlichen Leistungsanspruch, nicht an seine Stelle. Im Einzelfall kann aber die Verletzung der Nebenpflicht so schwerwiegend sein, dass der Gläubiger berechtigt ist, Schadensersatz statt der Leistung zu verlangen. Dieser Anspruch tritt dann an die Stelle der Leistung. Gemäß § 282 BGB kann der Gläubiger Schadensersatz statt der Leistung dann verlangen, wenn ihm infolge der Nebenpflichtverletzung die Leistung durch den Schuldner nicht mehr zuzumuten ist. Das geht natürlich nicht bei jeder Kleinigkeit, die dem Gläubiger nicht in den Kram passt. Es muss schon um eine schwerere Beeinträchtigung gehen, z.B. eine schwere Beleidigung, schwere Beschädigungen des Eigentums oder ein Verhalten, durch das die Vertrauensbasis zwischen den Parteien nachhaltig gestört wird.

In unserem Fall liegt eine schwere Nebenpflichtverletzung vor: Der Installateur ist betrunken in eine Schule gegangen, hat einen großen Schaden angerichtet und ist außerdem noch ausfallend geworden. Unter diesen Umständen ist der Verbandsgemeinde eine weitere Leistungserbringung durch den Installateur nicht zuzumuten. Daher kann die Verbandsgemeinde Schadensersatz statt der Leistung verlangen.

Der Umfang des Schadensersatzanspruches statt der Leistung ist der gleiche wie immer. Der Gläubiger ist so zu stellen, wie er bei ordnungsgemäßer Erfüllung gestanden hätte. Er kann außerdem wie immer gemäß § 284 BGB auch Ersatz seiner vergeblichen Aufwendungen verlangen.

III. Rücktritt gemäß § 324 BGB

Der Gläubiger kann bei einer Verletzung von Nebenpflichten auch vom Vertrag zurücktreten, wenn ihm ein Festhalten am Vertrag nicht mehr zuzumuten ist. Die Voraussetzungen des Rücktrittsrechts sind die gleichen wie beim Schadensersatz statt der Leistung: Es geht nur bei einer schwerwiegenderen Nebenpflichtverletzung, wenn der Gläubiger mit Recht sagen kann: »Mit dir will ich nicht mehr.«

Zusammenfassende Übersicht: Leistungsstörungen (oder: Hilfe, mein Schuldner macht nicht das, was er soll):

	Unmöglichkeit: Der Schuldner leistet nicht, weil nicht leisten kann	**Verzug:** Der Schuldner leistet zu spät	**Gewährleistung beim Kauf:** Der Schuldner leistet zwar, aber schlecht	**Nebenpflichtverletzung:** Der Schuldner leistet zwar und die Leistung selbst ist auch in Ordnung, aber er verletzt eine Pflicht aus § 241 Abs. 2 BGB
Welches sind meine Rechte?	1. Schadensersatz statt der Leistung, § 280 I, III; § 283 BGB 2. bei anfänglicher Unmöglichkeit: § 311 a Abs. 2 BGB 3. Aufwendungsersatz, § 280 I, III; §§ 283, 284 BGB (Beachte: nur *anstelle* des Schadensersatzes) 4. Herausgabe des Ersatzes, § 285 BGB 5. Rücktritt, § 326 Abs. 5 BGB	Nach einer Mahnung: Ersatz des Verzögerungsschadens, § 280 I, II; § 286: Schaden, der auch entsteht, wenn jetzt noch ordnungsgemäß geleistet wird.	1. Nacherfüllung, §§ 437 Nr. 1 i.V.m. 439 I 2. Verzögerungsschaden, wenn die Voraussetzungen des Verzuges vorliegen. 3. bei Unmöglichkeit der Nacherfüllung: Schadensersatz statt der Leistung gemäß § 437 Nr. 3; § 280 I, III; § 283 BGB 4. bei anfänglicher Unmöglichkeit: § 311 a Abs. 2 BGB 5. Wenn es um Schäden geht, die auch durch ordnungsgemäße Nacherfüllung nicht beseitigt werden können, da die Schäden an anderen Rechtsgütern als der Kaufsache eingetreten sind: § 437 Nr. 3; § 280 I BGB	1. Schadensersatz gemäß § 280 I 2. Wenn die Pflichtverletzung so schwerwiegend ist, dass dem Gläubiger die Leistung durch den Schuldner nicht mehr zuzumuten ist, kann der Gläubiger: **a)** Schadensersatz statt der Leistung verlangen, § 280 I, III; § 282 BGB **b) oder** Aufwendungsersatz verlangen, § 280 I, III; §§ 282; 284 BGB **c)** der Gläubiger kann auch zurücktreten, § 324 BGB
Erst wenn dem Schuldner eine Frist gesetzt worden ist, um seine Leistung doch noch ordnungsgemäß zu erbringen und diese Frist abgelaufen ist, ohne dass der Schuldner geleistet hat, kann man:		1. Schadensersatz statt der Leistung verlangen, §§ 280 I, III und 281 BGB 2. **oder:** Aufwendungsersatz, § 280 I, III; §§ 281, 284 BGB 3. Rücktritt, § 323 BGB	1. Schadensersatz statt der Leistung, § 437 Nr. 3; §§ 280 I, III; 281 BGB 2. **oder:** Aufwendungsersatz, § 437 Nr. 3; § 284 BGB 3. Rücktritt, § 323 BGB, Ausnahme: unerheblicher Mangel 4. **oder:** statt Rücktritt: Minderung, § 441 BGB	
Das passiert mit dem Leistungsanspruch und dem Gegenleistungsanspruch:	Ausgeschlossen, § 275 I Anspruch auf die Gegenleistung, § 326 I, 1 BGB	Entfällt, aber **erst**, wenn Schadensersatz statt der Leistung verlangt wird, § 281 IV oder der Rücktritt erklärt wird	Entfällt, aber **erst**, wenn Schadensersatz statt der Leistung verlangt wird, § 281 IV oder der Rücktritt erklärt wird	Entfällt, aber **erst**, wenn Schadensersatz statt der Leistung verlangt wird, § 281 IV oder der Rücktritt erklärt wird

E. Der Erfüllungsgehilfe

Fall: Nachdem die Verbandsgemeinde im vorigen Fall vom Installateur so enttäuscht worden war, beauftragt sie die Firma Blubb mit der Reparatur der beiden verstopften Toiletten und des abgebrochenen Waschbeckens. Der Inhaber der Firma Blubb erscheint mit seinem Auszubildenden Bert Bengel, um die Arbeiten vorzunehmen. Dabei schlägt Bengel mit einem Hammer unvorsichtigerweise gegen die eine zu reparierende Toilette, sodass sie einen Sprung bekommt und ausgetauscht werden muss. Außerdem schleicht er in einem unbeobachteten Moment ins Lehrerzimmer und stiehlt das Portemonnaie aus der Handtasche der Direktorin. Das darin befindliche Geld gibt er noch am gleichen Tag aus. Die Verbandsgemeinde verlangt nunmehr vom Firmeninhaber Schadensersatz für die zerstörte Toilette. Auch die Direktorin wendet sich an Herrn Blubb und fordert Schadensersatz für das gestohlene Portemonaie. Zu Recht?

Der Schuldner haftet nur dann auf Schadensersatz, wenn er eine Pflicht aus einem Schuldverhältnis verletzt hat **und er diese Pflichtverletzung zu vertreten hat,** § 280 Abs. 1 BGB. Gemäß § 276 Abs. 1 BGB hat der Schuldner Vorsatz und Fahrlässigkeit zu vertreten. Bisher ging es immer darum, dass der Schuldner **selbst** vorsätzlich oder fahrlässig gehandelt hat. Dann ist klar, dass er dafür haftet und Schadensersatz leisten muss. Der Schuldner haftet aber nicht nur für eigenes Verschulden, sondern gemäß § 278 BGB auch für ein Verschulden seines gesetzlichen Vertreters **und der Personen, deren er sich zur Erfüllung seiner Verbindlichkeit bedient.** Man nennt diese Personen, »deren sich der Schuldner zur Erfüllung seiner Verbindlichkeit bedient« **Erfüllungsgehilfen.** Sinn und Zweck von § 278 BGB ist: Wenn der Schuldner nicht selbst tätig wird, um seine vertraglichen Verpflichtungen zu erfüllen, sondern einen anderen die Arbeit für sich machen lässt, dann muss er hinterher auch dafür geradestehen, wenn sein Gehilfe etwas falsch macht. Das Verschulden des Gehilfen wird als eigenes Verschulden angesehen. Der Schuldner wird so behandelt, als habe er selbst den Fehler gemacht. Man sagt auch: Das Verschulden des Erfüllungsgehilfen wird dem Schuldner **zugerechnet.**
Merke: § 278 BGB ist keine eigene Anspruchsgrundlage. Diese Norm wird nur innerhalb einer anderen Anspruchsgrundlage, z.B. § 280 BGB, angewendet, um ein Verschulden des Schuldners begründen zu können, auch wenn er selbst gar nichts gemacht hat.

In unserem Fall müssen wir also eine Anspruchsgrundlage suchen, auf die die Verbandsgemeinde ihre Schadensersatzforderung stützen kann. Weil es um eine Nebenpflichtverletzung geht, ist § 280 Abs. 1 BGB die richtige Anspruchsgrundlage. Die Voraussetzungen dieser Anspruchsgrundlage (die Sie inzwischen wahrscheinlich singen können) prüft man dann durch, bis man zu dem Punkt kommt: Verschulden des Firmeninhabers Blubb? An dieser Stelle muss man feststellen, dass Blubb selbst gar nichts gemacht hat. Man kann ihm nur über § 278 BGB das Verschulden des Erfüllungsgehilfen zurechnen.

Die Voraussetzungen dafür, dass jemandem über § 278 BGB ein fremdes Verschulden als eigenes Verschulden zugerechnet wird, sind:
1. Ein bestehendes Schuldverhältnis.
2. Erfüllungsgehilfe: Jeder, der mit Wissen und Wollen des Schuldners in dessen Pflichtenkreis tätig ist.
3. Dem Erfüllungsgehilfen fällt ein Verschulden zur Last, § 276 BGB.
4. Das schuldhafte Verhalten steht in einem Zusammenhang zur Aufgabe, die der Erfüllungsgehilfe zur Pflichterfüllung des Schuldners übernommen hat.

Zu den Voraussetzungen im Einzelnen:

I. Bestehendes Schuldverhältnis

Man muss sich also immer klarmachen, dass § 278 BGB **nur innerhalb eines bestehenden Schuldverhältnisses** gilt. Es geht darum, dass sich der Schuldner die Arbeit im Rahmen eines bestehenden Schuldverhältnisses erleichtern will. § 278 BGB kommt immer dann zur Anwendung, wenn zwischen den Parteien ein Vertrag besteht, oder aber innerhalb eines gesetzlichen Schuldverhältnisses. Wichtig ist dabei, dass das Schuldverhältnis zwischen den Parteien bereits bestehen muss, wenn der Erfüllungsgehilfe vom Schuldner eingeschaltet wird.

Beispiel: Wenn in unserem Fall Bert Bengel auf der Fahrt zur Schule die alte Ursula Unbedarft wegen unvorsichtiger Fahrweise anfährt und verletzt, könnte Frau Unbedarft auf die Idee kommen, sich ihren Schadensersatz von Herrn Blubb zu holen, weil Bengel kein Geld hat. Sie kann aber nicht über § 278 das Verschulden von Herrn Blubb begründen, weil zwischen ihr und Blubb kein Schuldverhältnis besteht: Weder ein Vertrag noch ein gesetzliches Schuldverhältnis. Ursula Unbedarft hat aber eine andere Möglichkeit, Herrn Blubb für das Verhalten von Bengel zur Verantwortung zu ziehen: § 831 BGB. Dazu unten im Kapitel über die unerlaubte Handlung.
Zwischen der Verbandsgemeinde und Herrn Blubb besteht hingegen ein Schuldverhältnis: Der Werkvertrag über die Reparatur der Toiletten und des Waschbeckens. Hier kann § 278 BGB grundsätzlich zur Anwendung kommen.

II. Erfüllungsgehilfe

Das Verschulden der Hilfsperson wird nur dann dem Schuldner zugerechnet, wenn die Hilfsperson **Erfüllungsgehilfe** des Schuldners ist. **Erfüllungsgehilfe ist jeder, der mit dem Willen des Schuldners bei der Erfüllung einer diesem obliegenden Verbindlichkeit als seine Hilfsperson tätig wird.** Diese sehr geschraubte Definition bedeutet übersetzt: Erfüllungsgehilfe ist jeder, der vom Schuldner damit beauftragt wird, ihm eine Arbeit abzunehmen, die er eigentlich selbst tun müsste.

In unserem Beispiel ist Bengel der Erfüllungsgehilfe: Er ist von Herrn Blubb eingesetzt worden, um bei der Reparatur zu helfen. Das hätte Herr Blubb sonst alles selbst tun müssen.

III. Verschulden des Erfüllungsgehilfen

Der Erfüllungsgehilfe muss vorsätzlich oder fahrlässig eine dem Schuldner obliegende Pflicht verletzt haben. Zu den Pflichten, die dem Schuldner obliegen, gehören zum einen die vertraglichen Leistungspflichten, aber auch die Nebenpflichten, die Sie im letzten Kapitel kennengelernt haben. An dieser Stelle muss man gucken, ob das Verhalten, um das es geht, eine Verletzung der vertraglichen Pflichten darstellt und ob der Erfüllungsgehilfe bei der Pflichtverletzung schuldhaft gehandelt hat. Die Prüfung läuft genauso, als würde man ein eigenes Verschulden des Schuldners prüfen: Hat der Erfüllungsgehilfe vorsätzlich oder fahrlässig gehandelt, § 276 BGB?

Im vorliegenden Fall bestand außer der vertraglichen Leistungspflicht noch die Schutzpflicht: Das Eigentum der Verbandsgemeinde musste von der Firma Blubb geschützt werden. Diese Pflicht ist verletzt worden: Die Toilette ging zu Bruch. Dabei hat Bengel als Erfüllungsgehilfe auch schuldhaft gehandelt: Laut Sachverhalt fällt ihm Fahrlässigkeit zur Last, weil er nicht richtig aufgepasst hat. Dieses Verschulden von Bengel wird Herrn Blubb über § 278 BGB zugerechnet. Für die beschädigte Toilette muss Blubb also Ersatz leisten.

IV. Das schuldhafte Verhalten steht in einem Zusammenhang zur Aufgabe, die der Erfüllungsgehilfe zur Pflichterfüllung des Schuldners übernommen hat.

Grundsätzlich haftet der Schuldner für jedes Verschulden seines Erfüllungsgehilfen. Es gibt nur eine Einschränkung: Wenn das Verhalten des Erfüllungsgehilfen überhaupt nichts mit der übertragenen Aufgabe zu tun hat, dann wird dieses Verhalten nicht über § 278 BGB dem Schuldner zugerechnet. Das Fehlverhalten des Erfüllungsgehilfen muss sich bei der Erfüllung der dem Schuldner obliegenden Pflichten ereignen. Wenn dem Erfüllungsgehilfen aufgrund der übernommenen Aufgabe nur die Gelegenheit zu einem Fehlverhalten eröffnet wurde, das in keinem Zusammenhang zur Pflichterfüllung steht, findet § 278 BGB keine Anwendung. In Kurzform: **Der Erfüllungsgehilfe muss in Erfüllung der Verbindlichkeit gehandelt haben, nicht nur bei Gelegenheit.** Hierzu gehören alle Fälle, bei denen der Erfüllungsgehilfe die Aufgabenerfüllung dazu benutzt, um Diebstähle, Betrügereien oder Körperverletzungen zu begehen. Das bedeutet nicht, dass Straftaten grundsätzlich nicht zugerechnet werden. Man muss immer genau gucken, ob die Straftat bei der Erfüllung der vertraglich übernommenen Verpflichtung erfolgte oder dem Erfüllungsgehilfen nur die Gelegenheit eröffnet wurde, eine Straftat zu begehen, die mit der Erfüllung der Leistungspflicht nichts zu tun hat. Wenn z.B. der Page im Hotel damit beauftragt wird, die Fahrzeuge der Gäste in die Garage zu bringen und er sich mit dem Porsche eines Gastes aus dem Staub macht, dann wird diese Eigentumsverletzung dem Hotelbesitzer zugerechnet: Die Straftat ereignete sich bei der Erfüllung der vertraglichen Pflichten (= Pflicht, das Fahrzeug in die Garage zu bringen) und nicht nur bei der Gelegenheit.

In unserem Fall kann man das gestohlene Portemonnaie nicht über § 278 BGB Herrn Blubb zurechnen: Der Diebstahl geschah nicht bei der Erfüllung der vertraglichen Verpflichtungen, sondern nur »bei Gelegenheit«: Bengel hat nur die Gelegenheit genutzt, die ihm die übertragene Aufgabe bot und hat zugegriffen.
Im Ergebnis muss Herr Blubb also nur die beschädigte Toilette bezahlen. Für das Portemonnaie muss sich die Direktorin an Bengel wenden. Anspruchsgrundlage ist § 823 BGB, dazu das Kapitel unerlaubte Handlung.

16. Kapitel:
Ungerechtfertigte Bereicherung

Wenn jemand etwas bekommen hat, was ihm eigentlich nicht zusteht, muss er es wieder zurückgeben. Unter welchen Voraussetzungen und auf welche Weise das geschieht, ist in den §§ 812 ff. BGB geregelt.

Im Wesentlichen gibt es zwei Möglichkeiten, etwas zu bekommen, was einem nicht zusteht:
1. Jemand lässt einem anderen (= dem Bereicherten) eine Leistung zukommen, auf die dieser gar keinen Anspruch hat. Dann kann derjenige, der die Leistung erbracht hat, die Leistung zurückfordern. Anspruchsgrundlage hierfür ist § 812 Abs. 1 S. 1 1. Alt. BGB (»Wer durch die Leistung eines anderen ... etwas ohne rechtlichen Grund erlangt, ist ihm zur Herausgabe verpflichtet«). Diesen Anspruch nennt man auch **Leistungskondiktion.**
2. Jemand erhält einen Vermögensvorteil nicht durch die Leistung eines anderen, sondern weil er ihn sich selbst nimmt oder er ihm auf andere Weise als durch Leistung zufließt. In Kurzform: Hierher gehören alle Fälle, bei denen jemand einen Vermögensvorteil nicht durch die Leistung eines anderen erhält. Wenn man diesen Vermögensvorteil zu Unrecht erhalten hat, muss man ihn wieder zurückgeben. Dieser Anspruch heißt **Nichtleistungskondiktion.** Hauptfall der Nichtleistungskondiktion ist die **Eingriffskondiktion.** Die Anspruchsgrundlage ist § 812 Abs. 1 S. 1 2. Alt. BGB (»Wer ... in sonstiger Weise auf dessen Kosten etwas ohne rechtlichen Grund erlangt, ist ihm zur Herausgabe verpflichtet«).

I. Die Leistungskondiktion, § 812 Abs. 1 S. 1 1. Alt.
Fall: Es geht wieder um Ernie und Bert, bereits bekannt aus dem Kapitel Geschäftsfähigkeit. Bert verkauft dem 17-jährigen Ernie ein Mofa für 800,– € und übereignet es auch gleich an ihn. Ernie zahlt 200,– € an und will den Rest abstottern. Er kurvt stolz nach Hause, bekommt aber umgehend Schwierigkeiten mit seinen Eltern: Diese wollen partout nicht einsehen, dass er dringend auf dieses Gefährt angewiesen ist. Auch der Hinweis, dass er es von seinem Taschengeld abstottert, hilft nichts. Als Bert vom Widerstand der Eltern erfährt, fordert er das Mofa sofort zurück. Ernie will es nicht herausrücken. Ist er vielleicht gemäß § 812 Abs. 1 S. 1 1. Alt. zur Herausgabe verpflichtet?

Wenn jemand eine Leistung erbracht hat, obwohl er hierzu nicht verpflichtet war, kann er die Leistung mit Hilfe von § 812 Abs. 1 S. 1 1. Alt. zurückverlangen: Wer etwas durch die Leistung eines anderen ohne rechtlichen Grund erlangt, ist ihm zur Herausgabe verpflichtet.
Aus § 812 Abs. 1 S. 1 1.Alt. kann man drei Voraussetzungen herauslesen:
1. Der Bereicherte hat **etwas erlangt**.
2. Das »Etwas« wurde **durch eine Leistung** erlangt.
3. Die Leistung erfolgte **ohne rechtlichen Grund.**

Zu diesen Voraussetzungen im Einzelnen:

1. Das erlangte Etwas

Das, was sich so anhört wie der Titel eines Horrorfilms, bedeutet, dass der Bereicherte irgendeinen Vermögensvorteil erhalten haben muss. Dabei meint »Vermögensvorteil« nicht nur, dass der Bereicherte mehr auf seinem Konto hat. Unter den Begriff Vermögensvorteil fallen noch ganz andere Dinge, z.B.:

– Jeder Erwerb von Rechten oder einer vorteilhaften Rechtsstellung: Eigentum oder Besitz an einer Sache. Der Erwerb einer Forderung gegen einen anderen.
– Die Befreiung oder das Nichtentstehen von einer Verpflichtung: Wenn z.B. jemand versehentlich fremde Schulden bezahlt.
– Ersparnis eigener Aufwendungen: Wer eine Dienstleistung erhält, auf die eigentlich kein Anspruch besteht, hat die eigenen Aufwendungen erspart, die er normalerweise für diese Leistung zahlen müsste. Das stellt einen Vermögensvorteil dar: Schließlich hat er jetzt mehr auf dem Konto.

In unserem Fall hat Ernie einen Vermögensvorteil erlangt: Bert hat ihm das Mofa übereignet. Ernie hat Eigentum und Besitz an dem Mofa erlangt. Sie erinnern sich: Die Übereignung des Mofas war trotz Ernies Minderjährigkeit wirksam, weil sie ihm einen rechtlichen Vorteil bringt, nämlich das Eigentum, § 107 BGB.

2. Leistung

Der Bereicherte muss den Vermögensvorteil durch die Leistung eines anderen erhalten haben. Unter einer Leistung versteht man **die bewusste zweckgerichtete Mehrung fremden Vermögens.** Nur wenn jemand absichtlich das Vermögen eines anderen vermehrt hat, kommt ein Anspruch aus § 812 Abs. 1 S. 1 1. Alt. in Betracht. Wenn der Leistende nur aus Versehen das Vermögen eines anderen vermehrt hat, liegt keine Leistung vor. Der Leistende muss außerdem einen Grund gehabt haben, weshalb er das Vermögen des Bereicherten vermehren wollte. Meist wird eine Leistung erbracht, weil der Leistende damit eine ihm gegenüber bestehende Verbindlichkeit erfüllen will. Dann handelt es sich immer um eine bewusste, zweckgerichtete Mehrung fremden Vermögens.

In unserem Fall müsste Ernie das Mofa durch eine Leistung von Bert erlangt haben. Bert übereignete das Mofa an Ernie, weil er damit seine Verpflichtung aus dem Kaufvertrag – Übereignung und Übergabe der Sache, § 433 Abs. 1 S. 1 BGB – erfüllen wollte. Damit liegt eine Leistung von Bert an Ernie vor.

3. Ohne rechtlichen Grund

Eine Leistung erfolgt dann ohne rechtlichen Grund, wenn der Leistung kein Schuldverhältnis zugrunde liegt. Die Leistung erfolgt, um eine Verbindlichkeit zu erfüllen. Wenn eine Verbindlichkeit besteht, dann stellt diese Verbindlichkeit den Grund dafür dar, weshalb die Leistung erbracht wurde und warum der Empfänger der Leistung diese behalten darf. Wenn eine Leistung erbracht wird, ohne dass eine Verbindlichkeit besteht, dann fehlt der Grund für den Erhalt der Leistung. An dieser Stelle muss man prüfen, ob zwischen den Parteien ein Schuldverhältnis bestand, aufgrund dessen der Leistende zur Leistung verpflichtet war. Bei einer Leistung aufgrund einer vertraglichen Verpflichtung stellt sich also die Frage, ob dieser Vertrag wirksam war. Sie haben schon viele Gründe kennengelernt, weshalb ein Vertrag unwirksam sein kann:

Sittenwidrigkeit, Verstoß gegen die gesetzlich vorgeschriebene Form, Anfechtung, fehlende Geschäftsfähigkeit ... Wenn man festgestellt hat, dass ein Vertrag unwirksam ist, dann fehlte der Rechtsgrund für die Leistungen, die zu Erfüllung der vertraglichen Verpflichtung erbracht wurden.

Im Fall würde dann ein Rechtsgrund für die Leistung von Bert bestehen, wenn zwischen ihm und Ernie ein wirksamer Kaufvertrag bestehen würde. Der Kaufvertrag ist jedoch unwirksam: Erinnern Sie sich an das 10. Kapitel, § 107: Bringt der Kaufvertrag Ernie einen rechtlichen Vorteil? Nein, denn er wird zur Zahlung des Kaufpreises verpflichtet. Die Einwilligung der Eltern fehlt. Auch der Taschengeld Paragraf greift nicht ein, weil Ernie das Mofa nicht vollständig von seinem Taschengeld bezahlen kann, sondern abstottern muss. Der Kaufvertrag ist also zunächst schwebend unwirksam und wird durch die Verweigerung der Genehmigung endgültig unwirksam. Damit liegt der Leistung von Ernie kein Schuldverhältnis zugrunde. Weil der rechtliche Grund fehlt, ist Ernie zur Herausgabe des Mofas verpflichtet, § 812 Abs. 1 S. 1 1. Alt. BGB.

4. Umfang des Bereicherungsanspruches

Was alles vom Bereicherten zurückgegeben werden muss, steht in § 818 BGB. Es ist nämlich nicht damit getan, dass der Bereicherte einfach nur das herausrückt, was er bekommen hat.

– Gemäß § 818 Abs. 1 BGB muss der Bereicherte auch die gezogenen Nutzungen herausgeben und alles, was er als Ersatz für die Zerstörung, Beschädigung oder Entziehung des erlangten Gegenstandes erwirbt.
– Wenn Sie jetzt nicht mehr wissen, was »Nutzungen« sind, was tun Sie dann? Richtig. Sie sehen im Allgemeinen Teil nach, § 100 BGB: Nutzungen sind Früchte und Gebrauchsvorteile. Was Früchte sind, steht wiederum in § 99 BGB: Die Erzeugnisse der Sache. Und was Gebrauchsvorteile sind, muss man nicht weiter erklären.

In unserem Beispiel müsste Ernie außer dem Mofa also auch die Früchte und Gebrauchsvorteile herausgeben. Früchte hat so ein Mofa nicht, aber Gebrauchsvorteile: Man kann damit herumfahren. Problem nur: Wie soll man die gefahrenen Kilometer denn herausgeben? An dieser Stelle hilft § 818 Abs. 2 BGB weiter:

– Wenn der Bereicherte die Sache selbst oder die gezogenen Nutzungen nicht herausgeben kann, muss er den Wert ersetzen, § 818 Abs. 2 BGB. Wenn die Herausgabe unmöglich ist (wobei Unmöglichkeit das Gleiche meint wie bei § 275 BGB), dann muss der Bereicherte also Wertersatz in Geld leisten. Es wird ermittelt, welchen objektiven Verkehrswert die Sache hat, und dieser Betrag muss dann vom Bereicherten bezahlt werden. Wenn die Herausgabe unmöglich ist, weil die geleistete Sache zerstört wurde, s.u. Wegfall der Bereicherung.

In unserem Beispiel kann Ernie die gefahrenen Kilometer selbst nicht wieder herausgeben. Das ist »wegen der Beschaffenheit des Erlangten nicht möglich«. Also muss er den Wert ersetzen. Er wird für die gefahrenen Kilometer eine Kilometerpauschale zahlen müssen.

5. Wegfall der Bereicherung, § 818 Abs. 3 BGB

Fall: In unserem Beispiel fährt Ernie, noch bevor er weiß, dass er das Mofa zurückgeben muss, damit gegen einen Baum, weil er sturzbetrunken ist und außerdem viel zu schnell unterwegs ist. Die Versicherung zahlt nicht. Bert fragt sich, was er jetzt von Ernie verlangen kann.

Interessant wird es in § 818 Abs. 3 BGB: »Die Verpflichtung zur Herausgabe oder zum Ersatz des Wertes ist ausgeschlossen, soweit der Empfänger nicht mehr bereichert ist.« Der Bereicherte soll nur das herausgeben müssen, was bei ihm noch vorhanden ist. Sinn dieser Regelung ist, dass der Bereicherte oft gar nicht weiß, dass er die Sache ohne rechtlichen Grund erhalten hat. Er geht davon aus, dass der zugrunde liegende Vertrag wirksam ist und er die Sache für immer behalten darf. Wenn er im Vertrauen darauf etwas mit der Sache angestellt hat und diese jetzt weg ist oder beschädigt ist, dann muss er dem anderen nur das zurückgeben, was er noch hat.

Gründe für den Wegfall der Bereicherung können sein:

– Die Zerstörung oder Beschädigung der Sache.

– Der Bereicherte hat die Leistung verbraucht und dabei keine eigenen Aufwendungen erspart. An dieser Stelle muss man genau gucken, ob wirklich nichts mehr im Vermögen des Bereicherten vorhanden ist. Oft »verstecken« sich im Vermögen des Bereicherten noch ersparte Aufwendungen. Nur wenn der Bereicherte mit Hilfe der erhaltenen Leistung etwas getan hat, was er sich sonst nicht gegönnt hätte, ist er wirklich entreichert. Wenn er von der Leistung etwas bezahlt hat, was er sich sowieso zulegen wollte, ist er immer noch bereichert. Dann hat er ja immer noch den Vermögensvorteil in der Form der ersparten Aufwendungen.

Beispiel: Jemand bekommt von seinem reichen Erbonkel 10.000,– € geschenkt und investiert dieses Geld in den Bau einer Garage. Der Schenkungsvertrag ist unwirksam und Onkelchen fordert das Geld zurück. Wenn der Bereicherte die Garage auch ohne das Geldgeschenk gebaut hätte, dann ist er immer noch bereichert: Er hat das Geld, was er sonst aus der eigenen Tasche hätte ziehen müssen, erspart. Dieser Vermögensvorteil befindet sich noch in seinem Vermögen. Wenn er aber die Garage nur gebaut hat, weil ihm sein Onkel das Geld geschenkt hat, dann ist die Bereicherung weggefallen. Er hat dann auch keine eigenen Aufwendungen erspart.

Dabei ist es ganz gleichgültig, ob der Bereicherte etwas dafür kann, dass die Bereicherung weggefallen ist.

Nur wenn der Bereicherte weiß, dass er die Sache wieder herausrücken muss, haftet er für sein schuldhaftes Verhalten. Dann weiß der Bereicherte schließlich, dass er die Sache nicht dauerhaft behalten darf, also muss er sorgfältiger mit ihr umgehen. Das ist in §§ 818 Abs. 4; 819 BGB (ziemlich unverständlich) geregelt.

In unserem Beispiel wusste Ernie nicht, dass er das Mofa zurückgeben muss. Daher kann er sich darauf berufen, dass er das Mofa nicht mehr herausgeben kann, § 818 Abs. 3 BGB.

Der Wegfall der Bereicherung kann aber bei gegenseitigen Verträgen zu Ungerechtigkeiten führen. Gegenseitige Verträge sind die Verträge, bei denen beide Parteien sich zu einer Leistung verpflichten. Wenn der Vertrag unwirksam ist, müssen die erbrachten Leistungen jeweils zurückgegeben werden.

In unserem Fall müsste also nicht nur Ernie das Mofa zurückgeben, sondern auch Bert die erhaltene Anzahlung zurückzahlen.

Dann wäre es aber nicht gerecht, wenn sich der eine Vertragpartner darauf berufen könnte, dass seine Bereicherung weggefallen ist, der andere Vertragpartner die erhaltene Leistung vollständig zurückgeben müsste.

In unserem Fall würde das bedeuten, dass Bert die 200,– € zurückzahlen muss und dafür einen Schrotthaufen bekommt.

Um dieses ungerechte Ergebnis zu vermeiden, haben die Gerichte die sogenannte **Saldotheorie** entwickelt. Diese besagt Folgendes:

1. Jeder kann nur so viel zurückverlangen, wie er seinerseits zurückgeben kann. Wenn jemand nichts zurückgeben kann, dann bekommt er also auch seine eigene Leistung nicht wieder.
2. Wenn sich die Parteien jeweils Geld zurückzahlen müssten, dann werden diese Beträge miteinander verrechnet, ohne dass einer von beiden die Aufrechnung erklären muss.

In unserem Beispiel wäre Ziffer 1 von Bedeutung: Ernie dürfte danach nicht die Anzahlung zurückfordern, weil er selbst das Mofa nicht zurückgeben kann. Problem allerdings: Ernie ist noch minderjährig und muss deshalb besonders geschützt werden. Daher wird die Saldotheorie an dieser Stelle eingeschränkt:

Die Saldotheorie wird grundsätzlich immer angewendet, wenn ein gegenseitiger Vertrag unwirksam ist und deshalb rückgängig gemacht werden muss. Es gibt nur drei Ausnahmen:

– Einer der Beteiligten ist minderjährig. Um ihn zu schützen bleibt es dabei, dass er sich auf die eigene Entreicherung berufen darf und trotzdem das zurückfordern darf, was er geleistet hat.

In unserem Fall bekommt Ernie also sein Geld zurück, obwohl das Mofa nichts mehr wert ist.

– Wenn einer der Vertragspartner den anderen arglistig getäuscht hat und deshalb der Vertrag vom Getäuschten angefochten wird, dann kann sich der Getäuschte darauf berufen, dass er nicht mehr bereichert ist, und trotzdem die eigene Leistung in vollem Umfang zurückfordern. Schließlich hat der Täuschende sich nicht nett verhalten, also soll er nicht auch noch die erhaltene Leistung behalten dürfen.
– Die letzte Ausnahme wird bei der Rückabwicklung eines Kaufvertrages gemacht: Wenn eine Sache infolge eines Sachmangels beschädigt oder zerstört worden ist, dann kann sich der Käufer auf den Wegfall der Bereicherung berufen und trotzdem den Kaufpreis in voller Höhe zurückverlangen: Schließlich haftet der Verkäufer für den Mangel nach dem Gewährleistungsrecht. Diese Haftung soll ihm nicht abgenommen werden.

II. Die Nichtleistungskondiktion

Die Fälle der Leistungskondiktion sind meist leicht zu erkennen: Ob jemand eine Leistung an einen anderen erbracht hat, sieht man sofort. Bei der Nichtleistungkondiktion wird es etwas schwieriger: Hierher gehören die unterschiedlichsten Fälle, die nur eins gemeinsam haben: Jemand hat etwas erlangt, aber eben **nicht durch eine Leistung**. In erster Linie muss man immer danach gucken, ob der Bereicherte den Vermögensvorteil durch eine Leistung erhalten hat. Nur wenn man keine Leistung feststellen kann, muss man sich über die Nichtleistungskondiktion Gedanken machen.

Die Voraussetzungen der Nichtleistungskondiktion gemäß § 812 Abs. 1 S. 1 2. Alt. BGB im Einzelnen sind:

1. Der Bereicherte hat etwas erlangt.
2. Er hat es in sonstiger Weise auf Kosten eines anderen erlangt.
3. Er hat es ohne rechtlichen Grund erlangt.

Zu den Voraussetzungen im Einzelnen:

1. Das erlangte Etwas

Hier wird es jetzt leicht: Damit ist nämlich genau das Gleiche gemeint wie bei der Leistungskondiktion: jeder Vermögensvorteil.

2. Der Bereicherte hat den Vermögensvorteil in sonstiger Weise auf Kosten eines anderen erlangt

Bei der Nichtleistungskondiktion geht es um die Fälle, bei denen jemand einen Vermögensvorteil erhalten hat, der eigentlich einem anderen zusteht. Der Bereicherte hat einen Vorteil dadurch erlangt, dass er fremdes Vermögen in Anspruch genommen hat. Er hat in fremde Rechte eingegriffen. Daher spricht man bei der Nichtleistungskondiktion gemäß § 812 Abs. 1 S. 1 2. Alt. BGB auch von **Eingriffskondiktion**. Um festzustellen, ob jemand einen Vermögensvorteil in sonstiger Weise auf Kosten des anderen erlangt hat, muss man sich also fragen, wem das Recht oder die Sache, in die eingegriffen wurde, **gebührt oder zugewiesen ist.** Was darf der Inhaber eines Rechts oder der Eigentümer einer Sache alles tun und außer ihm kein anderer? Leichter wird es, wenn man sich überlegt, ob der Inhaber des betroffenen Rechts für die Inanspruchnahme normalerweise hätte Geld nehmen können. Wenn das der Fall ist, dann hat der Bereicherte, der jetzt etwas hat, wofür er eigentlich hätte zahlen müssen, es auf Kosten des Rechtsinhabers in sonstiger Weise erlangt.

3. Ohne Rechtsgrund

Anders als bei der Leistungskondiktion geht es hier nicht darum, dass ein Schuldverhältnis fehlt. Man muss vielmehr danach fragen, ob es irgendeinen besonderen Grund dafür gibt, dass der Bereicherte die Leistung behalten darf, z.B. die Zustimmung des anderen.

4. Umfang des Bereicherungsanspruches

Hier gilt das Gleiche, was schon zur Leistungskondiktion gesagt wurde: Der Umfang des Bereicherungsanspruches richtet sich nach § 818 BGB.

Die Saldotheorie kommt hier natürlich nicht zur Anwendung, diese betrifft nur die Rückabwicklung gegenseitiger Verträge.

Zusammenfassende Übersicht zum Bereicherungsrecht:

Im Bereicherungsrecht geht es darum, dass die Vermögensvorteile, die der Bereicherte in ungerechtfertigter Weise erlangt hat, wieder zurückgeführt werden.

Leistungskondiktion = Bereicherung durch Leistung eines anderen.
Anspruchsgrundlage: § 812 Abs. 1 S. 1 1. Alt. BGB.
Die Folgen einer fehlgeschlagenen Leistung sollen rückgängig gemacht werden.

Nichtleistungskondiktion = Bereicherung in anderer Weise als durch Leistung.
Alle Fälle der ungerechtfertigten Bereicherung, die nicht auf einer Leistung beruhen.
Hauptfall: Eingriffskondiktion.
Anspruchsgrundlage: § 812 Abs. 1 S. 1 2. Alt. BGB.

Voraussetzungen: 1. Erlangtes Etwas: Jeder Vermögensvorteil

2. Durch eine Leistung = bewusste, zweckgerichtete Mehrung fremden Vermögens.

2. In sonstiger Weise auf Kosten eines anderen erlangt = Eingriff in ein fremdes Recht.

3. Ohne rechtlichen Grund = ohne zugrunde liegendes Schuldverhältnis.

2. In sonstiger Weise auf Kosten eines anderen erlangt = Eingriff in ein fremdes Recht.

4. Umfang des Bereicherungsanspruches: § 818 BGB
– Das Erlangte.
– Nutzungen, Ersatz.
– Bei Unmöglichkeit: Wertersatz = obj. Verkehrswert.
Beachte: Wegfall der Bereicherung möglich, § 818 Abs. 3 BGB, aber nur, wenn auch keine eigenen Aufwendungen erspart wurden.

17. Kapitel:
Unerlaubte Handlung

In den vorangegangenen Kapiteln ging es hauptsächlich um Ansprüche aus Verträgen. Aber Ansprüche kann man nicht nur aus Verträgen herleiten. Auch Personen, die keinen Vertrag miteinander geschlossen haben, können Ansprüche gegeneinander haben, und zwar, wenn sie sich gegenseitig Schaden zufügen. Darum geht es beim Recht der unerlaubten Handlung oder kurz: Deliktsrecht. Zweck des Deliktsrechtes ist, einen wirtschaftlichen Ausgleich für einen widerrechtlich erlittenen Schaden herbeizuführen.

I. § 823 Abs. 1 BGB

Die wichtigste Anspruchsgrundlage im Deliktsrecht ist § 823 Abs. 1 BGB: »Wer vorsätzlich oder fahrlässig das Leben, den Körper, die Gesundheit, die Freiheit, das Eigentum oder ein sonstiges Recht eines anderen widerrechtlich verletzt, ist dem anderen zum Ersatz des daraus entstehenden Schadens verpflichtet.« Durch § 823 Abs. 1 BGB sollen bestimmte Rechtsgüter vor widerrechtlichen Eingriffen geschützt werden.

Die Prüfung eines Anspruches aus § 823 Abs. 1 BGB erfolgt in drei Schritten:

1. Im Rahmen des **Tatbestandes** wird der äußere Geschehensablauf geprüft, also das, was ein Unbeteiligter beobachten konnte. In diesem Rahmen muss festgestellt werden, dass
   - die Verletzung eines der in § 823 Abs. 1 BGB genannten Rechtsgüter vorliegt.
   - eine Verletzungshandlung erfolgt ist: Tun oder Unterlassen.
   - Zwischen der Verletzungshandlung und der Rechtsgutsverletzung ein Kausalzusammenhang besteht.
2. Bei der Rechtswidrigkeit wird eine erste Bewertung vorgenommen: Warum hat der Schädiger einem anderen einen Schaden zugefügt: Hatte er vielleicht einen guten Grund? Wollte er vielleicht dadurch einen Schaden von sich oder einem anderen abwenden? Es wird geprüft, ob Rechtfertigungsgründe vorliegen.
3. Zuletzt wird das Verschulden geprüft, also ob der Schuldner vorsätzlich oder fahrlässig gehandelt hat.

1. Verletzung eines der in § 823 Abs. 1 BGB genannten Rechtsgüter

Fall: Bürgermeister Brummelig ist stolzer Eigentümer eines nagelneuen Cabrios, das er auf dem öffentlichen Parkstreifen vor seinem Haus abstellt. Seine Nachbarn, das Ehepaar Fiesling, denken sich einen Streich aus: Sie parken Brummelig mit ihren beiden Autos vorne und hinten so ein, dass er nicht aus der Lücke kommt. Dann fahren sie für zwei Wochen in die Karibik. Als sie wieder da sind, fordert Brummelig Schadensersatz, weil er sein Auto in der Zeit nicht benutzen konnte. Zu Recht?

Schadensersatz kann man nur dann verlangen, wenn bestimmte Rechtsgüter beeinträchtigt werden. Einige Rechtsgüter sind ausdrücklich aufgezählt: Leben, Körper, Gesundheit, Freiheit und Eigentum. Wann liegt eine Verletzung dieser Rechtsgüter vor?

a) Leben: Die einzige Möglichkeit, das Leben zu »verletzen« ist durch die Tötung.

Körperverletzung und Gesundheitsverletzung gehen ineinander über. Genau abgrenzen kann man diese Begriffe nicht. Juristen haben sich jeweils folgende Definitionen für diese Begriffe ausgedacht:

b) Körperverletzung ist jeder Eingriff in die körperliche Unversehrtheit. Hierher gehört übrigens auch jeder ärztliche Eingriff, selbst wenn er notwendig ist und richtig durchgeführt wird. Aber aufgrund der Einwilligung des Patienten handelt der Arzt nicht rechtswidrig.
c) Gesundheitsverletzung bedeutet das Hervorrufen einer Störung der körperlichen oder seelischen Lebensvorgänge. Kurz: Alles, was sich nicht gut anfühlt.
d) Das Rechtsgut der Freiheit wird durch den Entzug der körperlichen Bewegungsfreiheit verletzt: Also Einsperren und Fesseln etc.
e) Eigentum kann man dadurch verletzen, dass man die Sache beschädigt, aber auch dadurch, dass man dem Eigentümer die Sache wegnimmt. Etwas schwieriger wird es, wenn die Sache dem Eigentümer nicht weggenommen wird, sondern er nur für einige Zeit am bestimmungsgemäßen Gebrauch der Sache gehindert wird: Wenn es nur um eine kurzfristige Beeinträchtigung geht, liegt keine Eigentumsverletzung vor. Und auch bei einer längeren Beeinträchtigung liegt nur dann eine Eigentumsverletzung vor, wenn die Sache komplett nicht zu gebrauchen ist, nicht schon dann, wenn nur die Nutzungsmöglichkeiten eingeschränkt sind.

In unserem Fall liegt eine Eigentumsverletzung vor: Brummelig kann das Auto für zwei Wochen nicht benutzen. Es handelt sich nicht nur um eine bloße Einschränkung der Nutzungsmöglichkeit. Ein Auto ist schließlich zum Fahren da und nicht nur zum Waschen. Da das Ehepaar Fiesling rechtswidrig und schuldhaft gehandelt hat, muss es Brummelig die Kosten für die Busfahrkarte ersetzen.

Außer diesen ausdrücklich genannten Rechtsgütern spricht § 823 Abs. 1 BGB von »sonstigen Rechten«. Gemeint sind damit Rechte, die von allen anderen zu respektieren sind. Rechte, die eine Person nur gegenüber einer anderen Person hat, wie z.B. eine Forderung, gehören nicht hierher. Auch das Vermögen als solches wird nicht von § 823 Abs. 1 BGB geschützt, sondern von § 823 Abs. 2 BGB. Beispiele für sonstige Rechte sind:
– Der Besitz (= tatsächliche Sachherrschaft i.S.v. § 854 Abs. 1 BGB).
– Dingliche Rechte: z.B. Grundpfandrechte.
– Mitgliedschaftsrechte, z.B. in einem Verein.
– Im Familienrecht: die elterliche Sorge und – man höre und staune –: das Recht zur ehelichen Lebensgemeinschaft. Allerdings lehnt die Rechtsprechung Schadensersatzansprüche gegen den untreuen Ehemann und seine Geliebte ab.
– Das allgemeine Persönlichkeitsrecht: das Recht des Einzelnen auf Achtung seiner Menschenwürde und auf Entfaltung seiner individuellen Persönlichkeit. Das allgemeine Persönlichkeitsrecht schützt verschiedene Bereiche: Die persönliche Ehre, das Recht am eigenen Bild, Schutz des eigenen Namens, Schutz schriftlicher Äußerungen oder des nicht öffentlich gesprochenen Wortes. Beim allgemeinen Persönlichkeitsrecht gilt eine Besonderheit: Das allgemeine Persönlichkeitsrecht ist nicht schon bei jeder Beeinträchtigung verletzt. Sonst hätte man schon

bei jeder Kleinigkeit einen Schadensersatzanspruch. Daher muss die Rechtswidrigkeit der Beeinträchtigung auf besondere Weise festgestellt werden. Es findet eine **Interessenabwägung** statt. Die Interessen des Schädigers und des Geschädigten werden gegeneinander abgewogen: Wie schwer wiegt auf der einen Seite der Eingriff beim Geschädigten und welche berechtigten Gründe hat der Schädiger für den Eingriff? Nur wenn diese Abwägung zugunsten des Geschädigten ausgeht, kommt man zu einer rechtswidrigen Beeinträchtigung des allgemeinen Persönlichkeitsrechtes.

– Das Recht am eingerichteten und ausgeübten Gewerbebetrieb: Schutz des Betriebsinhabers eines Gewerbebetriebes gegen Beeinträchtigungen. Dieses Recht kommt nur zum Zuge, wenn die Beeinträchtigung nicht schon eine Eigentumsverletzung darstellt. Außerdem besteht auch hier die Gefahr, dass schon bei jeder Kleinigkeit ein Eingriff in den eingerichteten und ausgeübten Gewerbetrieb vorliegt. Daher wird eine Einschränkung gemacht: Es muss sich um einen **betriebsbezogenen Eingriff** handeln, d.h. der Eingriff muss sich gegen den Betrieb als solchen wenden, nicht nur gegen einzelne Rechte.

Beispiel: Bei Bauarbeiten durchtrennt der Bagger versehentlich ein Stromkabel. Die an das Kabel angeschlossene Fabrik muss deshalb für die Dauer der Reparatur den Betrieb einstellen.

Hier liegt kein betriebsbezogener Eingriff in das Recht am eingerichteten und ausgeübten Gewerbebetrieb vor, weil das Recht auf Stromlieferung nur einen Teil des Gewerbebetriebes ausmacht. Außerdem richtet sich der Eingriff nicht speziell gegen den Gewerbebetrieb als solchen. Das wäre nur dann der Fall, wenn mit dem Eingriff gezielt der Betrieb sabotiert werden soll. In diesem Fall könnte man allerdings überlegen, ob nicht eine Eigentumsverletzung vorliegt, weil die Maschinen nicht benutzt werden können. Das wäre dann der Fall, wenn die Reparaturen einen längeren Zeitraum in Anspruch nehmen würden. Ein Eingriff in das Recht am eingerichteten und ausgeübten Gewerbebetrieb liegt z.B. vor bei Boykottaufrufen oder abwertenden Äußerungen über einen Betrieb. Auch hier muss wieder die Rechtswidrigkeit der Beeinträchtigung mit der oben geschilderten Interessenabwägung ausdrücklich festgestellt werden.

2. Verletzungshandlung: Tun oder Unterlassen

Als Verletzungshandlung kommt ein Tun oder ein Unterlassen des Schädigers in Betracht. Wenn der Schädiger etwas tut und dadurch ein Rechtsgut verletzt, kann man meist leicht feststellen, dass ein Verletzen i.S.v. § 823 Abs. 1 BGB vorliegt. Wenn jemand einem anderen auf die Nase haut, ist klar, dass der Schlag eine Verletzungshandlung i.S.v. § 823 Abs. 1 BGB ist. Schwieriger wird es, wenn jemand nichts getan hat, sondern etwas unterlassen hat und dadurch ein Schaden eingetreten ist.

Beispiel: Hauseigentümer Faultier hat keine Lust, den vereisten Gehweg vor seinem Haus zu streuen. Der Spaziergänger Plumps rutscht aus und bricht sich den Arm.

In diesen Fällen liegt eine Verletzungshandlung i.S.v. § 823 Abs. 1 BGB vor, wenn der Schädiger dazu verpflichtet war, die unterlassene Handlung vorzunehmen. Eine solche Pflicht kann sich aus den unterschiedlichsten Gründen ergeben, z.B.:
– aus dem Gesetz, z.B. § 1353 oder 1626
– aufgrund eines Vertrages.

- aufgrund einer Schutzpflicht für nahe Angehörige, aber auch bei Partnern einer nichtehelichen Lebensgemeinschaft: Wenn die Ehefrau beim Segeln über Bord geht, darf der Ehemann nicht einfach ohne sie weitersegeln.
- für Mitglieder einer Gefahrgemeinschaft, z.B. Bergsteiger oder Safariteilnehmer. Man darf also beim Bergwandern den Freund nicht an der Steilwand hängen lassen und derweil zum Chillen in einer Berghütte einkehren.
- aufgrund von Verkehrssicherungspflichten: wer in seinem Verantwortungsbereich Gefahren schafft, muss die notwendigen Vorkehrungen dafür treffen, dass niemand zu Schaden kommt. Z.B.: Sicherheitsvorkehrungen bei öffentlichen Veranstaltungen, Sicherheitsvorkehrungen bei Gebäuden: Treppenhausbeleuchtung, rutschfreier Boden etc.
- aus vorangegangenem gefährdendem Tun, sog. Ingerenz: Wer etwas Gefährliches tut, muss dafür sorgen, dass dadurch kein Schaden entsteht. Zum Beispiel darf man keine Bierflasche mit Natronlauge herumstehen lassen, wenn gerade Handwerker im Hause sind.

Auch unser Beispiel gehört hierher: Als Hauseigentümer traf Faultier eine Streupflicht. Die Streupflicht gehört zu den Verkehrssicherungspflichten. Wenn er trotz dieser Pflicht nicht streut, dann stellt sein Unterlassen eine Verletzungshandlung i.S.v. § 823 Abs. 1 BGB dar.

3. Kausalität zwischen Verletzungshandlung und Rechtsgutsverletzung

Eine Schadensersatzpflicht gemäß § 823 Abs. 1 BGB besteht nur dann, wenn die Verletzungshandlung auch ursächlich für die eingetretene Rechtsgutsverletzung geworden ist. Das ist bei einem Tun dann der Fall, wenn die Handlung nicht hinweggedacht werden kann, ohne dass die Rechtsgutsverletzung entfällt.

Beispiel: Wenn man den Schlag auf die Nase wegdenkt, dann entfällt die Rechtsgutsverletzung Nasenbeinbruch. Also ist der Schlag ursächlich für das kaputte Nasenbein.

Ein Unterlassen ist dann ursächlich für eine Rechtsgutsverletzung geworden, wenn das pflichtgemäße Handeln nicht hinzugedacht werden kann, ohne dass die Rechtsgutsverletzung entfällt.

Beispiel: Im Streupflicht-Beispiel wäre Plumps nicht gestürzt, wenn Faultier die Straße vor seinem Haus gestreut hätte. Also ist das Nichtstreuen ursächlich für den gebrochenen Arm.

4. Rechtswidrigkeit

Die Verletzungshandlung muss rechtswidrig sein. § 823 Abs. 1 BGB spricht von »widerrechtlich«. **Grundsätzlich ist jedes Verhalten, durch das ein Rechtsgut verletzt wird, auch rechtswidrig.** Die Rechtswidrigkeit entfällt nur ausnahmsweise, wenn ein Rechtfertigungsgrund vorliegt. Es gibt verschiedene Rechtfertigungsgründe:

a) Notwehr, § 227 BGB

Gemäß § 227 Abs. 2 BGB ist Notwehr diejenige Verteidigung, welche erforderlich ist, um einen gegenwärtigen rechtswidrigen Angriff von sich oder einem anderen abzuwenden. »Angriff« meint dabei die **von einem Menschen** drohende Verletzung rechtlich geschützter Interessen.

Beispiel: Wer von einem Räuber mit einem Messer bedroht wird, darf diesen mit einem Faustschlag niederstrecken. Sein Verhalten ist durch Notwehr gerechtfertigt. Wer von einem Hund angegriffen wird und diesen verletzt, kann sich nicht auf Notwehr berufen, da es sich nicht um ein menschliches Verhalten handelt. Hier kommt aber Notstand gemäß § 228 BGB in Betracht.

Eine Handlung ist nur dann durch Notwehr gerechtfertigt, wenn sie erforderlich ist, um den Angriff abzuwehren. Was erforderlich ist, richtet sich nach der Art des Angriffs. Dabei muss stets das mildeste Mittel eingesetzt werden. Der Kleingartenbesitzer darf also nicht den Birnendieb mit der Schrotflinte abknallen, um seine Birnen zu retten. Eine derartige Notwehrhandlung wäre nicht mehr gerechtfertigt, weil der Angriff nicht so schwerwiegend ist und es andere Möglichkeiten gibt, sich zu wehren.

b) Notstand, § 228 BGB

Gemäß § 228 BGB handelt derjenige nicht rechtswidrig, der eine Sache beschädigt oder zerstört, um eine von ihr ausgehende Gefahr abzuwenden. Anders als bei der Notwehr geht es hier nicht um menschliches Verhalten, sondern um die Abwehr einer Gefahr, die von einer Sache droht.

Hierher gehört auch das Hundebeispiel von eben: Der Hund ist zwar keine Sache, aber gemäß § 90 a BGB werden die für Sachen geltenden Vorschriften entsprechend angewendet. Wenn der Angegriffene sich gegen den Hund wehrt und diesen dabei verletzt, dann verletzt er dabei das Eigentum des Hundebesitzers. Er ist aber wegen Notstand gerechtfertigt.

In § 228 BGB ist nur die Rede davon, dass die Sache, von der die Gefahr droht, zerstört wird. Das ist der sogenannte **defensive Notstand**.

Was passiert in unserem Hunde-Beispiel, wenn der Angegriffene zur Verteidigung eine Zaunlatte abbricht und damit Nachbars Gartenzaun beschädigt?

Wenn zur Abwehr einer Gefahr eine fremde Sache beschädigt wird, von der gar keine Gefahr droht, spricht man vom **aggressiven Notstand**. Dieser ist in § 904 BGB geregelt (niemand weiß, warum das nicht auch ganz bequem in § 228 BGB stehen kann): Der Eigentümer einer Sache darf die Einwirkungen eines anderen auf die Sache nicht verbieten, wenn die Einwirkung zur Abwendung einer gegenwärtigen Gefahr notwendig ist.

Also ist auch die Beschädigung des Gartenzaunes gerechtfertigt, wenn man sich Lumpi nicht anders vom Hals halten kann.

Beim Notstand gilt: Der durch die Handlung angerichtete Schaden muss in einem angemessenen Verhältnis zur abgewendeten Gefahr stehen. Auch hier muss das mildeste Mittel gewählt werden.

c) Selbsthilfe, § 229 ff. BGB

Fall: Herr Sparschwein hat Herrn Lustig 10.000,– € geliehen. Herr Lustig kann Herrn Sparschwein das Geld nicht zurückzahlen. Er beschließt deshalb, ein neues Leben im sonnigen Süden zu beginnen. Höflicherweise will er sich aber zuvor noch von Herrn Sparschwein verabschieden. Dieser ist nicht erbaut von Herrn Lustigs Auswanderungsplänen. Als Herr Lustig ihm die Hand zum Abschied reicht, stellt Sparschwein fest, dass Lustig eine teure Armbanduhr (Wert: 5.000,– €) trägt. Kurz entschlossen reißt er Lustig die Uhr vom Arm. Dieser ist empört und bezichtigt Sparschwein des Diebstahls. Durfte Sparschwein die Uhr wegnehmen?

Unter Selbsthilfe versteht man die vorläufige Durchsetzung oder Sicherung eines privatrechtlichen Anspruchs mittels privater Gewalt. Wenn jemand gegen einen anderen einen Anspruch hat, dann darf er zur Durchsetzung dieses Anspruches dem anderen eine Sache wegnehmen oder den Schuldner gewaltsam festhalten, wenn obrigkeitliche Hilfe nicht rechtzeitig zu erlangen ist und der Anspruch ohne ein sofortiges Eingreifen nicht mehr durchgesetzt werden kann. Bevor sich ein Schuldner also auf Nimmerwiedersehen aus dem Staub macht, darf der Gläubiger ihn festhalten und ihm eine Sache wegnehmen, um dadurch seinen Anspruch zu sichern.

In unserem Fall war die Wegnahme der Uhr also durch Selbsthilfe gerechtfertigt. Ohne das sofortige Eingreifen hätte Sparschwein keine Möglichkeit gehabt, noch irgendwie an sein Geld zu kommen.

d) Einwilligung des Verletzten
Eine Verletzungshandlung ist immer dann gerechtfertigt, wenn der Verletzte in die Verletzung eingewilligt hat. Erst durch eine wirksame Einwilligung entfällt z.B die Rechtswidrigkeit für einen ärztlichen Eingriff.

5. Verschulden
Die Verletzungshandlung muss schuldhaft erfolgen, nämlich vorsätzlich oder fahrlässig. Bei diesen Begriffen geht es wieder um das Gleiche wie in § 276 BGB:
Vorsatz ist das Wissen und Wollen des rechtswidrigen Erfolges. Das heißt, dass der Schädiger dann vorsätzlich handelt, wenn er den Geschädigten absichtlich verletzt und dabei weiß, dass sein Verhalten verboten ist.

Fahrlässigkeit liegt gemäß § 276 Abs. 2 BGB vor, wenn die im Verkehr erforderliche Sorgfalt außer Acht gelassen wird. Immer wenn man sich nicht so verhält, wie ein sorgfältiger Mensch sich in der gleichen Situation verhalten hätte, hat man fahrlässig gehandelt.

6. Ersatz des durch die Rechtsgutsverletzung entstandenen Schadens
Wenn die Voraussetzungen 1–5 vorliegen, dann muss der Schädiger dem Verletzten den durch die Rechtsgutsverletzung entstandenen Schaden ersetzen. Der Verletzte ist so zu stellen, wie er ohne das schädigende Ereignis stehen würde. Wenn es um die Frage geht, ob ein Schaden auf die Rechtsgutsverletzung zurückzuführen ist, gelten die gleichen Grundsätze wie oben bei der Frage, ob ein Verhalten die Rechtsgutsverletzung verursacht hat. Die Rechtsgutsverletzung ist also immer dann ursächlich für den Schaden, wenn sie nicht hinweggedacht werden kann, ohne dass der Schaden entfällt. Nur im Ausnahmefall wird der Schaden nicht auf die Rechtsgutsverletzung zurückgeführt, nämlich dann, wenn der Eintritt des Schadens außerhalb aller Wahrscheinlichkeit lag und mit ihm vernünftigerweise nicht zu rechnen war.

Beispiel: Horst Holzer verletzt Anton Autsch grob fahrlässig beim Fußballspielen am Knie. Im Krankenhaus gerät Autsch an die psychopathische Krankenschwester Gundula Gnadenschuss, die ihn ermordet. Wenn man die Rechtsgutsverletzung von Holzer wegdenkt, wäre Autsch zwar noch am Leben, sodass die Rechtsgutsverletzung ursächlich für den Schaden ist. Es lag aber außerhalb aller Wahrscheinlichkeit, dass Autsch im Krankenhaus so etwas passieren würde.

Der Schadensersatzanspruch richtet sich im Übrigen – wie jeder andere Schadensersatzanspruch auch – nach §§ 249 ff. BGB. Dazu unten → Kapitel 18.

Aufbauschema für § 823 Abs. 1 BGB

I. Tatbestand

1. Verletzung eines der in § 823 Abs. 1 genannten Rechtsgüter

Sonstige Rechte = absolute Rechte: von jedem zu beachten. Beispiele: allgemeines Persönlichkeitsrecht, Recht am eingerichteten und ausgeübten Gewerbebetrieb. **Nicht das Vermögen!**

2. Verhalten des Anspruchsgegners:

Tun oder **Unterlassen**

Beachte: Ein **Unterlassen** ist nur dann relevant, wenn eine **Rechtspflicht** zum Handeln besteht, z.B. durch Gesetz (§ 323 c StGB), aufgrund familiärer Verbundenheit, vertragliche Verpflichtung, Gefahrgemeinschaft, Verkehrssicherungspflicht.

3. Das Verhalten ist ursächlich für die Verletzung.
(haftungsbegründende Kausalität)

Ein **Tun** ist dann ursächlich, wenn es nicht weggedacht werden kann, ohne dass der Erfolg entfällt. Ein **Unterlassen** ist dann ursächlich, wenn das pflichtgemäße Handeln nicht dazugedacht werden kann, ohne dass der Erfolg entfällt.

II. Rechtswidrigkeit

Das Verhalten ist dann rechtswidrig, wenn Rechtfertigungsgründe fehlen.
»Die Tatbestandsmäßigkeit indiziert die Rechtswidrigkeit.«
Rechtfertigungsgründe: z.B. Notwehr (§ 227), Notstand (§ 228), Einwilligung des Verletzten.

III. Verschulden

1. **Vorsatz oder Fahrlässigkeit**
2. **Deliktsfähigkeit, §§ 827 ff. (Nur prüfen, wenn es dafür Anhaltspunkte im Sachverhalt gibt, dass der Täter nicht deliktsfähig war.)**

IV. Rechtsfolge

Ersatz des **durch** die Rechtsgutsverletzung entstandenen Schadens
(haftungsausfüllende Kausalität, Prüfung wie haftungsbegründende Kausalität)
evtl. Mitverschulden gemäß § 254 berücksichtigen (nur bei Anhaltspunkten im Sachverhalt).

II. § 823 Abs. 2 BGB

Die nächste wichtige Anspruchsgrundlage im Deliktsrecht ist § 823 Abs. 2 BGB. Gemäß § 823 Abs. 2 BGB ist derjenige zum Schadensersatz verpflichtet, der gegen ein den Schutz eines anderen bezweckendes Gesetz verstößt. Für § 823 Abs. 2 BGB braucht man keine Verletzung eines bestimmten Rechtsgutes, sondern den Verstoß gegen ein Schutzgesetz. Dadurch unterscheidet sich § 823 Abs. 2 BGB auch von § 823 Abs. 1 BGB: § 823 Abs. 1 BGB schützt das Vermögen als solches nicht. Es werden nur die Vermögensschäden ersetzt, die auf die Verletzung eines von § 823 Abs. 1 BGB geschützten Rechtsgutes zurückgehen. Wenn ein Verhalten ausschließlich das Vermögen als solches schädigt, ist § 823 Abs. 1 BGB nicht anwendbar. § 823 Abs. 2 BGB hingegen kann als Anspruchsgrundlage herangezogen werden, wenn durch ein bestimmtes Verhalten nur das Vermögen geschädigt worden ist.

Ein Schutzgesetz muss man sich erst einmal suchen.

Man muss irgendwo – nicht nur im BGB – eine Rechtsnorm finden, die

1. ein bestimmtes Verhalten verbietet und
2. den Schutz eines anderen bezweckt. Das ist dann der Fall, wenn die Norm zumindest auch dazu dienen soll, denjenigen, der den Anspruch geltend macht, vor der Verletzung eines bestimmten Rechtsguts zu schützen.

Unter den Begriff »Rechtsnorm« fallen Gesetze, Rechtsverordnungen oder ordnungspolizeiliche Vorschriften. Die Liste der Schutzgesetze i.S.v. § 823 Abs. 2 BGB ist endlos.

Ein Beispiel für ein Schutzgesetz ist § 263 StGB: Betrug. § 263 StGB verbietet ein bestimmtes Verhalten (andere zu betrügen) und dient dabei auch dem Schutz des Einzelnen vor den durch Betrug verursachten Vermögensschäden. Im Strafgesetzbuch finden sich noch zahlreiche weiterer Schutzgesetze.

Wenn man ein solches Schutzgesetz gefunden hat, muss man prüfen, ob gegen dieses Schutzgesetz verstoßen worden ist. Der Verstoß muss, wie die Rechtsgutsverletzung in § 823 Abs. 1 BGB, rechtswidrig und schuldhaft erfolgt sein. Auch wenn das Schutzgesetz selbst kein Verschulden vorsieht, greift § 823 Abs. 2 BGB nur ein, wenn der Schädiger schuldhaft i.S.v. § 276 BGB gehandelt hat.

Wenn z.B. ein Gebrauchtwagenhändler vortäuscht, dass ein Wagen unfallfrei ist und außerdem viel weniger Kilometer gefahren ist, als es tatsächlich der Fall ist, erhält er vom Käufer einen höheren Kaufpreis, als er tatsächlich hätte fordern dürfen. Damit hat sich der Gebrauchtwagenhändler wegen Betruges strafbar gemacht. Wenn feststeht, dass alle Voraussetzungen von § 263 StGB erfüllt sind, kann der Käufer aus § 823 Abs. 2 i.V.m. § 263 StGB Schadensersatz für alle Schäden verlangen, die ihm durch den Betrug entstanden sind.

Wenn die Voraussetzungen von § 823 Abs. 2 BGB vorliegen, kann der Geschädigte den Ersatz des durch die Schutzgesetzverletzung entstandenen Schadens verlangen. Im Übrigen gelten auch hier wieder die §§ 249 ff. BGB.

III. § 831 Abs. 1 BGB

Fall: Jetzt kommt noch einmal der Auszubildenden, der Firma Blubb, Bert Bengel, aus dem 15. Kapitel. Bengel, der auf dem Weg zur Schule der Verbandsgemeinde Schnurpseldingen war, hatte die alte Frau Unbedarft angefahren und verletzt. Schuld daran war die unvorsichtige Fahrweise von Bengel. Frau Unbedarft möchte jetzt den entstandenen Schaden nicht von Bengel selbst ersetzt bekommen, sondern von Blubb, weil der mehr Geld auf dem Konto hat. Blubb lehnt das ab, weil er meint, dass er Frau Unbedarft gar nichts getan habe. Er wisse zwar, dass Bengel einen wilden Fahrstil habe, aber das sei letztlich nicht sein Problem. Ist Blubb wirklich aus dem Schneider?

§ 831 BGB ist eine Anspruchsgrundlage für den Ersatz des Schadens, den der Gehilfe einer Person anrichtet: »Wer einen anderen zu einer Verrichtung bestellt, ist zum Ersatze des Schadens verpflichtet, den der andere in Ausführung der Verrichtung einem Dritten widerrechtlich zufügt.«

Das erinnert an die Haftung eines Vertragspartners für seinen Erfüllungsgehilfen, § 278 BGB. Zwischen § 831 Abs. 1 BGB und § 278 BGB bestehen allerdings erhebliche Unterschiede:

1. § 831 Abs. 1 BGB ist eine Anspruchsgrundlage. Der Geschäftsherr haftet für **eigenes** Verschulden, und zwar dafür, dass er seinen Gehilfen nicht sorgfältig ausgewählt und überwacht hat. § 278 hat dagegen die Funktion, innerhalb einer anderen Anspruchsgrundlage (z.B. § 280) dem Geschäftsherrn ein **fremdes** Verschulden zuzurechnen.

2. Wenn der Geschäftsherr nachweisen kann, dass er seinen Gehilfen sorgfältig ausgewählt und überwacht hat, dann muss er keinen Schadensersatz leisten, § 831 Abs. 1 S. 2 BGB. Im Rahmen von § 831 Abs. 1 BGB hat der Geschäftsherr also die Möglichkeit, den Hals wieder aus der Schlinge zu ziehen. Das geht bei § 278 BGB nicht.

3. § 278 BGB setzt ein bestehendes Schuldverhältnis voraus. Nur innerhalb eines bestehenden Schuldverhältnisses kann das Verschulden über § 278 BGB zugerechnet werden. § 831 Abs. 1 BGB begründet auch dann eine Schadensersatzpflicht, wenn zwischen den beteiligten Personen kein Schuldverhältnis besteht.

In unserem Beispiel kann Frau Unbedarft also aus § 831 Abs. 1 BGB gegen Herrn Blubb vorgehen, auch wenn sie sich vorher nie gesehen haben. Eine Zurechnung des Verschuldens von Bengel über § 278 BGB käme nur dann in Betracht, wenn zwischen Blubb und Unbedarft bereits vor dem Unfall ein Schuldverhältnis, z.B. ein Vertrag bestanden hätte.

Vergleichende Übersicht: §§ 831 Abs. 1 und 278 BGB:

§ 831 Abs. 1 BGB Verrichtungsgehilfe	§ 278 BGB Erfüllungsgehilfe
Selbständige Anspruchsgrundlage.	Dient der Zurechnung von fremdem Verschulden innerhalb einer anderen Anspruchsgrundlage.
Haftung für eigenes Verschulden (nicht ordentlich auf den Gehilfen aufgepasst).	Haftung für fremdes Verschulden.
Unabhängig von dem Bestehen eines Schuldverhältnisses.	Nur innerhalb eines bestehenden Schuldverhältnisses anwendbar.
Der Geschäftsherr kann seine Unschuld beweisen, indem er darlegt, dass er den Verrichtungsgehilfen sorgfältig ausgewählt und überwacht hat.	Der Geschäftsherr haftet immer, egal wie sorgfältig er den Erfüllungsgehilfen ausgewählt und überwacht hat.

Für einen Schadensersatzanspruch aus § 831 Abs. 1 BGB braucht man:

1. Einen **Geschäftsherrn**: Jemanden, der einen anderen zu einer Verrichtung bestellt.

In unserem Fall ist Blubb der Geschäftsherr, weil er Bengel damit beauftragt, zur Schule zu fahren.

2. Einen **Verrichtungsgehilfen**: Jemanden, der mit Wissen und Wollen des Geschäftsherrn in dessen Interesse tätig wird und dabei an dessen Weisungen gebunden ist. Auf Deutsch: Jemanden, der für einen anderen eine Aufgabe erledigen soll und dabei genau das tun muss, was der andere sagt. Anders als der Erfüllungsgehilfe ist der Verrichtungsgehilfe also **weisungsabhängig**.

Bengel ist ein Verrichtungsgehilfe, weil ihm eine Aufgabe übertragen worden ist, die in den Herr-schaftsbereich von Herrn Blubb gehört. Dabei kann ihm Blubb jederzeit sagen, was er zu tun hat und was nicht.

3. **Tatbestandsmäßige, rechtswidrige unerlaubte Handlung des Verrichtungsgehilfen**: Der Verrichtungsgehilfe muss eine unerlaubte Handlung i.S.d. § 823 ff. BGB begangen haben. Auf sein Verschulden (Vorsatz/Fahrlässigkeit) kommt es nicht an. Wenn der Verrichtungsgehilfe schuldhaft gehandelt hat, haftet er aber auch selbst neben dem Geschäftsherrn.

Bengel hat eine unerlaubte Handlung gemäß § 823 Abs. 1 BGB begangen: Er hat rechtswidrig und schuldhaft (fahrlässig) den Körper und die Gesundheit von Frau Unbedarft verletzt. Er haftet daher auch selbst auf Schadensersatz.

4. **Der Verrichtungsgehilfe muss in Ausführung der Verrichtung gehandelt haben, nicht nur bei Gelegenheit.** Hierbei geht es um die gleiche Frage wie beim Erfüllungsgehilfen. Es muss ein unmittelbarer Zusammenhang zwischen der Verrichtung und der schädigenden Handlung bestehen.

Wenn Bengel auf dem Weg zur Schule kurz anhalten und eine Bank überfallen würde, wäre diese unerlaubte Handlung nur bei Gelegenheit und nicht im Zusammenhang mit der Verrichtung begangen worden. Die Straftat hat mit der Ausführung der Verrichtung nichts zu tun. Die Verletzung von Frau Unbedarft ereignet sich hingegen gerade bei der Ausführung der Verrichtung (= Fahrt).

5. **Verschulden des Geschäftsherrn**: An dieser Stelle muss man aufpassen, dass man nicht das Verschulden des Geschäftsherrn und des Verrichtungsgehilfen durcheinanderwirft. Das Verschulden des Geschäftsherrn besteht nicht darin, dass er vorsätzlich oder fahrlässig irgendetwas getan hat, sondern darin, dass er den Verrichtungsgehilfen nicht sorgfältig genug ausgewählt und überwacht hat. Dieses Verschulden wird vermutet, wie sich aus der Gesetzesformulierung ergibt (»Die Ersatzpflicht tritt nicht ein, wenn ...«). Es ist also Sache des Geschäftsherrn, zu beweisen, dass er immer gut auf seinen Verrichtungsgehilfen aufgepasst hat. Wenn er das nicht beweisen kann, dann haftet er.

In unserem Fall kann Blubb nicht beweisen, dass er Bengel sorgfältig überwacht hat. Im Gegenteil: Er wusste, dass Bengel fährt wie der Henker. Wer einen anderen für sich fahren lässt, muss den Fahrstil gelegentlich kontrollieren.
Wenn die Voraussetzungen von § 831 Abs. 1 BGB vorliegen, ist der Geschäftsherr zum Ersatz des Schadens verpflichtet, den der Verrichtungsgehilfe angerichtet hat. Zum Schadensersatzanspruch im Einzelnen siehe Kapitel 18.

IV. Deliktsfähigkeit

Fall: Der fünfjährige Sohn des Fußballstars David Backgammon schafft es, in einem unbeobachteten Moment – seine Kinderfrau ist nur kurz auf die Toilette gegangen – das Auto des Nachbarn mit Lackfarbe völlig neu zu gestalten. Der Nachbar fordert wutentbrannt den Ersatz der Kosten für die Reinigung seines Wagens. David Backgammon, zwar stinkreich, aber geizig, lehnt das ab: Sein kleiner

Liebling könne doch für sein Tun noch gar nicht verantwortlich gemacht werden. Der Nachbar ist nicht damit einverstanden, dass Söhnchen sich so einfach aus der Affäre ziehen kann, zumal er selbst arm wie eine Kirchenmaus ist. Hat Backgammon nun recht oder muss sein Sohn den angerichteten Schaden von seinem üppigen Sparbuch, dass Papi für ihn angelegt hat, bezahlen?

Einen Vertrag kann man nur dann abschließen, wenn man geschäftsfähig ist, also selbst überblicken kann, worauf man sich einlässt. Für eine unerlaubte Handlung kann man ebenfalls nur dann zur Verantwortung gezogen werden, wenn man in der Lage ist einzusehen, dass man Unrecht tut. Dabei geht es um die Frage der Deliktsfähigkeit. **Deliktsfähigkeit ist die Fähigkeit einer Person, für ein eigenes schuldhaftes Handeln verantwortlich zu sein.** Nur wer deliktsfähig ist, kann für einen von ihm verursachten Schaden zur Verantwortung gezogen werden. Ähnlich wie bei der Geschäftsfähigkeit unterscheidet das BGB zwischen deliktsunfähigen, bedingt deliktsfähigen und voll deliktsfähigen Personen.

1. deliktsunfähig sind
a) Kinder unter sieben Jahren, § 828 Abs. 1 BGB.

Hierher gehört auch der fünfjährige Sohn von David Backgammon. Er kann also für den verursachten Schaden grundsätzlich nicht zur Verantwortung gezogen werden. Das ist allerdings ein bisschen unfair, weil er sehr viel Geld hat und der arme Nachbar nicht so viel.

b) Kinder zwischen sieben und zehn Jahren für einen Unfall mit einem Kraftfahrzeug, einer Schienenbahn oder Schwebebahn, wenn sie den Unfall nur fahrlässig herbeigeführt haben, § 828 Abs. 2 BGB.
c) Jeder, der im Zustand der Bewusstlosigkeit oder in einem die freie Willensbestimmung ausschließenden Zustand krankhafter Störung der Geistestätigkeit einem anderen Schaden zufügt, § 827 BGB. Diese Vorschrift stimmt mit § 105 Abs. 2 überein. Wer keine Willenerklärung abgeben kann, ist auch für einen von ihm angerichteten Schaden nicht verantwortlich. Anders als bei § 105 Abs. 2 BGB gibt es aber eine Ausnahme: Wenn man sich durch »geistige Getränke« in einen vorübergehenden Zustand der Geistestätigkeit versetzt hat, dann ist man für den Schaden verantwortlich, als habe man fahrlässig gehandelt, § 827 S. 2 BGB. Bedeutet übersetzt: Wer sich betrinkt oder auf andere Weise berauscht, haftet so, als hätte er den Schaden fahrlässig verursacht. Zweck dieser Vorschrift ist, dass man den Leuten nicht die Verantwortung für ihr Verhalten abnehmen will. Wer sich betrinkt, weiß dabei auch, dass er dann leichter einen Schaden anrichtet als im nüchternen Zustand. Deshalb auch hier wieder eine Ausnahme: Wer ohne Schuld in einen Rauschzustand geraten ist, bei dem bleibt es dabei, dass er für sein Verhalten nicht verantwortlich ist. Wem also in der Diskothek ohne sein Wissen etwas in den Drink gekippt wurde, der kann für den Unfall, den er auf dem Heimweg verursacht, nicht zur Verantwortung gezogen werden.

Wenn man festgestellt hat, dass eine Person deliktsunfähig ist, dann kann ein Schadensersatzanspruch gegen sie nicht geltend gemacht werden. Es gibt allerdings eine Ausnahme: § 829 BGB. § 829 BGB greift immer dann ein, wenn der Schädiger selbst deliktsunfähig ist und auch kein anderer wegen einer Verletzung seiner Aufsichtspflicht gemäß § 832 BGB zur Verantwortung gezogen werden kann. Gemäß § 829 BGB kann auch eine deliktsunfähige Person insoweit zur Verantwortung gezogen werden, »als die Billigkeit nach den Umständen, insbesondere nach den

Verhältnissen der Beteiligten, eine Schadloshaltung erfordert.« Dahinter verbergen sich die Fälle, in denen der Schädiger viel mehr Geld hat als der Geschädigte. Dann wäre es »unbillig«, wenn sich der Schädiger auf seine Deliktsunfähigkeit berufen könnte.

In unserem Fall ist der Sohn von David Backgammon deliktsunfähig gemäß § 828 Abs. 1 BGB. Die Kinderfrau als aufsichtspflichtige Person kann nicht zur Verantwortung gezogen werden, da sie ihre Aufsichtspflicht nicht verletzt hat: Einen Fünfjährigen darf man für einige Minuten aus den Augen lassen, wenn man zur Toilette muss. Daher kann der Nachbar auf § 829 BGB zurückgreifen: Das Söhnchen steht wirtschaftlich viel besser da als der geplagte Nachbar. Daher muss er die Reinigungskosten gemäß § 829 BGB ersetzen.

2. Bedingt deliktsfähig sind Kinder zwischen dem siebten und dem 18. Lebensjahr. Sie sind für einen Schaden nur dann verantwortlich, wenn sie bei der Begehung der schädigenden Handlung die zu Erkenntnis der Verantwortlichkeit erforderliche Einsicht hatten. Das heißt: Der Minderjährige kann nur dann zur Verantwortung gezogen werden, wenn er erkennen konnte, dass sein Verhalten gefährlich ist und dass er für die Folgen seines Tuns selbst einstehen muss. Das BGB geht davon aus, dass der Minderjährige grundsätzlich diese Einsichtsfähigkeit hat. Im Einzelfall ist es Sache des Minderjährigen zu beweisen, dass er die Folgen seines Handelns nicht absehen konnte.

3. Voll deliktsfähig sind alle Personen, die über 18 Jahre sind. Ausnahme: § 827 BGB: Der Volljährige, der bewusstlos ist oder sich in einem, die freie Willensbestimmung ausschließenden Zustand krankhafter Störung der Geistestätigkeit befindet.

Zusammenfassende Übersicht zur Deliktsfähigkeit:

Deliktsfähigkeit ist die Fähigkeit einer Person, für eigenes schuldhaftes Handeln verantwortlich zu sein. Nur deliktsfähige Personen können für einen von ihnen verursachten Schaden zur Verantwortung gezogen werden. Es wird unterschieden:

Deliktsunfähigkeit	Bedingte Deliktsfähigkeit	Deliktsfähigkeit
– Kinder unter 7 Jahren, § 828 Abs. 1 BGB. – Kinder zwischen 7 und 10 Jahren für einen Unfall mit Kraftfahrzeug/ Schienenbahn, § 828 Abs. 2 BGB. – Personen über 18 Jahren, die bewusstlos sind oder sich in einem, die freie Willensbestimmung ausschließenden Zustand krankhafter Störung der Geistestätigkeit befinden, § 827 BGB. Ersatzpflicht nur ausnahmsweise gemäß § 829 BGB.	– Kinder zwischen 7 und 18 Jahren, wenn sie bei der Begehung der schädigenden Handlung die zur Erkenntnis der Verantwortlichkeit erforderliche Einsicht haben, § 828 Abs. 3 BGB. Wenn diese Einsicht fehlt: keine Ersatzpflicht.	– Personen über 18 Jahre. Ausnahme: § 827 BGB. **Deliktsfähige Personen sind in vollem Umfang schadensersatzpflichtig für den von ihnen angerichteten Schaden.**

18. Kapitel:
Art und Umfang der Schadensersatzpflicht

Fall: Zacharias Zahnlos hat eine unangenehme Begegnung in seiner Stammkneipe: Er ist gerade in ein angeregtes Gespräch mit der ihm bisher unbekannten Sabine Superweib vertieft, als ein finsterer, muskelbepackter Typ hereinkommt, der sich als Sabines Freund entpuppt. Weil Zahnlos – natürlich nur ganz zufällig – eine Hand auf Sabines Knie liegen hat, wird der finstere Typ eifersüchtig und schlägt Zacharias Zahnlos mit einem Fausthieb vier Schneidezähne aus. Nachdem Zahnlos aus seiner Bewusstlosigkeit erwacht ist, fordert er sofort Schadensersatz für die fehlenden Zähne. So eine zahnärztliche Behandlung wird schließlich teuer. Der eifersüchtige Wüterich entpuppt sich nun als Zahnarzt Dr. med. dent. Schmerzhaft. Er weigert sich, an Zahnlos irgendwelches Geld zu zahlen. Vielmehr bietet er ihm an, die Zähne selbst wieder einzusetzen, was grundsätzlich möglich wäre. Darauf hat Zacharias aber überhaupt keine Lust. Muss er das Angebot von Dr. Schmerzhaft trotzdem annehmen? Außerdem verlangt Zahnlos einen finanziellen Ausgleich dafür, dass er wegen der fehlenden Zähne für mehrere Wochen beim anderen Geschlecht überhaupt nicht landen konnte. Kann er dafür Geld verlangen?

Wenn man festgestellt hat, dass eine Person schadensersatzpflichtig ist, stellt sich als Nächstes die Frage, auf welche Weise der Schadensersatz zu leisten ist. Dies ist in den §§ 249 ff. BGB geregelt. **Die Regelungen in den §§ 249 ff. BGB gelten für jeden Schadensersatzanspruch, also grundsätzlich auch für vertragliche Schadensersatzansprüche.** Auf die für vertragliche Schadensersatzansprüche geltenden Besonderheiten ist bereits oben eingegangen worden. Hier soll es jetzt in erster Linie um die Schadensersatzansprüche aus unerlaubter Handlung gehen.

1. Naturalrestitution, § 249 Abs. 1 BGB

Wenn man an Schadensersatz denkt, hat man immer die Vorstellung, dass der Schädiger in erster Linie Geld bezahlen muss. Das ist allerdings nicht richtig. Das BGB geht von einem anderen Grundsatz aus: Gemäß § 249 Abs. 1 BGB muss derjenige, der zum Schadensersatz verpflichtet ist, den Zustand herstellen, der bestehen würde, wenn der zum Ersatz verpflichtende Umstand nicht eingetreten wäre. Das BGB meint also, dass der Schädiger zunächst selbst Hand anlegen soll und den Schaden dadurch ausgleichen soll, dass er den früheren Zustand wiederherstellt. Man spricht auch von **Naturalrestitution.** Von Geld ist erst einmal gar nicht die Rede.

Also liegt Herr Dr. Schmerzhaft mit seiner Idee, die Zähne selbst wieder zusammenzubasteln, gar nicht so falsch.

2. Geldersatz gemäß § 249 Abs. 2 bei Verletzung einer Person oder Beschädigung einer Sache

Von dem Grundsatz der Naturalrestitution gibt es dann aber gleich wieder eine Ausnahme. Ist wegen der Verletzung einer Person oder wegen Beschädigung einer Sache Schadensersatz zu leisten, so kann der Gläubiger statt der Herstellung den hierfür erforderlichen Geldbetrag verlangen, § 249 Abs. 2 BGB. Der Schädiger darf in diesen Fällen nur dann selbst Hand anlegen, wenn der Geschädigte es will. Das Gesetz mutet dem Geschädigten nicht zu, dass er sich selbst oder die beschädigte Sache in die Hände des Schädigers gibt. Er darf sich für die Heilbehandlung oder Reparatur an einen anderen wenden, wenn ihm das lieber ist. Die anfallenden Kosten sind dann vom Schädiger zu ersetzen.

In unserem Fall dürfte Dr. Schmerzhaft nur dann selbst die Zähne richten, wenn Zahnlos damit einverstanden ist. So darf Zahnlos sich an einen anderen Zahnarzt wenden und dessen Rechnung dann an Schmerzhaft schicken.

3. Schadensersatz in Geld bei Unmöglichkeit oder Unwirtschaftlichkeit der Wiederherstellung, § 251 BGB

Der Schadensersatzanspruch richtet sich nur dann nach § 249 BGB, wenn eine Wiederherstellung des früheren Zustandes überhaupt möglich ist. In einigen Fällen ist eine Wiederherstellung des früheren Zustandes von vornherein unmöglich: Die Sache ist so beschädigt worden, dass eine Reparatur nicht mehr möglich ist. In diesen Fällen ist der Schadensersatzanspruch von vornherein auf Geld gerichtet, § 251 Abs. 1 BGB. Der Schädiger muss die Differenz zwischen dem Wert des Vermögens, wie es sich ohne das schädigende Ereignis darstellen würde, und dem durch das schädigende Ereignis verminderten Wert ersetzen.

In einigen Fällen wäre eine Herstellung zwar eigentlich noch möglich, aber unwirtschaftlich. Wenn ein uralter Wagen nach einem Unfall eine neue Heckklappe benötigt, können die Reparaturkosten weit über das hinausgehen, was das Auto wert ist. Dann darf der Schädiger die Wiederherstellung verweigern und muss dem Geschädigten nur den Wert des verminderten Vermögens ersetzen, § 251 Abs. 2 BGB. Der Schädiger soll nicht sehr viel mehr zahlen müssen, als die beschädigte Sache wert ist. Um festzustellen, ob die Wiederherstellung nur mit unverhältnismäßigem Aufwand möglich ist, muss man folgenden Vergleich anstellen: Wie hoch sind die Reparaturkosten? Und welchen Betrag müsste der Schädiger gemäß § 251 Abs. 1 BGB an den Geschädigten zahlen, wenn die Reparatur unmöglich wäre? Wenn die Reparaturkosten sehr viel höher liegen als der Wertersatz, der nach § 251 Abs. 1 BGB geschuldet wird, dann wird so getan, als wäre die Reparatur unmöglich und es muss nur Wertersatz nach § 251 Abs. 1 BGB geleistet werden. Immer, wenn die Reparaturkosten den Wert der beschädigten Sache übersteigen, sollte man über § 251 Abs. 2 BGB nachdenken. Bei Kraftfahrzeugen gilt die Faustregel, dass die Reparaturkosten dann nicht ersetzt werden müssen, wenn sie den Wert des Wagens vor dem Unfall um 30 % übersteigen.

4. Ersatz für immaterielle Schäden, § 253 BGB

Wenn durch eine schädigende Handlung das Vermögen einer Person geschädigt worden ist, lässt sich die Art und Weise, wie Schadensersatz zu leisten ist, sehr leicht feststellen: Entweder ist Naturalrestitution zu leisten oder Geldersatz. Die Höhe des Geldersatzes lässt sich ebenfalls zweifelsfrei feststellen: Man vergleicht das Vermögen vor und nach dem schädigenden Ereignis. Die Differenz ist dann zu ersetzen. Schwierig wird es, wenn durch ein Verhalten nicht das Vermögen verletzt wurde, sondern andere Bereiche beeinträchtigt wurden. Wenn jemand z.B. beleidigt wurde, ist seine Ehre (= geschütztes Rechtsgut i.S.v. § 823 Abs. 1 BGB, s.o.) verletzt, er hat aber trotzdem noch genau so viel Geld auf dem Konto wie vorher. Wie will man da die Höhe des Schadensersatzanspruches ermitteln?

Auch den Schaden, den Zahnlos durch das fehlende Interesse des anderen Geschlechts erleidet, kann man nicht auf seinem Konto feststellen (es sei denn, er ist von Beruf Heiratsschwindler).

Weil das so schwierig ist, trifft das BGB in § 253 Abs. 1 BGB eine grundsätzliche Entscheidung: Wegen eines Schadens, der nicht Vermögensschaden ist, kann eine Entschädigung in Geld nur in den durch das Gesetz bestimmten Fällen gefordert werden. Wenn es nicht irgendwo im Gesetz steht, kann der Geschädigte also für einen Nichtvermögensschaden keinen Ausgleich verlangen.

Damit kann Zahnlos allein für seinen zeitweiligen Misserfolg bei Frauen keinen finanziellen Ausgleich verlangen. Nur für die Verletzung selbst steht ihm gemäß § 253 Abs. 2 BGB ein Ersatzanspruch für den immateriellen Schaden zu.

Die erste Ausnahme von diesem Grundsatz findet sich gleich in § 253 Abs. 2 BGB: Wenn wegen einer Verletzung des Körpers, der Gesundheit, der Freiheit oder der sexuellen Selbstbestimmung Schadensersatz zu leisten ist, kann auch für den immateriellen Schaden eine billige Entschädigung in Geld verlangt werden. In diesen Fällen kann der Geschädigte also ein sogenanntes **Schmerzensgeld** verlangen. Ein solches Schmerzensgeld soll dem Verletzten einerseits einen Ausgleich für die erlittenen Schmerzen verschaffen, andererseits aber auch Genugtuung dafür, was ihm der Schädiger angetan hat.

In unserem Fall könnte Zahnlos je nach Ausmaß der erlittenen Schmerzen und der erforderlichen Behandlung also ein Schmerzensgeld von Schmerzhaft verlangen. Hinsichtlich des vorübergehenden Misserfolges bei Frauen kann man sich streiten, ob ihm hierfür ein Schmerzensgeld zusteht. Es gibt allerdings ein Gerichtsurteil, nach dem für das Durchkreuzen einer Liebhabertätigkeit ein Schmerzensgeld gefordert werden kann.

Ein weiteres Beispiele für eine Geldentschädigung bei immateriellen Schäden ist § 651 f Abs. 2 BGB. Bei einer Verletzung des allgemeinen Persönlichkeitsrechtes wird der Schmerzensgeldanspruch aus § 823 BGB i.V.m. Art. 1 Abs. 1, 2 Abs. 1 GG hergeleitet. Aber auch außerhalb des BGB finden sich gesetzliche Regelungen.

Diese Regelungen sind aber wirklich nur Ausnahmen: Grundsätzlich wird eine Geldentschädigung für Nichtvermögensschäden nicht geschuldet. Bei einem Nichtvermögensschaden kann der Geschädigte nur Naturalrestitution, nicht aber Geldersatz verlangen. Und Naturalrestitution wird oft in diesen Fällen nicht möglich sein.

5. Mitverschulden des Geschädigten, § 254 BGB

In unserem Fall beruft sich Herr Dr. Schmerzhaft darauf, dass Zahnlos doch selbst Schuld an der bezogenen Prügel sei. Wenn er seine Pfoten bei sich behalten hätte, hätte er ihm doch nichts getan. Kommt er mit dieser Argumentation um die Schadensersatzpflicht herum?
Zahnlos kommt dagegen auf eine andere Idee: Er lehnt eine zahnärztliche Behandlung und auch das Tragen eines Gebisses ab und fordert für die dauerhafte Entstellung ein besonders hohes Schmerzensgeld. Bekommt er es?

Die Höhe des zu leistenden Schadensersatzes kann gemäß § 254 Abs. 1 BGB eingeschränkt sein, wenn bei der Entstehung des Schadens ein Verschulden des Geschädigten mitgewirkt hat. Der

Geschädigte muss sich, so gut er kann, vor Schäden schützen. Wenn er gegen diese Pflicht verstößt, dann haftet der Schädiger nicht in vollem Umfang auf Schadensersatz. Es wird geguckt, wer jeweils wie viel dafür kann, dass es zu dem Schaden gekommen ist. Je nachdem wird der Schaden dann zwischen dem Schädiger und dem Geschädigten aufgeteilt.

Ein Mitverschulden des Geschädigten kann sich aus den unterschiedlichsten Gründen ergeben. Letztlich geht es immer darum, festzustellen, ob der Geschädigte die Sorgfalt angewendet hat, die ein vernünftiger und sorgfältiger Mensch zur Vermeidung von eigenen Schäden anzuwenden pflegt: So muss ein Motorradfahrer bei der Fahrt einen Helm aufsetzen. Die Insassen eines Kfz müssen sich anschnallen. Wer über die Straße geht, muss vorher gucken. Einen fremden Hund darf man nicht einfach streicheln.

Auch bei tätlichen Auseinandersetzungen hat man eine Sorgfaltspflicht sich selbst gegenüber: Man darf niemanden so sehr reizen, dass er auf einen losgeht. Und wenn man jemanden eifersüchtig macht, muss man mit Tätlichkeiten rechnen. Dann trägt man ein Mitverschulden an den Verletzungen. In unserem Fall hat Zahnlos aber Dr. Schmerzhaft nicht absichtlich gereizt. Er wusste ja gar nicht, dass Sabine Superweib in festen Händen ist. So konnte er nicht damit rechnen, dass Dr. Schmerzhaft auf ihn losgehen würde. Ihn trifft kein Mitverschulden an der Entstehung des Schadens. Dr. Schmerzhaft ist zum Schadensersatz verpflichtet.

§ 254 Abs. 1 BGB betrifft die Fälle, in denen der Geschädigte die Entstehung des Schadens mitverursacht hat. Aber auch wenn er die Entstehung des Schadens nicht mitverursacht hat, kann die Ersatzpflicht des Schädigers eingeschränkt sein, wenn der Geschädigte es unterlassen hat, den Schädiger auf die Gefahr eines ungewöhnlich hohen Schadens aufmerksam zu machen oder wenn er es unterlassen hat, den Schaden abzuwenden oder zu mindern, § 254 Abs. 2 BGB. Wer von einem Schaden bedroht wird, muss also alles tun, um den Schaden abzuwenden oder zu verringern. Er muss den Schädiger gegebenenfalls warnen. Und wenn der Schaden erst einmal eingetreten ist, muss der Geschädigte den Schaden möglichst gering halten. So muss der Geschädigte sich z.B. ärztlich behandeln lassen. Wenn er so schwer verletzt ist, dass er an seinem bisherigen Arbeitsplatz nicht mehr arbeiten kann, dann muss er sich um eine neue Stelle bemühen, um seinen Verdienstausfall möglichst gering zu halten. Wenn der Geschädigte gegen diese Pflicht verstößt, dann ist die Schadensersatzpflicht des Schädigers ebenfalls je nach Umfang des Mitverschuldens herabzusetzen.

In unserem Beispiel ist Zahnlos also verpflichtet, sich ärztlich behandeln zu lassen. Wenn er das nicht tut, kann er nicht von Dr. Schmerzhaft den Ersatz des durch die Nichtbehandlung entstandenen Schadens und ein besonders hohes Schmerzensgeld dafür verlangen, dass er in Zukunft ohne Zähne unterwegs ist. Der Schadensersatzanspruch und das Schmerzensgeld sind zu reduzieren auf den Betrag, den Dr. Schmerzhaft bei einer durchgeführten zahnärztlichen Behandlung zahlen müsste.

Zusammenfassende Übersicht zu Art und Umfang des Schadensersatzes
gem. §§ 249 ff. BGB:

Grds. muss der Schädiger **Naturalrestitution** leisten, § 249 Abs. 1 BGB. Der Schädiger muss den früheren Zustand wiederherstellen. Ausnahmen:

§ 250 BGB: Schadensersatz in Geld nach Fristsetzung.

§ 249 Abs.2 BGB: Bei Verletzung einer Person oder Sachbeschädigung kann der für die Herstellung erforderliche Geldbetrag verlangt werden:

§ 251 BGB: Naturalrestitution ist **unmöglich** oder **unwirtschaftlich:** Reparaturkosten übersteigen den Wert der Sache **um mehr als 30 %.** Es ist nur der Wert der Sache vor dem Schaden zu ersetzen.

Entweder kann der **Reparaturaufwand und zusätzlich der Minderwert** verlangt werden.

Der Geschädigte kauft eine **gleichwertige Sache.** Der Restwert der beschädigten Sache wird vom Wiederbeschaffungswert abgezogen.

Ersatz in Geld für **immaterielle** Schäden kann grds. **nicht** verlangt werden, § 253 Abs. 1 BGB **Ausnahme:** besondere gesetzliche Bestimmung, z.B.: § 253 Abs. 2 BGB

19. Kapitel: Verjährung

Ansprüche haben wie Lebensmittel ein Haltbarkeitsdatum, nach dessen Ablauf sie »gammelig« werden und ihre Durchsetzungskraft verlieren.

Wer einen Anspruch gegen einen anderen hat, kann diesen nicht unbegrenzt geltend machen. Wenn der Gläubiger zu lange mit der Geltendmachung wartet, kann sein Anspruch verjähren. Das bedeutet, dass der Anspruch zwar nach wie vor besteht und auch vom Schuldner erfüllt werden kann, allerdings ist der Schuldner nach dem Eintritt der Verjährung berechtigt, die Leistung zu verweigern, § 214 BGB. Der Schuldner bekommt durch die Verjährung des Anspruches also eine sehr wirksame Einrede, die er dem Gläubiger entgegenhalten kann. Allerdings muss sich der Schuldner auf diese Einrede auch berufen. Wenn er nicht merkt, dass der Anspruch gegen ihn bereits verjährt ist und er den Anspruch erfüllt, dann hat er hinterher Pech gehabt: Er hat geleistet, obwohl er gar nicht musste, und er kann das Geleistete auch nicht zurückfordern, § 214 Abs. 2 S. 1 BGB. Wenn es um Verjährung geht, müssen also sowohl der Gläubiger als auch der Schuldner genau aufpassen: Der Gläubiger muss darauf achten, dass sein Anspruch nicht verjährt, weil er dann vom Schuldner nichts mehr bekommt. Und der Schuldner muss darauf achten, dass er nicht mehr leistet, wenn der Anspruch schon verjährt ist, weil er dann umsonst leisten würde.

Die Prüfung, ob ein Anspruch verjährt ist, erfolgt in drei Schritten:
1. Zunächst muss man feststellen, **welche Verjährungsfrist für den konkreten Anspruch gilt.**
2. Danach muss man prüfen, **wann diese Frist begonnen hat.**
3. Zuletzt muss man errechnen, **wann die Verjährungsfrist geendet** hat, wobei man berücksichtigen muss, ob die Frist zwischendurch **gehemmt war oder neu begonnen hat.**

Verjährungsfristen und ihr Beginn

Fall: Der Alt-Hippie Lothar Locke möchte sich von seiner Langhaarfrisur trennen und kauft sich deshalb am 31.03.2015 bei dem Elektrohändler Stromschlag eine Haarschneidemaschine für 100,– €. Er zahlt 20,– € an und will den Rest in monatlichen Raten à 20,– € abstottern. Er muss allerdings feststellen, dass die Maschine bereits nach zweiminütigem Gebrauch sehr heiß wird und ausgeht. Dies liegt nicht an der drahtigen Lockenpracht von Herrn Locke, sondern an einem Fehler bei der Herstellung des Gerätes. Locke unternimmt erst einmal nichts. Er zahlt allerdings auch keine weiteren Raten mehr. Am 29.04.2017 geht er wieder zu Herrn Stromschlag und verlangt, dass dieser ihm die Haarschneidemaschine repariert. Stromschlag weigert sich mit dem Hinweis, dass der Nachbesserungsanspruch von Locke bereits verjährt sei. Sein Anspruch auf den restlichen Kaufpreis sei hingegen noch nicht verjährt. Er fordert deshalb die noch ausstehenden 80,– € von Locke. Zu Recht?

Leider gibt es keine einheitliche Verjährungsfrist für alle Ansprüche. Verschiedene Ansprüche haben auch unterschiedliche Verjährungsfristen. Man sollte also zunächst immer prüfen, ob es für den Anspruch, um den es gerade geht, eine besondere Verjährungsfrist im BGB gibt. Nur wenn man keine besondere Verjährungsfrist findet, kann man auf die regelmäßige Verjährung gemäß § 195 BGB – drei Jahre – zurückgreifen. Hier einige Beispiele für besondere Verjährungsfristen:

1. **Verjährung der Gewährleistungsrechte im Kaufrecht gemäß § 438 BGB:** Für die Gewährleistungsansprüche, die dem Käufer einer Sache gegen den Verkäufer zustehen, gelten besondere Verjährungsfristen. Die wichtigsten Punkte sind:
   – Die Ansprüche wegen eines Mangels an einer **beweglichen Sache** verjähren in **zwei Jahren**. Die Verjährungsfrist beginnt mit der Ablieferung der Sache.
   – Bei dem **Kauf eines Bauwerkes** beträgt die Verjährungsfrist **fünf Jahre**. Sie beginnt mit der Übergabe des Grundstückes.

Im obigen Fall hat Stromschlag also Recht: Für den Anspruch von Locke auf Nachbesserung gilt eine zweijährige Verjährungsfrist gemäß § 438 BGB. Diese Frist hat mit der Ablieferung der Maschine am 31.03.2015 begonnen. Der Nachbesserungsanspruch ist daher am 30.04.2017 bereits verjährt. Beim Anspruch auf die Kaufpreiszahlung sieht es allerdings anders aus. Dieser fällt nicht unter § 438 BGB, der sich nur auf die Gewährleistungsrechte des Käufers bezieht. Daher findet § 195 BGB mit der regelmäßigen Verjährungsfrist Anwendung. Der Anspruch auf Kaufpreiszahlung wäre also noch nicht verjährt. Andererseits wäre es ungerecht, wenn Locke für eine unbrauchbare Maschine jetzt noch den vollen Kaufpreis zahlen müsste. Daher kann Locke gemäß § 438 Abs. 4 S. 2 BGB, obwohl er die Gewährleistungsrechte nicht mehr geltend machen kann, die Zahlung des Kaufpreises insoweit verweigern, als er aufgrund der ihm zustehenden Gewährleistungsrechte dazu berechtigt wäre. § 438 Abs. 4 S. 2 BGB spricht zwar nur vom Rücktritt, gilt aber auch für den Nachbesserungsanspruch.
Ergebnis also: Locke kann nicht Nachbesserung verlangen, aber Stromschlag auch nicht den Kaufpreis.

2. **Verjährung der Gewährleistungsrechte im Werkvertragsrecht gemäß § 634 a Abs. 1 Nr. 1 BGB:** Die Gewährleistungsrechte bei einem Werkvertrag verjähren gemäß § 634 a Abs. 1 BGB in **zwei Jahren** ab der Abnahme des Werkes und bei Arbeiten an einem Bauwerk innerhalb von **5 Jahren** ab der Abnahme.
3. **§ 196 BGB: Ansprüche auf Übertragung des Eigentums an einen Grundstück sowie auf die Gegenleistung für die Übertragung verjähren in zehn Jahren.** Auch Ansprüche auf Verfügungen über ein Recht an einem Grundstück verjähren in zehn Jahren. Der Beginn der Verjährungsfrist richtet sich nach § 200 BGB: Die Frist beginnt mit der Entstehung des Anspruches.
4. **§ 197 BGB:** Dies ist die längste Verjährungsfrist, die das BGB kennt: In dreißig Jahren verjähren:
   – Herausgabeansprüche aus Eigentum.
   – Rechtskräftig festgestellte Ansprüche, allerdings nicht die Ansprüche auf künftig fällig werdende regelmäßig wiederkehrende Leistungen, § 197 Abs. 2 BGB.
   – Ansprüche aus vollstreckbaren Vergleichen oder vollstreckbaren Urkunden.
   – Ansprüche, die im Insolvenzverfahren festgestellt wurden.
   Auch diese Verjährungsfrist beginnt gemäß § 200 mit der Entstehung des Anspruches.

5. **Die regelmäßige Verjährungsfrist gemäß § 195 BGB**
Fall: Am Silvesterabend 2012 macht Stefan Schussel gegen 21.00 Uhr einen Spaziergang. Dabei wird er von Siggi Suff, der zur Vorbereitung auf die Silvesternacht schon tüchtig dem Alkohol zugesprochen hat, mit dem Auto angefahren. Suff macht sich schnell aus dem Staub, um nicht bei der Polizei

unangenehm aufzufallen. Schussel bleibt mit einem gebrochenen Bein zurück. Erst am 03.01.2013 kann Suff als Täter ermittelt werden. Schussel möchte gerne Schadensersatzansprüche geltend machen. Allerdings wartet er damit ziemlich lange: Er geht erst am 03.01.2017 zu einem Rechtsanwalt und beauftragt diesen mit der Geltendmachung der Ansprüche. Suff, inzwischen Antialkoholiker und braver Familienvater, ist der Meinung, dass er nach so langer Zeit nichts mehr zahlen muss. Hat er recht?

Wenn man zu einem Anspruch im BGB keine besondere Verjährungsfrist findet, kann man auf die sogenannte **regelmäßige Verjährungsfrist** zurückgreifen. Diese gilt immer dann, wenn nicht durch Gesetz oder Rechtsgeschäft eine kürzere oder längere Verjährungsfrist vorgeschrieben ist. **Die regelmäßige Verjährungsfrist beträgt drei Jahre, § 195 BGB.**

Im Fall hat Schussel gegen Suff einen Anspruch aus § 823 Abs. 1 BGB. Im Deliktsrecht gibt es keine besonderen Regelungen über die Verjährung. Also gilt die Regelverjährung gemäß § 195 BGB.

a) Der Beginn der regelmäßigen Verjährung

Der Beginn der regelmäßigen Verjährungsfrist richtet sich nach § 199 BGB: Die Frist beginnt mit dem Schluss des Jahres, in dem der Anspruch entstanden ist **und** der Gläubiger von den den Anspruch begründenden Umständen und der Person des Schuldners Kenntnis erlangt oder ohne grobe Fahrlässigkeit erlangen müsste. Es kommt also nicht nur auf die Entstehung des Anspruches an. Der Gläubiger muss auch noch Kenntnis von dem Anspruch und der Person des Schuldners haben. Erst am Ende des Jahres, in dem der Gläubiger von all diesen Umständen Kenntnis erlangt hat, beginnt die Verjährung zu laufen.

In unserem Beispiel beginnt die regelmäßige Verjährung daher nicht am 31.12.2012. Im Jahr 2012 ist der Anspruch zwar entstanden, Schussel hat aber noch keine Kenntnis von der Person des Schuldners. Diese Kenntnis hat er erst am 03.01.2013. Also hat er erst im Jahre 2013 die Kenntnis von den den Anspruch begründenden Umständen und der Person des Schuldners. Daher beginnt die Verjährungsfrist erst am Schluss des Jahres 2013 (31.12. um 0.00 Uhr) zu laufen. Die Verjährungsfrist endet danach am 31.12.2016. Wenn Schussel erst danach zum Anwalt geht, ist sein Schadensersatzanspruch also schon verjährt.

b) Höchstfristen

Wie wäre es im Beispiel von Herrn Schussel, wenn Herr Suff erst am 03.01.2037 als Täter ermittelt worden wäre (die Mühlen der Justiz mahlen eben langsam ...)?

Dadurch, dass es für den Beginn der Verjährung auf die Kenntnis des Gläubigers ankommt, könnte es natürlich passieren, dass der Schuldner endlos haftet.

In unserem Fall würde die Verjährungsfrist erst am 31.12.2037 beginnen und drei Jahre später, am 31.12.2040 enden!

Um zu verhindern, dass der Schuldner bis in alle Ewigkeiten haftet, enthält § 199 BGB Höchstfristen, nach deren Ablauf der Anspruch verjährt ist, auch wenn der Gläubiger bis zu diesem Zeitpunkt keine Kenntnis von der Person des Schuldners und den den Anspruch begründenden Umständen hat.

Danach verjähren unabhängig von der Kenntnis des Gläubigers:
– **Schadensersatzansprüche für die Verletzung des Lebens, des Körpers, der Gesundheit oder der Freiheit** in dreißig Jahren von der Verletzungshandlung an, § 199 Abs. 2 BGB.

In unserem Fall verjährt der Schadensersatzanspruch für die Körperverletzung in 30 Jahren ab dem Unfall, also am 31.12.2042. Auch wenn Schussel erst danach von der Person des Schuldners Kenntnis erlangt, ist sein Anspruch inzwischen verjährt.

– **Alle anderen Schadensersatzansprüche** verjähren gemäß § 199 Abs. 3 BGB in zehn Jahren ab der Entstehung, § 199 Abs. 3 Nr. 1 BGB. Wenn der Schadensersatzanspruch erst nach Ablauf dieser zehn Jahre entsteht, weil erst dann ein Schaden eintritt, verjährt der Schadensersatzanspruch spätestens in dreißig Jahren von der Verletzungshandlung an, § 199 Abs. 3 Nr. 2 BGB.
– **Alle sonstigen Ansprüche**, also alle Ansprüche, die keine Schadensersatzansprüche sind, verjähren in zehn Jahren von ihrer Entstehung an.

6. Möglichkeiten des Gläubigers, den Eintritt der Verjährung zu verhindern

Der Gläubiger kann verhindern, dass die Verjährungsfrist abläuft, ohne dass der Schuldner geleistet hat. Wenn der Gläubiger sich darum bemüht, seinen Anspruch durchzusetzen, wäre es ungerecht, wenn der Schuldner sich einfach dadurch, dass er abwartet und den Gläubiger immer wieder hinhält, bis zum Eintritt der Verjährung retten könnte. Der Gläubiger kann erreichen, dass die Verjährungsfrist **gehemmt** wird oder **noch einmal ganz neu beginnt**.

a) Hemmung der Verjährung, §§ 203; 204 BGB

Zurück zu unserem Fall: Suff ist am 03.01.2013 als Täter ermittelt worden. Schussel sucht am 15.12.2016 einen Rechtsanwalt auf, welcher am 20.12.2016 gegen Suff Klage erhebt. Im Verfahren, welches bis zum 31.03.2018 andauert, beruft sich Suff auf Verjährung. Wird das Gericht die Klage wegen Verjährung des Schadensersatzanspruches abweisen?

Eine Hemmung der Verjährung bedeutet, dass der Zeitraum, während dessen die Verjährung gehemmt ist, nicht in die Verjährungsfrist eingerechnet wird. Die Verjährungsfrist läuft also bis zu einem bestimmten Zeitpunkt und wird dann durch ein Ereignis gemäß § 203 oder § 204 BGB gehemmt. Wenn die Hemmung aufhört, dann läuft die restliche Verjährungsfrist weiter.

Beispiel bei Lauf der regelmäßigen Verjährungsfrist:
Beginn: 31.12.2013 → 2014 → 2015 → Ende: 31.12. 2016
Hemmung vom 20.12.2016 bis 31.03.2018 (beachte § 204 Abs. 2!):
Beginn: 31.12.2013 → 2014 → 2015 → 20.12.2016 → 30.09.2018 → 11.10.2018

Eine Hemmung der Verjährung kann der Gläubiger erreichen durch:
– **Verhandlungen mit dem Schuldner über den Anspruch, § 203 BGB.** Die Hemmung endet, wenn einer der Beteiligten die Fortsetzung der Verhandlungen verweigert. Danach läuft die noch verbleibende Verjährungsfrist weiter. Nach dem Ende der Verhandlungen müssen aber noch mindestens drei Monate der Verjährungsfrist übrig sein, sonst greift § 203 S. 2 BGB ein: Die Verjährung tritt frühestens drei Monate nach dem Ende der Hemmung ein. Der Gläubiger soll auf diese Weise noch eine Überlegungsfrist bekommen, wenn der Schuldner die Verhandlungen überraschend abbricht und nur noch wenige Tage der Verjährungsfrist übrig sind.

– **Rechtsverfolgung, § 204 BGB**. In § 204 BGB sind verschiedenen Möglichkeiten der gerichtlichen oder behördlichen Geltendmachung aufgezählt. Während der hier genannten Verfahren ist die Verjährung gehemmt. Die Hemmung endet gemäß § 204 Abs. 2 BGB sechs Monate nach der rechtskräftigen Entscheidung oder anderweitigen Beendigung des Verfahrens. Danach läuft die restliche Verjährungsfrist weiter.

In unserem Fall hat der Rechtsanwalt von Schussel den Lauf der Verjährungsfrist durch die Erhebung der Klage gehemmt, § 204 Abs. 1 Nr. 1 BGB. Suff kann sich also nicht auf Verjährung berufen. Die Hemmung endet gemäß § 204 Abs. 2 sechs Monate nach dem Ende des Verfahrens, also am 30.09.2018. Nach dem Ende der Hemmung läuft die noch fehlende Verjährungsfrist, die bei Eintritt der Hemmung noch übrig war, weiter. Elf Tage waren noch offen, also verjähren die Ansprüche endgültig am 11.10.2018.
Wenn das Gericht Schussel den Schadensersatz zuspricht, kann er aus diesem Urteil übrigens 30 Jahre lang vorgehen, § 197 Nr. 3 BGB.

b) Neubeginn der Verjährung, § 212

Nur ausnahmsweise kann der Gläubiger gemäß § 212 BGB den Neubeginn der Verjährungsfrist erreichen. Die Verjährungsfrist beginnt dann ab dem Ereignis gemäß § 212 Abs. 1 BGB noch einmal ganz von vorne zu laufen.

Den Neubeginn der Verjährungsfrist sieht das BGB nur in zwei Fällen vor:
– **der Schuldner erkennt** gegenüber dem Gläubiger den Anspruch durch Abschlagszahlung, Zinszahlung, Sicherheitsleistung oder in anderer Weise **an**.
– **Eine gerichtliche oder behördliche Vollstreckungshandlung** wird vorgenommen oder beantragt.

Beispiel bei regelmäßiger Verjährung:
Beginn: 31.12.2015 → 2016 → 2017 → 31.12.2018

Neubeginn am 01.05.2017:
Beginn: 31.12.2015 → 2016 → 01.05.2017 → 01.05.2018 → 01.05.2019 → 01.05.2020

20. Kapitel: Sachenrecht

Im dritten Buch des BGB ist das Sachenrecht geregelt. Was genau eine »Sache« ist, steht in § 90 BGB: ein körperlicher Gegenstand. Im Sachenrecht geht es um die rechtlichen Beziehungen einer Person zu einer Sache.
Die beiden wichtigsten Rechtsbeziehungen, die man zu einer Sache haben kann, sind der **Besitz** und das **Eigentum**.

– Wenn man sagt: »Die Sache gehört einer Person«, dann meint man damit, dass diese Person **Eigentümer** der Sache ist. Das Eigentum ist das umfassendste Herrschaftsrecht, das eine Person über eine Sache haben kann. Der Eigentümer darf mit der Sache nach Belieben verfahren, soweit nicht das Gesetz oder Rechte Dritter entgegenstehen, § 903 BGB.
– **Besitz** ist anders als das Eigentum nur die tatsächliche Herrschaft über die Sache. Derjenige, der die Sache in den Händen hält, ist der Besitzer der Sache, auch wenn sie einer anderen Person gehört. Beispiel: der Mieter einer Wohnung ist Besitzer der Wohnung. Eigentümer der Wohnung ist ein anderer, nämlich meist der Vermieter. In diesem Fall wird noch weiter differenziert: Der Mieter ist der **unmittelbare Besitzer** und der Vermieter ist gemäß § 868 BGB der **mittelbare Besitzer**, weil er den Besitz vom Mieter durch den Mietvertrag vermittelt bekommt.

Zunächst soll es um die Frage gehen, wie man Eigentümer einer Sache werden kann. Dabei muss man unterscheiden, ob es sich um eine **bewegliche Sache** oder eine **unbewegliche Sache, also ein Grundstück** handelt. Für den Eigentumserwerb bei einer beweglichen Sache gelten andere Regeln als für den Eigentumserwerb bei einem Grundstück. Los geht es mit dem Eigentumserwerb bei beweglichen Sachen:

I. Erwerb und Verlust des Eigentums bei beweglichen Sachen

1. Rechtsgeschäftlicher Eigentumserwerb gem. §§ 929 ff. BGB

Man kann grob zwei Möglichkeiten des Eigentumserwerbs unterscheiden: Meistens wird das Eigentum an einer Sache **durch** ein entsprechendes **Rechtsgeschäft** – die Übereignung – von einer Person auf eine andere Person übertragen. Wie dieses Rechtsgeschäft ablaufen muss, ist in den §§ 929 ff. geregelt. Voraussetzung ist immer, dass sich der Eigentümer und der Erwerber darüber einig sind, dass das Eigentum auf den Erwerber übergehen soll.
Es gibt aber auch die Möglichkeit, das Eigentum an einer Sache ohne ein Rechtsgeschäft zu erwerben. Man kann das Eigentum an einer Sache auch aufgrund einer gesetzlichen Vorschrift erwerben. Man spricht dann vom **Eigentumserwerb durch Gesetz** (dazu unten 3.).
Zunächst soll es um den Normalfall gehen, den Eigentumserwerb durch Rechtsgeschäft.

Am besten lesen Sie jetzt noch einmal das sechste Kapitel und erinnern sich an die Unterscheidung zwischen Verpflichtungs- und Verfügungsgeschäft. Durch das Verpflichtungsgeschäft, z.B. einen Kaufvertrag, wird man noch nicht Eigentümer einer Sache. Dafür ist das Verfügungsgeschäft erforderlich. Erst durch das Verfügungsgeschäft wird das Eigentum von einer Person auf eine andere Person übertragen.

a) Übereignung nach § 929 S. 1 BGB
Die Grundform der Übereignung einer beweglichen Sache ist in § 929 S. 1 BGB geregelt: »Zur Übertragung des Eigentums an einer beweglichen Sache ist erforderlich, dass der Eigentümer die Sache dem Erwerber übergibt und beide darüber einig sind, dass das Eigentum übergehen soll.« Man braucht also die **Einigung** über den Eigentumsübergang und die Übergabe der Sache. Die Einigung ist dabei nichts anderes als ein Vertrag, also zwei übereinstimmende, mit Bezug aufeinander abgegebene Willenserklärungen.

Übereignung nach § 929 S. 1 BGB:
1. Einigung

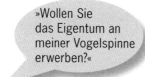

2. Übergabe: »Bitte schön!«

b) Übereignung nach § 929 S. 2 BGB
Wenn derjenige, der das Eigentum an der Sache erwerben will, schon Besitzer der Sache ist, kann man sich die Übergabe sparen. Es wäre albern, wenn der Besitzer die Sache dem Eigentümer erst noch einmal geben müsste, damit dieser sie ihm dann übergeben kann. In diesem Fall reicht die Einigung über den Eigentumsübergang aus, § 929 S. 2 BGB.

Übereignung nach § 929 S. 2 BGB: Einigung

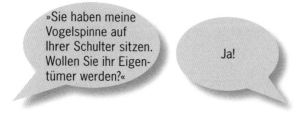

c) Übereignung nach §§ 929; 930 BGB

Manchmal möchte der Eigentümer zwar das Eigentum an der Sache übertragen, aber weiterhin Besitzer der Sache bleiben. Das ist nach § 930 BGB möglich: Statt der Übergabe an den Erwerber wird zwischen dem Eigentümer und dem Erwerber ein sogenanntes **Besitzmittlungsverhältnis** begründet. In den Fällen, in denen jemand eine Sache aufgrund eines Leihvertrages, Pachtvertrages, Mietvertrages, Pfandrechtes oder eines ähnlichen Rechtsverhältnisses besitzt, ist auch der Eigentümer Besitzer der Sache, § 868 BGB: Der Eigentümer ist **mittelbarer Besitzer** der Sache. Derjenige, der die Sache hat, ist **unmittelbarer Besitzer** und vermittelt den Besitz an den mittelbaren Besitzer. Das Rechtsverhältnis zwischen beiden heißt Besitzmittlungsverhältnis.

Übereignung nach §§ 929; 930 BGB:

1. Einigung

2. Begründung eines Besitzmittlungsverhältnisses (hier: Abschluss eines Leihvertrages)

d) Übereignung nach §§ 929; 931 BGB

Zuletzt kann es auch sein, dass weder der Eigentümer noch der Erwerber Besitzer der Sache sind, sondern ein Dritter. In diesen Fällen kann die Übergabe dadurch ersetzt werden, dass der Eigentümer dem Erwerber den Anspruch auf Herausgabe der Sache abtritt, § 931 BGB. § 931 BGB meint nicht den Herausgabeanspruch aus § 985 BGB, weil dieser nicht abgetreten werden kann, sondern immer nur dem Eigentümer zusteht (s.o.). Es geht um die Abtretung des Herausgabeanspruches, den der Eigentümer gegen den besitzenden Dritten aufgrund eines Besitzmittlungsverhältnisses oder aus unerlaubter Handlung hat.

(Zur Erinnerung: Wenn jemand einem anderen eine Sache weggenommen hat, dann ist der Schadensersatzanspruch auf Rückgabe der Sache gerichtet, weil ja zunächst Naturalrestitution geschuldet wird.)

Übereignung nach §§ 929; 931 BGB:

1. Einigung

2. Abtretung des Herausgabeanspruches gemäß § 398 BGB

2. Der gutgläubige Erwerb vom Nichtberechtigten

Fall: Der städtische Zoo der Stadt Schnurpseldingen will die Ziegenherde auf der Streichelwiese vergrößern und einen weiteren Ziegenbock anschaffen. Der Bürgermeister Bert Brummelig nimmt die Sache selbst in die Hand und wendet sich an seinen Freund Schummel, von dem er weiß, dass er Ziegen züchtet. Schummel bietet der Stadt einen stattlichen Ziegenbock an und man wird schnell handelseinig. Der Ziegenbock zieht in den städtischen Zoo um. Nach einiger Zeit stürmt der wutschnaubende Peter Pechvogel in das Amtszimmer des Bürgermeisters: Der Ziegenbock habe ihm gehört. Er habe ihn nur für die Dauer seine Weltreise bei seinem Freund Schummel untergestellt und wolle ihn jetzt auf jeden Fall wiederhaben. Ist die Stadt Schnurpseldingen Eigentümerin des Ziegenbocks geworden?

Eine Eigentumsübertragung nach den eben geschilderten Regeln funktioniert natürlich nur, wenn derjenige, der das Eigentum überträgt, auch tatsächlich Eigentümer der Sache ist. Wem die Sache nicht gehört, der soll auch nicht das Eigentum an ihr übertragen können. Von diesem Grundsatz gibt es zwei Ausnahmen:

1. Die erste Ausnahme steht in § 185 BGB: Wenn der Eigentümer damit einverstanden ist, dass ein Nichteigentümer das Eigentum an seiner Sache auf einen anderen überträgt, kann er dem Nichtberechtigten seine Zustimmung gemäß § 185 BGB erteilen. Dann kann der Nichtberechtigte die Sache wirksam an einen anderen übereignen, auch wenn er selbst nicht Eigentümer ist.

In unserem Fall kommen wir mit § 185 BGB nicht weiter. Pechvogel hatte weder vor noch nach der Übereignung die Zustimmung erteilt.

2. Schwieriger wird es bei der zweiten Ausnahme: Auch ohne die Zustimmung des Eigentümers kann ein anderer das Eigentum an einer Sache von einem Nichteigentümer erwerben, wenn

der Erwerber davon ausgeht, dass der Nichtberechtigte Eigentümer der Sache ist und die Sache dem Eigentümer nicht abhanden gekommen ist. Der Eigentümer verliert dann sein Eigentum, auch wenn er das gar nicht will. Man spricht in diesen Fällen von **gutgläubigem Erwerb**. Geregelt ist er in den §§ 932 ff. BGB. Zu jedem der oben dargestellten Erwerbstatbestände nach §§ 929–931 BGB findet sich in den §§ 932–934 BGB eine Vorschrift, wie das Eigentum gutgläubig erworben werden kann. Der gutgläubige Erwerb nach den §§ 932–934 BGB erfordert somit, dass die Voraussetzungen des entsprechenden Erwerbstatbestandes nach §§ 929–931 BGB mit Ausnahme der Berechtigung vorliegen und stellt zusätzliche Voraussetzungen auf.

Im Falle einer Übereignung nach § 929 S. 1 BGB hat der gutgläubige Erwerb gemäß § 929 S. 1; § 932 Abs. 1 S. 1 BGB folgende Voraussetzungen:

1. Einigung über den Eigentumsübergang
2. Übergabe

Diese beiden Voraussetzungen liegen in unserem Fall vor. Schummel hat der Stadt den Bock übergeben, und beide waren sich darüber einig, dass das Eigentum an dem Ziegenbock auf die Stadt übergehen sollte.

3. Fehlende Berechtigung bzw. fehlende Zustimmung gemäß § 185 BGB.

Auch diese Voraussetzung liegt vor: Schummel war nicht Eigentümer des Ziegenbockes. Der Bock war nur vom Eigentümer Pechvogel bei Schummel untergestellt worden, damit dieser ihn während seiner Abwesenheit versorgen konnte. Er hat keine Zustimmung zur Veräußerung erteilt, s.o.

4. Guter Glaube gemäß § 932 Abs. 1 S. 1, Abs. 2 BGB: Der Erwerber muss glauben, dass der Veräußerer Eigentümer der Sache ist. Wenn er weiß oder hätte wissen können, dass der Veräußerer nicht Eigentümer der Sache ist, dann kann er das Eigentum nicht gutgläubig erwerben.

In unserem Fall ging die Stadt bzw. der sie vertretende Bürgermeister davon aus, dass der Bock dem Schummel gehörte. Es gab keine Anhaltspunkte dafür, dass ein anderer Eigentümer des Ziegenbocks ist. Das wäre nur dann der Fall gewesen, wenn die Ziege ein Schild um den Hals getragen hätte oder eine Ohrmarke, auf der der Name des Eigentümers steht.

5. Ein gutgläubiger Erwerb ist ausgeschlossen, wenn die Sache dem Eigentümer abhanden gekommen ist, § 935 BGB. Mit dieser Vorschrift will das BGB den Eigentümer schützen, der durch einen gutgläubigen Erwerb sein Eigentum an den Erwerber verliert. Daher soll ein gutgläubiger Erwerb nur dann möglich sein, wenn der Eigentümer die Sache freiwillig an den späteren Veräußerer herausgegeben hat. Dann musste er mit der Möglichkeit rechnen, dass derjenige, dem er die Sache gibt, sich als Eigentümer ausgibt und die Sache weiterreicht. Wenn der Eigentümer den Besitz an der Sache gegen seinen Willen oder auch nur ohne sein Wissen verloren hat, kann ein gutgläubiger Erwerb nicht stattfinden. So ist bei gestohlenen Sachen ein gutgläubiger Erwerb von vornherein ausgeschlossen.

Auch diese letzte Voraussetzung ist in unserem Fall erfüllt: Der Ziegenbock ist Pechvogel nicht abhanden gekommen. Er hatte den Bock freiwillig zu Schummel gegeben. Schummel ist damit unmittelbarer Besitzer geworden und Pechvogel mittelbarer Besitzer. Gemäß § 935 Abs. 1 S. 2 BGB ist bei mittelbarem Besitz des Eigentümers diesem die Sache nur dann abhanden gekommen, wenn der unmittelbare Besitzer (in unserem Fall Schummel) den Besitz unfreiwillig verloren hat. Das wäre nur dann der Fall, wenn die Ziege Schummel gestohlen worden wäre oder weggelaufen wäre. Hier hat Schummel den Besitz freiwillig an die Stadt übertragen. Also liegen alle Voraussetzungen für einen gutgläubigen Erwerb gemäß §§ 929 S. 1; 932 BGB vor. Die Stadt ist Eigentümerin der Ziege geworden und muss sie nicht gemäß § 985 BGB an Pechvogel herausgeben. Pechvogel hat sein Eigentum an der Ziege verloren.

Übersicht zum rechtsgeschäftlichen Eigentumserwerb bei beweglichen Sachen:

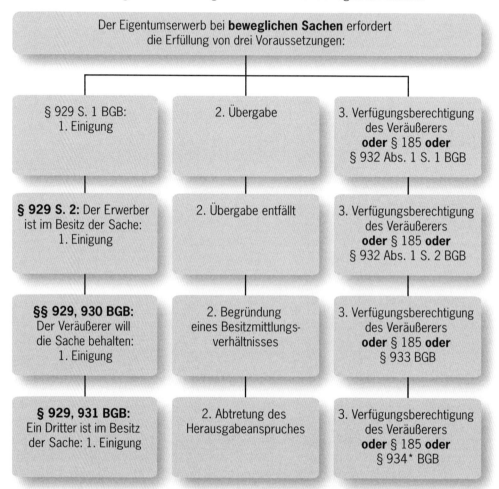

* bei mittelbarem Besitz: Mit Abtretung des Herausgabeanspruches wird der Erwerber Eigentümer. Wenn der Veräußerer nicht mittelbarer Besitzer ist, wird der Erwerber Eigentümer, sobald der Dritte die Sache an den Erwerber herausgegeben hat.

3. Eigentumserwerb durch Gesetz

Neben dem rechtsgeschäftlichen Eigentumserwerb, bei dem das Eigentum an einer Sache durch eine entsprechende Einigung von einer Person auf eine andere Person übertragen wird, kennt das BGB mehrere Möglichkeiten, wie man auch **ohne Rechtsgeschäft** das Eigentum an einer

Sache erwerben kann. Die wichtigsten gesetzlichen Vorschriften werden hier im Überblick gezeigt:

a) Verbindung, § 946 und § 947 BGB

Man kann eine bewegliche Sache so fest mit einem Grundstück oder einer anderen beweglichen Sache verbinden, dass die Sache wesentlicher Bestandteil des Grundstückes oder einer einheitlichen beweglichen Sache wird. Was »wesentlicher Bestandteil« bedeutet, ist in § 93 und § 94 geregelt: Danach sind Bestandteile einer Sache, die voneinander nicht getrennt werden können, ohne dass der eine oder der andere zerstört oder in seinem Wesen verändert wird, wesentliche Bestandteile. Weiter bestimmt § 93 BGB, dass wesentliche Bestandteile nicht Gegenstand besonderer Rechte sein können. § 946 und § 947 BGB ziehen daraus die Konsequenz: § 946 BGB ordnet für die Verbindung einer beweglichen Sache mit einem Grundstück an, dass der Grundstückseigentümer auch das Eigentum an allen Sachen erwirbt, die mit dem Grundstück als wesentliche Bestandteile verbunden werden.

Beispiel: Wenn ein Handwerker eine Heizungsanlage in einen Neubau einbaut, wird die Heizungsanlage nach § 94 Abs. 2 BGB wesentlicher Bestandteil des Hauses und steht damit im Eigentum des Hauseigentümers.

Wenn **bewegliche** Sachen zu wesentlichen Bestandteilen einer Gesamtsache verbunden werden, werden nach § 947 Abs. 1 BGB die bisherigen Eigentümer der Einzelsachen Miteigentümer an der neu gebildeten Gesamtsache. Ist eine der Sachen als Hauptsache anzusehen, wird der Eigentümer der Hauptsache nach § 947 Abs. 2 BGB Alleineigentümer der zusammengesetzten Sache. Wann eine Sache Hauptsache ist, entscheidet die Verkehrsauffassung. Entscheidend ist, dass die Hauptsache wichtiger im Verhältnis zur zugefügten Sache ist und auch ohne die zugefügte Sache zu gebrauchen ist.

Beispiel: Schneider S näht Knöpfe des Großhändlers G an die von ihm genähte Jacke. Damit werden die Knöpfe wesentlicher Bestandteil der Jacke. Und weil man die Jacke im Verhältnis zu den Knöpfen als Hauptsache ansehen kann, erwirbt S das Eigentum an den Knöpfen.

b) Vermischung, § 948 BGB

Werden bewegliche Sachen (z.B. Getreide oder Flüssigkeiten) miteinander vermischt, sodass sie nicht oder nur mit unverhältnismäßigen Kosten getrennt werden können, werden die bisherigen Eigentümer zu Miteigentümern an der Gesamtmenge im Verhältnis ihrer jeweiligen Anteile, § 948 i.V.m. § 947 BGB.

c) Verarbeitung, § 950 BGB

Wer aus einer oder mehreren beweglichen Sachen eine neue Sache herstellt, erwirbt das Eigentum an der hergestellten Sache. Allerdings geht das nur, wenn der Wert der eigentlichen Verarbeitungsleistung nicht sehr viel geringer ist, als der Wert der verarbeiteten Sache. Man kann also nicht das Eigentum an einem 500-Euro-Schein dadurch erwerben, dass man ein Strichmännchen darauf malt und den Geldschein so zu einem Gemälde »verarbeitet«. Als Faustregel gilt: Wenn der Wert der Verarbeitung 40 % unter dem Wert der verarbeiteten Sache liegt, greift § 950 BGB nicht ein. Nur ein großer Künstler, der ein Gemälde auf den 500-Euro-Schein malt, schafft es, das Eigentum an dem Geldschein gem. § 950 BGB zu erwerben, wenn das Gemälde jetzt für mehr als 700,– € gehandelt wird.

Verbindung, Vermischung und Verarbeitung greifen auch dann ein, wenn derjenige, der das Eigentum erwirbt, genau weiß, dass z.B. die verarbeiteten Sachen nicht ihm gehören. Wer also Wolle stiehlt und zu einem Pullover verstrickt, wird Eigentümer des Pullovers, auch wenn ihm klar ist, dass die Wolle nicht ihm gehört.

Die §§ 946–950 BGB sind für sich gesehen nur für den erfreulich, der das Eigentum an der Sache erlangt. Oft gibt es aber auch jemanden, der das Eigentum an einer Sache verliert, weil ein anderer die Sache z.B. verarbeitet oder mit einer Hauptsache verbindet. Damit der frühere Eigentümer dann nicht leer ausgeht, gibt es § 951 BGB: Nach dieser Vorschrift kann derjenige, der sein Eigentum verliert, eine Vergütung in Geld fordern. Im eben geschilderten Geldschein-Beispiel müsste also der Künstler an den früheren Eigentümer des Geldscheins 500,– € zahlen.

d) Aneignung, § 958 BGB

Das Eigentum an einer Sache kann man auch durch Aneignung erwerben, allerdings wird das nur selten möglich sein: Man kann sich nämlich nur solche Sachen aneignen, die herrenlos sind. Herrenlos bedeutet, dass kein anderer Eigentümer der Sache ist, z.B. weil noch nie Eigentum an der Sache bestanden hat oder weil der frühere Eigentümer das Eigentum aufgegeben hat. Und so etwas kommt nicht allzu häufig vor.

e) Eigentumserwerb des Finders, § 973 BGB

Die letzte wichtige Vorschrift, die zu einem gesetzlichen Eigentumserwerb führt, findet sich bei den Vorschriften über den Fund. In den §§ 965 ff. ist geregelt, wie man sich zu verhalten hat, wenn man irgendwo eine Sache findet. Diese Vorschriften enthalten zahlreiche Verpflichtungen für den Finder: Er muss die Sache aufbewahren (§ 966 BGB) und den Fund entweder beim Eigentümer oder der zuständigen Behörde anzeigen (§ 965 BGB). Diese Anzeigepflicht entfällt nur dann, wenn die Sache weniger als zehn Euro wert ist. Wenn nun der Eigentümer sich nicht innerhalb von sechs Monaten nach der Anzeige des Fundes meldet, wird der Finder Eigentümer, § 973 BGB.

II. Erwerb des Eigentums bei unbeweglichen Sachen, Auflassung und Eintragung, §§ 873; 925 BGB

Wenn das Eigentum an einem Grundstück übertragen werden soll, geht das nicht so einfach wie bei beweglichen Sachen. Es geht schon damit los, dass der der Übereignung zugrunde liegende Kaufvertrag gemäß § 311 b Abs. 1 S. 1 BGB notariell beurkundet werden muss, s.o. 8. Kapitel. Die Übereignung erfolgt dann vom Prinzip her genau wie die Übereignung einer beweglichen Sache: Erforderlich ist zunächst gemäß § 873 BGB eine Einigung zwischen dem Veräußerer und dem Erwerber über den Eigentumsübergang. In diesem Punkt erfolgt die Übereignung also wie bei einer beweglichen Sache. Diese Einigung über den Eigentumswechsel heißt **Auflassung**. Und nun kommt die erste Besonderheit gegenüber der Übereignung einer beweglichen Sache: Gemäß § 925 BGB muss die Auflassung bei gleichzeitiger Anwesenheit beider Teile vor einer zuständigen Stelle erklärt werden. Mit »zuständiger Stelle« ist in erster Linie ein Notar gemeint. Die Parteien müssen also sowohl für das Verpflichtungsgeschäft wegen § 311 b BGB als auch für das Verfügungsgeschäft wegen § 925 BGB zu einem Notar. Aus diesem Grund werden das Verpflichtungsgeschäft und die Auflassung meist in einer Urkunde gleichzeitig beurkundet. Dadurch spart man sich den zweiten Gang zum Notar.

Bei der Übereignung einer beweglichen Sache ist außer der Einigung auch die Übergabe der Sache erforderlich. Bei Grundstücken tritt an die Stelle der Übergabe die **Eintragung der Rechtsänderung im Grundbuch**. Erst mit der Eintragung geht das Eigentum auf den Erwerber über. Die Eintragung der Rechtsänderung erfolgt auf einen Antrag der beiden Beteiligten hin. Zudem muss der Eigentümer, der sein Eigentum überträgt, die Eintragung der Rechtsänderung bewilligen.

III. Das Grundbuch

Das Grundbuch ist ein Verzeichnis der Grundstücke in einem bestimmten Bezirk. Es wird bei dem jeweiligen für diesen Bezirk zuständigen Amtsgericht geführt. Für jedes Grundstück gibt es ein **Grundbuchblatt**. Dieses Grundbuchblatt ist aufgegliedert in ein **Bestandsverzeichnis** und drei **Abteilungen**.

– Das **Bestandsverzeichnis** gibt Auskunft über die laufende Nummer des Grundstücks im Grundbuch, die genaue Lage, Größe und ob das Grundstück bebaut ist oder nicht.
– In **Abteilung I** steht, wer Eigentümer des Grundstückes ist und welches der Erwerbsgrund für das Eigentum ist (z.B. Kaufvertrag, Erbschaft etc.).

In Abteilung II und III stehen die Lasten und Beschränkungen, die auf dem Grundstück ruhen:
– In **Abteilung III** stehen die sogenannten Grundpfandrechte: Hypotheken, Grundschulden und Rechtenschulden. Die Grundpfandrechte sind, wie der Name schon sagt, Pfandrechte an einem Grundstück. Der Berechtigte hat gegen den Eigentümer des Grundstückes eine Geldforderung. Wenn der Eigentümer diese Forderung nicht bezahlt, dann kann der Berechtigte das Grundstück zwangsversteigern und auf diesem Wege sein Geld bekommen.
– In **Abteilung II** finden sich alle übrigen Lasten und Beschränkungen: z.B. ein Nießbrauch, eine Grunddienstbarkeit oder eine beschränkte persönliche Dienstbarkeit:
  a) Ein Nießbrauch gibt dem Berechtigten das Recht, die Nutzungen (§ 100 BGB) des Grundstückes zu ziehen, § 1030 BGB.
  b) Bei einer Grunddienstbarkeit ist der Eigentümer eines anderen Grundstückes berechtigt, das belastete Grundstück in einzelnen Beziehungen zu benutzen, § 1018 BGB. Beispiel: Wegerecht
  c) Bei einer beschränkten persönlichen Dienstbarkeit darf derjenige, zu dessen Gunsten die Belastung erfolgt, das Grundstück in einzelnen Beziehungen nutzen, § 1090 BGB. Anders als bei einer Grunddienstbarkeit erfolgt die Beschränkung nicht zugunsten des jeweiligen Eigentümers eines anderen Grundstückes, sondern zugunsten einer bestimmten Person.

Alles, was im Grundbuch steht, gilt als richtig. Wer ein Grundstück erwirbt, darf also davon ausgehen, dass der Veräußerer auch Eigentümer ist, wenn er als Eigentümer im Grundbuch steht. Das gilt so lange, bis ein Widerspruch gegen die Richtigkeit des Grundbuches eingetragen wird oder der Erwerber genau weiß, dass der Veräußerer entgegen den Angaben im Grundbuch nicht der Eigentümer ist, § 892 BGB.

IV. Der Herausgabeanspruch aus § 985 BGB

Wer Eigentümer einer Sache ist, kann von dem Besitzer verlangen, dass er die Sache an ihn herausgibt, ihm also den Besitz überträgt. Anspruchsgrundlage für diesen Herausgabeanspruch ist § 985 BGB: »Der Eigentümer kann von dem Besitzer die Herausgabe der Sache verlangen.« Aus § 985 BGB ergeben sich zwei Voraussetzungen für den Herausgabeanspruch:

1. Der Anspruchsteller muss **Eigentümer** der Sache sein, die Sache muss also ihm gehören. Niemand außer dem Eigentümer kann den Herausgabeanspruch aus § 985 BGB geltend machen. Der Anspruch kann nicht abgetreten werden.
2. Der Anspruchsgegner muss **Besitzer** der Sache sein, also die Sache haben.

Bis dahin ist es einfach. Aber diese beiden Voraussetzungen sind noch nicht alles. Sonst könnte ja z.B. der Eigentümer einer Wohnung die Mieter jederzeit an die Luft setzen. Schließlich ist er Eigentümer und die Mieter nur Besitzer! Der Herausgabeanspruch aus § 985 BGB hat deshalb noch eine weitere Voraussetzung, die sich in § 986 BGB versteckt hat: »Der Besitzer kann die Herausgabe der Sache verweigern, wenn er … dem Eigentümer gegenüber zum Besitz berechtigt ist.« Die dritte Voraussetzung für einen Anspruch aus § 985 BGB lautet also:

3. Der Besitzer darf **kein Recht zum Besitz** haben.

Ein Recht zum Besitz kann sich aus den unterschiedlichsten Gründen ergeben. Zum einen aus einem Vertrag, z.B. Mietvertrag, Pachtvertrag oder Leihvertrag. Solange ein solcher Vertrag besteht, darf der Eigentümer die Sache nicht herausverlangen. Aber auch ein Pfandrecht oder ein Nießbrauchsrecht verleihen dem Besitzer ein Besitzrecht.

V. Der Herausgabeanspruch aus § 861 BGB
Fall: Dieb D hat dem A ein Fahrrad gestohlen. Gauner G wiederum stiehlt D das Rad. Als D den G erwischt, fordert er das Rad zurück. Zu Recht?

Nicht nur der Eigentümer einer Sache kann die Herausgabe der Sache verlangen. Unter bestimmten Voraussetzungen hat auch ein Besitzer einen Herausgabeanspruch, geregelt in § 861 BGB. Die Voraussetzungen dieses Anspruches sind folgende:
1. Der Anspruchsteller war früher unmittelbarer Besitzer der Sache.

Das ist in unserem Beispiel der Fall: D war, nachdem er das Rad gestohlen hatte, unmittelbarer Besitzer. Darauf, dass er den Besitz nicht auf die feine englische Art erworben hat, kommt es nicht an.

2. Der Anspruchsgegner ist jetzt unmittelbarer Besitzer.

Auch diese Voraussetzung liegt vor.

3. Der Anspruchsgegner hat den unmittelbaren Besitz durch verbotene Eigenmacht erlangt. Was verbotene Eigenmacht bedeutet, steht in § 858 BGB: Der Besitz ist dem unmittelbaren Besitzer ohne dessen Willen entzogen worden.

Weil G dem D den Besitz ohne dessen Willen entzogen hat, liegt verbotene Eigenmacht vor.

4. Der Anspruch ist nicht gemäß § 861 Abs. 2 BGB ausgeschlossen. Gemäß § 861 Abs. 2 BGB ist der Anspruch ausgeschlossen, wenn der entzogene Besitz dem gegenwärtigen Besitzer gegenüber fehlerhaft war und im letzten Jahr vor der Entziehung erlangt worden war. Das ist logisch: Wenn der Anspruchsteller selbst dem Anspruchsgegner die Sache durch verbotene Eigenmacht entzogen hat, wäre es merkwürdig, wenn er die Sache wieder zurückfordern könnte.

Auch diese letzte Voraussetzung liegt in unserem Fall vor: Gegenüber G besitzt D nicht fehlerhaft. Nur gegenüber A besitzt D fehlerhaft, und darauf kommt es im Verhältnis zwischen G und D nicht an. Also kann D die Herausgabe des Rades von G verlangen, auch wenn er selbst das Rad geklaut hat.

21. Kapitel: Zivilprozessrecht

Im BGB ist geregelt, wann einer Person ein Anspruch zusteht. Das BGB hilft aber nicht weiter, wenn es darum geht, einen Anspruch gegenüber dem Anspruchsgegner durchzusetzen. In vielen Fällen wird der Anspruchsgegner nämlich nicht fröhlich sagen: »Klar, ich gebe dir alles, was Du haben willst.« Dann darf der Anspruchsteller nicht im Wege der Selbstjustiz seinen Anspruch auf eigene Faust durchsetzen, sondern er muss die Hilfe der Gerichte in Anspruch nehmen. Ein privatrechtlicher Anspruch muss in einem Zivilprozess geltend gemacht werden. Das Verfahren zur Feststellung und Durchsetzung privatrechtlicher Ansprüche ist in der Zivilprozessordnung – ZPO – geregelt. In der ZPO sind folgende Regelungen enthalten:

- Im ersten bis sechsten Buch finden sich Regelungen für das **Erkenntnisverfahren**. Im Erkenntnisverfahren entscheidet das Gericht durch ein Urteil über den zwischen den Parteien bestehenden Streit. Meist wird es dabei darum gehen, dass der Kläger vom Beklagten eine bestimmte Leistung fordert. Wenn das Gericht dem Kläger recht gibt, erlässt es ein **Leistungsurteil,** in dem es dem Beklagten die geforderte Leistung auferlegt, z.B. die Zahlung eines Geldbetrages oder die Herausgabe einer Sache. Der Kläger kann aber auch verlangen, dass das Gericht das Bestehen oder Nichtbestehen eines Rechtsverhältnisses feststellt. Das Gericht erlässt dann ein **Feststellungsurteil.** Zuletzt kann das Gericht durch Urteil die bestehende Rechtslage umgestalten. Es erlässt ein **Gestaltungsurteil.** Wichtigstes Beispiel hierfür ist das Scheidungsurteil.
- Im siebten Buch ist das **Mahnverfahren** geregelt: Durch das Mahnverfahren kann der Gläubiger sich schnell und einfach ohne ein Gerichtsverfahren einen Vollstreckungstitel verschaffen.
- Im achten Buch ist das **Zwangsvollstreckungsverfahren** geregelt. Es dient dazu, den im Urteil festgestellten Anspruch des Klägers zwangsweise durchzusetzen, wenn der Beklagte dem Urteil nicht freiwillig nachkommt.
- Am Ende des Achten Buches ist der **einstweilige Rechtsschutz** geregelt. Er dient der vorläufigen Sicherung oder Regelung von Rechten, wenn es einmal schnell gehen muss und für einen langwierigen Zivilprozess keine Zeit mehr bleibt.

1. Die Verfahrensgrundsätze

Das Zivilprozessverfahren wird von verschiedenen Grundsätzen geprägt, den sogenannten **Verfahrensgrundsätzen** oder auch **Prozessmaximen**.

a) Dispositionsgrundsatz

Der Dispositionsgrundsatz besagt, dass die Parteien durch ihre Anträge über den Beginn, Gegenstand und Ende des Verfahrens bestimmen. Der Umfang der richterlichen Prüfung richtet sich allein nach den Anträgen. Das Gericht darf nur tätig werden, wenn ein Klageantrag vorliegt. Es darf dem Kläger nicht mehr und auch nichts anderes zusprechen, als dieser beantragt hat.

Während eines Klageverfahrens können die Parteien den Rechtsstreit jederzeit beenden, ohne dass das Gericht darauf Einfluss hat.

b) Verhandlungsgrundsatz

Der Verhandlungsgrundsatz bedeutet, dass die Parteien die Tatsachen in den Prozess einführen, die die Grundlage der Entscheidung des Gerichts sein sollen. Das Gericht ermittelt die Tatsachen nicht von sich aus. Allein die Parteien tragen die Verantwortung für die Tatsachengrundlage des Prozesses. Wenn eine Tatsache zwischen den Parteien unstreitig ist, dann muss das Gericht diese Tatsache als gegeben hinnehmen und darf nicht selbst noch einmal nachprüfen, ob diese Tatsache wirklich stimmt. Allerdings unterliegen die Parteien der Wahrheitspflicht: Gemäß § 138 Abs. 1 ZPO müssen die Parteien ihre Erklärungen vollständig und wahrheitsgemäß angeben.

c) Grundsatz der Mündlichkeit, Öffentlichkeit, Unmittelbarkeit

Nach dem Mündlichkeitsgrundsatz müssen die Parteien ihre Anträge und ihren Tatsachenvortrag in einer mündlichen Verhandlung vorbringen. Es muss also in jedem Fall mindestens ein Verhandlungstermin stattfinden. Dieser Verhandlungstermin ist öffentlich. Das heißt: Jedermann hat Zutritt. Der Unmittelbarkeitsgrundsatz besagt, dass die mündliche Verhandlung und die Beweisaufnahme vor dem erkennenden Gericht stattfinden müssen, damit es sich selbst ein Bild von der Sache machen kann. Nur in Ausnahmefällen darf eine Beweisaufnahme vor einem anderen Gericht stattfinden, §§ 362 ff. ZPO.

d) Grundsatz des rechtlichen Gehörs

Wie überall gilt auch hier der Grundsatz des rechtlichen Gehörs. Das Gericht ist verpflichtet, die Ausführungen der Beteiligten zur Kenntnis zu nehmen und in Erwägung zu ziehen.

e) Beschleunigungsgrundsatz

Der Beschleunigungsgrundsatz, auch Konzentrationsmaxime genannt, besagt, dass das Verfahren möglichst in einem entsprechend vorbereiteten Verhandlungstermin abgeschlossen werden soll. Das Gericht soll möglichst schnell einen Verhandlungstermin anberaumen und darauf hinwirken, dass die Parteien zügig alles vortragen, was für den Prozess von Bedeutung ist. Auch die Parteien trifft eine Prozessförderungspflicht. Sie müssen ihre Angriffs- und Verteidigungsmittel rechtzeitig vorbringen, § 282 ZPO. Verspätetes Vorbringen kann gemäß § 296 ZPO zurückgewiesen werden.

f) Bestreben nach gütlicher Streitbeilegung

Im Idealfall sollen Rechtsstreitigkeiten möglichst durch gütliche Regelungen beigelegt werden. Diesem Ziel dient z.B. das vorprozessuale Schlichtungsverfahren gemäß § 15 a EG ZPO oder § 278 ZPO, der dem Gericht vorschreibt, dass es in jeder Lage des Verfahrens auf eine gütliche Beilegung des Rechtsstreits hinwirken soll.

2. Der Ablauf des Erkenntnisverfahrens

Das Erkenntnisverfahren wird in den meisten Fällen durch die Einreichung einer Klageschrift eingeleitet. Der Kläger führt in der Klageschrift aus, was er haben will. Der genaue Inhalt der Klageschrift richtet sich nach § 253 ZPO. Mit der Einreichung der Klage wird der Rechtsstreit bei Gericht **anhängig**. Bevor der Kläger eine Klage einreicht, muss er sich zunächst fragen, welches Gericht für den Rechtsstreit zuständig ist. Ein Zivilgericht ist immer nur dann zuständig, wenn es sich um eine privatrechtliche Streitigkeit handelt. Die örtliche Zuständigkeit des Gerichts richtet sich nach den §§ 12 ff. ZPO. Im Regelfall ist die Klage bei dem Gericht zu erheben, in dessen Gerichtsbezirk der Beklagte wohnt, § 12, 13 ZPO.

Die **sachliche Zuständigkeit** ist im **Gerichtsverfassungsgesetz** (GVG) geregelt. Grob gilt: Gemäß § 23 GVG ist für Rechtsstreitigkeiten mit einem Streitwert bis 5.000,– € das Amtsgericht zuständig, bei einem Streitwert über 5.000,– € das Landgericht.

Sachliche Zuständigkeit und Instanzenzug in Zivilsachen:

1. Instanz	**Amtsgericht,** § 23 GVG: – Streitwert unter 5.000,– € – mietrechtliche Streitigkeiten § 23 a, b GVG in Familiensachen als Familiengericht **Landgericht, § 71 GVG** – Alle Streitigkeiten, die nicht den Amtsgerichten zugewiesen sind, z.B.: Streitwert über 5.000,– € – Klagen aus Amtspflichtverletzungen
2. Instanz: Berufungsgericht	**Landgericht, § 72 GVG,** für die Entscheidungen des Amtsgerichts **Oberlandesgericht,** § 119 Abs. 1 Nr. 2 GVG, für die Entscheidungen des Landgerichts § 119 Abs. 1 Nr. 1 a GVG der Familiensenat für die vom Amtsgericht – Familiengericht – entschiedenen Sachen
3. Instanz: Revisionsgericht	**BGH, § 133 GVG; § 542 ZPO**

Wenn die Klage bei Gericht eingereicht worden ist, wird dort geprüft, welcher Richter bzw. welche Kammer für das Verfahren zuständig ist. Es wird eine Akte mit einem entsprechenden Aktenzeichen angelegt. Dann wird die Akte dem zuständigen Richter bzw. dem vorsitzenden Richter der zuständigen Kammer vorgelegt. Dieser prüft dann, ob die sogenannten echten Prozessvoraussetzungen vorliegen:
– Handelt es sich um eine ordnungsgemäße Klageschrift?
– Fällt der Fall überhaupt in die deutsche Gerichtsbarkeit?

Wenn diese Voraussetzungen vorliegen, überlegt der Richter, wie das Verfahren weiterlaufen soll. Zunächst muss die Klage in jedem Fall dem Beklagten zugestellt werden, wenn der Kläger die erforderlichen Gerichtskosten eingezahlt hat. Mit der Zustellung der Klage an den Beklagten ist die Klage **rechtshängig.** Im Übrigen hat der Richter die Wahl:
– Er kann einen frühen ersten Termin zur Verhandlung bestimmen, § 275 ZPO oder
– ein schriftliches Vorverfahren anordnen, § 276 ZPO.

Bei einem **frühen ersten Termin** wird sogleich ein Verhandlungstermin festgesetzt und beide Parteien werden zum Termin geladen. Gleichzeitig wird der Beklagte aufgefordert, seine

Verteidigungsmittel vorzubringen. In dem Verhandlungstermin wird dann versucht, den Rechtsstreit gleich zu einem Abschluss zu bringen. Wenn das nicht gelingt, wird ein neuer Verhandlungstermin erforderlich. Der frühe erste Termin dient dann nur der Vorbereitung dieses neuen (Haupt-)Termins.

Bei einem **schriftlichen Vorverfahren** wird dem Beklagten eine Frist gesetzt, innerhalb der er seine Verteidigungsbereitschaft anzeigen soll. Hinzu kommt eine weitere Frist, innerhalb der er auf die Klage erwidern muss. Wenn der Beklagte auf die Klage erwidert hat, muss wiederum der Kläger zur Klageerwiderung Stellung nehmen. Das Gericht guckt sich an, was jeweils vorgetragen wird und erteilt ggf. Hinweise. Es kann auch einen Beweisbeschluss erlassen, damit im Verhandlungstermin eine Beweisaufnahme erfolgt. Wenn das Gericht meint, dass die Parteien alles vorgetragen haben, wird ein Haupttermin anberaumt, in dem der Rechtsstreit möglichst abgeschlossen wird. Wenn das nicht gelingt, muss auch hier ein neuer Termin angesetzt werden.

Nach einem Verhandlungstermin wird das Gericht, wenn der Rechtsstreit entscheidungsreif ist, ein Urteil verkünden. Das geschieht entweder noch gleich im Termin (sog. Stuhlurteil – eher selten) oder in einem anzuberaumenden Verkündungstermin.

3. Die Entscheidung des Gerichts

Das Gericht wird ein Urteil zugunsten des Klägers fällen, wenn seine Klage zulässig und begründet ist.

a) Zulässigkeit der Klage

Bei der Prüfung der Zulässigkeit guckt das Gericht, ob der Kläger bei der Klageerhebung alle Verfahrensvorschriften beachtet hat. Im Einzelnen:

– Die Klageschrift muss den Anforderungen des § 253 ZPO genügen. Besonders schwerwiegende Mängel führen dazu, dass die Klage gar nicht erst zugestellt wird, s.o.
– Die Parteien müssen parteifähig sein. Parteifähig ist jeder, der rechtsfähig ist, § 50 Abs. 1 ZPO.
– Die Parteien müssen prozessfähig sein. Prozessfähig ist, wer geschäftsfähig ist, § 52 ZPO. Für Prozessunfähige handelt der gesetzliche Vertreter. Für juristische Personen handeln ihre Organe als gesetzliche Vertreter.
– Prozessführungsbefugnis: Die Parteien müssen das Recht haben, über das im Prozess streitige Recht einen Rechtsstreit im eigenen Namen zu führen. Die Prozessführungsbefugnis ist immer dann gegeben, wenn der Kläger behauptet, selbst Inhaber des geltend gemachten Anspruches zu sein. Wenn der Kläger ein fremdes Recht im eigenen Namen geltend macht, muss geprüft werden, ob diese sogenannte Prozessstandschaft zulässig ist. Es gibt verschiedene Fälle, in denen vom Gesetz eine Prozessstandschaft vorgesehen wird, z.B. für Insolvenzverwalter. Aber der Kläger kann auch vom Rechtsinhaber ermächtigt werden, das Recht im eigenen Namen geltend zu machen (sogenannte gewillkürte Prozessstandschaft). Bei einer Prozessstandschaft ist der Kläger Partei des Prozesses, nicht der Inhaber des Rechts. Die Wirkungen des Urteils treffen aber den Inhaber des Rechts, nicht den Kläger.
– Das Gericht muss sachlich, örtlich und funktionell zuständig sein. Dazu s.o.
– Der Rechtsstreit darf nicht vor einem anderen Gericht rechtshängig sein (entgegenstehende Rechtshängigkeit) oder von einem anderen Gericht schon entschieden worden sein (entgegenstehende Rechtskraft).

Wenn eine dieser Voraussetzungen fehlt, dann wird die Klage als unzulässig abgewiesen.

b) Begründetheit der Klage

Liegen die Zulässigkeitsvoraussetzungen der Klage vor, dann muss das Gericht feststellen, ob der Anspruch des Klägers begründet ist, er also mit seiner Forderung recht hat. Dazu wird das Gericht zunächst prüfen, ob der Tatsachenvortrag des Klägers ausreicht, um den geltend gemachten Anspruch nach den Vorschriften des BGB zu begründen. Wenn schon nach dem Vortrag des Klägers kein Anspruch besteht, kann die Klage gleich abgewiesen werden.

Wenn nach dem Vortrag des Klägers ein Anspruch besteht, guckt das Gericht als Nächstes, was der Beklagte dazu zu sagen hat. Wenn der Vortrag des Beklagten keine Tatsachen enthält, die den Anspruch des Klägers entfallen lassen, dann ist die Klage begründet. Es kann ein Urteil zugunsten des Klägers ergehen. Wenn der Beklagte allerdings Tatsachen vorträgt, die, als wahr unterstellt, den Anspruch des Klägers entfallen lassen, dann muss eine Beweisaufnahme stattfinden. Das Gericht muss durch die Vernehmung von Zeugen, die Einholung eines Sachverständigengutachtens, durch Urkunden, gerichtliche Augenscheinseinnahme oder eine Vernehmung der Parteien feststellen, ob die zwischen den Parteien streitige Tatsache vorliegt oder nicht. Eine Beweisaufnahme wird allerdings nur dann durchgeführt, wenn die Partei, die die Beweislast für die Tatsache trägt, auch einen entsprechenden Beweis angetreten hat. Für die Frage, wer die Beweislast für eine Tatsache trägt, gilt folgende Faustregel: **Jede Partei trägt die Beweislast für das Vorliegen der tatsächlichen Voraussetzungen der ihr günstigen Rechtsnorm.** Der Kläger trägt also die Beweislast für alle anspruchsbegründenden Tatsachen, der Beklagte die Beweislast für alle Untergangsgründe und Einreden. Im Ausnahmefall hat das BGB die Beweislast aber auch anders geregelt. So z.B. in § 280 Abs. 1 BGB, wo das Verschulden des Schuldners vermutet wird. Dieser muss also im Prozess beweisen, dass ihn kein Verschulden trifft.

Nach einer Beweisaufnahme kann das Gericht dann seine Entscheidung fällen: Entweder die beweisbelastete Partei hat die Tatsache bewiesen oder nicht. Entweder ergeht ein Urteil, in dem der Klage stattgegeben wird: Der Beklagte wird verurteilt, die vom Kläger geforderte Leistung zu erbringen. Mit diesem Urteil kann der Kläger dann auch zwangsweise seinen Anspruch durchsetzen. Dazu s.u. 7. Zwangsvollstreckung.

Zusammenfassende Übersicht: Die Begründetheit der Klage

Der Richter prüft:

1. Ist die Klage schlüssig?
Das ist dann der Fall, wenn die vom Kläger vorgetragenen Tatsachen – als wahr unterstellt – die Voraussetzungen der Anspruchsgrundlage des geltend gemachten Anspruchs erfüllen.
Wenn schon nach dem Vortrag des Klägers die Voraussetzungen der Anspruchsgrundlage nicht vorliegen, ist die Klage unbegründet.

Wenn nach dem Vortrag des Klägers der geltend gemachte Anspruch besteht, prüft der Richter weiter:

2. Ist das Verteidigungsvorbringen des Beklagten erheblich?
Das ist dann der Fall, wenn die vom Beklagten vorgetragenen Tatsachen – als wahr unterstellt – den Anspruch des Klägers entfallen lassen. Der Beklagte kann vom Kläger vorgetragene anspruchsbegründende Tatsachen **bestreiten** oder **Einreden** vortragen.

Es gibt:
- rechtshindernde Einreden: z.B. § 105, § 138, § 280 Abs. 1 S. 2 BGB)
- rechtsvernichtende Einreden: z.B. § 362, § 346 BGB, Anfechtung
- rechtshemmende Einreden: § 214, § 273 BGB

Wenn der Vortrag des Beklagten am geltend gemachten Anspruch nichts ändert, dann ist das Vorbringen **unerheblich** und die schlüssige Klage **begründet**. Wenn der Vortrag erheblich ist, muss der Richter:

3. Beweis erheben

Es muss in einer Beweisaufnahme festgestellt werden, welcher der von den beiden Parteien vorgetragenen Sachverhaltsschilderungen tatsächlich zutrifft.

Jede Partei trägt die Beweislast für die Voraussetzungen der für sie günstigen Rechtsnorm. Der Kläger hat also alle anspruchsbegründenden Tatsachen zu beweisen, der Beklagte die Tatsachen, die eine rechtshindernde, rechtsvernichtende oder rechtshemmende Einrede begründen.

Im Verfahren auf Erlass einer Sachentscheidung sind nur fünf Beweismittel zulässig (Strengbeweis):
- Sachverständigengutachten
- Augenscheinseinnahme
- Parteivernehmung
- Urkunden
- Zeugen: Der Beweispflichtige muss sich darauf berufen. Bei allen anderen Beweismitteln kann das Gericht von Amts wegen eine Beweisaufnahme durchführen.

Manchmal kann es allerdings auch passieren, dass ein Beklagter sich zur Klage überhaupt nicht äußert oder sogar der Kläger zum Verhandlungstermin nicht erscheint. Dann kann das Gericht ein sogenanntes **Versäumnisurteil** erlassen. Geregelt ist das in den §§ 330 ff. ZPO.
Wenn der Beklagte sich nicht äußert, dann wird der Klage stattgegeben, wenn sie allein aufgrund des Vorbringens des Klägers begründet ist. Wenn der Kläger zum Verhandlungstermin nicht erscheint, dann wird seine Klage abgewiesen. Gegen ein solches Versäumnisurteil kann der jeweils Betroffene innerhalb von zwei Wochen Einspruch einlegen.

4. Beendigung des Rechtsstreits auf andere Weise als durch ein Urteil

Nicht immer endet ein Rechtsstreit durch ein Urteil des Gerichts. Die Parteien haben verschiedene andere Möglichkeiten, den Rechtsstreit zu beenden:
- **Der Kläger kann die Klage zurücknehmen**, § 269 ZPO. Dies geschieht durch eine Erklärung gegenüber dem Gericht. Wenn schon eine mündliche Verhandlung stattgefunden hat, muss der Beklagte der Klagerücknahme zustimmen. Durch die Klagerücknahme entfällt rückwirkend die Rechtshängigkeit der Klage. Der Kläger muss die Prozesskosten tragen. Er kann aber den Anspruch jederzeit wieder erneut gerichtlich geltend machen.
- **Klageverzicht**: Der Kläger kann auf den geltend gemachten Anspruch verzichten, § 306 BGB. Die Klage ist dann abzuweisen. Eine erneute Klageerhebung mit diesem Anspruch ist nicht mehr möglich.
- **Der Beklagte erkennt den geltend gemachten Anspruch an**, § 307 ZPO. Das ist die Variante »Klar, ich gebe dir alles, was du willst«. Das Gericht erlässt dann ohne weitere Prüfung ein Anerkenntnisurteil.

– Die Parteien schließen einen **Vergleich**. Ein Vergleich führt zu einer gütlichen Beilegung des Rechtsstreits. Beide Parteien geben nach und schließen einen **Vertrag**, in dem sie den Rechtsstreit beenden, und vereinbaren, was nun zwischen ihnen gelten soll. Der vom Gericht protokollierte Vergleich stellt ebenso wie ein Urteil einen Vollstreckungstitel dar. Das bedeutet: Wenn eine Partei sich in dem Vergleich zu einer Leistung verpflichtet hat, kann aus dem Vergleich die Zwangsvollstreckung betrieben werden.

5. Die Rechtsmittel im Zivilprozess

Nicht immer akzeptieren die Parteien die Entscheidung des Gerichts. Dann gibt es für sie die Möglichkeit, die Entscheidung mit einem Rechtsmittel anzugreifen:

a) Berufung, §§ 511–541 ZPO

– Statthaft gegen erstinstanzliche Urteile des AG und des LG bei einer Beschwer von mehr als 600,– € **oder** bei Zulassung.
– Einlegung beim Berufungsgericht innerhalb eines Monats nach Zustellung des Urteils, Frist zur Begründung: 2 Monate.
– Prüfungsumfang: Überprüfung des erstinstanzlichen Urteils in **rechtlicher** Hinsicht. In **tatsächlicher** Hinsicht, **nur** wenn konkrete Zweifel an der Richtigkeit und Vollständigkeit der Tatsachenfeststellung besteht. Im Übrigen ist das Berufungsgericht an die erstinstanzlichen Feststellungen gebunden.

b) Revision, §§ 542–566 ZPO

– Statthaft gegen Berufungsurteile des LG/OLG, wenn die Revision **im Berufungsurteil zugelassen** wird **oder Zulassung durch den BGH** auf **Nichtzulassungsbeschwerde** der beschwerten Partei hin.
– Einlegung beim BGH innerhalb von einem Monat nach Zustellung des Urteils, Frist zur Begründung: zwei Monate.
– Überprüfung **nur in rechtlicher Hinsicht.**

c) Sofortige Beschwerde, §§ 567–572 ZPO

– Statthaft gegen Beschlüsse von AG/LG, wenn es **im Gesetz vorgesehen** ist **oder** wenn ein **Verfahrensgesuch abgelehnt** wird, § 567 Abs. 1 ZPO.
– Frist und Form: zwei Wochen bei dem Gericht, das den Beschluss erlassen hat. Bei Nichtabhilfe entscheidet das übergeordnete Gericht.

d) Rechtsbeschwerde an den BGH, §§ 574–577 ZPO

– Statthaft gegen Beschwerdeentscheidungen, Beschlüsse von Berufungsgerichten, Beschlüsse von Oberlandesgerichten, wenn dies im Gesetz zugelassen ist oder sie im jeweiligen Beschluss zugelassen wurde.
– Frist und Form: innerhalb eines Monats beim BGH.
– Überprüfung der Beschlüsse nur in rechtlicher Hinsicht.

6. Das Mahnverfahren

Ein Gerichtsverfahren dauert unter Umständen ziemlich lange. Damit der Gläubiger einer Geldforderung schneller an sein Geld kommt, gibt ihm die ZPO die Möglichkeit, ein Mahnverfahren durchzuführen. Geregelt ist das im Buch 7 der ZPO, §§ 688 ff. Durch das Mahnverfahren bekommt der Gläubiger auf schnellerem Weg einen Vollstreckungstitel.

Zulässig ist ein Mahnverfahren allerdings nur, wenn es um eine Geldforderung geht. Für andere Forderungen bleibt es also bei dem oben geschilderten Gerichtsverfahren.

Am Anfang des Mahnverfahrens steht ein Antrag des Gläubigers auf Erlass eines Mahnbescheides. Dieser Antrag wird unabhängig von der Höhe der Forderung an das Amtsgericht gerichtet. Grundsätzlich ist für das Mahnverfahren das Amtsgericht zuständig, bei dem der **Antragsteller** seinen allgemeinen Gerichtsstand hat, § 689 Abs. 2 S. 1 ZPO. Allerdings können die Mahnverfahren gemäß § 689 Abs. 3 ZPO auch zentral durchgeführt werden. Dann werden alle Mahnverfahren aus dem Bezirk mehrerer Amtsgerichte einem zentralen Mahngericht zugewiesen. **In Sachsen-Anhalt ist landesweit für alle Mahnverfahren das Amtsgericht Aschersleben (Dienstgebäude Staßfurt, Lehrter Str. 15, 39418 Staßfurt, Tel.: 03925/876-0) zuständig.** Der Antrag an das Amtsgericht in Aschersleben kann über Datenträger oder auch online übermittelt werden, aber auch mit Hilfe eines Papierformulars. Hier gibt es entsprechende Vordrucke.

Was alles in dem Antrag auf Erlass eines Mahnbescheids stehen muss, steht in § 690 ZPO: Die Parteien und ggf. ihre Prozessbevollmächtigten, das für das Mahnverfahren zuständige Gericht, die Bezeichnung des Anspruchs, die Erklärung, ob der Anspruch von einer Gegenleistung abhängt, die Bezeichnung des Gerichts, das für die Durchführung des streitigen Verfahrens zuständig ist und eine handschriftliche Unterzeichnung.

Der Antrag auf Erlass eines Mahnbescheides wird mit diesen Angaben beim zuständigen Gericht eingereicht. Dort bekommt ihn nicht der Richter, sondern ein **Rechtspfleger** auf den Tisch. Der Rechtspfleger prüft nun nach, ob die Voraussetzungen für den Erlass eines Mahnbescheides vorliegen. **Dabei prüft er aber nicht nach, ob der geltend gemachte Anspruch tatsächlich besteht oder nicht.** Wenn die Voraussetzungen gemäß §§ 688; 689; 690; 703 c Abs. 2 ZPO vorliegen, dann erlässt der Rechtspfleger den Mahnbescheid. Der Antragsgegner wird vorher nicht angehört. Er bekommt den Antrag dann vom Gericht zugestellt. Der Antragsgegner hat nun die Möglichkeit, innerhalb von zwei Wochen gegen den Mahnbescheid **Widerspruch** einzulegen. Wenn er dem Mahnbescheid widerspricht, wird die Sache an das Gericht abgegeben, das im Mahnbescheid als für das streitige Verfahren zuständig bezeichnet worden ist. Das Mahnverfahren wird nun als normales Klageverfahren weitergeführt: Der Antragsteller muss seinen Anspruch begründen.

Wenn der Antragsgegner keinen Widerspruch einlegt, kann der Antragsteller nach Ablauf der Widerspruchsfrist den Antrag auf Erlass eines **Vollstreckungsbescheides** stellen. Gegen diesen Vollstreckungsbescheid kann der Antragsgegner innerhalb von zwei Wochen **Einspruch** einlegen. Wenn Einspruch eingelegt wird, gibt der Rechtspfleger wiederum das Verfahren an das zuständige Gericht ab. Es wird dann ein normales streitiges Verfahren wie nach dem Erlass eines Versäumnisurteils durchgeführt.

Wenn kein Einspruch eingelegt wird, wird der Vollstreckungsbescheid rechtskräftig. Mit dem Vollstreckungsbescheid kann dann der Gläubiger genauso die Zwangsvollstreckung betreiben, wie aus einem Urteil. Dazu im Einzelnen nachfolgend 7. Zwangsvollstreckung.

7. Die Zwangsvollstreckung

Wenn das Gericht ein Urteil zugunsten des Klägers erlassen hat und den Beklagten zu einer Leistung verurteilt hat, dann kann der Kläger zunächst darauf hoffen, dass der Beklagte freiwillig die Leistung erbringt, zu der er verurteilt wurde. Tut er das nicht, kann der Kläger aus dem Urteil die Zwangsvollstreckung betreiben. Dazu benötigt er:

1. Einen Titel, also das Urteil oder einen Prozessvergleich.
2. Der Titel muss mit einer Vollstreckungsklausel versehen sein, § 724 ZPO. Das heißt, auf dem Titel muss stehen: »Vorstehende Ausfertigung wird dem Kläger zum Zwecke der Zwangsvollstreckung erteilt.«
3. Der Titel muss vor oder spätestens gleichzeitig mit dem Beginn der Vollstreckung dem Schuldner zugestellt werden, § 750 Abs. 1 ZPO.

Die weitere Zwangsvollstreckung richtet sich danach, was der Kläger eigentlich haben will: Wenn der Kläger vom Beklagten die **Bezahlung einer Geldforderung** verlangt, hat er drei Möglichkeiten:
– Er kann die Zwangsvollstreckung in das **bewegliche** Vermögen des Schuldners betreiben. Er beantragt dies beim Gerichtsvollzieher. Dieser geht zum Schuldner, pfändet die im Gewahrsam des Schuldners befindlichen Sachen, verwertet sie – meist durch öffentliche Versteigerung – und händigt dem Kläger den Erlös aus.
– Wenn der Beklagte eine Geldforderung gegen eine andere Person hat, kann der Kläger diese Forderung pfänden und an sich überweisen lassen. Er kann dann die Forderung im eigenen Namen einziehen und gilt dann, soweit er die Zahlung von der anderen Person erhält, als vom Schuldner befriedigt.
– Wenn der Beklagte **Grundbesitz** hat, kann der Kläger beim Amtsgericht beantragen, dass die Zwangsversteigerung des Grundbesitzes durchgeführt wird oder die Zwangsverwaltung angeordnet wird. Bei einer Zwangsversteigerung erhält der Kläger dann den Versteigerungserlös. Bei der Zwangsverwaltung erhält der Kläger die Überschüsse der Verwaltung. Zuletzt kann der Kläger auch beim Grundbuchamt beantragen, dass zu seinen Gunsten eine Zwangshypothek im Grundbuch eingetragen wird. Er erhält dadurch eine zusätzliche Sicherung für seine Forderung.

Wenn der Kläger keine Geldforderung vollstrecken will, sondern vom Beklagten die **Herausgabe einer Sache** verlangt, dann kann er den Gerichtsvollzieher losschicken, damit er dem Schuldner die Sache wegnimmt und sie dem Kläger übergibt, § 883 ZPO.

Wenn der Beklagte eine **bestimmte Handlung vornehmen soll**, dann kann der Kläger beantragen, dass gegen ihn ein Zwangsgeld oder Zwangshaft festgesetzt wird, wenn er die Handlung nicht freiwillig vornimmt, § 888 ZPO. Ein entsprechender Antrag muss beim Prozessgericht erster Instanz gestellt werden.

Soll der Beklagte **etwas unterlassen**, dann kann der Kläger, wenn der Beklagte es trotzdem tut, beim Prozessgericht erster Instanz die Verhängung eines Ordnungsgeldes oder Ordnungshaft beantragen.

Am einfachsten ist es, wenn der Beklagte zur **Abgabe einer Willenserklärung** verurteilt wurde. Dann muss der Kläger keine weiteren Vollstreckungsmaßnahmen ergreifen: Mit der Rechtskraft des Urteils gilt die Willenserklärung als abgegeben.

Übersicht zu den Vollstreckungsmaßnahmen:

Was will der Gläubiger vom Schuldner haben?	Vollstreckungsmaßnahme:	Zuständiges Vollstreckungsorgan
Geld	Der Gläubiger kann vollstrecken in – bewegliche Sachen: §§ 803–827 ZPO, Pfändung und Wegnahme, anschließende Versteigerung. – Forderungen und andere Rechte: §§ 828–863 ZPO, Pfändungs- und Überweisungsbeschluss – Unbewegliche Sachen: §§ 864–871 ZPO, Eintragung einer Zwangshypothek, §§ 866; 867 ZPO oder: Zwangsversteigerung oder: Zwangsverwaltung, ZVG, § 869 ZPO	Gerichtsvollzieher Amtsgericht, bei dem der Schuldner seinen allgemeinen Gerichtsstand hat als Vollstreckungsgericht, § 828 Abs. 2 ZPO Grundbuchamt Amtsgericht, in dessen Bezirk das betroffene Grundstück liegt, § 1 ZVG.
Herausgabe einer Sache	Die Sache wird dem Schuldner weggenommen und dem Gläubiger übergeben, §§ 883–886 ZPO	Gerichtsvollzieher
Vornahme einer vertretbaren Handlung (= das kann auch ein anderer machen)	Der Gläubiger wird ermächtigt, die Handlung auf Kosten des Schuldners vornehmen zu lassen, § 887 ZPO.	Prozessgericht der ersten Instanz
Vornahme einer nicht vertretbaren Handlung (= das kann nur der Schuldner machen)	Der Schuldner wird durch Zwangsgeld oder Zwangshaft zur Vornahme der Handlung angehalten, § 888 ZPO.	Prozessgericht der ersten Instanz
Unterlassung oder Duldung einer Handlung	Bei Zuwiderhandlung wird der Schuldner zu einem Ordnungsgeld oder zu Ordnungshaft angehalten	Prozessgericht der ersten Instanz
Abgabe einer Willenserklärung	Mit Eintritt der Rechtskraft des Urteils gilt die Erklärung als abgegeben	

Zusammenfassende Übersicht über die Voraussetzungen der Zwangsvollstreckung

Das jeweilige Vollstreckungsorgan darf nur dann tätig werden, wenn die Zwangsvollstreckungsvoraussetzungen vorliegen:

1. Die allgemeinen Vollstreckungsvoraussetzungen

a) **Antrag** des Gläubigers

b) **Titel**: z.B. Urteil oder Titel gemäß § 794 ZPO

c) **Vollstreckungsklausel**: Auf dem Titel muss stehen: »Vorstehende Ausfertigung wird dem .... zum Zwecke der Zwangsvollstreckung erteilt.«

d) **Zustellung**: Der Titel muss spätestens gleichzeitig mit der Vollstreckung zugestellt werden, § 750 Abs. 1 ZPO.

2. Die besonderen Zwangsvollstreckungsvoraussetzungen

a) bei Verurteilung des Schuldners zur Leistung **Zug um Zug** darf erst dann vollstreckt werden, wenn der Gläubiger seine Gegenleistung erbracht hat, §§ 756; 765 ZPO.

b) Wenn der Anspruch vom Eintritt eines bestimmten Tages abhängig ist, darf erst nach diesem Tag vollstreckt werden, § 751 Abs. 1 ZPO.

c) Wenn die Vollstreckung von einer Sicherheitsleistung abhängt, dann darf erst nach Erbringung dieser Sicherheitsleistung vollstreckt werden, § 751 Abs. 2 ZPO.

e) bei Pfändung einer beweglichen Sache: Die Pfändung muss
   – zur rechten Zeit,
   – am rechten Ort,
   – in der rechten Weise,
   – im rechten Umfang erfolgen.

3. Das Fehlen von Vollstreckungshindernissen

a) Einstellung der Zwangsvollstreckung aufgrund gerichtlicher Anordnung, z.B. § 707 ZPO (Wiederaufnahme des Verfahrens); § 719 ZPO (Einlegung eines Rechtsmittels); § 732 ZPO (Erinnerung gegen die Erteilung der Vollstreckungsklausel); § 766; § 769 ZPO (Erinnerung gegen die Art und Weise der Zwangsvollstreckung); § 771 Abs. 3 ZPO (Drittwiderspruchsklage)

b) In den Fällen des § 775 ZPO

c) In den Fällen des § 765 a ZPO: wegen besonderer Härte

d) Im Insolvenzverfahren des Schuldners, § 89 InsO